O scrum se concentra na melhoria contínua, na flexibilidade do escopo, no resultado das equipes e na entrega de produtos com qualidade. O scrum adere ao Manifesto Ágil e aos 12 Princípios Ágeis, que focam as pessoas, as comunicações, o produto e a flexibilidade.

SCRUM: MANIFESTO DE DESENVOLVIMENTO ÁGIL DE SOFTWARE

O scrum é uma abordagem de equipe para gerenciamento de projetos que se coaduna com o Manifesto Ágil. O Manifesto Ágil é uma manifestação propositalmente simplificada dos valores centrais do gerenciamento ágil de projetos.

"Estamos descobrindo meios melhores de desenvolver um software e ajudando outras pessoas a fazerem isso também. Através deste trabalho, passamos a reconhecer:

- Pessoas e interações, em detrimento de processos e ferramentas.
- Validação do software, em vez de uma documentação exaustiva e longa.
- Colaboração com o cliente, em detrimento da negociação de contrato.
- Resposta à mudança, em vez de seguir cegamente um plano.

Grosso modo, embora os itens à direita apresentem valor, valorizamos mais os itens à esquerda."

Manifesto Ágil © 2001: Kent Beck, Mike Beedle, Arie van Bennekum, Alistair Cockburn, Ward Cunningham, Martin Fowler, James Grenning, Jim Highsmith, Andrew Hunt, Ron Jeffries, Jon Kern, Brian Marick, Robert C. Martin, Steve Mellor, Ken Schwaber, Jeff Sutherland e Dave Thomas.

PRINCÍPIOS POR TRÁS DO SCRUM E DO MANIFESTO ÁGIL

O scrum é uma abordagem que se alinha aos valores do Manifesto Ágil e aos 12 Princípios Ágeis. Os 12 Princípios Ágeis são um conjunto de conceitos orientadores que respaldam as equipes de projeto na implementação de projetos ágeis.

1. Nossa prioridade máxima é atender ao cliente mediante entregas antecipadas e contínuas de um software satisfatório.

2. As mudanças nos requisitos são para lá de bem-vindas, mesmo no final do desenvolvimento. Os processos ágeis utilizam-se das mudanças como vantagem competitiva do cliente.

3. As entregas do software validado são recorrentes, a partir de algumas semanas ou em meses, dando preferência ao menor prazo.

4. As pessoas da área de negócios e os desenvolvedores devem trabalhar diariamente juntos, durante todo o projeto.

5. Elabore os projetos em sintonia com as pessoas motivadas. Promova o ambiente e o apoio necessários e confie no trabalho delas.

6. O método mais eficiente e prático de se compartilharem as informações dentro e fora da equipe de desenvolvimento é por meio de uma conversa franca.

7. A validação do software é a principal medida de progresso.

8. Os processos ágeis fomentam o desenvolvimento sustentável. Os responsáveis financeiros pelo projeto, os desenvolvedores e os usuários devem manter um ritmo constante a todo momento.

9. O cuidado incessante em relação à excelência técnica e ao bom design potencializa a agilidade.

10. A simplicidade — a arte de maximizar a quantidade de trabalho não realizado — é de suma importância.

11. As melhores arquiteturas, requisitos e projetos nascem de equipes auto-organizadas.

12. Em intervalos periódicos, a equipe pondera como se tornar mais eficiente e, depois, procura conciliar e sintonizar de modo conveniente o comportamento.

Scrum

Para leigos

Scrum
Para leigos

Tradução da
2ª Edição

por Mark C. Layton
e
David Morrow

ALTA BOOKS
E D I T O R A

Rio de Janeiro, 2019

Scrum Para Leigos® - Tradução da 2ª Edição
Copyright © 2019 da Starlin Alta Editora e Consultoria Eireli. ISBN: 978-85-508-0921-2

Translated from original Scrum For Dummies®, Copyright © 2018 by John Wiley & Sons, Inc. ISBN 978-1-119-46764-9. This translation is published and sold by permission of John Wiley & Sons, Inc., the owner of all rights to publish and sell the same. PORTUGUESE language edition published by Starlin Alta Editora e Consultoria Eireli, Copyright © 2019 by Starlin Alta Editora e Consultoria Eireli.

Todos os direitos estão reservados e protegidos por Lei. Nenhuma parte deste livro, sem autorização prévia por escrito da editora, poderá ser reproduzida ou transmitida. A violação dos Direitos Autorais é crime estabelecido na Lei nº 9.610/98 e com punição de acordo com o artigo 184 do Código Penal.

A editora não se responsabiliza pelo conteúdo da obra, formulada exclusivamente pelo(s) autor(es).

Marcas Registradas: Todos os termos mencionados e reconhecidos como Marca Registrada e/ou Comercial são de responsabilidade de seus proprietários. A editora informa não estar associada a nenhum produto e/ou fornecedor apresentado no livro.

Impresso no Brasil — 1ª Edição, 2019 — Edição revisada conforme o Acordo Ortográfico da Língua Portuguesa de 2009.

Obra disponível para venda corporativa e/ou personalizada. Para mais informações, fale com projetos@altabooks.com.br

Produção Editorial	Produtor Editorial	Marketing Editorial	Vendas Atacado e Varejo	Ouvidoria
Editora Alta Books	Thiê Alves	marketing@altabooks.com.br	Daniele Fonseca	ouvidoria@altabooks.com.br
Gerência Editorial		**Editor de Aquisição**	Viviane Paiva	
Anderson Vieira		José Rugeri	comercial@altabooks.com.br	
		j.rugeri@altabooks.com.br		

Equipe Editorial	Adriano Barros	Juliana de Oliveira	Leandro Lacerda	Thauan Gomes
	Bianca Teodoro	Kelry Oliveira	Maria de Lourdes Borges	
	Ian Verçosa	Keyciane Botelho	Paulo Gomes	
	Illysabelle Trajano	Larissa Lima	Thales Silva	

Tradução	Copidesque	Revisão Gramatical	Revisão Técnica	Diagramação
Cibelle Ravaglia	Alberto Gassul	Maíra Meyer	Alex Ribeiro	Joyce Matos
		Hellen Suzuki	Analista Desenvolvedor, Gerente de Projetos e Gerente de Novos Negócios na EXIS Tecnologia	

Erratas e arquivos de apoio: No site da editora relatamos, com a devida correção, qualquer erro encontrado em nossos livros, bem como disponibilizamos arquivos de apoio se aplicáveis à obra em questão.

Acesse o site www.altabooks.com.br e procure pelo título do livro desejado para ter acesso às erratas, aos arquivos de apoio e/ou a outros conteúdos aplicáveis à obra.

Suporte Técnico: A obra é comercializada na forma em que está, sem direito a suporte técnico ou orientação pessoal/exclusiva ao leitor.

A editora não se responsabiliza pela manutenção, atualização e idioma dos sites referidos pelos autores nesta obra.

Dados Internacionais de Catalogação na Publicação (CIP) de acordo com ISBD

L429s   Layton, Mark C.
             Scrum Para Leigos / Mark C. Layton, David Morrow ; traduzido por Cibelle Ravaglia. - Rio de Janeiro : Alta Books, 2019.
             392 p. : il. ; 17cm x 24cm. – (Para Leigos)

             Tradução de: Scrum For Dummies
             Inclui índice.
             ISBN: 978-85-508-0921-2

             1. Scrum. 2. Metodologia. 3. Gerenciamento de projetos. 4. Desenvolvimento ágil. 5. Administração. I. Morrow, David. II. Ravaglia, Cibelle. III. Título. IV. Série.

2019-821   CDD 658
                                                                                                              CDU 65

Elaborado por Vagner Rodolfo da Silva - CRB-8/9410

Rua Viúva Cláudio, 291 — Bairro Industrial do Jacaré
CEP: 20.970-031 — Rio de Janeiro (RJ)
Tels.: (21) 3278-8069 / 3278-8419
www.altabooks.com.br — altabooks@altabooks.com.br
www.facebook.com/altabooks — www.instagram.com/altabooks

Sobre os Autores

Mark C. Layton, conhecido mundialmente como Mr. Agile®, é executivo e estrategista de conselhos de administração com mais de 25 anos de experiência na área de gerenciamento de projetos/programas. Ele é presidente da Agile Leadership Network de Los Angeles e fundador da Platinum Edge, LLC — uma empresa de desenvolvimento organizacional que auxilia outras empresas a realizarem a transição da metodologia em cascata para o método ágil.

Antes de fundar a Platinum Edge em 2001, Mark especializou-se como executivo para empresas de consultoria, coach de gerenciamento de programas, e é aquele tipo de líder de projeto que fica na linha de fogo. Mark trabalhou por 11 anos como especialista em criptografia para a Força Aérea dos Estados Unidos, onde foi condecorado com a Medalha de Serviço Meritório e com a Medalha de Menção Honrosa por seus feitos.

Ele também tem MBAs pela Universidade da Califórnia, Los Angeles, e pela Universidade Nacional de Cingapura; graduou-se com honras (*summa cum laude*) em ciência comportamental pela Universidade de La Verne e é técnico em Sistemas Eletrônicos pela Escola Aeronáutica da Força Aérea dos Estados Unidos. Também é graduado meritório na Leadership School da Força Aérea dos Estados Unidos, honra outorgada pela Leadership School aos graduandos que apresentam grandes realizações. Mark tem as certificações Certified Scrum Trainer (CST), Project Management Professional (PMP), a certificação Scaled Agile Framework Program Consultant (SAFe SPC) e SCPM pela Universidade de Stanford.

Quando não está atendendo aos compromissos com seus clientes, Mark é presença frequente como palestrante nas conferências a respeito do Scrum, eXtreme Programming (XP), Lean, entre outras conferências sobre soluções ágeis. Ele mora em Las Vegas, Nevada.

Para mais informações, acesse (conteúdo em inglês): www.platinumedge.com.

David Morrow é coach executivo dos métodos ágeis, ajudando as equipes de liderança e scrum a identificarem seus papéis para garantir o sucesso da transformação ágil. David tem as certificações Certified Scrum Professional (CSP) e Certified Agile Coach (ICP-ACC). Ele tem mais de duas décadas de experiência em formação e treinamento de equipes que tornam-se mais produtivas e bem-sucedidas. David é veterano em desenvolvimento de software e tem mentalidade de economista, o que lhe dá uma perspectiva única sobre a dinâmica da equipe.

David trabalhou como CEO da Devnext por 15 anos antes de se tornar coach em tempo integral da Platinum Edge. Atualmente, pode-se encontrá-lo falando a respeito do scrum para qualquer pessoa que queira ouvir, e é usuário assíduo dos grupos de discussões ágeis.

Dedicatória

À força arrebatadora da minha vida. Obrigado.

— MARK C. LAYTON

À minha querida esposa e à minha família. Vocês me fazem tão bem!

— DAVID MORROW

Agradecimentos dos Autores

Gostaríamos de agradecer novamente às inúmeras pessoas que contribuíram com a primeira edição deste livro e ajudaram a concretizá-lo.

Obrigado a todos que agregaram ainda mais valor a esta segunda edição. Steve Ostermiller, sua experiência e orientação foram de suma importância para o nosso sucesso. A Dean Kynaston, pela experiência e esmero técnico; aos consultores da área cujas opiniões mostraram os usos mais abrangentes do scrum: a Amber Allen (LAUSD) e Renee Jumper na área de ensino; a Anna Kennedy (autora de *Business Development For Dummies*) sobre desenvolvimento de negócios e vendas; a Brian Dreyer em relação ao desenvolvimento de videogames e negócios; a Adi Ekowibowo, Farid Kazimi, Charles Park e Scot Kramarich no desenvolvimento de videogames; a Kelly Anderson em gestão de talentos (RH); a Melani Chacon no atendimento ao cliente; a Hiren Vashi, Lisa White, Doc Dochtermann e Sunil Bhandari no que diz respeito à assistência médica; a Lowell Feil, Rob Carstons e Steffanie Ducher em relação ao planejamento de recursos empresariais (ERP); a Brady Mortensen na publicação; a Mogenns Gilmour, Joe Justice e J.J. Sutherland no desenvolvimento de hardware; a Elana Glazer na fabricação; e a Dean Leffingll, Alex Yakyma, Patrick Roach, Bas Vodde e Craig Larman em modelos de dimensionamento corporativo.

Um agradecimento especial a Jeff Sutherland e Ken Schwaber, os cocriadores do scrum. Todos trabalhamos melhor por causa de vocês.

Também gostaríamos de agradecer à incrível equipe da Wiley & Sons: Charlotte Kughen, cuja paciência e sabedoria fizeram isso acontecer, e os muitos, muitos outros que contribuíram com seu tempo e experiência para tornar este livro o guia que esperávamos que seria.

Sumário Resumido

Introdução 1

Parte 1: Conhecendo o Scrum 5
CAPÍTULO 1: Os Conceitos Básicos do Scrum 7

Parte 2: O Funcionamento de um Projeto Scrum 25
CAPÍTULO 2: Os Primeiros Passos 27
CAPÍTULO 3: Planejando o Seu Projeto 45
CAPÍTULO 4: O Talento e a Sintonia 63
CAPÍTULO 5: Planejamento de Lançamento e de Sprint 83
CAPÍTULO 6: Obtendo o Máximo dos Sprints 107
CAPÍTULO 7: Inspecionar e Adaptar: Como Corrigir Seu Percurso 125

Parte 3: O Scrum em Diversos Setores 135
CAPÍTULO 8: Desenvolvimento de Software 137
CAPÍTULO 9: Produção de Bens Tangíveis 155
CAPÍTULO 10: Serviços.. 171
CAPÍTULO 11: Setor Editorial: Um Cenário em Mudanças........... 189

Parte 4: Scrum para Funções de Negócios 199
CAPÍTULO 12: Gerenciamento de TI e Operações.................. 201
CAPÍTULO 13: Gerenciamento de Portfólio........................ 219
CAPÍTULO 14: Recursos Humanos e Finanças 247
CAPÍTULO 15: Desenvolvimento de Negócios 263
CAPÍTULO 16: Serviço de Atendimento ao Cliente 277

Parte 5: Uso do Scrum para a Rotina 287
CAPÍTULO 17: Namoro e Vida Familiar............................ 289
CAPÍTULO 18: Scrum para Metas de Vida 307

Parte 6: A Parte dos Dez................................ 325
CAPÍTULO 19: Dez Passos da Transição para o Scrum.............. 327
CAPÍTULO 20: Dez Armadilhas para Evitar 337
CAPÍTULO 21: Dez Benefícios-chave do Scrum 343
CAPÍTULO 22: Dez Métricas-chave para o Scrum 353
CAPÍTULO 23: Dez Recursos-chave para o Scrum................... 363

Índice.. 369

X   Scrum Para Leigos

Sumário

INTRODUÇÃO 1

    Sobre Este Livro 1

    Penso que... 2

    Convenções Usadas Neste Livro 3

    Ícones Usados Neste Livro 3

    Além Deste Livro 4

    De Lá para Cá, Daqui para Lá 4

PARTE 1: CONHECENDO O SCRUM 5

CAPÍTULO 1: Os Conceitos Básicos do Scrum 7

    Visão Geral 8

        A importância do roadmap 9

        Visão geral do scrum 10

        Equipe scrum 11

        Governança 12

        O framework scrum 13

    Feedback em Abundância 16

    As Raízes dos Princípios Ágeis 16

        Os três alicerces da melhoria 17

        O Manifesto Ágil 18

        Os 12 Princípios Ágeis 19

        Três princípios de ouro 20

    Os Cinco Valores do Scrum 23

        Comprometimento 23

        Foco 24

        Receptividade 24

        Respeito 24

        Coragem 24

PARTE 2: O FUNCIONAMENTO DE UM
PROJETO SCRUM 25

CAPÍTULO 2: Os Primeiros Passos 27

    Entendendo Como o Scrum Funciona 28

        Tá, cadê a grana? 28

        Eu quero isso agora 30

        Não tenho certeza do que quero 31

        Esse tal de bug é um problema? 32

        Sua cultura empresarial 32

O Peso da Influência do Product Owner 32
Por que os Product Owners Adoram o Scrum 34
A Meta e a Estratégia da Empresa: Etapa 1 36
    Estruturando sua visão 37
    Encontrando o alvo 38
O Scrum Master 39
    Características do Scrum Master 39
    O Scrum Master como líder servidor 40
    Por que os Scrum Masters adoram o scrum 41
Papéis Comuns Fora do Scrum 43
    Partes interessadas/partes envolvidas 43
    Os mentores scrum 44

CAPÍTULO 3: Planejando o Seu Projeto 45

O Roadmap do Produto: Etapa 2 46
    Adote a visão de longo prazo 46
    Use ferramentas simples 47
    Elabore seu roadmap do produto 48
    Defina o seu tempo 49
Dividindo os Requisitos 50
    A priorização dos requisitos 50
    Níveis de decomposição 51
    Sete etapas da elaboração dos requisitos 53
Backlog do Produto 53
    Lista dinâmica de tarefas 55
    Refinamento do backlog do produto 55
    Outros itens possíveis de backlog 59
Práticas Comuns do Backlog do Produto 59
    User stories (histórias dos usuários) 60
    Mais refinamento 62

CAPÍTULO 4: O Talento e a Sintonia 63

A Equipe de Desenvolvimento 64
    A peculiaridade das equipes de desenvolvimento scrum 64
    Equipes exclusivas e multifuncionais 65
    Auto-organização e autogerenciamento 68
    Colocalização ou a coisa mais próxima 69
Ganhando Vantagem Competitiva com a Estimativa do Backlog . . . 71
Sua Definição de Concluído 71
Práticas Comuns para Estimativas 74
    Números de Fibonacci e os story points 74
    Velocidade 81

CAPÍTULO 5: Planejamento de Lançamento e de Sprint 83

Fundamentos do Planejamento de Lançamento: Etapa 3 84
    Priorizar, priorizar, priorizar 87
    Metas de lançamento 88
    Sprints de lançamento 89

Planejamento de lançamento na prática 91
O Processo de Sprint e Suas Metas 92
Definindo os sprints 93
Planejamento do tamanho do sprint 93
Acompanhando o ciclo de vida do sprint 96
Planejando os Seus Sprints: Etapa 4 98
Metas do sprint 98
Fase I 99
Fase II 100
Backlog do Sprint 100
As vantagens do gráfico burndown 101
Definindo a capacidade do backlog 102
Trabalhando no backlog do sprint 104
Priorizando os sprints 106

CAPÍTULO 6: **Obtendo o Máximo dos Sprints** 107
O Daily Scrum (Reunião Diária): Etapa 5 108
Definindo a reunião diária 109
Agendando uma reunião diária 110
Conduzindo uma reunião diária 110
Tornando as reuniões diárias mais eficazes 111
Quadro de Tarefas da Equipe 112
Swarming 115
Lidando com rejeição 116
Lidando com requisitos não concluídos 117
A Revisão de Sprint: Etapa 6 118
O processo de revisão de sprint 119
Feedback das partes interessadas 120
Incrementos do produto 120
A Retrospectiva de Sprint: Etapa 7 121
O processo de retrospectiva de sprint 122
O processo de Derby e Larsen 122
Inspeção e adaptação 124

CAPÍTULO 7: **Inspecionar e Adaptar: Como Corrigir Seu
Percurso** 125
Necessidade de Certeza 125
O Ciclo de Feedback 126
Transparência 128
Antipadrões (Antipatterns) 130
Forças Externas 130
Correção da Rota de Voo a Bordo do Scrum 131
Testando no Ciclo de Feedback 132
Cultura de Inovação 132

Sumário   xiii

PARTE 3: O SCRUM EM DIVERSOS SETORES 135

CAPÍTULO 8: **Desenvolvimento de Software** 137

Scrum e Desenvolvimento de Software:
Uma Combinação Natural. 138
Flexibilidade de Software e Refatoração. 140
Lançamentos constantes e sob demanda 141
Personalize os tamanhos de seu lançamento. 141
Inspecione e adapte quando realizar o lançamento 142
Receba a Mudança de Braços Abertos 143
Desafios da equipe de desenvolvimento 143
Alinhamento de negócios com a tecnologia 144
Engenharia inicial 145
Arquitetura emergente 147
Aplicações do Scrum em Software. 148
Desenvolvimento de videogame 148
Serviços. 152
Projetos customizados. 153

CAPÍTULO 9: **Produção de Bens Tangíveis** 155

O Método em Cascata Indo por Água Abaixo 156
Construção. 157
Quem dá menos? 157
Papéis scrum na construção. 158
Envolvimento dos clientes. 159
O dilema do terceirizado 160
Segurança do trabalhador. 161
O Scrum na Construção de Casas 163
Manufatura. 164
A sobrevivência do mais rápido no lançamento 165
O valor acionário. 166
Gestão estratégica de capacidade. 166
Desenvolvimento de Hardware 167
Identificação com antecedência de requisitos de alto risco . . . 167
Desenvolvimento de hardware viável 168

CAPÍTULO 10: **Serviços** 171

Serviços de Assistência Médica e o Scrum 172
Velocidade para o mercado 173
Erros reduzidos, aumento da qualidade 175
Cortando custos 176
Aderindo às regulamentações 177
Fabricação e segurança de equipamentos médicos 178
O Setor Educacional e o Scrum 180
Desafios na educação 181
Scrum em sala de aula. 183
Forças Armadas e Segurança Pública 186

CAPÍTULO 11: **Setor Editorial: Um Cenário em Mudanças** 189

Um Cenário Inconstante no Setor Editorial 190
Inspeção, adaptação e refatoração 191
Aplicando o scrum 192
Mídia de Notícias e Scrum 194
A definição de concluído para o conteúdo. 196
A equipe scrum de mídia de notícias 197
A flexibilidade do sprint 198

PARTE 4: SCRUM PARA FUNÇÕES DE NEGÓCIOS 199

CAPÍTULO 12: **Gerenciamento de TI e Operações** 201

Big Data e Migração em Grande Escala. 202
Gerenciamento de projetos de armazenagem de
dados (data warehouse) 203
Enterprise Resource Planning. 205
O Dilema: Serviço x Controle. 208
Desafios de segurança. 209
O Gap da Aposentadoria dos Baby Boomers 211
Potencial de Lucro e Perda 212
Inovação versus Estabilidade 213
DevOps 213
Manutenção. 214
O kanban dentro de uma estrutura scrum 215

CAPÍTULO 13: **Gerenciamento de Portfólio** 219

Desafios do Gerenciamento de Portfólio 220
Alocação e priorização de pessoas 220
Dependências e fragmentação. 222
Incoerência entre os projetos e os objetivos de negócios 223
Abandono de responsabilidade 223
Soluções scrum 224
Lean Startup. 226
Escalonamento do Scrum para Grandes Portfólios 228
Visão Geral do Fatiamento Vertical 229
Scrum de Scrums 230
O Product Owner do scrum de scrums 231
A equipe de desenvolvimento do scrum de scrums 231
Scrum Master do scrum de scrums. 232
O Scrum at Scale 233
Escalando o Scrum Master 233
Escalando o Product Owner 235
Sincronizando em uma hora por dia. 237
Scaled Agile Framework (SAFe) 237
Portfólio 238
Programa 239
Equipe. 240
Vantagens do Modelo SAFe. 240

Sumário   XV

TDD e CI 240
Qualidade do código 241
Large-scale Scrum (LeSS)..242
Framework LeSS 243
O framework LeSS Huge 244

CAPÍTULO 14: **Recursos Humanos e Finanças**..................247
Recursos Humanos e Scrum......................................248
Promovendo a Cultura Certa 249
RH e estruturas organizacionais existentes.................250
RH e scrum na contratação...................................252
Análises de desempenho 254
Finanças 258
Investimento incremental 259
Demonstrativos financeiros (SOP)............................261
Scrum e orçamentos 262

CAPÍTULO 15: **Desenvolvimento de Negócios**...................263
Scrum e Marketing 264
Evolução do marketing.......................................264
Scrum e mídias sociais.......................................265
Scrum em marketing 266
O Funcionamento do Scrum no Marketing 267
CafePress 268
Xerox 268
Scrum para Vendas..269
A solução scrum 270
O processo de vendas no scrum 273

CAPÍTULO 16: **Serviço de Atendimento ao Cliente**..............277
Clientes: As Partes Interessadas Importantíssimas..............278
O dilema do serviço de atendimento 279
Sobrecarga de informação 279
Scrum e Atendimento ao Cliente 280
Inspecione e adapte por meio de feedback...................280
Backlog do produto de atendimento ao cliente 282
Definição de concluído no atendimento ao cliente 282
Volte-se para dentro..283
Inspecione e adapte na prática 284
O Scrum em Ação no Serviço de Atendimento ao Cliente.......286

PARTE 5: USO DO SCRUM PARA A ROTINA 287

CAPÍTULO 17: **Namoro e Vida Familiar** 289
Encontrando o Amor com o Scrum 290
Definindo uma visão..292
Namoro em camadas..292

Descobrindo as amizades e o scrum 294
Namoro com scrum 295
Jogo em que todo mundo sai ganhando 296
Foco x multitarefa 297
Planejando seu casamento com scrum 298
Famílias e Scrum 299
Definição de estratégias familiares e visões de projetos 301
Planejando e definindo prioridades 301
Comunicação com scrum 304
Inspeção e adaptação para famílias 305
Faça com que as tarefas fiquem divertidas e fáceis 306

CAPÍTULO 18: Scrum para Metas de Vida 307
Aposentadoria 308
Economizando para emergências 308
Poupando para a aposentadoria 309
Garantindo a liberdade financeira 310
Dívida de aposentadoria 312
Conquistando Metas Fitness e Perdendo Peso 312
Mantendo a Vida Equilibrada 314
Planejando Viagens 317
Estudos 319
Aprendendo cedo 320
Formar-se no ensino médio 321
Entrando na faculdade 323

PARTE 6: A PARTE DOS DEZ 325

CAPÍTULO 19: Dez Passos da Transição para o Scrum 327
Faça uma Auditoria 327
Identifique e Recrute Talentos 328
Providencie Treinamento Adequado 329
Mobilize uma Equipe de Transição 329
Identifique o Projeto-piloto 330
Maximize a Eficiência do Ambiente 332
Reduza Pontos Únicos de Falha 332
Estabeleça uma Definição de Concluído 333
Faça o Kick-off do Projeto-piloto 333
Inspecione, Adapte, Amadureça e Escalone 334
Inspecione e adapte o primeiro sprint .335
Maturidade 335
Escalonamento viral 336

CAPÍTULO 20: Dez Armadilhas para Evitar 337
Quando o Scrum É Fake 337
Falta de Treinamento 338
Product Owner Ineficiente 338
Falta de Testes Automatizados 339

Falta de Sustentação para a Transição 339
Ambiente Inapropriado 339
Contratação Precária de Equipe. 340
Disciplina Permissiva. 340
Falta de Apoio para Aprendizagem 341
Processo Deturpado. 341

CAPÍTULO 21: Dez Benefícios-chave do Scrum. 343
Melhor Qualidade 343
Redução do Tempo de Comercialização do Produto 344
Maior Retorno sobre Investimento 345
Maior Satisfação do Cliente. 345
Maior Moral da Equipe. 346
Maior Colaboração e Propriedade. 347
Métricas Mais Relevantes. 348
Melhor Visibilidade e Exposição do Progresso 349
Maior Controle do Projeto. 350
Risco Reduzido. 351

CAPÍTULO 22: Dez Métricas-chave para o Scrum. 353
Índices de Sucesso da Meta de Sprint. 354
Defeitos. 354
Tempo de Colocação do Produto no Mercado 355
Retorno sobre Investimento 356
Duração total do projeto e custo. 357
Novas solicitações dentro do orçamento do ROI 357
Redistribuição de Capital 358
Pesquisas de Satisfação. 359
A Rotatividade de Membros da Equipe. .359
Atrito de Projeto 360
Versatilidade de Competências 361
Proporção entre Gerente x Criador. 361

CAPÍTULO 23: Dez Recursos-chave para o Scrum 363
Scrum Alliance 363
Agile Alliance. 364
Scrumguides.org 364
Scrum.org 365
Scruminc.com (Scrum at Scale). 365
ScrumPLoP 365
Scaled Agile Framework (SAFe). 365
LeSS 366
InfoQ 366
Platinum Edge 366

ÍNDICE. 369

Introdução

Bem-vindo ao *Scrum Para Leigos*. O scrum é um framework de gerenciamento ágil de projetos com resultados comprovados de 30% a 40% na diminuição do tempo de lançamento de qualquer produto no mercado, melhorando a qualidade do produto e aumentando a satisfação do cliente — tudo isso ao mesmo tempo em que reduz os custos em 30% a 70%. O scrum alcança esses resultados mediante a integração dos negócios e do desenvolvimento de habilidades, modelos aprimorados de comunicação, maior visibilidade de desempenho, feedback regular dos clientes e partes interessadas e uma mentalidade baseada na observação visual e adaptação empírica. Você consegue gerenciar até mesmo o projeto mais complexo usando o scrum com o intuito de potencializar os seus resultados.

Sobre Este Livro

A finalidade é demonstrar explicitamente como você pode usar o scrum em qualquer projeto, não apenas no desenvolvimento de software. Este livro tem por objetivo servir de manual para a implementação do scrum em situações do mundo real. Embora aborde em detalhes os princípios básicos do scrum, esta obra também se aprofunda em como desvendar e usufruir das incríveis vantagens dele.

O scrum é, por natureza, fácil de se explicar e compreender, porém, implementá-lo e dominá-lo com maestria geralmente é difícil. Velhos hábitos e paradigmas organizacionais precisam ser mudados em prol da aceitação de novos modelos. À vista disso, demos exemplos de experiências bem-sucedidas a fim de que você veja como o scrum pode se adequar à sua realidade.

A chave para se entender o scrum reside em três regras básicas, três artefatos e cinco eventos que formam o seu alicerce, os quais abordamos meticulosamente. Incluímos também as práticas comuns que usamos e que outras pessoas na área utilizam, de modo que você possa escolher o que se encaixe melhor ao seu projeto.

O scrum não é técnico. Na verdade, o princípio básico do scrum é o bom senso. Em muitos casos, trouxemos à baila as informações do mundo tecnológico e usamos termos técnicos para ajudar a explicar isso. Sempre que necessário, definimos esses termos.

Além do mais, abordamos as práticas comuns utilizadas por especialistas de scrum em todo o mundo. Você pode aprender muito com as pessoas que usam esse framework em uma variedade aparentemente ilimitada de projetos.

O scrum encaixa-se na categoria de gerenciamento de projetos chamada de *gerenciamento ágil de projeto*. Nem o scrum, nem as práticas ágeis são um substantivo próprio. O *scrum* é um framework para organizar o seu trabalho, ao passo que o *gerenciamento ágil* é um adjetivo usado para descrever uma diversidade de práticas que se coadunam com os valores do Manifesto Ágil e com os 12 Princípios Ágeis. O scrum e o ágil não são idênticos ou intercambiáveis, todavia, você pode com frequência ver uma série de referências a esses dois termos, sobretudo online, de forma indistinta. Neste livro, você verá a terminologia de ambas as descrições, pois o scrum é um subconjunto de práticas ágeis usado com frequência.

Penso que...

Inúmeros livros sobre o scrum estão disponíveis, mas este é diferente no que se refere à viabilidade. Ambos os autores têm mais de uma década de experiência no que concerne aos métodos ágeis e a metodologia scrum, e nós estruturamos essa experiência para você em um guia prático. Não presumimos coisas sobre as quais você já sabe: você não precisa ser um cientista da NASA ou um gênio da programação; tudo o que precisa é de um projeto e de entusiasmo para elaborá-lo da melhor maneira possível. Nossos exemplos vão desde a construção de caças até uma família que organiza as férias. Demos atenção às etapas necessárias do scrum que pudessem cativá-lo.

Nossos leitores são programadores, profissionais de vendas, fabricantes de produtos, executivos e gerentes plenos ou de nível médio, bem como educadores que estão procurando um modo de atrair seus alunos.

Se você está no ramo da tecnologia, provavelmente já ouviu os termos *ágil e/ ou scrum*. Talvez você até tenha trabalhado em um ambiente scrum, mas quer melhorar suas habilidades e seu vocabulário nessa área e trazer outras pessoas da sua empresa junto com você. Agora, caso não faça parte do ramo tecnológico, você pode ter ouvido que o scrum é uma ótima maneira para gerenciar projetos, o que não deixa de ser verdade. Ou, talvez, o scrum seja um mundo novo e você esteja procurando meios de fazer com que seus projetos sejam mais acessíveis, ou, quem sabe, você já tem uma grande ideia fervilhando na caixola e não sabe como concretizá-la. Seja lá quem você for, há uma maneira fácil de gerenciar o seu projeto, e essa maneira chama-se scrum. Nestas páginas, mostramos como usá-lo.

Convenções Usadas Neste Livro

Se você fizer uma pesquisa online, poderá ver as palavras *ágil* e *scrum*, funções, reuniões e documentos, bem como uma variedade de metodologias ágeis e frameworks (incluindo scrum) escritas em letra maiúscula. Evitamos tal prática por uma série de razões.

Para começo de conversa, nenhum desses termos é, de fato, um substantivo próprio. *Ágil* é um adjetivo que descreve vários itens do gerenciamento de projetos: projetos ágeis, equipes ágeis, processos ágeis e assim por diante. Porém, ele não é um substantivo próprio, e salvo os casos em títulos de capítulos ou seções, você não nos verá usando esse termo dessa maneira.

Por questões de legibilidade, não escrevemos em letras maiúsculas as regras referentes ao gerenciamento, reuniões e documentos ágil. Entre esses termos figuram agile project (projeto ágil), Product Owner (proprietário do produto), Scrum Master (facilitador) Development Team (equipe de desenvolvimento), user stories (descrição concisa de uma necessidade do usuário do produto), product backlog (lista com todas as funcionalidades desejadas de um produto) e muito mais. Na grande maioria das vezes, usam-se os termos em inglês. No entanto, você pode ver esses termos em letras maiúsculas em alguns lugares que não sejam este livro.

Há exceções que fogem à regra. O Manifesto Ágil e os Princípios Ágeis são um material protegido por direitos autorais. A Agile Alliance, a Scrum Alliance e o Project Management Institute são organizações profissionais. Um Certified ScrumMaster e um Practitioner Certificado PMI-Agile são certificações profissionais.

Ícones Usados Neste Livro

Nas margens deste livro, você encontra ícones — pequenas imagens desenhadas com o intuito de chamar a atenção para tipos específicos de informação que gostaríamos que você notasse.

DICA

Em geral, as dicas são conselhos práticos que você pode aplicar a um determinado tópico.

CUIDADO

Este ícone é menos comum que os outros neste livro. A intenção é poupar-lhe tempo, chamando a sua atenção para armadilhas que é melhor evitar.

Introdução   3

Caso não se importe muito com o "tecnês", você pode desconsiderar esses parágrafos, que não estará perdendo muita coisa. Agora, caso o "tecnês" seja a sua praia, você pode achar estas seções fantásticas.

Este ícone sinaliza algo que gostaríamos que você anotasse, como um conceito, uma ideia ou uma prática recomendada que consideramos digna de nota.

Além Deste Livro

Você pode acessar a Folha de Cola Online no site da editora Alta Books. Procure pelo título do livro. Faça o download da Folha de Cola e dos arquivos de apoio em: www.altabooks.com.br. A Folha de Cola aborda o Manifesto Ágil; os princípios por trás do scrum e do Manifesto Ágil; a importância do roadmap a que nos referimos com frequência ao longo deste livro; um snapshot de muitas definições de funções, artefatos e atividades relacionadas ao scrum; e um resumo dos recursos que você pode encontrar na comunidade scrum.

De Lá para Cá, Daqui para Lá

Para fazer com que o scrum trabalhe para você, comece a implementá-lo em projetos pequenos para ir se acostumando à situação. Em pouco tempo, você estará lidando da mesma maneira com seus projetos mais importantes. Este livro se aplica a uma gama diversificada de leitores e é organizado de forma que lhe permite encontrar áreas de interesse específicas relevantes para você. Cada capítulo pode ser uma referência sempre que você tiver uma pergunta técnica ou quiser ver um exemplo de scrum aplicado em situações reais.

Se você é novo no scrum, comece com o Capítulo 1 para entender os conceitos introdutórios e a terminologia; em seguida, leia ao seu tempo até chegar no Capítulo 7 para saber mais sobre o framework por completo. À medida que você avança além do Capítulo 7, aprenderá como aplicar o scrum em qualquer situação.

Caso esteja familiarizado com o scrum e queira saber mais sobre como implementá-lo nos diversos setores, confira os Capítulos 8 a 11 e leia a respeito da viabilidade do scrum nas mais variadas áreas.

Se você é um Product Owner, Scrum Master, ou um Business Leader e quiser saber mais sobre o scrum em uma escala maior, comece lendo o Capítulo 13 e toda a Parte 6 para saber mais sobre recursos valiosos.

Se você estiver familiarizado com o scrum e quiser saber como isso pode ajudá-lo a lidar com o dia a dia, leia os Capítulos 17 e 18 para se inspirar e obter exemplos.

1
Conhecendo o Scrum

NESTA PARTE . . .

Conecte o scrum aos princípios de gerenciamento ágil de projetos.

Use o feedback regular através da transparência e da quantificação para elevar os índices de sucesso dos projetos.

Torne-se taticamente flexível com o intuito de elaborar estratégias sólidas.

NESTE CAPÍTULO

» Compreendendo os princípios fundamentais do scrum

» Identificando os valores e a estrutura do scrum

Capítulo **1**

Os Conceitos Básicos do Scrum

O scrum é um modelo de exposição empírico, o que significa que as pessoas que o empregam adquiriram conhecimento através da realidade e tomam decisões com base nessa experiência de realidade. É um modo de organizar o seu projeto — seja para lançar um novo smartphone ou organizar a festa de aniversário de cinco anos da sua filha — a fim de expor se sua abordagem está gerando os resultados esperados. Caso você precise finalizar alguma coisa, o scrum disponibiliza uma estrutura para maximizar a eficiência e os resultados mais rápidos.

No scrum, o bom senso impera. Você se concentra no que pode ser feito hoje, com o objetivo de dividir o trabalho futuro em partes gerenciáveis. É possível observar de imediato como sua metodologia de desenvolvimento está funcionando, e ao encontrar ineficiências em sua abordagem, o scrum lhe permite agir de acordo com elas, realizando ajustes de modo claro e rápido.

Embora a modelagem de exposição empírica remonte ao início da própria arte — ao esculpir, por exemplo, você esculpe, confere os resultados, faz as adaptações necessárias e retira com o cinzel um pouco mais de material —, seu uso moderno origina-se da modelagem computacional. O modelo de exposição empírica trata-se de observar ou experimentar resultados reais, em vez de simulá-los com base em pesquisa ou em uma fórmula matemática, e em seguida tomar as decisões com base nessas experiências. No scrum, você divide seu projeto em blocos executáveis e observa os resultados a cada etapa durante o percurso. Tal abordagem permite que você faça as alterações necessárias imediatamente, com o intuito de manter seu projeto nos trilhos.

Visão Geral

O scrum não é uma metodologia; é uma nova maneira de pensar. Não é uma abordagem que você segue à risca e, no fim, tem um produto; é um framework simples para definir claramente os papéis e organizar seu trabalho executável de modo que você seja mais eficiente na priorização de suas tarefas e mais produtivo na conclusão da incumbência selecionada. Os frameworks são menos limitados que as metodologias e viabilizam certa flexibilidade aos processos, estruturas e ferramentas que os complementam. Ao utilizar esta abordagem, você pode explicitamente observar e adotar os métodos e as práticas complementares e identificar com rapidez se está fazendo progressos de modo verdadeiro e significativo. Você elabora resultados testáveis e funcionais em semanas, dias ou (em alguns casos) horas.

Similar ao processo de construir uma casa do zero, o scrum é uma abordagem iterativa e gradativa. Ele fornece evidências empíricas antecipadas de desempenho e qualidade. Os papéis a se desempenhar são inconfundíveis e autogeridos, a partir de indivíduos e equipes que têm a liberdade e as ferramentas necessárias para realizar o trabalho. Os intermináveis relatórios de andamento, as reuniões desnecessárias e os níveis hierárquicos de gerenciamento não existem mais. Se você simplesmente quiser colocar a mão na massa, o scrum é a abordagem a ser usada.

PAPO DE ESPECIALISTA

O *scrum* é um termo que se origina do rúgbi. A aglomeração de jogadores, ou scrums, são formações com os atacantes de um lado, entrelaçando os braços, com as cabeças para baixo e empurrando os atacantes da equipe adversária, que também estão entrelaçando os braços com as cabeças para baixo. Então, a bola é lançada no meio dessa aglomeração de atletas fortemente concentrada. Ainda que cada membro da equipe tenha uma posição única, todos os membros da equipe desempenham papéis de ataque e defesa, bem como trabalham juntos com o intuito de movimentar a bola para o campo do jogo. Similar ao rúgbi, o scrum depende de pessoas talentosas, dotadas de responsabilidades e de áreas diversificadas, trabalhando em estreita colaboração e em equipes para conquistar um objetivo comum.

Queremos enfatizar que escrevemos dois terços deste livro fundamentados em um conceito ignorado do scrum: sua incrível versatilidade. Geralmente, as pessoas que conhecem o scrum acham que ele é específico para software, tecnologia da informação (TI) ou uso tecnológico, mas essa é apenas a ponta do scrumberg. Absolutamente qualquer projeto — grande, pequeno, tecnológico, artístico, social, pessoal — pode ser colocado de maneira produtiva dentro de um framework scrum. Nos Capítulos 8 a 18, mostramos como. Fica a dica! O scrum é um framework tão viciante que você vai usá-lo para treinar a equipe de futebol de seu filho, planejar suas compras de supermercado e até mesmo aumentar a sua rotina de exercícios.

A importância do roadmap

Ao longo deste livro, analisamos as técnicas que alguns praticantes de scrum especializados consideram extensões das práticas comuns ao scrum. Estas técnicas complementam, mas não substituem, o framework do scrum. Nós destacamos as diferenças quando elas ocorrem. Todas as práticas comuns que incluímos e recomendamos são testadas e comprovadas — sempre com o claro entendimento de que tais práticas não fazem parte do framework básico do scrum, logo, elas são sugeridas a fim de que você possa levá-las em consideração em sua própria realidade.

Chamamos esse conjunto de práticas populares e avaliadas do scrum de *"os princípios do roadmap"*. O roadmap é composto de sete etapas que o guiam desde o estágio da perspectiva do seu projeto até o nível da tarefa, e vice-versa, em um processo contínuo de inspeção e adaptação. Grosso modo, os estágios o ajudam a ver o que você quer conquistar, e a dividir de modo progressivo essa perspectiva em um ciclo eficiente que leva a resultados reais todo santo dia, todas as semanas e no decorrer dos meses.

Sabe aquela ideia milionária que está em sua cabeça há anos? Siga as sete etapas. Elas mostram a viabilidade e a falácia da sua ideia e onde fazer as suas melhorias — passo a passo, pouco a pouco.

A Figura 1-1 demonstra uma visão holística dos princípios do roadmap. Esta figura mostra que você começa a partir da perspectiva, trabalha em um planejamento e, depois, entra no mundo cíclico de sprints, revisões e retrospectivas.

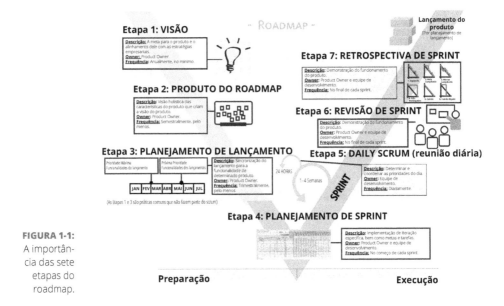

FIGURA 1-1: A importância das sete etapas do roadmap.

Visão geral do scrum

O processo de scrum é simples e cíclico, com elementos constantes e transparentes de inspeção e adaptação. Em primeiro lugar, elabora-se e mantém-se rigorosamente uma lista de tarefas priorizadas — chamada de *backlog do produto* (lista com todas as funcionalidades desejadas de um determinado produto). Em seguida, os itens de prioridade máxima são determinados de acordo com um período de tempo fixo e regular — chamado de *sprint* —, através do qual a equipe scrum empenha-se para conquistar uma meta predeterminada e mutuamente acordada.

A Figura 1-2 mostra uma visão geral do scrum.

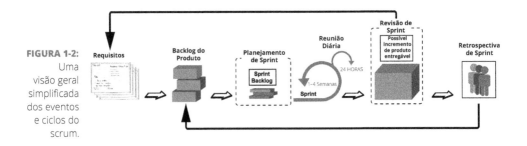

FIGURA 1-2: Uma visão geral simplificada dos eventos e ciclos do scrum.

O processo scrum permite que você se adapte rapidamente às mudanças das forças do mercado, restrições tecnológicas, regulamentações, inovações recentes e quase tudo que você possa imaginar. A chave é trabalhar continuamente nos itens de prioridade máxima até concluí-los. Cada um dos itens de prioridade máxima é totalmente desenvolvido e testado durante as seguintes etapas:

1. **Elaboração de requisitos**
2. **Design**
3. **Desenvolvimento**
4. **Testes abrangentes**
5. **Integração**
6. **Documentação**
7. **Aprovação**

Executam-se as sete etapas, criadas para completar o escopo de cada requisito, para cada item. Todo requisito é adotado durante um sprint, seja ele pequeno ou grande, esteja ele totalmente (ou não) criado, testado, aprovado ou rejeitado.

Quando um requisito é aceito e, consequentemente, considerado entregável, você sabe que ele funciona. Substituem-se as meras suposições e expectativas pela realidade. Você constrói incremento por incremento do seu produto e mostra esses incrementos tangíveis às partes interessadas para feedback. Esse feedback gera novos requisitos que são colocados no backlog do produto e priorizados em relação ao trabalho existente.

O que é mais importante: a eficiência ou a eficácia? Sem sombra de dúvidas, a eficácia. Não se preocupe com a eficiência até descobrir como ser eficaz. Uma equipe de desenvolvimento muito eficiente trabalhando nas coisas erradas é uma bela perda de tempo. Entretanto, uma equipe de desenvolvimento supereficaz pode facilmente aprender a ser eficiente. Procure sempre trabalhar primeiro nas coisas *certas*. Como disse o economista e administrador Peter F. Drucker, "não adianta nada fazer alguma coisa com eficiência se tal coisa não deveria sequer ser feita".

O ciclo scrum é executado reiteradamente. O fluxo constante de feedback e a ênfase somente no desenvolvimento dos itens de prioridade máxima ajudam você a refletir sobre o que seus clientes estão procurando e a entregar esses itens com mais rapidez e qualidade.

Equipe scrum

Não importa o escopo do seu projeto scrum, sua equipe scrum terá características semelhantes. Os tamanhos das equipes de desenvolvimento variam um bocado, mas os papéis são basicamente os mesmos. Examinaremos com mais detalhes os papéis específicos ao longo deste livro. A Figura 1-3 ilustra uma equipe scrum.

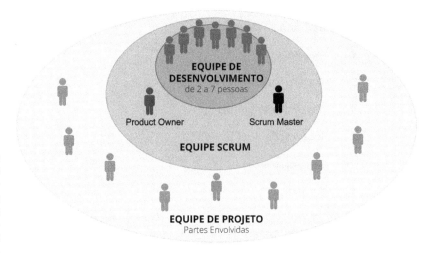

FIGURA 1-3: Uma equipe scrum dispõe de uma equipe de desenvolvimento em seu núcleo.

O ponto nevrálgico de uma equipe scrum é a equipe de desenvolvimento — as pessoas que trabalham em estreita colaboração para desenvolver o próprio produto. Elas trabalham diretamente com o Product Owner e com o Scrum Master, que, por sua vez, alinham as prioridades de negócios e desenvolvimento para a empresa e afastam as distrações, de modo que a equipe de desenvolvimento possa se concentrar no desdobramento de um resultado de qualidade.

As partes interessadas não desempenham papéis no scrum, porém as incluímos na Figura 1-3 por impactarem o seu projeto. As partes envolvidas podem ser internas ou externas. Membros da equipe de marketing, jurídica e de compliance e, sobretudo, clientes são exemplos de partes envolvidas.

A equipe scrum deve prestar contas das tarefas que lhes foram confiadas. Os membros da equipe descobrem como alcançar seus objetivos dentro do ambiente em que se encontram.

Governança

O scrum apresenta três papéis que são iguais em status, ainda que separados e independentes em função:

» **Product Owner:** O *que* e *quando* (não *quanto*).
» **Equipe de desenvolvimento:** *Como* e *quanto*.
» **Scrum Master:** O *processo*.

Cada papel tem uma finalidade definida, desenvolvida essencialmente para maximizar a produtividade da equipe.

Os criadores do scrum não elaboraram esses papéis por acaso, e sim ao longo dos anos de experiência em trabalhar com todos os tipos de equipes de projeto. Eles analisaram as boas sistematizações, as ruins, bem como as impraticáveis, e descobriram que os melhores resultados eram frutos desses três papéis.

DICA

Preferimos que cada pessoa em um papel scrum seja um membro que colabore integralmente e dedique-se com exclusividade ao projeto da equipe scrum. Não fique trocando os membros de sua equipe de projetos ou alocando colaboradores de meio período. Quantos times de futebol da primeira divisão têm jogadores que jogam de vez em quando ou que jogam em vários times? Isso simplesmente não funciona.

LEMBRE-SE

No scrum, nenhuma pessoa ou papel está acima de outro. Todo mundo é igual; ninguém é chefe ou subordinado. *Nós* é a palavra da vez, e não *eu*.

O framework scrum

O scrum é um framework e não uma metodologia. Ele promove a transparência das responsabilidades através dos papéis, a visibilidade com o auxílio dos artefatos, bem como possibilita as oportunidades de inspeção e adaptação por meio de eventos. Dentro dessa estrutura, o scrum é um contêiner para outros processos e apresenta as ferramentas adequadas a fim de atender às necessidades específicas de uma equipe, organização ou produto.

LEMBRE-SE

Um projeto scrum apresenta um framework 3-3-5:

» Três papéis

» Três artefatos

» Cinco eventos

Cada elemento do framework se encaixa no processo scrum, que é iterativo e incremental. Você cria e aprimora progressivamente seu produto e melhora incrementalmente seu processo com esse simples framework, da seguinte maneira:

» **Papéis**
- Product Owner (Dono do produto)
- Equipe de desenvolvimento
- Scrum Master

- » **Artefatos**
  - Backlog do produto
  - Backlog do sprint
  - Incremento do produto
- » **Eventos**
  - Sprint
  - Planejamento de sprint
  - Daily scrum (reunião diária)
  - Revisão de sprint
  - Retrospectiva de sprint

PAPO DE ESPECIALISTA

No mundo do scrum, os *artefatos* são listas de trabalhos a serem efetuados ou produtos de trabalho que estão concluídos ou são considerados entregáveis. Ao contrário dos artefatos arqueológicos, os artefatos scrum não são inalteráveis. O processo scrum exige revisão e avaliação contínua dos artefatos para se ter certeza de que você está trabalhando na direção certa.

Cada papel, artefato e evento no scrum tem um propósito estabelecido. Você insere seu projeto no framework scrum, passando pelas sete etapas do roadmap (discutido anteriormente neste capítulo), mas as ferramentas e técnicas reais para concretizar seus objetivos são suas. O scrum não lhe informa como atingir seu objetivo; ele apenas fornece um framework dentro do qual você pode ver claramente o que está fazendo.

Em teoria, o scrum é simples; todavia, pode ser um tanto complicado implementá-lo. À primeira vista, o scrum é como precisar entrar em forma. A princípio, você precisa se exercitar mais e ingerir menos calorias; na prática, o processo pode ser complexo.

Veja a seguir algumas práticas comuns que complementam o scrum (elementos complementares em itálico) e produzem resultados surpreendentes. Agora, veremos um framework 5-6-7:

- » **Papéis**
  - Product Owner
  - Equipe de desenvolvimento
  - Scrum Master

- *Partes envolvidas ou partes interessadas*
- *Mentor Scrum*

» **Artefatos**

- *Visão*
- *Roadmap do produto*
- Backlog do produto
- *Planejamento do lançamento*
- Backlog de sprint
- Incremento do produto

» **Eventos**

- *Planejamento de projeto*
- *Planejamento de lançamento*
- Sprint
- Planejamento de sprint
- Daily scrum (reunião diária)
- Revisão de sprint
- Retrospectiva de sprint

O framework ainda é simples, mas com papéis, artefatos e eventos adicionais projetados para facilitar o processo. Ao longo do livro, discutimos detalhadamente esses papéis, artefatos e eventos.

AS RAÍZES DO SCRUM

Apesar de quase 100 anos terem se passado desde a criação dos frameworks ágeis que utilizamos hoje, a primeira equipe de scrum foi formada por Jeff Sutherland em 1993, após a implementação dos conceitos descritos em 1986 no artigo da *Harvard Business Review* chamado "The New New Product Development Game" (O Novo, Novíssimo Jogo de Desenvolvimento de Produto). Junto ao cocriador do scrum, Ken Schwaber, Jeff formalizou o framework scrum no OOPSLA 95 (Conferência Internacional sobre Programação Orientada a Objetos, Sistemas, Linguagens e Aplicações).

Feedback em Abundância

Um das vantagens mais óbvias do scrum em relação a outros frameworks de gerenciamento de projetos é o ciclo de feedback, que informa antecipadamente e de modo contínuo o que está funcionando, o que não está funcionando, o que está faltando e o que pode surpreender.

O feedback é gerado regularmente pelos membros da equipe scrum, partes interessadas e clientes. O processo é mais ou menos deste modo:

1. **O feedback diário ocorre entre os membros da equipe de desenvolvimento à medida que eles desenvolvem os requisitos do projeto.**

2. **A interação diária direta ocorre entre o Product Owner e a equipe de desenvolvimento com o intuito de obter respostas e feedback in loco.**

3. **O Product Owner dá o feedback direto, quando aceita ou rejeita todos os requisitos concluídos.**

4. **No final de cada sprint, todos os envolvidos internos no processo também dão feedback.**

5. **No final de cada lançamento, o feedback é dado pelo mercado externo.**

Você obtém mais do modelo scrum do que dos modelos tradicionais de gerenciamento de projetos, pois o scrum dá ênfase ao desenvolvimento dos produtos em vez de ao desenvolvimento de artefatos, disponibilizando produtos tangíveis e testados, em vez de pilhas e pilhas de relatórios a respeito do que é possível. Você recebe feedback regular ao longo do percurso do projeto, o que lhe permite disponibilizar seu produto ao mercado o mais rápido possível.

No final do projeto, que nada mais é do que uma série de sprints dentro de uma série de lançamentos no mercado, você não fica se perguntando se produziu o que seus clientes querem; você está se comunicando e recebendo feedback deles o tempo todo. O processo de inspeção e adaptação está funcionando por conta própria, e você está entregando o que seus clientes, de fato, solicitaram.

As Raízes dos Princípios Ágeis

O que nos ajuda a compreender o scrum é entrar de cabeça no vasto mundo das técnicas ágeis, pois o scrum é regido pelos princípios ágeis.

Ágil é a descrição das abordagens que se alinham aos valores do Manifesto Ágil e aos 12 Princípios Ágeis, que resumimos por alto nesta seção. Logo, o scrum é uma abordagem ágil.

Para uma análise detalhada das técnicas ágeis, consulte o livro *Gerenciamento Ágil de Projetos para Leigos,* segunda edição, 2018, de Mark Layton e Steven Ostermiller, Editora Alta Books.

Os três alicerces da melhoria

O modelo de controle do processo empírico baseia-se solidamente em três alicerces, que são comuns ao método ágil e ao scrum:

- » Transparência
- » Inspeção
- » Adaptação

Transparência

Uma característica peculiar das técnicas ágeis em geral e do scrum, em particular, é a transparência. Quando os canais de comunicação são claros e acessíveis, a informação se dissemina por toda a empresa. A empresa inteira sabe o que foi feito, o que está sendo trabalhado, o que falta ser trabalhado e quaisquer obstáculos que impedem o funcionamento. Desde o início, você produz resultados reais que são testados e aprovados ou devolvidos para ajustes. Agora, o tempo de latência entre a data de início e os resultados propriamente ditos é em dias, e não mais em meses.

A transparência não se trata apenas de visualizar os resultados rapidamente. Todos precisam analisar a mesma perspectiva. Um framework (como scrum) é compartilhado juntamente com uma definição preestabelecida do que *foi concluído.* Tanto os observadores quanto os colaboradores podem ver o que está sendo realizado e interpretar os resultados em uma linguagem comum.

Inspeção

Conforme você descobrirá nos próximos capítulos, os projetos ágeis são divididos em possíveis blocos pequenos e gerenciáveis (comumente capturados como user stories; veja o Capítulo 3). As metas são definidas dentro de prazos fixos: o sprint, a lançamento e o projeto. À medida que cada item é realizado, ele é inspecionado a fim de se ter certeza de que funciona e faz o que o cliente quer.

Essas inspeções são efetuadas por pessoas que colaboram diretamente com o projeto — aquelas que fazem o trabalho e as que representam o cliente. Esse processo elimina o tempo de latência necessário para que uma pessoa externa conclua tal tarefa e também significa que qualquer ajuste pode ser feito rapidamente, porque o conhecimento necessário está disponível.

Adaptação

Caso a inspeção identifique irregularidades e/ou ineficiências — ou seja, se a funcionalidade não executar corretamente — será necessário fazer uma adaptação. Deve-se realizar a adaptação o mais rápido possível e antes de passar para o próximo item executável da lista de tarefas. Em outras palavras, à medida que você avança no projeto, sabe que tudo que já fez está funcionando corretamente.

O scrum permite que as inspeções e adaptações sejam realizadas de imediato nos níveis de equipe e projeto, na forma de revisões, retrospectivas e da reunião diária (veja os Capítulos 6 e 7).

O Manifesto Ágil

O scrum é um framework, não uma metodologia padronizada. Você ainda precisa pensar e fazer escolhas. Um das vantagens do framework scrum é que ele permite que você tome as decisões que lhe pareçam melhores, com base na realidade em que se encontra.

Em 2001, 17 especialistas em software e projetos concordaram com quatro valores principais a respeito de suas metodologias de programação. Esses valores são conhecidos como o Manifesto Ágil:

Estamos descobrindo meios melhores de desenvolver um software e ajudando outras pessoas a fazerem isso também. Através deste trabalho, passamos a valorizar:

» **Pessoas e interações,** *em detrimento de processos e ferramentas.*

» **Validação do software,** *em vez de uma documentação exaustiva e longa.*

» **Colaboração com o cliente,** *em detrimento da negociação de contrato.*

» **Resposta à mudança,** *em vez de seguir cegamente um plano.*

Grosso modo, embora os itens à direita apresentem valor, valorizamos mais os itens à esquerda.

Manifesto Ágil © 2001: Kent Beck, Mike Beedle, Arie van Bennekum, Alistair Cockburn, Ward Cunningham, Martin Fowler, James Grenning, Jim Highsmith, Andrew Hunt, Ron Jeffries, Jon Kern, Brian Marick, Robert C. Martin, Steve Mellor, Ken Schwaber, Jeff Sutherland e Dave Thomas

Ainda que o Manifesto Ágil e os princípios tenham sido escritos por e para especialistas em software, os valores aplicam-se a qualquer projeto scrum de que você participe. O Sistema de Posicionamento Global (GPS), por exemplo, foi desenvolvido por e para os militares, todavia, isso não quer dizer que você não possa aproveitá-lo quando estiver dirigindo em uma parte desconhecida da sua cidade.

Para mais informações sobre o Manifesto Ágil e seus fundadores, acesse (conteúdo em inglês): `http://agilemanifesto.org`.

Os 12 Princípios Ágeis

Os fundadores do Manifesto Ágil também reconhecerem os 12 Princípios Ágeis. Em seu projeto scrum, você pode empregar esses princípios a fim de conferir se o seu framework está de acordo com objetivos ágeis:

1. Nossa prioridade máxima é atender ao cliente mediante entregas antecipadas e contínuas de um software satisfatório.

2. As mudanças nos requisitos são para lá de bem-vindas, mesmo no final do desenvolvimento. Os processos ágeis utilizam-se das mudanças como vantagem competitiva do cliente.

3. As entregas do software validado são recorrentes, a partir de algumas semanas ou em meses, dando preferência ao menor prazo.

4. As pessoas da área de negócios e os desenvolvedores devem trabalhar juntos diariamente, durante todo o projeto.

5. Elabore os projetos em sintonia com as pessoas motivadas. Promova o ambiente e o apoio necessário, e confie no trabalho delas.

6. O método mais eficiente e eficaz de se compartilhar as informações dentro e fora da equipe de desenvolvimento é através de uma conversa franca, olho no olho.

7. A validação do software é a principal medida de progresso.

8. Os processos ágeis fomentam o desenvolvimento sustentável. Os responsáveis financeiros pelo projeto, os desenvolvedores e os usuários devem manter um ritmo constante a todo momento.

9. O cuidado incessante em relação à excelência técnica e ao bom design potencializa a agilidade.

10. A simplicidade — a arte de maximizar a quantidade de trabalho não realizado — é de suma importância.

11. As melhores arquiteturas, requisitos e projetos nascem de equipes auto-organizadas.

12. Em intervalos periódicos, a equipe pondera como se tornar mais eficiente e, depois, procura conciliar e sintonizar o comportamento convenientemente.

Os princípios não mudam, porém as ferramentas e técnicas para alcançá-los podem mudar.

O DESAFIO DO MARSHMALLOW

Em 2010, o autor e palestrante Tom Wujec ministrou uma palestra extraordinária no TED chamada O Desafio do Marshmallow, que discutia um exercício de design criado pelo designer Peter Skillman. Nesse exercício, grupos pequenos de participantes tinham 18 minutos para construir uma estrutura independente com ferramentas estranhas e insignificantes: 20 palitos de espaguete, 1 metro de fita, 1 metro de corda e 1 marshmallow. Tom começou a aplicar esse teste e estudou os resultados. A maioria dos grupos teve dificuldade para criar algo que fosse alto e estável. Os membros do grupo analisavam as opções, planejavam um projeto final e montavam tudo apenas para descobrir que, como haviam deixado de fora algum elemento importante, a estrutura não se sustentaria.

Os grupos que apresentaram o pior desempenho foram os recém-formados em faculdades de administração. Os grupos que tiveram o melhor desempenho foram as crianças em idade pré-escolar, que, de modo imparcial, criavam estruturas mais altas e mais criativas. Segundo Tom, quando os estudantes de administração colocam uma ideia em prática, eles acreditam que existe apenas uma solução "correta", logo, passam muito tempo refletindo sobre essa abordagem e planejando-a. As crianças, no entanto, começaram brincando com as ferramentas. Elas aprendiam o que não funcionava e mudavam; então, descobriam o que funcionava e seguiam em frente. Em suma, elas estavam construindo protótipos o tempo todo.

No contexto do scrum, chega-se à conclusão de que é característica natural dos seres humanos se adaptar e inspecionar as coisas. Nós queremos fazer isso, mas, em dada altura, somos ensinados a seguir uma direção contrária. Somos ensinados que planejar e encontrar uma solução é o modo certo de fazer as coisas. Entretanto, as crianças nos lembram de que tal maneira de pensar pode estar errada.

Seu projeto está sujeito a desafios únicos. Não deixe que um contratempo ou um cenário desfavorável o paralise ou faça com que ele progrida aos trancos e barrancos. Parte da diversão de usar o scrum é tentar solucionar os problemas para chegar a um resultado. Adote os 12 princípios e seus projetos terão, mais do que depressa, resultados de qualidade.

Três princípios de ouro

Trabalhamos com projetos ágeis e scrum por mais de uma década, discutindo ideias e colaborando com dezenas de empresas, setores e organizações sem fins lucrativos. Sabemos até que ponto estes princípios funcionam porque vimos a importância deles à medida que ajudamos a implementá-los. Confira abaixo três princípios complementares que melhoraram continuamente o desempenho das equipes que auxiliamos:

> Resista à formalidade.
>
> Pense e aja como uma equipe.
>
> Visualize em vez de escrever.

Esses princípios podem ser aplicados a qualquer projeto, não apenas ao desenvolvimento de software. Parte da beleza das técnicas ágeis é que você pode usá-las em qualquer coisa.

Resista à formalidade

Você já viu uma apresentação daquelas de cair o queixo e perguntou-se quanto tempo a pessoa gastou para elaborar e ensaiar tal apresentação? Nem pense em fazer isso em um projeto scrum. Você pode rabiscar alguma coisa em um flipchart, colá-lo em uma parede em que as pessoas irão vê-lo e, depois, possam voltar às suas atribuições para criarem valor. Se a discussão for necessária, vá até as partes interessadas e inicie o diálogo. Cada iteração do processo de design leva muito pouco tempo para se visualizar. Concentre seu precioso tempo e esforço no produto, e não em apresentações estilizadas.

PAPO DE ESPECIALISTA

A Atos Origin promoveu pesquisas independentes que demonstram que um funcionário corporativo comum gasta 40% de seu dia útil com e-mails internos que não agregam qualquer valor comercial, o que significa que a semana normal de trabalho não começa antes de quarta-feira.

Não raro, muita cerimônia e formalismo confundem-se com profissionalismo e progresso. Nos projetos scrum, você é estimulado a comunicar-se, direta e imediatamente, de modo informal, sempre que tiver uma dúvida.

Evite as seguintes armadilhas improdutivas:

> Apresentações extravagantes e demoradas.
>
> Reuniões longas e/ou despropositadas.
>
> Documentação volumosa.
>
> Esforço excessivo com o intuito de justificar o progresso.

Dê preferência a estes criadores de produtividade:

> Seja apenas suficiente. Em todas as coisas, o trabalho deve ser na medida certa somente para alcançar o objetivo. (Não confunda suficiência com a mediocridade. Suficiente já basta; mais que isso é um desperdício, e muitas vezes os problemas surgem a partir desse excesso. Veja o Princípio Ágil 10, anteriormente neste capítulo.)

» Comunique-se regularmente com todas as partes para reduzir a necessidade de atualizações extensas.

» Comunique-se de forma simples e direta. Se você puder falar com alguém presencialmente, fale.

DICA

Em pouco tempo, seus projetos desenvolverão a cultura scrum. À medida que as pessoas se especializam no processo e veem melhoria nos resultados, a aceitação por parte delas de ser apenas o suficiente aumentará. Portanto, seja tolerante no que diz respeito a qualquer resistência inicial em relação à aprendizagem, paciência e consistência.

Pense e aja em equipe

O centro nevrálgico do scrum reside no trabalho em equipe. O ambiente da equipe scrum pode, a princípio, ser incômodo, porque a cultura corporativa incentiva a mentalidade do indivíduo. ("Como posso ter sucesso nesse ambiente para que eu me destaque e consiga a próxima promoção?") No scrum, o projeto depende da equipe para ir adiante ou não. Ao usar o talento de cada indivíduo em prol da equipe, o projeto passa de um desempenho normal para um desempenho hiperprodutivo. Como já dizia Aristóteles: "O todo é maior que a soma de suas partes." Como você cria essa cultura de equipe? O framework scrum por si próprio ressalta o trabalho em equipe. Adicione as seguintes práticas ao seu framework scrum:

» Abra mão dos cargos hierárquicos de trabalho. Ninguém é dono das áreas de desenvolvimento; o status é estabelecido por habilidades e contribuições.

» Agrupe os membros da equipe para aprimorar as funcionalidades e antecipar a garantia de qualidade. Depois, mude constantemente tais agrupamentos.

» Sempre informe as métricas da equipe, não as métricas individuais ou de determinado grupo.

Visualize em vez de escrever

Em linhas gerais, as pessoas são visuais; elas pensam visualmente e lembram-se das coisas de modo imagético. A maioria das crianças gosta de fotos — de ilustrações visuais de texto. Os adultos não são diferentes. Provavelmente começamos a ler uma revista folheando as páginas para ver as imagens e depois voltamos para ler qualquer artigo que tenha despertado nosso interesse. As imagens, os diagramas e os gráficos transmitem informações no mesmo instante. Os relatórios escritos estão suscetíveis à aceitação do leitor, que diminui à medida que eles se tornam volumosos.

PAPO DE ESPECIALISTA

O Twitter estava interessado em estudar a eficácia dos tweets com fotos versus aqueles que eram apenas texto. Realizou-se um estudo com o Media Manager da Shift que apresentou alguns resultados interessantes. Os usuários interagiam cinco vezes mais quando os tweets incluíam fotos, em comparação aos tweets que apresentavam apenas texto. E a taxa de retweets e respostas com fotos era duas vezes maior. No entanto, o custo de participação dos tweets com fotos era metade do que os dos tweets somente de texto (Shift Newsroom, 17 de janeiro de 2014).

Os Cinco Valores do Scrum

O scrum baseia-se em cinco valores que cada membro da equipe emprega para nortear as próprias tomadas de decisões:

- » Comprometimento
- » Foco
- » Receptividade
- » Respeito
- » Coragem

Esses valores não são um bicho de sete cabeças. Ao contrário, eles se enquadram na categoria do bom senso e não são difíceis de se compreender. No entanto, são indispensáveis para a implementação bem-sucedida do scrum. A seguir, analisamos atentamente cada um deles, para mostrar o quanto são importantes aos projetos scrum.

Comprometimento

Os membros da equipe scrum devem estar comprometidos com o sucesso, devem estar dispostos a criar metas realistas e a cumpri-las. Todos devem participar. Felizmente, o modelo scrum garante que você tenha autoridade e liberdade para fazer exatamente isso. No núcleo do scrum há um evento chamado de *sprint*, que abordaremos no Capítulo 5. Um sprint exige metas claras definidas dentro de time boxes (tempo máximo para atingir as metas, tomadas de decisões e execução de tarefas) fixos. Nesse modelo, você divide as metas em possíveis blocos pequenos de trabalho, de modo que saiba no que está trabalhando.

Foco

Parte do encanto do scrum reside no fato de que ele está em sintonia com o conceito de foco. Trata-se de focar algumas coisas de cada vez. Você terá um papel definido e, no âmbito desse papel, metas claras. Sua responsabilidade é usar o seu papel a fim de contribuir para a conquista de metas. Os membros da equipe sabem no que se concentrar diariamente para que o dia seja produtivo, o que é libertador. Foque os objetivos e compromissos definidos anteriormente.

Receptividade

Tudo no seu projeto, bem como nos projetos de outras pessoas, é transparente e está disponível para inspeção e aprimoramento. As metas e o progresso de qualquer pessoa envolvida no projeto — você, seu chefe, seus funcionários, seus parentes — ficam acessíveis e visíveis. Foi-se o tempo em que o futuro de um projeto estava cheio de surpresas. Felizmente, a base do scrum são os pilares ágeis do empirismo: transparência, inspeção e adaptação. A propagação de informações (através de gráficos grandes e visíveis) e a inteligência em tempo real permitem as ações sem restrições. A maioria das pessoas não está acostumada com esse nível de exposição. Porém, depois que elas entenderem como tudo funciona, não irão querer saber de outra coisa.

Respeito

Cada membro da equipe é selecionado por seus pontos fortes. Com eles, vêm as fraquezas e as oportunidades de aprender e crescer. A regra de ouro dentro do scrum é que cada participante deve respeitar todos os outros. Instaura-se a harmonia por intermédio da sincronização de papéis, o que cria um padrão de desenvolvimento à medida que o projeto avança. As pessoas querem fazer um bom trabalho; está em nosso âmago. O respeito é a centelha da produtividade.

Coragem

O scrum remete à mudança e à honestidade, e toda ideia que você tem será posta à prova em um modelo scrum. Diga adeus aos procedimentos que você está acostumado a realizar e esteja aberto a um processo com base no que a equipe acha que será bem-sucedido. Jacob Bronowski poderia estar falando sobre o modelo scrum quando ele disse:

> É importante que os alunos se comportem com uma certa rebeldia em seus estudos; eles não estão aqui para idolatrar o que é conhecido, mas para questioná-lo.

Os sistemas autoritários serão contestados. As regras serão testadas. As rotinas serão quebradas. As melhorias ocorrerão. A mudança pode até ser difícil, pois requer coragem. É preciso determinação para implementar o scrum.

2

O Funcionamento de um Projeto Scrum

NESTA PARTE . . .

Complemente o scrum com as práticas ágeis normalmente usadas.

Mude projetos de visão ampla de escopo para tarefas executáveis.

Planeje os lançamentos e os sprints.

Otimize os resultados dos sprints.

Faça os ajustes no decorrer do projeto por meio da inspeção e da adaptação.

NESTE CAPÍTULO

» **Mensurando as vantagens do scrum**

» **Estruturando o papel do Product Owner**

» **Elaborando a sua visão do produto**

» **Implementando o papel de Scrum Master**

» **Adotando as práticas comuns**

Capítulo **2**

Os Primeiros Passos

O trabalho se expande de modo a preencher o tempo disponível para a sua realização.

— LEI DE PARKINSON

O scrum é simples em sua concepção, ainda que na maioria das vezes seja difícil em sua aplicação. Mudar 70 anos de paradigma de desenvolvimento de produtos é um desafio e tanto. Entretanto, conquistar um aumento de 30% a 40% no tempo de lançamento de qualquer produto no mercado e de 30% a 70% em economia de custos são cenários bem realistas. Jeff Sutherland, o cocriador do scrum, documentou melhorias de desempenho extremamente altas ao colocar o scrum em prática. Dado esse potencial, vale a pena sair da sua zona de conforto e começar a lidar com as adversidades organizacionais que o impedem de seguir em frente.

Se a tendência em alta na área de TI é implementar o scrum e as abordagens de engenharia ágil associadas (como o eXtreme Programming), é possível que sua empresa faça a transição. Muitas empresas estão fazendo a transição, e fazendo isso bem. O processo exige somente uma mentalidade aberta — coisa boa para todo mundo. No final deste capítulo, você estará pronto para trabalhar com seu projeto e preparado para os próximos passos do scrum.

Entendendo Como o Scrum Funciona

Dois fatores entram em jogo quando você implementa o scrum:

» **A natureza do projeto:** É fácil descobrir se as características de um projeto encaixam-se no scrum, devido ao fato de o scrum ser compatível com tudo quanto é tipo de projeto. Qualquer projeto do qual você queira evidências empíricas e antecipadas de desempenho e qualidade pode e deve ser feito com um framework scrum.

» **A cultura social em que o projeto se insere:** A cultura social é complexa em virtude de as pessoas serem complexas. Mudar processos pode ser fácil; agora, mudar as pessoas não é. Toda pessoa e todo grupo de pessoas têm lá suas singularidades. Por mais divertidas que sejam tais singularidades em um churrasco, elas podem ser um obstáculo a ser superado no ensino de novas técnicas de gerenciamento de projetos.

É natural que as pessoas resistam à mudança, e mais: as pessoas resistem em diferentes graus e de modos diferentes. Contudo, quando as pessoas compreendem como as mudanças irão beneficiá-las diretamente, a transição fica mais rápida e fácil.

Conforme você verá nas Partes 3 a 5 deste livro, tanto as empresas bilionárias quanto as pessoas comuns se beneficiam do scrum. Um colega usou o scrum para planejar cada dia de suas últimas férias. Ele e a esposa chegaram à conclusão de que, como o scrum permitia a combinação perfeita de organização com liberdade, as férias foram as melhores que já tiveram na vida. (O Capítulo 17 apresenta exemplos complementares do uso do scrum em uma família.)

Tá, cadê a grana?

Vamos levar em consideração o básico sobre o valor presente líquido (VPL): hoje, um real é mais valioso do que será daqui a seis meses. O maior problema nas empresas não é a eficiência das equipes de execução tática — é o gerenciamento de portfólio que deixa, e muito, a desejar. Os executivos não conseguem fazer valer a liderança necessária para realizar as solicitações difíceis de priorização, o que resulta em muitos projetos sendo empurrados para um nível inferior de gerenciamento, que, por sua vez, não tem o poder de reagir. (Veja o Capítulo 13 para saber mais sobre essa dinâmica.)

Tal obstáculo é mascarado pela quantidade de pessoas em vários projetos, de modo que cada unidade de negócios recebe alguma coisa. Como consequência, tudo fica bem mais demorado; porém, os gerentes de cada projeto são apaziguados por arquivos de documentos, que lhes informam o quanto seus produtos serão ótimos quando, por fim, tiverem acesso a tais produtos. Esse frenesi entre os projetos tem um custo real.

O scrum é o oposto. Você se concentra, produz resultados tangíveis que possam ser entregues e, em seguida, promove os incrementos. O backlog do produto (descrito em detalhes no Capítulo 3) o compele a ser eficaz antes de se preocupar com a eficiência.

Sua organização pode ser uma empresa bilionária ou uma pequena loja familiar que se esforça para lançar uma nova ideia no mercado. Talvez você seja um entre os zilhões de funcionários e tenha aceitado um projeto para provar seu mérito. Em cada caso, a priorização disciplinada, o aumento da eficiência e o progresso testado incremental podem ajudá-lo a sobreviver.

Graças à priorização no scrum, você estará trabalhando exclusivamente nas funcionalidades de maior valor. A melhoria não será na terceira camada de widget, ao contrário, será em uma funcionalidade importantíssima. Você sempre trabalhará no que é essencial ao projeto. Como resultado, o que você produz durante cada sprint é o mais importante, prático e, de fato, pertinente. Em cada lançamento, você tem algo que o mercado valoriza. Assim é o scrum. É desse modo que ele lhe mostra o dinheiro.

LEMBRE-SE

Quando você está em um beco sem saída, todo mundo se volta às técnicas ágeis, percebendo isso ou não. Caso a sua empresa tivesse 60 dias de disponibilidade em caixa, em dinheiro vivo, ninguém sequer se preocuparia se o relatório de status está com a folha de rosto correta ou não. A burocracia é o luxo dos financeiramente abastados, e é um luxo que pode ir por água abaixo da noite para o dia na atual economia.

DICA

Em nossos seminários, ensinamos que não é bom fazer tudo, mas sim um pouco de tudo. Se você esperar que tudo esteja pronto, as chances são de que nada seja feito. Em vez disso, siga as etapas tangíveis de progresso que você alcança através do scrum, disponibilize-as no mercado, obtenha feedback e deixe o dinheiro circular.

FAÇA ALGUMA COISA ANTES DE FAZER TUDO

Ao empregar a prática de fazer alguma coisa antes de fazer tudo, um cliente concordou em colocar um produto no mercado com apenas uma maneira para o consumidor comprá-lo. Em vez de fazer questão de aceitar todos os cartões de crédito do planeta Terra, de conferir se o PayPal estava configurado e se os pagamentos em cheque poderiam ser processados com rapidez, o cliente decidiu arrecadar fundos antecipados com apenas uma opção de cartão de crédito para pagamento. O resultado? Entre outubro e janeiro, ele arrecadou mais de US$1 milhão em vendas. Agora, o site aceita vários cartões de crédito, PayPal e muitas outras opções de pagamento — cada uma delas foi lançada em um sprint por vez, *depois* que o produto estava ativamente gerando receita.

Felizmente, o scrum é elaborado em sintonia com os resultados testados e utilizáveis, com antecedência e frequentemente. Não é necessário ficar esperando pelos resultados. Você os vê depois de cada sprint.

Experimente esta abordagem. Pergunte-se ou pergunte ao seu cliente: "Se tivéssemos apenas um mês para agregar valor ao mercado, o que desenvolveríamos e como desenvolveríamos?" Viu só como essa abordagem incremental agrega valor à liderança?

LEMBRE-SE

Para muitos, talvez o scrum ainda seja um conceito novo, mas seu uso está indo de vento em popa. Em 2008, ficamos felizes em saber que mais empresas estavam utilizando as técnicas ágeis do que as técnicas de cascata para desenvolvimento de software. Em 2012, a Forrester estimou que pelo menos 80% das empresas usariam as técnicas ágeis para desenvolvimento de software. Em maio de 2012, a SimplyHired.com mostrou que 20 mil vagas de empregos exigiam conhecimento sobre o scrum, e em maio de 2013 esse número aumentou para 670 mil vagas. Sobrevivemos ao ciclo vital de adoção de tecnologia, à dinâmica do mercado enfrentada por produtos inovadores, sobretudo ao abismo que separa o mercado, e esse crescimento de projetos ágeis continuou aumentando até 2016, segundo a pesquisa anual realizada pela VersionOne.com.

Eu quero isso agora

Já ouviu isso? As crianças de três anos de idade no jardim de infância não são as únicas pessoas que dizem isso; os chefes e colegas também exigem "eu quero isso agora", ou você pode até ouvir aquela voz interior em sua própria cabeça dizendo isso. O scrum aumenta a possibilidade de visualizarmos resultados imediatos. Regularmente, os projetos scrum obtêm um tempo de colocação do produto no mercado de pelo menos 30% a 40% menor. Mas como?

A resposta é simples: comece o desenvolvimento de antemão, logo, o desenvolvimento é concluído antecipadamente. Você está criando produtos que podem ser enviados desde o início. Você não espera meses ou anos por resultados que podem ter ultrapassado a data limite de comercialização. Você planeja, cria, inspeciona, adapta, envia e beneficia-se rapidamente. Nesse processo, você produz valor de modo rápido, antecipado e contínuo.

CUIDADO

Na ciência e nos negócios, a regra não é a sobrevivência do mais forte, mas a sobrevivência do mais rápido. Quem quer que conseguisse se esgueirar e fugir com segurança, o mais rápido possível, não seria pego pelo predador. Nos negócios, lançam-se as inovações no mercado com uma rapidez vertiginosa. As marcas são criadas e desmanteladas de um dia para o outro. Você simplesmente não se pode dar ao luxo de ficar para trás.

Essa não é a única razão pela qual você quer usufruir da maior rapidez do mercado. À medida que você elabora seu backlog de produto, você sistematiza e prioriza os itens. Na priorização, você considera duas coisas:

» Itens com o maior valor.

» Itens com o maior risco.

Ambos os itens ficam em primeiro lugar na lista.

Não tenho certeza do que quero

A maioria das pessoas, empresas e organizações percebe o que quer somente quando interage diretamente com o produto ou serviço. O gap está entre a diferença do método em cascata (a partir de documentos) e o scrum (na prática).

Nos princípios do roadmap (veja o Capítulo 1), você começa com uma visão de como quer que seu produto seja. Essa visão serve como um guia à sua equipe, da maneira que qualquer meta estabelecida funcione como um guia. O roadmap possibilita a evolução natural da tomada de decisões, desde as considerações vagas que não têm nada a ver com as decisões até a operacionalização específica de uma meta. A visão apresenta as delimitações externas do que se pode mudar. Se o produto resultante distancia-se da visão, é um projeto diferente.

O scrum lhe permite construir um negócio de sucesso, não importa o que seja esse negócio. Por exemplo:

» Desenvolver um site em que as pessoas possam pedir comida orgânica, preparada especificamente para alérgicos e que possa ser entregue em domicílio.

» Construir uma casa para um paciente com Alzheimer, com monitoramento individual específico no local, alarmes e segurança.

» Vender a receita de donut da sua vó, que você está convencido de que se transformará na próxima franquia internacional de sucesso, como a Krispy Kreme.

O que deveria ser feito é descobrir como essas ideias dariam certo na realidade. A boa notícia é que você estrutura uma via de progresso mais concreta por meio do framework scrum. O processo de criação, inspeção e adaptação tangíveis lhe fornece as ferramentas para desenvolver o produto necessário.

CAPÍTULO 2 **Os Primeiros Passos** 31

Esse tal de bug é um problema?

Cada item que a equipe de desenvolvimento conclui é testado e integrado para garantir que ele funcione. O Product Owner é responsável por aceitar ou rejeitar cada requisito quando estiver finalizado. Em outras palavras, se algo não funciona, esse algo nem chega a sair do sprint.

Os problemas podem surgir na integração corporativa, em limites de carga e assim por diante, depois que um produto entra em produção, é claro. Todavia, o ciclo de feedback é tão sólido durante o desenvolvimento que, assim que uma anomalia ou ineficiência de processo é detectada, ela pode ser corrigida. O problema é corrigido nesse sprint ou colocado de volta no backlog do produto a fim de ser priorizado em relação ao trabalho futuro.

Sua cultura empresarial

Quando as pessoas veem o sucesso e o valor do scrum, usá-lo torna-se mais fácil. Os colaboradores descobrem que o scrum melhora a comunicação e a colaboração, fomenta *um sentimento de camaradagem e solidariedade*, tem um ciclo de vida natural, possibilita um ambiente honesto e transparente, e também aumenta a responsabilização e o empoderamento, o que influencia a cultura da empresa de maneira extremamente positiva.

O nível de resistência à mudança varia de uma cultura empresarial para outra. A solução, como em tantas outras coisas, é um sucesso concreto. (Você não encontrará nenhum argumento contra o sucesso comprovado!) Descubra do que as pessoas-chave precisam — maximizar os lucros, maior qualidade do produto, entrega mais rápida ou melhorar a retenção de talentos — e mostre como o modelo scrum agrega.

Em qualquer grupo de pessoas, você encontrará os influenciadores — aqueles que podem influenciar e mudar as coisas. Talvez você seja um influenciador, ou talvez outra pessoa seja. Conquiste o apoio de tais pessoas (o que pode significar entrar para o alto escalão da empresa), e seu trabalho será mais fácil.

O Peso da Influência do Product Owner

O envolvimento estimula o compromisso. Você deve buscar a criação de uma equipe que possa conduzir as rédeas das mudanças. A chave para assumir as rédeas das mudanças é o Product Owner.

A principal função do Product Owner é cuidar da parte comercial do projeto. Essa pessoa é responsável por maximizar o valor do produto, entregando retorno sobre investimento (ROI) à organização. O Product Owner é uma pessoa, não um comitê, e é um membro que se dedica integralmente à equipe scrum. Entre as responsabilidades dele, estão:

» Definição das metas e da visão do produto, incluindo a declaração de visão.

» Criar e manter o roadmap do produto, que é uma visão ampla do escopo do produto e do backlog inicial do produto.

» Tomada de decisões imediatas a respeito das prioridades e trade-offs.

» Garantir a visibilidade do backlog do produto.

» Otimizar o trabalho feito pela equipe de desenvolvimento.

» Assumir total controle e responsabilidade pelo backlog do produto.

» Aceitar os requisitos propostos e sistematizá-los por prioridade no backlog do produto.

» Definir metas de lançamento e de sprint.

» Determinar quais itens do backlog do produto entram no próximo sprint.

» Lidar com os aspectos comerciais do projeto, incluindo o ROI e o risco do negócio, e comunicar-se com as partes envolvidas no projeto e com os clientes da empresa.

» Popularizar a visão e o roadmap.

» Estar disponível durante todo o dia para trabalhar diretamente com os membros da equipe de desenvolvimento, aumentando assim a eficiência mediante a comunicação clara e imediata.

» Aceitar ou rejeitar os resultados do trabalho durante o sprint, de preferência no dia em que eles forem concluídos.

Não raro, ficamos chocados com o fato de que as empresas que planejam gastar milhões de dólares em um projeto dizem que não têm recursos para um Product Owner dedicado a fim de garantir que as prioridades comerciais e técnicas se alinhem e que o produto criado seja o produto necessário. No entanto, muitas dessas empresas têm um gerente de projeto para chefiar o projeto. Como o papel do gerente de projetos não existe no scrum (as funções relevantes fazem parte dos três papéis no scrum; veja o Capítulo 1), o dinheiro para os Product Owners pode ser obtido a partir daí.

Eles prestam esclarecimentos, priorizam e definem o ambiente a focar. Eles garantem que a equipe scrum seja eficiente. O Product Owner determina quais requisitos adotar e quando o trabalho muda esses requisitos — ou seja, o que e quando, mas não como ou quanto. Como e quanto é a responsabilidade da equipe de desenvolvimento.

CAPÍTULO 2 **Os Primeiros Passos** 33

Imagine que sua paixão seja construir alguma coisa. No scrum, você seria um membro da equipe de desenvolvimento. Para você, o Product Owner é uma dádiva. Essa pessoa se sobressai no gerenciamento de portfólio porque tem autoridade para tomar decisões, prestar esclarecimentos, priorizar e empenhar-se para garantir que os membros da equipe se concentrem em um projeto de cada vez. Graças à competência dos Product Owners, os membros da equipe de desenvolvimento ficam livres de distrações e podem dedicar mais atenção às próprias tarefas.

O Product Owner e o Scrum Master trabalham para criar o melhor ambiente possível a fim de que a equipe de desenvolvimento desempenhe um trabalho de altíssima qualidade, o melhor possível. O Product Owner lida com as preocupações de negócios e com os ruídos, isolando-os, enquanto o Scrum Master garante que outros impedimentos organizacionais não impactem a equipe de desenvolvimento.

A redoma de proteção criada pelo Product Owner e pelo Scrum Master não significa menos fofoca administrativa. Isso quer dizer que, na maior parte, a equipe de desenvolvimento não precisa lidar com desentendimentos ou rumores.

Por outro lado, os membros da equipe de desenvolvimento podem entrar diretamente em contato com as partes interessadas ou com outras pessoas da equipe, ou com a equipe quando precisam de esclarecimentos a respeito de algo em que estão trabalhando. Esse modelo de priorização de filtragem, e não de esclarecimento, é como uma membrana celular, desenvolvida para permitir que determinados fluidos percorram uma direção em vez de outra.

O resultado é que a equipe de desenvolvimento está protegida contra as interferências externas, porém não está imune à sede de informações de tais interferências. Tais limites são importantes e indissociáveis para o bom funcionamento da equipe de desenvolvimento.

Por que os Product Owners Adoram o Scrum

Os Product Owners adoram o scrum pelos seguintes motivos:

>> O desenvolvimento e os negócios são alinhados e considerados como uma única unidade, em vez de estarem em desacordo, conforme as metodologias anteriores.

>> Os cronogramas e os custos são previstos de modo empírico, e os Product Owners conseguem diariamente visualizar com clareza o progresso.

>> Após cada sprint, os Product Owners sabem que os itens de prioridade máxima estarão em pleno funcionamento e entregáveis.

- » O feedback do cliente é antecipado e regular.
- » O cálculo inicial e tangível do ROI está disponível o quanto antes — ou seja, após cada sprint.
- » O suporte sistemático é oferecido com o intuito de mudar as necessidades de negócios, dando ao Product Owner uma flexibilidade contínua para se adaptar às realidades do mercado.
- » Reduz-se o desperdício de produtos e processos por meio da ênfase ao desenvolvimento de produtos priorizados, e não ao desenvolvimento de artefatos do processo (geralmente, documentos).

LEMBRE-SE

A característica número um do Product Owner deve ser a *capacidade de decisão*. Essa pessoa toma decisões difíceis, pragmáticas e desconfortáveis todo santo dia. Ela precisa ser capaz de promover um ambiente de confiança e equilíbrio quando as mudanças forem necessárias. O Product Owner deve começar fazendo o que acha correto e, depois, alavancar as mudanças com base em evidências empíricas. Para ser eficiente, o Product Owner deve ter o poder de tomar decisões táticas sem escalá-las à alta gerência.

AS OPÇÕES DO AGENTE DO PRODUCT OWNER

No mundo de hoje, nem sempre é possível ter um Product Owner no local. No entanto, você pode estar localizado na Califórnia cuidando dos projetos de uma instalação que fica em Hyderabad, na Índia. Em nossa empresa, encontramos uma solução controversa, mas viável para o papel de *agente do Product Owner*. Esse papel se aplica a uma pessoa in loco, que fica responsável pela comunicação e pela tomada de decisões no dia a dia. O agente é a representação física do Product Owner, falando e agindo em nome de quem não está no local presencialmente.

Os agentes do Product Owner não fazem parte do scrum. Apesar de não os recomendarmos, nós os usamos com sucesso em determinadas situações, enquanto a empresa amadurecia. O objetivo era fazer com que o papel de agente fosse temporário, tal como um aprendizado, à medida que a pessoa atestava sua capacidade de ser um verdadeiro Product Owner.

Através do agente do Product Owner, você pode prestar esclarecimentos e tomar as decisões de modo rápido que o scrum exige. É como um corretor de imóveis que assume a responsabilidade final pelas decisões e ações de qualquer agente imobiliário, mas o Product Owner da organização é responsável pelas decisões do agente. A responsabilidade ainda é de uma pessoa só.

Em vez de ficar com um pé em cada lugar e obter resultados insignificantes, tenha um Product Owner no local. O custo inicial pode parecer alto, mas, se você considerar o aumento de velocidade e a qualidade do resultado, os custos reais do projeto serão até baixos.

O papel do Product Owner scrum é bem diferente do papel tradicional de um gerente de projeto. Imagine pedir a um jogador de golfe que execute uma tacada a 360 metros e acerte a bola direto no buraco, dizendo também que, caso ele não acerte, levará uma bela de uma tacada com seu próprio taco. O mundo da TI tradicional funciona exatamente assim. Com o scrum, o jogador de golfe executa a tacada, avalia os resultados e adapta-se para alcançar a meta da melhor maneira possível considerando onde ele está, e não onde deveria estar.

A Meta e a Estratégia da Empresa: Etapa 1

As declarações de visão não fazem parte do modelo scrum, mas elas são úteis e amplamente adotadas. As empresas, organizações sem fins lucrativos e os indivíduos costumam usá-las.

DICA

Quando treinamos os clientes, sempre os incentivamos a elaborar uma declaração de visão para que seus objetivos fiquem claros. Estamos à procura de uma apresentação resumida, nítida, concisa e transparente que possa ser transmitida e entendida durante todo o percurso de um projeto scrum. Pedimos a eles que façam sua declaração de visão antes de nos encontrarmos. Depois, passamos uma hora com as pessoas responsáveis por ela, aperfeiçoando-a em algo com o qual podemos trabalhar. Não se leva muito tempo para criar este artefato inestimável.

As declarações de visão são tão importantes que as transformamos na Etapa 1 do nosso princípio de roadmap (veja a Figura 2-1). Pense na sua declaração de visão como um destino com um farol. Você pode ter 100 maneiras de chegar ao destino, e não importa o caminho que tome; o negócio é chegar ao seu destino. Considerando essa declaração um farol, você sempre sabe para onde está indo porque tem o objetivo à vista. A partir deste destino estratégico estável, você tem flexibilidade tática ilimitada.

Prática ágil comum

Etapa 1: VISÃO

Descrição: As metas do produto e seu alinhamento com as estratégias da empresa.
Owner: Product Owner.
Frequência: Pelo menos, anualmente.

FIGURA 2-1: A declaração de visão é a Etapa 1 do nosso roadmap.

Uma declaração de visão apresenta as seguintes características:

- » Internamente focada, imune às trivialidades do marketing.
- » Ajustada perfeitamente aos objetivos do mercado e às necessidades do cliente.
- » De natureza estratégica, mostrando o que, em vez de como.
- » Revisada anualmente (para projetos plurianuais).
- » Propriedade do Product Owner.

LEMBRE-SE

Sua declaração de visão deve ser de conhecimento de toda empresa ou ser transmitida para o grupo de pessoas com quem você está trabalhando. Quer a equipe esteja projetando um modelo novo de carro esportivo ou planejando um casamento, todos precisam entender claramente a meta que define as expectativas e o tom do projeto.

Estruturando sua visão

Em seu excelente livro *Crossing The Chasm* (Atravessando o Abismo, em tradução livre), Geoffrey Moore recomenda um método eficaz para elaborar sua declaração de visão. Usamos esse modelo com frequência, que gera bons resultados.

Toda a declaração deve ter no máximo duas ou três frases. Moore recomenda este modelo:

- » Para *<cliente-alvo>*
- » quem *<declaração da necessidade>*
- » o *<nome do produto>*
- » é um *<categoria do produto>*
- » que *<benefício principal do produto, razão atraente para comprá-lo>*
- » Diferente de *<primeira alternativa competitiva>*
  - nosso produto *<declaração final de diferenciação de produto>*

Recomendamos adicionar a seguinte conclusão:

- » conforme nossa estratégia para *<estratégia empresarial>*

Veja abaixo alguns exemplos de como este formato se parece na vida real:

- » Aquecedores de água a gás
  - *Para* proprietários de casas *que* desejam água quente constante e querem economizar energia, *o* Aquecedor de Água a Gás Acme *é uma* exigência, com ponto de entrada ou aquecedor de água instantâneo *que* aquece eficientemente a água à medida que ela é utilizada. *Ao contrário* dos outros tipos de aquecedores de água a gás, *nosso produto* fornece fluxo contínuo de temperaturas consistentes e apresenta custos operacionais mais baixos com eficiência de 94%, *conforme a nossa estratégia de* fornecimento à próxima geração, ao minimizar atualmente o desperdício de recursos naturais.

- » Férias no Havaí
  - *Para* minha esposa e eu, *que* estamos completamente estressados e com a cabeça cheia, *as* férias ou uma viagem para o Havaí, em 2018, *é uma* bela fugidinha de última hora, *que* nos afastará por um tempo de nossas vidas agitadas o suficiente para vivenciarmos novas experiências. *Ao contrário* das férias em família ou itinerários estruturados, *nosso produto* disponibiliza a completa flexibilidade sem expectativas, *conforme nossa estratégia para* aproveitar ao máximo cada momento juntos.

LEMBRE-SE

A declaração de visão em si é funcional, mas a adição da estratégia de negócios é emocional. Traga um propósito para o seu projeto na forma de uma estratégia empresarial que busque melhorar a vida das pessoas. A estratégia da sua empresa nunca é ganhar dinheiro, e sim realizar algo de valor que possa ser monetizado.

Encontrando o alvo

A declaração de visão é criada, pertence ao Product Owner e é parte integrante do lado comercial do projeto. No entanto, várias cabeças pensam melhor que uma. O Product Owner pode até ser o dono dessa declaração, porém, ela definitivamente será mais bem elaborada e poderá ser aprimorada mediante colaboração da inteligência coletiva. Neste sentido, o Product Owner pode optar por reunir as informações dos membros da equipe de desenvolvimento, do Scrum Master, das partes interessadas externas ou internas e até mesmo dos próprios usuários. Agora, o que fazer com essas informações é escolha e responsabilidade do Product Owner.

Quando os Product Owners estão abertos a ouvir a contribuição de outras pessoas, eles podem ficar a par das nuances, funcionalidades e perspectivas de mercado que uma pessoa sozinha não imaginaria. Talvez seja prudente que o Product Owner obtenha feedback e, em seguida, filtre-o cuidadosamente através de seu próprio entendimento do projeto.

O Scrum Master

No livro *The New One Minute Manager* (O Gerente Minuto, em tradução livre), Kenneth Blanchard e Spencer Johnson descrevem como alguns dos gerentes mais eficazes estudados não tinham as habilidades técnicas que seus funcionários tinham. Por mais estranho que pareça, eles também tinham muito tempo sobrando. Já que não podiam colocar a mão na massa, em que esses gerentes eram bons?

Os gerentes conseguiram tirar os obstáculos do caminho para que seus funcionários pudessem realizar o trabalho, que é o papel do Scrum Master. Considerando que o Product Owner é um papel direcionador, o Scrum Master é um papel facilitador. O Scrum Master é responsável pelo ambiente de sucesso.

Características do Scrum Master

A característica mais importante do Scrum Master, tirando o sólido conhecimento em scrum, é a influência. Diplomacia, habilidades de comunicação e capacidade de gerenciar são todas boas qualidades, mas o Scrum Master também precisa ter o respeito e a influência para resolver situações difíceis. De onde vem a influência — conhecimento, tempo de experiência, carisma, parceria — não importa, pois tudo isso se encaixa ao papel de Scrum Master.

Como líder servidor (conceito de servant leader), o Scrum Master ensina, incentiva, elimina as barreiras táticas e, o mais importante, afasta as barreiras estratégicas para que as táticas não reapareçam. Semelhante a todas as outras funções, é melhor que ele trabalhe em tempo integral e dedique-se exclusivamente ao posto de Scrum Master, especialmente no que diz respeito a novas equipes, projetos e organizações.

DICA

Em termos de comparação com o futebol americano, se o Product Owner é o quarterback que dá início às jogadas, e a equipe de desenvolvimento é o running back que corre pelo campo, o Scrum Master é um blocker que limpa o caminho. No entanto, todos são colegas com um objetivo comum.

Em nossa experiência, os desenvolvedores que atuam como Scrum Masters e também desempenham esse papel em várias equipes não conseguem aproveitar a capacidade de uma equipe de superar o desempenho passado com uma possível potencialidade futura. Essa situação introduz a variação de disponibilidade e proporciona pouca proteção a uma equipe de desenvolvimento, o que raramente faz sentido em termos quantitativos, porque uma pequena melhora na velocidade de uma equipe scrum (veja o Capítulo 4) geralmente tem um efeito enorme nos resultados. Se sua equipe consegue escalonar suas interrupções organizacionais e estiver tão madura que não tenha a possibilidade de melhorar ainda mais, entre em contato conosco; nós queremos escrever um livro sobre *você*.

LEMBRE-SE

Como qualquer outra função, o Scrum Master deve ser um papel de tempo integral e a pessoa que a desempenha deve se dedicar exclusivamente a esse trabalho, sobretudo no tocante a novas equipes, projetos e organizações.

Uma equipe de desenvolvimento ideal tem de três a nove pessoas; desse modo, um Scrum Master fomenta a melhora do desempenho de até nove pessoas. Mesmo uma pequena redução no desempenho tem um efeito nove vezes maior.

Além de treinar a equipe sobre como interpretar o scrum, o Scrum Master facilita os eventos: reuniões de planejamento de sprint, reuniões diárias, revisões de sprint e retrospectivas de sprint.

Uma equipe scrum é um grupo de pessoas inteligentes e comprometidas, com um alto grau de responsabilidade no trabalho que estão desempenhando. Coloque essas pessoas juntas em uma reunião e pode haver uma explosão de energia criativa — ou, pelo menos, tal energia pode ser desencadeada na direção de muitos assuntos diferentes. O papel do Scrum Master é focar essa energia.

A influência do Scrum Master se estende a todos os envolvidos, incluindo as partes interessadas e os Product Owners. O Scrum Master é um coach para todos, porque todos precisam de especialização constante e incentivo no scrum.

CUIDADO

Se você está tomando decisões como um Scrum Master, você não está desempenhando o trabalho certo. Uma equipe de desenvolvimento nunca se tornará auto-organizada se não tomar suas próprias decisões. Os Scrum Masters se abstêm das decisões cotidianas e promovem um ambiente de colaboração propício, enquanto protegem a equipe de interferências.

Como o Scrum Master protege a equipe de desenvolvimento de interferências externas, a velocidade da equipe aumenta drasticamente. Pense em como você trabalha bem quando a porta está fechada, quando o telefone está desligado e quando todos estão fora ou dormindo, em comparação com quando você está lidando com constantes interrupções de colegas, membros da família e até do cachorro.

Mesmo quando a interferência externa é mínima, em virtude de a densidade social ser maior no scrum, não é incomum que o conflito também seja maior. A pressão para obter produtos trabalhando em janelas curtas de sprint pode ser desgastante, portanto, o trabalho do Scrum Master implica gerenciar o conflito no nível certo. O conflito de tarefas (estar disposto a lutar pelo que você acha que está certo) é saudável. O conflito pessoal (desafiar alguém pessoalmente) não é.

O Scrum Master como líder servidor

O conceito de *líder servidor* data de cerca de 500 a.C. e foi desenvolvido por Lao Tzu, considerado o autor do *Tao Te Ching*. No entanto, esse conceito é mencionado em todas as principais religiões e é popular nos modelos modernos de liderança corporativa. Isso é o poder da perseverança.

O líder servidor coloca os outros em primeiro lugar para que eles possam fazer o seu trabalho. O líder dá possibilidades às pessoas em vez de lhes dar uma solução de bandeja. Se alguém diz: "Estou com fome", o líder servidor não lhe entrega um peixe. Em vez disso, ele pergunta: "Como posso ajudá-lo para que você não fique com fome hoje, amanhã ou no próximo ano?" O Scrum Master ajuda cada pessoa a desenvolver habilidades e a encontrar a solução que funcione melhor para essa pessoa, ainda que a resposta esteja dentro ou fora do projeto.

Como líder servidor, um Scrum Master ensina, incentiva, remove as barreiras táticas e elimina as barreiras estratégicas de modo que as primeiras não reapareçam.

Por que os Scrum Masters adoram o scrum

Os Scrum Masters adoram o scrum por vários motivos, entre eles:

- » Eles podem se concentrar em criar um impacto mensurável em vez de responsabilidades administrativas. A velocidade crescente tem uma ligação direta com o valor adicional que a equipe scrum pode agregar.
- » Eles treinam as pessoas em vez de serem como os gerentes que só fazem o que é esperado.
- » Eles conseguem capacitar as pessoas em vez de direcioná-las.
- » Eles fazem perguntas em vez de dar respostas.
- » Eles estão envolvidos com menos reuniões e essas reuniões são mais curtas.
- » Eles facilitam a criação de equipes motivadas e dispostas a pensarem por si e a agirem com autoridade.
- » Com eles, a cobrança pelo desempenho não é terceirizada (como em "Ei, Joe, qual é o status das tarefas que a Nancy está realizando?"). Em vez disso, a prestação de contas é solicitada diretamente à pessoa que está realizando o trabalho.

DICA

Um bom lema do Scrum Master é "nunca almoçar sozinho". Sempre cultive e desenvolva relacionamentos. Influência é a sua moeda, por isso, faça questão de promover um ambiente em que você possa facilmente pegar o telefone ou ir até a mesa de uma pessoa e saber dos resultados.

CAPÍTULO 2 **Os Primeiros Passos** 41

O PROBLEMA DA INTERFERÊNCIA

Estudos mostraram que leva 15 minutos para atingir o nível certo de concentração e chegar ao auge da produtividade — um estado frequentemente chamado de "estado de flow". Contudo, é necessária apenas uma interrupção de 2,3 segundos para estourar essa bolha; portanto, outros 15 minutos são necessários para restabelecer o foco. Uma interrupção de 4,4 segundos *triplica* o número de erros cometidos em uma tarefa de sequenciamento. Três tipos de interferência prevalecem no local de trabalho:

- **Interrupções pessoais:** As interrupções pessoais são os e-mails, telefonemas da tia Martha e mensagens de texto com links para vídeos de gatos. Disciplina é a solução. Afaste-se de tudo isso para se concentrar em sua tarefa. Confira o próximo box, "A Técnica Pomodoro".

- **Interrupções de equipe:** As interrupções de equipe são aquelas causadas por colegas de trabalho. A equipe precisa identificar o tempo de colaboração versus o tempo de concentração, e depois equilibrar esses tempos com base na dinâmica da equipe e nas necessidades do projeto.

  - *Tempo de colaboração* é a hora de interromper, conversar e trocar ideias. Este é um tempo saudável e produtivo, e deve fazer parte da maior parte do dia de cada membro da equipe.

  - *Tempo de concentração* pode ser indicado por indicadores físicos, como fones de ouvido à prova de ruído e placas de Não Perturbe. Esse tempo ajuda os membros da equipe a obter um nível profundo de concentração e a produzir.

- **Interrupções externas:** As interrupções externas fazem parte do domínio do Scrum Master. Elas podem acontecer a qualquer momento, toda hora e todo santo dia. O trabalho do Scrum Master é proteger os membros da equipe dessas interrupções.

A maioria das interrupções é causada por pessoas dos altos escalões que passam as emergências táticas à equipe responsável pela criação de produtos de qualidade, o que acaba distraindo os membros da equipe, e eles não realizam o trabalho necessário para alcançar o próximo objetivo. Isso é parte da razão pela qual o Scrum Master deve ser um papel que se dedica em tempo integral à função e por que o Scrum Master deve ter bastante influência organizacional. Às vezes, o Scrum Master precisa ser capaz de executar interferências com os superiores para impedir que o progresso atual saia dos trilhos.

PARTE 2 **O Funcionamento de um Projeto Scrum**

A TÉCNICA POMODORO

A técnica Pomodoro de gerenciamento do tempo, desenvolvida no final da década de 1980 por Francesco Cirillo, implica executar sprints de trabalho pessoal de 25 minutos (embora você possa personalizá-los) para realizar suas próprias tarefas. A técnica envolve as seguintes etapas:

1. Crie uma lista de tarefas e priorize os itens de maior valor.

2. Trabalhe no item de prioridade máxima por 25 minutos.

3. Faça uma pausa de 5 minutos.

4. Volte para o mesmo item de prioridade máxima até que esteja completamente pronto e, depois, vá para o próximo item de maior prioridade.

5. Depois de completar quatro Pomodoros (neste caso, quatro períodos de trabalho de 25 minutos), faça uma pausa de 15 a 30 minutos para redefinir sua capacidade de concentração.

Repita essas etapas ao longo do dia para garantir que você realize suas tarefas mais importantes.

Papéis Comuns Fora do Scrum

O Product Owner e o Scrum Master são papéis scrum criados pelos fundadores do scrum e fazem parte de qualquer projeto scrum. Outro papel é o membro da equipe de desenvolvimento (veja o Capítulo 4). Mas, como todas as coisas boas, o gerenciamento de projetos está evoluindo e crescendo. O scrum continua sendo um framework robusto com bases sólidas. Algumas práticas comuns e comprovadas podem agregar valor.

Os dois papéis a seguir não são scrum, todavia, descobrimos que eles agregam enorme valor e transparência quando abordados corretamente. Pense na possibilidade de adicionar esses papéis ao seu projeto; eles podem agregar valor à sua empreitada scrum.

Partes interessadas/partes envolvidas

As partes interessadas ou *as partes envolvidas* são pessoas que impactam ou são impactadas pelo seu projeto. As partes interessadas internas estão dentro de sua empresa ou organização; elas podem ser do departamento jurídico, de vendas, marketing, gerenciamento, compras ou qualquer outro departamento da sua empresa. As partes interessadas externas podem ser investidores ou usuários.

CAPÍTULO 2 **Os Primeiros Passos** 43

LEMBRE-SE

Embora o scrum estabeleça que apenas membros da equipe scrum participem, o papel da parte interessada interage explicitamente com as equipes scrum, e preferimos reconhecer esse papel de modo explícito para que possamos administrá-lo explicitamente. O Product Owner é a interface de negócios para o time scrum, então as partes interessadas devem trabalhar com a equipe de desenvolvimento *por intermédio* do Product Owner. Dois papéis lidam com as partes interessadas:

» Se as partes interessadas estiverem no lado comercial (como clientes, equipes de vendas ou marketing), o Product Owner é responsável.

» Se as partes interessadas estiverem do lado não comercial (como fornecedores ou contratados), o Scrum Master é responsável.

Os mentores scrum

Conforme já dissemos, o scrum é um framework simples quanto ao conceito, mas complexo na prática. O mesmo pode ser dito do golfe. Teoricamente, você usa um bastão para bater e acertar uma bola branca imóvel em um buraco, usando o menor número possível de tacadas. No entanto, na prática, o golfe não é fácil. Assim como o scrum, é um jogo de nuances. Pequenos fatores fazem uma enorme diferença no desempenho. O mentor, às vezes chamado de coach scrum, trabalhará ao lado da equipe para ajudá-los a desenvolver a maturidade na prática do scrum.

O SWING DE GOLFE BEM-SUCEDIDO

Anos atrás, Mark decidiu se aperfeiçoar no golfe e acabou identificando algumas falhas em como ele jogava. Ele adorou aquilo, trabalhou duro e melhorou seu modo de jogar. Porém, em termos de regularidade, não estava progredindo muito. Então, contratou um treinador de golfe. Na primeira sessão, o treinador posicionou uma bola e Mark a acertou. O treinador observou aquele swing (movimento no golfe para alcançar a precisão e a velocidade adequados no momento do impacto ao dar uma "tacada" na bola) e disse: "Eu sei qual é o seu problema." Eu e Mark ficamos incrédulos. Como o treinador poderia saber o que estava errado com o swing de Mark ao observá-lo apenas uma vez? Então, o treinador disse: "Você costumava jogar beisebol, não é?" Na verdade, Mark jogou beisebol durante anos, e o técnico percebeu logo que seu swing de golfe era como seu swing de beisebol. Mark levou um velho hábito para o novo esporte. Quando você passa a utilizar o scrum, também leva consigo hábitos (mesmo aqueles que você não percebe que tem) de uma vida inteira de gerenciar os projetos de forma diferente, muitas vezes oriundos de uma metodologia em cascata.

NESTE CAPÍTULO

» Criando seu roadmap de produto implementável

» Transformando seu projeto em blocos implementáveis

» Gerenciando sua principal lista de tarefas

» Adotando as práticas comuns para expandir seu backlog

Capítulo 3

Planejando o Seu Projeto

William of Ockham, um matemático especialista em lógica do século XIV e frade franciscano, disse: "As entidades não devem ser multiplicadas além do necessário." Em termos mais simples e modernos, essa afirmação é conhecida como a Navalha de Occam. (Quando você tem duas teorias concorrentes que fazem as mesmas previsões, a mais simples é a melhor.)

Em outras palavras: "Prefira as coisas simples, sabichão!" Você pode utilizar esse mantra incessantemente ao gerenciar seu projeto com scrum. Se algo não parece certo, provavelmente não está.

Neste capítulo, você verá que simplificar as coisas refere-se a uma técnica que usamos para aprimorar os projetos de scrum — chamada de roadmap do produto —, bem como separar as funcionalidades do seu produto nos menores requisitos possíveis.

Ao longo deste livro, ressaltamos as práticas comuns usadas com sucesso pelos treinadores e coaches de scrum. Embora sejam opcionais, recomendamos que você as experimente. Elas podem fazer com que a transição e a conclusão do seu projeto sejam mais bem-sucedidas.

O Roadmap do Produto: Etapa 2

Nas setes etapas dos princípios do roadmap que descrevemos no Capítulo 1, você começa com uma meta predefinida ao criar sua declaração de visão (uma prática ágil comum que funciona bem). O próximo passo é criar um mapa para ajudá-lo a alcançar essa visão (veja a Figura 3-1).

Prática comum que não faz parte do scrum

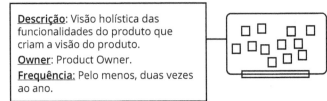

FIGURA 3-1: O roadmap do produto é a Etapa 2 dos princípios do roadmap.

Embora nem a declaração de visão, nem o roadmap do produto sejam um aspecto formal do scrum, ambos os elementos são comuns no âmbito ágil. A criação de um roadmap do produto é um modo comum de definir o caminho e realizar o alinhamento com o grupo inteiro. Caso fosse viajar de navio com uma tripulação e passageiros, você gostaria de saber o seu destino e provavelmente o caminho antes de deixar a segurança do porto. O mesmo acontece praticamente com todo projeto. Veja a seguir as etapas gerais para criar um roadmap:

1. **Decida aonde você quer ir (desenvolva a visão).**
2. **Descubra como chegar lá (crie o roadmap do produto).**
3. **Popularize a visão (informe a todos sobre o plano).**

O roadmap do produto pode mudar, mas lhe dá algo tangível para começar, aumentando assim a eficiência. Ao popularizar o roadmap como um artefato de planejamento ou replanejamento, você pode assegurar que os influenciadores e as partes interessadas entendam a direção e o caminho. Ajustes no plano são menos dispendiosos, e uma visão compartilhada contribui para a unificação da equipe.

Adote a visão de longo prazo

O roadmap do produto é uma visão holística e de alto nível das funcionalidades necessárias para atingir a meta do produto que você definiu em sua declaração de visão. As compatibilidades naturais do projeto são estabelecidas ("Se fizermos isso, devemos logicamente fazer aquilo"), e os gaps nas funcionalidades ficam imediatamente visíveis ("Ei, onde está...?").

O roadmap do produto é o backlog inicial do produto (sua lista principal de tarefas), e conforme aumenta a probabilidade de os itens do backlog do produto serem desenvolvidos os itens são cada vez mais divididos (elaboração progressiva). O backlog do produto se expande para incluir itens que são:

» Pequenos (iminentemente desenvolvíveis; em geral referidos como user stories).

» De médio porte (mais ou menos desenvolvíveis; muitas vezes referidos como épicos).

» Conceituais (detalhes claros, porém ausentes; geralmente chamados de funcionalidades).

DICA

Veja o box "Terminologia do Roadmap e do Backlog" mais adiante neste capítulo para obter mais informações sobre funcionalidades, épicos e user stories.

LEMBRE-SE

O roadmap do produto não é algo imutável e totalmente desenvolvido; é um artefato vivo e dinâmico. Revemos e atualizamos esses roadmaps pelo menos duas vezes por ano, embora essa frequência varie dependendo das particularidades do projeto.

Mesmo que a declaração de visão pertença completamente ao Product Owner, a equipe de desenvolvimento precisa fazer parte do processo de elaboração do roadmap. Os membros da equipe de desenvolvimento são os especialistas em tecnologia que farão o trabalho e devem fornecer as restrições técnicas e as estimativas de esforço. Se a equipe de desenvolvimento ainda não tiver sido escolhida, inclua os gerentes funcionais depois de criar o roadmap inicial do produto. Esses gerentes podem ajudar a identificar as habilidades que serão necessárias e reunir a equipe de desenvolvimento o mais rápido possível, de modo que ela possa estipular as estimativas de esforço de alto nível.

Quando começamos a trabalhar com um cliente, sentamos com as partes interessadas da empresa, o Product Owner, a equipe de desenvolvimento e o Scrum Master, e elaboramos a declaração de visão e o roadmap do produto no primeiro dia. Finalizamos tudo no primeiro dia para que o desenvolvimento real comece no dia seguinte.

Use ferramentas simples

Ao elaborar seu roadmap do produto, use as ferramentas mais simples possíveis. Nós preferimos um quadro branco e notas autoadesivas. Cada funcionalidade do produto pode ser colocada em uma nota autoadesiva. Esse método é a simplicidade na verdadeira forma de trabalho.

Os cérebros humanos não foram criados na era digital. Estudos comprovaram que os eletrônicos têm um efeito embotador. Na verdade, é preciso menos função de ondas cerebrais para assistir à TV do que para assistir à tinta secar. No entanto, utilizar um sistema simples, como notas autoadesivas, é física e mentalmente interessante, e promove um ambiente de mudança e criatividade.

Ajudamos muitos clientes a criar um roadmap de produto simplesmente colocando notas autoadesivas com os principais requisitos em uma parede e falando a respeito de ideias e problemas. Para um grande projeto (que vale quase meio bilhão de dólares), montamos um roadmap em menos de três horas. Começamos com os itens de maior prioridade. À medida que falamos da visão, é fácil posicionar as notas autoadesivas, conforme o roadmap começa a ganhar forma.

Elabore seu roadmap do produto

Você pode utilizar sete etapas triviais e racionais a fim de elaborar o roadmap de seu produto. Execute estas etapas no primeiro dia do seu projeto; elas não devem demorar mais do que algumas horas. Para projetos menores, você fará o trabalho durante o café da manhã. O Product Owner finaliza as etapas com o restante da equipe do projeto (toda a equipe scrum e as partes interessadas do negócio).

Usando as notas autoadesivas com inúmeras cores de sinalizadores e um quadro branco, siga os próximos passos para elaborar o roadmap de seu produto:

1. **Escreva um requisito de produto para cada nota autoadesiva.**

   Pense em quantos requisitos de produto você conseguir.

2. **Caso apropriado e sinérgico, organize alguns requisitos em categorias ou grupos relacionados.**

3. **Dê prioridade aos requisitos no roadmap.**

   No nível macro, os itens de maior prioridade estão no lado esquerdo, e os de menor prioridade estão no lado direito. No nível micro, os requisitos de maior prioridade estão no topo, e os itens de menor prioridade estão na parte inferior. Os itens de maior prioridade estão no canto superior esquerdo e os itens de menor prioridade estão no canto inferior direito.

4. **Identifique as dependências de negócios (escritas por bandeiras coloridas na nota).**

5. **Solicite à equipe de desenvolvimento que identifique as dependências técnicas (escritas por sinalizadores de cores diferentes).**

6. **Peça à equipe de desenvolvimento que forneça as estimativas em ordem de grandeza para as notas autoadesivas.**

7. **Ajuste a ordem com base em dependências e estimativas, conforme apropriado.**

48 PARTE 2 O Funcionamento de um Projeto Scrum

DICA

Observe os itens que provocam mais discussão ou preocupação da equipe; esses itens podem ser os mais arriscados ou exigirem mais detalhamento. Para os métodos de estimativa que sua equipe de desenvolvimento pode usar, confira o Capítulo 4.

Defina o seu tempo

A natureza do seu produto determina a quantidade e o tempo dos seus lançamentos de produtos. Sugerimos, pelo menos, uma vez por trimestre, mas o ritmo da inovação está aumentando os lançamentos de produtos. Temos clientes que aumentam a produção todos os dias. As empresas mais bem-sucedidas de mídia social e internet potencializam esses lançamentos duas vezes por dia ou mais.

O ideal seria você liberar o produto testado e aprovado após cada sprint ou, melhor, muitas vezes durante um sprint (entrega contínua). Vez ou outra, quando trabalhamos com clientes, criamos lançamentos de produtos de alto nível (para enquadrar os requisitos, não por comprometer o cronograma) de modo que possamos ver como esses lançamentos se alinham com os outros lançamentos de produtos, ciclos orçamentários, ciclos de férias e assim por diante.

A Figura 3-2 mostra um exemplo de lançamentos trimestrais de produtos (comuns em empresas de capital aberto). A primeira versão reflete o planejamento do lançamento inicial e tem um nível de comprometimento atribuído a ela. Tudo depois disso mostra como as influências externas podem impactar o projeto.

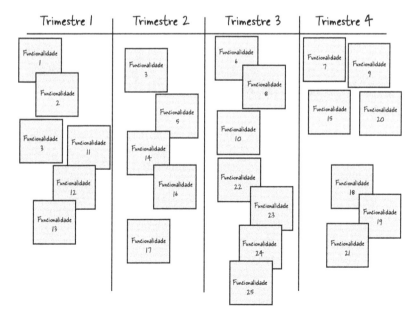

FIGURA 3-2: Um exemplo de roadmap do produto dividido em trimestres.

CAPÍTULO 3 **Planejando o Seu Projeto** 49

Se o seu período de tempo for curto ou não for relevante para o seu projeto, considere o período de tempo de projeto do seu frame e divida-o nos grupos lógicos iniciais, não indo mais longe do que o necessário (normalmente, não mais do que um ano). Siga os seguintes passos:

1. **Crie o valor inicial das funcionalidades dos grupos começando pelos requisitos de prioridade mais alta e vá descendo.**

2. **Suponha, em cada lançamento do produto, que você fornecerá resultados testados, aprovados e entregáveis.**

3. **Acima de cada lançamento, escreva seu tema conceitual.**

4. **Ajuste conforme necessário.**

DICA

O roadmap do produto e o backlog do produto são excelentes para o controle do escopo. Nos modelos tradicionais de gerenciamento de projetos, toda ideia nova precisa ser justificada. Com o scrum, se uma ideia aproxima você da visão do projeto, adicione-a à lista. O nível de priorização da ideia determina se ela será concluída. Às vezes, apenas os itens de prioridade máxima são concluídos; outras vezes, todos os requisitos são concluídos, dependendo do orçamento e do andamento organizacional da equipe scrum.

Dividindo os Requisitos

Não levará muito tempo para perceber que um requisito de produto pode ser dividido em várias partes. As chances são de que essas partes possam ser divididas ainda mais, e essas partes, apostamos, também podem ser separadas. Nesta seção, explicamos como gerenciar esse processo de decomposição.

A priorização dos requisitos

Com o roadmap do produto, você começa com as maiores partes do seu projeto. Este roadmap, de fato, proporciona uma visão geral e se baseia no que faz sentido, conforme o valor do negócio e/ou mitigação de risco. Estas partes (requisitos) são priorizadas pelo Product Owner, que decide o que é mais importante para entregar primeiro a esse cliente e quais requisitos devem, pela lógica, ficar juntos.

À medida que os requisitos são priorizados, eles se tornam parte do backlog do produto. No scrum, você trabalha com o menor conjunto de itens de prioridade máxima necessários para gerar valor, não apenas para o escopo do projeto, e é por esse motivo que os projetos scrum liberam a funcionalidade mais rapidamente. Ao priorizar, leve em consideração duas coisas: valor e risco do negócio. O valor comercial é fácil. Se uma coisa apresenta um valor elevado, ela tem prioridade máxima. Você deve se comprometer com os requisitos de maior risco primeiro, por quatro motivos:

> » A princípio, você tem um sistema mais simples para trabalhar. Você deve assumir seus desenvolvimentos de maior risco dentro do sistema mais simples.
>
> » Você tem a maior quantia de dinheiro no começo. Se você assumirá algo que envolva alto risco, deve fazê-lo com os maiores recursos à sua disposição.
>
> » Como você tem um montante maior de dinheiro, pode financiar a equipe de desenvolvimento por mais tempo. Se vai assumir um item de alto risco, tire vantagem de todos esses benefícios.
>
> » Se você vai falhar, falhe com antecedência e barato. Se existe uma falha fundamental, você deve saber o mais cedo possível. Os requisitos de maior risco são onde as bombas ficam à espreita, prestes a explodir.

PAPO DE ESPECIALISTA

Trabalhar com os requisitos de prioridade máxima para a conclusão não é apenas conveniente, mas também economiza dinheiro, e é por essa razão que os projetos scrum podem alcançar uma economia de 30% a 70%. Se o seu projeto ficar sem dinheiro em 80% no meio do caminho, você pode dizer, sem sombra de dúvida, que 80% dos itens de prioridade máxima foram concluídos, estão em funcionamento e foram aceitos. E os 20% restantes? Caso eles tenham uma prioridade tão baixa, na maioria das vezes, você pode ficar sem eles de qualquer modo.

O roadmap do produto cria seu primeiro corte de dependências. Por exemplo, você não precisa se preocupar com a operacionalização para enviar a funcionalidade do aplicativo até que se tenha um site para hospedar essa funcionalidade. As dependências críticas são reveladas de antemão e ajudam o Product Owner a priorizar o backlog do produto. As equipes começam a trabalhar nos itens de prioridade máxima no segundo dia do projeto, e não 120 dias depois.

LEMBRE-SE

Um requisito deve granjear o direito do seu investimento. Somente os itens de prioridade máxima merecem seu esforço para dividi-los em requisitos que sejam de fácil compreensão. Tudo mais pode esperar. Dessa forma, você está sempre trabalhando apenas nas coisas mais importantes. Não perca seu tempo tapando o sol com a peneira. Aprendizagem e adaptação são inestimáveis até mesmo na hora de elaborar os requisitos.

Níveis de decomposição

Ao dividir seus requisitos em partes menores, busque capturar o mínimo de detalhes possível. Na verdade, queremos que você se torne especialista em fazer o mínimo necessário, elaborando os requisitos progressivamente à medida que aumenta a probabilidade de incluí-los dentro de um sprint. Já se foram os dias em que se passavam horas intermináveis trabalhando na definição e aperfeiçoamento de requisitos que nunca viam a luz do dia. A Figura 3-3 mostra as camadas de decomposição dos requisitos.

TERMINOLOGIA DO ROADMAP E DO BACKLOG

Os termos a seguir relacionados aos roadmaps dos produtos e aos backlogs dos produtos foram desenvolvidos por especialistas em scrum ao longo dos anos. Eles não são scrum, mas fazem parte de uma coleção de práticas comuns que muitos de nós usamos na área:

- **Temas:** Os *temas* são grupos lógicos das funcionalidades que você elabora no roadmap de seu produto. Caso uma funcionalidade seja um novo recurso que um cliente terá, um tema é o agrupamento lógico dessas funcionalidades. A aplicação que permite a um cliente comprar itens de um site é um exemplo de tema. Geralmente, o roadmap do seu produto identifica e/ou agrupa as funcionalidades como parte de um tema.

- **Funcionalidades:** As *funcionalidades* são os recursos que seus clientes terão que não tinham antes. A funcionalidade que permite ao cliente comprar itens online através de um telefone celular é um recurso. Em geral, seu roadmap de produto é composto de requisitos em nível de funcionalidade.

- **Épicos:** Os *épicos*, uma série de ações relacionadas a uma funcionalidade, são a próxima etapa na divisão das funcionalidades em requisitos acionáveis. A funcionalidade que permite a um cliente comprar um item através de um telefone celular a partir de um carrinho de compras usando um cartão de crédito é um épico. Um épico é menor que uma funcionalidade (compra de um item online), porém maior que as integrações do cartão de crédito que permitem a compra de um item.

  Observação: Não permitimos requisitos maiores que épicos em um planejamento de lançamento porque eles não são específicos o bastante para o planejamento.

- **User stories (histórias do usuário):** As *user stories* são as menores formas de requisitos que podem se sustentar sozinhas. Uma user story consiste de uma ação de valor ou de uma integração de valor. A compra de um item através de um celular a partir de um carrinho de compras usando um cartão Visa é uma user story. A compra de um item utilizando um MasterCard é uma integração diferente e uma user story diferente. As user stories são pequenas o suficiente para adicionar sprints e começar a serem desenvolvidas. Falaremos em detalhes sobre as user stories nas seções a seguir.

- **Tarefas:** As *tarefas* são as etapas necessárias para implementar uma user story. Durante o planejamento do sprint, uma user story é dividida em tarefas.

Lembre-se: Os *requisitos* são coisas que os usuários fazem; as *tarefas* são o que a equipe de desenvolvimento faz para que o requisito funcione.

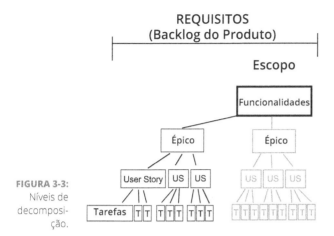

FIGURA 3-3: Níveis de decomposição.

Sete etapas da elaboração dos requisitos

Sete etapas estão envolvidas na elaboração do escopo de cada requisito. No final das sete etapas, você sabe que cada requisito funciona, pode ser integrado e aprovado pelo Product Owner. Você está criando produtos concretos com a finalidade de apresentá-los às partes interessadas, de quem você pode obter feedback. Esse feedback é usado para aperfeiçoar e elaborar requisitos novos que façam o produto refletir melhor as necessidades das partes interessadas, e o ciclo é executado novamente. Você melhora o produto gradualmente, com base na realidade.

As setes etapas para elaborar cada requisito são:

1. **Elaboração de requisitos**
2. **Design**
3. **Desenvolvimento**
4. **Testes abrangentes**
5. **Integração**
6. **Documentação**
7. **Aprovação**

Backlog do Produto

O backlog do produto é um verdadeiro artefato do scrum e a principal lista de tarefas de todo o projeto. Todos os projetos scrum têm backlogs de produtos, que são de propriedade do Product Owner e mantidas por ele.

Os requisitos do roadmap do produto criam inicialmente o backlog do produto, e aqueles de prioridade máxima são divididos em user stories no Dia 1. (Descrevemos como em "Refinamento do backlog do produto" mais adiante neste capítulo.) A Figura 3-4 mostra uma amostra de backlog do produto.

BACKLOG DO PRODUTO

Ordem	ID	Item	Tipo	Status	Estimativa
1	121	Como administrador, quero vincular as contas dos perfis, de modo que os clientes possam acessar contas novas.	Requisito	Não iniciado	5
2	113	Atualização da matriz de rastreabilidade dos requisitos.	Suspenso	Não iniciado	2
3	403	Como cliente, quero realizar a transferência de dinheiro entre as minhas contas ativas, de modo que eu possa equilibrar o saldo de cada uma.	Melhoria	Não iniciado	3
4	97	Refatorar a classe do login.	Manutenção	Não iniciado	8
5	68	Como visitante do site, quero encontrar as localizações geográficas, de modo que eu possa utilizar os serviços bancários.	Requisito	Não iniciado	8

FIGURA 3-4: O backlog do produto é a lista de tarefas ordenada do seu projeto.

Cada item no backlog do produto apresenta os seguintes elementos:

LEMBRE-SE

» Número específico da solicitação (slot de prioridade no backlog do produto).

Embora os itens do backlog do produto possam ter prioridade semelhante, eles não podem ser trabalhados ao mesmo tempo.

» Descrição.

» Estimativa do esforço necessário para concluir.

» Número de identificação (opcional).

» Status (opcional).

» Valor para o negócio ou produto.

» Tipo de item (opcional), que pode ser um requisito, custo, manutenção ou melhoria (veja "Lista dinâmica de tarefas" mais adiante neste capítulo).

LEMBRE-SE

Os requisitos de máxima prioridade são divididos nos menores requisitos implementáveis possíveis no backlog do produto. Um requisito pequeno, no entanto, não é automaticamente um item de alta prioridade. Muitos requisitos pequenos têm baixa prioridade e nunca chegam à produção.

LEMBRE-SE

Qualquer um pode escrever uma funcionalidade ou requisito do produto. Uma ideia ou preocupação pode ser desencadeada por uma parte interessada do negócio, por um membro da equipe de desenvolvimento, pelo Scrum Master, Product Owner e até mesmo pelo barista da empresa. Espera-se que todos tenham ideias. Somente o Product Owner tem o poder de aceitar ou rejeitar um requisito no backlog do produto, com base na sustentação da visão do produto.

O Product Owner é inteiramente o dono deste artefato. Se aceito, as pessoas irão numerar, melhorar, priorizar e ordenar esse novo requisito.

Lista dinâmica de tarefas

O backlog do produto nunca desaparece enquanto o projeto está em andamento. Caso tenha um projeto, você tem um backlog de produto, que está sempre mudando. Em virtude de os requisitos maiores serem divididos em requisitos menores, o backlog é alterado. Conforme se recebe o feedback do cliente, o backlog é alterado. À medida que seus concorrentes lançam ofertas novas no mercado, o backlog muda.

DICA

O Product Owner não só prioriza os itens no backlog do produto, mas também os ordena em uma sequência lógica. Dessa forma, o próximo sprint pode ser organizado de forma rápida e eficiente a partir desses itens ordenados.

Todas as alterações feitas no backlog do produto são realizadas pelo Product Owner. A qualquer momento, se alguém (Product Owner, desenvolvedor, partes interessadas) identificar um requisito novo ou uma ideia de design, ele será dado ao Product Owner para ser priorizado junto com todo o resto.

Em frameworks tradicionais de gerenciamento de projetos, a mudança é vista como um reflexo de um planejamento insatisfatório. Se algo precisava ser mudado, era porque alguém havia feito alguma coisa de errado. No scrum, vemos a mudança como um sinal de evolução. Conforme você conhece seu produto mais profundamente, identificará as alterações que precisam ser feitas. No scrum, se você não está mudando, você não está aprendendo, e isso é um problema. A falta de mudança é um sinal de fracasso. Todo dia você precisa aprender alguma coisa e isso ocasiona mudanças. Com o scrum, a mudança não é algo de que você foge para debaixo da mesa para se esconder. Mudar é bom. Mudar é vida. Mudança é scrum.

Refinamento do backlog do produto

O refinamento é como a equipe do scrum progride com seu entendimento dos itens no backlog do produto, organizando-os para os próximos sprints. O refinamento do backlog do produto é um processo contínuo de decomposição e preparação de feedback e de respostas a mudanças para desenvolvimento futuro. Esse processo é de responsabilidade do Product Owner e é executado com a ajuda dos membros da equipe de desenvolvimento, que fazem perguntas de esclarecimento e fornecem estimativas com base nas melhores informações disponíveis naquele momento. A equipe scrum como um todo gasta até 10% de seu tempo de sprint ativo nesse processo. O Scrum Master geralmente facilita as atividades de refinamento do backlog do produto para manter o grupo focado e trabalhando.

Os resultados desejados do refinamento do backlog do produto são:

» **Clareza:** Todos os desenvolvedores e o Product Owner chegam a um consenso claro sobre o escopo dos itens do backlog do produto que estão sendo discutidos.

» **Critérios de aceitação:** Todos os requisitos (itens dos backlog) incluem os critérios de aceitação.

» **Riscos identificados e mitigados da melhor maneira possível:** Outros riscos conhecidos devem ser documentados e aceitos pela equipe, conforme necessário.

» **Dimensionamento:** Os requisitos são estimados e divididos o suficiente para serem realizados dentro de um sprint.

PAPO DE ESPECIALISTA

O termo critérios de aceitação é frequentemente usado nas atividades scrum. Refere-se a uma seção no verso do cartão da story ou no software do projeto para informar a todos o que "concluído" significa em cada story. Pode incluir critérios de teste e exemplos específicos de como a funcionalidade deve operar quando o trabalho estiver concluído.

O refinamento do backlog deve ser uma ocorrência regular; todavia, o scrum não indica como devem ser as análises de aprimoramento formal, tampouco a frequência delas. Veja a seguir algumas sugestões que funcionaram tanto para nós como para nossos clientes:

» **Formato:** O Product Owner apresenta à equipe um requisito de cada vez. Para cada requisito, os membros da equipe fazem perguntas, contestam as hipóteses, exploram as estratégias de implementação e usam um quadro branco para desenhar e esclarecer as coisas até que cheguem a um consenso quanto aos detalhes e ao escopo do requisito. Em seguida, a equipe de desenvolvimento usa a estimativa poker (Planning Poker) ou a estimativa de afinidade (veja o Capítulo 4) com o intuito de definir uma estimativa relativa.

Para um requisito que sobe em prioridade, a estimativa indica quando o requisito é pequeno o bastante para caber em um sprint.

» **Tempo:** Em média, as equipes scrum gastam cerca de 10% de um sprint no aprimoramento do backlog em preparação para o próximo sprint.

» **Periodicidade:** O aprimoramento do backlog é uma atividade contínua. Os requisitos são aprimorados gradualmente, na hora certa, junto com aqueles que estão mais próximos da entrega, prontos para os sprints. As equipes podem preferir realizar o aprimoramento do backlog de acordo com os cronogramas a seguir:

- Diariamente, no final de cada dia.

  Este cronograma também serve como um exercício de desmobilização para o desenvolvimento dos membros da equipe no que se refere à transição para o final do expediente.

- Diariamente, em algum outro horário acordado.

- Uma vez por sprint durante o espaço de tempo agendado regularmente.

- Uma vez por semana durante o espaço de tempo regular.

- Várias vezes por semana durante um período de tempo regular.

- Conforme necessário, determinado e agendado pela equipe em cada sprint.

» **Atividades:** As atividades de aprimoramento de backlog podem se desdobrar nos seguintes tipos de atividades:

- Reuniões de toda equipe, incluindo o quadro branco, modelagem, sessões de perguntas e respostas e discussões de design.

- Pesquisa de itens identificados durante as discussões de equipe.

- Entrevistas com os especialistas no assunto ou com as partes interessadas para obter insights a fim de identificar o escopo e as soluções sugeridas para os requisitos.

- Poker de estimativa ou sessões de estimativa de afinidade (Planning Poker).

À medida que a equipe discute e refina os candidatos a requisitos de maior prioridade, faça o máximo de perguntas e siga as diretrizes, conforme necessário, para orientar a equipe durante o processo de refinamento. Nem todos esses itens se aplicam a todas as equipes e/ou requisitos.

» Dividindo os requisitos grandes:

- A user story atende aos critérios do INVEST? (Veja a seção "INVEST" mais adiante neste capítulo.)

- O requisito pode ser concluído dentro de um sprint ou em uma parte de um sprint?

- A user story é uma ação única de valor ou uma série de ações?

- O escopo é minimamente suficiente?

- O Product Owner adicionou tarefas técnicas ou outros detalhes técnicos que devem ser deixados para a equipe de desenvolvimento identificar?

- A definição da equipe scrum de *concluído* (veja o Capítulo 4) foi considerada antes de determinar que a story está suficientemente dividida?
- Mais pesquisas são necessárias antes que a equipe possa realizar as estimativas?

» Esclarecimentos e aprimoramento no que for necessário:

- A equipe de desenvolvimento entende a finalidade do negócio e/ou a importância do requisito?
- Os membros da equipe de desenvolvimento tentaram interpretar o requisito com o intuito de assegurar que todos no projeto falem a mesma língua?
- O entregável desejado está claro?
- A abordagem de implementação faz sentido, tanto do ponto de vista técnico como de negócios?
- A equipe está levando em consideração todo o trabalho necessário para concluir totalmente e entregar a story?
- A equipe conhece as tarefas que serão exigidas?
- A equipe será capaz de entregar um incremento completo do produto ao final deste sprint?

» Garantindo os critérios de aceitação adequados:

- Se necessário, identifique as personas (veja "Práticas Comuns do Backlog do Produto" mais adiante neste capítulo).
- Os critérios de aceitação estão completos e são adequados?
- Os membros da equipe de desenvolvimento orientados a realizar os testes afirmaram que os critérios são suficientes?

» Abordando os possíveis problemas e riscos:

- A story consegue se sustentar por si própria ou existem dependências?
- Quais conflitos podem surgir durante a implementação?
- Qual deficit técnico esse requisito pode apresentar?

» Atribuindo estimativas de alto nível:

- A equipe scrum decidiu por um método de estimativa consistente? (Veja o Capítulo 4.)
- A equipe concordou em como chegar a um consenso?
- As estimativas revelaram que algum dos requisitos ainda é muito grande?

Se as estimativas trouxeram à tona pontos adicionais que requerem esclarecimento, use essas diretrizes para aprimorá-los antes de refazer as estimativas.

DICA

É necessário observar alguns fatores nesse processo:

» Apenas os membros da equipe de desenvolvimento fazem as estimativas dos requisitos porque são eles que colocam a mão na massa.

» O Product Owner tira as dúvidas imediatamente dos desenvolvedores, participando ativamente das discussões de aprimoramento.

» A periodicidade e a duração das atividades de aprimoramento variam de equipe para equipe, de projeto para projeto e até de sprint para sprint.

Outros itens possíveis de backlog

Quando ensinamos os clientes a elaborar os backlogs de seus produtos, incentivamos que identifiquem um tipo de item de backlog (veja a Figura 3-4 anteriormente neste capítulo). Usamos quatro tipos para deixar clara a natureza do item a ser concluído. Todos estes itens podem ser feitos (ou não) a critério do Product Owner:

» **Requisitos:** Os requisitos básicos de negócios formam a maior parte do backlog de um produto. Um requisito explica por que uma funcionalidade está sendo criada e o que precisa ser feito.

» **Manutenção:** Desenvolva melhorias para o código, sobretudo repensar uma classe de login que não possa mais ser ajustada do ponto de vista tático. Os itens de manutenção minimizam o deficit do projeto.

» **Melhorias:** Com base nos resultados da retrospectiva de sprint, o que pode ser feito de forma diferente no processo, como expandir as técnicas de teste automatizado.

» **Custos:** Via de regra, as empresas têm itens do tipo custos que elas gostam de visualizar, como uma matriz de rastreabilidade de requisitos, e a maioria das empresas não adiciona a matriz à equação. Elas assumem ter custo zero, mas custa tempo e dinheiro. Nós gostamos de deixar esse custo evidenciado.

Práticas Comuns do Backlog do Produto

As técnicas ágeis são praticadas por inúmeras empresas e organizações ao redor do mundo. Como consequência natural, as práticas ágeis comuns são abundantes. Incorporamos algumas dessas práticas ao nosso negócio de consultoria e descartamos outras. Eu recomendo que você faça o mesmo. Não existe nenhum conjunto de práticas universais recomendadas.

User stories (histórias dos usuários)

As user stories são usadas para agrupar os requisitos do cliente. *User story* é um termo comum no que diz respeito aos requisitos pequenos o bastante para serem colocados em um sprint e divididos em tarefas. As user stories são uma ação de valor que um usuário obterá, tal qual: "Como comprador, quero poder digitalizar um código de barras de produto com meu telefone para comparar e encontrar o menor preço do mesmo produto em várias lojas."

Múltiplas user stories entram em cada sprint, e cada uma delas é de máxima prioridade naquele momento. Em média, você pode ter de seis a dez user stories por sprint. Portanto, no final de cada sprint, se a equipe de desenvolvimento se concentrar em completar um requisito de cada vez (um processo chamado *swarming*, descrito no Capítulo 6), você sempre terá algo do seu trabalho para apresentar. Nós usamos cartões de índice de 7,5cm x 12cm para escrever as user stories. Como usamos um modelo Cartão ⇨ Conversação ⇨ Confirmação, conseguimos ter a clareza dos requisitos antes do início do desenvolvimento, mesmo com esses cartões pequenos. As user stories não são a única maneira de descrever o que precisa ser feito, mas descobrimos que elas são excepcionalmente eficazes. A Figura 3-5 mostra exemplos das user stories dos cartões de índice.

DICA

Não use jargão técnico em suas user stories. Você as escreve levando o usuário em conta. Deixe-as diretas, focadas no cliente e simples.

FIGURA 3-5: Um formato para escrever as user stories.

PAPO DE ESPECIALISTA

No modelo Cartão ⇨ Conversação ⇨ Confirmação, o Product Owner usa o cartão de 7,5cm x 12cm como um lembrete do requisito — um lembrete de que uma conversa deve ocorrer para deixar o requisito claro e aprimorá-lo. Esse modelo permite a atividade imensamente valiosa de conversar com os membros da equipe de desenvolvimento e responder às suas perguntas, apoiada por uma descrição explícita do sucesso no verso do cartão. Antes, desenvolvíamos volumes de documentos antes de ter uma equipe de desenvolvimento, ao passo que tentávamos responder a todas as perguntas que pensávamos que a equipe pudesse ter — um esforço hercúleo em que invariavelmente falhávamos.

Às vezes, é mais fácil trabalhar com *personas*: personagens fictícios que são uma mistura das qualidades-alvo dos seus clientes. Uma persona pode ter 35 anos, ser homem solteiro, profissionalmente empregado, que mora em Portland,

Oregon, e estar à procura de sua cara-metade. Use uma persona para garantir que seu projeto atenda às necessidades do seu cliente-alvo. Uma descrição da user story é simples, porém focada, descrevendo claramente o usuário, a ação e o benefício. Em cada cartão, insira as seguintes linhas:

LEMBRE-SE

» Um número de ID é o mesmo número que fica no backlog do produto, que, por sua vez, é atribuído pelo Product Owner quando ele aceita um item no backlog do produto.

Simplifique seus números de identificação de produto. Não é necessário rastrear cada item de volta à sua origem mais genérica; você só precisa dar um nome numérico, como 123, e não 10.8.A.14. Você minimiza a quantidade de trabalho que tem que fazer, livrando o seu projeto do desperdício de tempo de modo que você possa se concentrar nas coisas importantes.

» Um título abreviado.

» Uma descrição do usuário.

» O que o usuário quer realizar.

» A razão pela qual o usuário quer realizar a tarefa.

O essencial para a user story é o que está escrito no verso do cartão — os critérios de aceitação. É assim que você sabe que a user story foi implementada com sucesso. A frase é "Quando faço isso... acontece isso". A Figura 3-6 mostra um exemplo de um cartão preenchido.

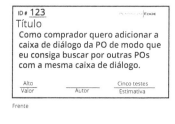
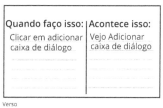

FIGURA 3-6: Um cartão de índice finalizado.

Cada user story é escrita em primeira pessoa ("Quando *eu* faço isso, e*u* obtenho isso"). Isso coloca o autor no lugar do usuário ou do cliente.

PAPO DE ESPECIALISTA

A pessoa que escreve a user story a entrega ao Product Owner para que compartilhe com a equipe de desenvolvimento. Não raro, as partes interessadas também participam da fase de conversação, sentando-se com o Product Owner e a equipe de desenvolvimento para examinar cada cartão. Esse ato de comunicação direta é de suma importância para a compreensão das tarefas necessárias a fim de alcançar o resultado desejado. Assim sendo, a comunicação é mais clara e os erros são menores, e a qualidade do projeto e a velocidade de entrega aumentam.

INVEST

Bill Wake, um dos primeiros influenciadores do movimento eXtreme Programming (XP), criou o mnemônico INVEST para user stories. INVEST é um acrônimo para as qualidades que você busca em suas user stories:

- **Independent (Independente)** (no melhor grau possível): A story não precisa de outras histórias para implementá-la ou de um usuário para interagir com ela.

- **Negotiable (Negociável):** O Product Owner e a equipe de desenvolvimento devem discutir e expandir as nuances e detalhes da story. A importância de uma user story reside na conversa, não no cartão.

- **Valuable (Valoroso):** A story mostra o valor do produto para o cliente, não as etapas técnicas (tarefas) que o desenvolvedor usa para ativá-la.

- **Estimable (Estimável):** A story é aprimorada o suficiente para que os desenvolvedores possam estimar a quantidade de esforço necessária para criar a funcionalidade.

- **Small (Pequena):** As stories menores são mais fáceis de estimar. Uma regra é inserir de seis a dez user stories em cada sprint, para que uma story possa ser finalizada por uma ou duas pessoas durante o sprint.

- **Testable (Testável):** A story precisa ser passível de teste para que a equipe de desenvolvimento saiba que ela foi desenvolvida corretamente. "Precisa ser rápida" ou "Precisa ser intuitiva" não significa testável. "Preciso receber uma resposta do aplicativo em menos de um segundo" ou "Preciso concluir a ação em três cliques ou menos" é testável.

Mais refinamento

O esforço da equipe de desenvolvimento determina se um requisito precisa ser dividido ainda mais com a finalidade de progredir com o roadmap do produto, dentro do planejamento de lançamento ou dentro do sprint (veja o Capítulo 5 para obter detalhes). Sobretudo no início, à medida que você descobre como aplicar as user stories em seu framework scrum, você pode descobrir que as stories que escreve são grandes demais para caber em um sprint.

Embora a maioria das user stories tenha muitas etapas, algumas são maiores do que o costume e podem (e devem) ser divididas em requisitos mais detalhados. Esse processo faz parte do processo de descoberta e parte do benefício de usar as user stories.

Talvez você encontre requisitos adicionais que precisem ser colocados no backlog do produto durante a discussão de elaboração da user story. Isso é excelente! Tais descobertas o ajudam a compreender melhor o que o cliente e/ou usuário precisa.

PARTE 2 **O Funcionamento de um Projeto Scrum**

NESTE CAPÍTULO

» **Estruturando a equipe de desenvolvimento scrum**

» **Sobressaindo-se com as estimativas de backlog**

» **Definição de concluído**

» **Tire proveito das técnicas de estimativas**

Capítulo **4**

O Talento e a Sintonia

O talento vence jogos. Mas o trabalho em equipe e a inteligência vencem campeonatos.

— MICHAEL JORDAN

A equipe de desenvolvimento está no centro nevrálgico dos projetos scrum. O foco principal do Product Owner e do Scrum Master gira em torno de assegurar que o ambiente seja o mais favorável possível para que a equipe de desenvolvimento atinja o máximo de produtividade. Neste capítulo, você descobrirá como uma equipe de desenvolvimento é organizada e, dessa forma, como você pode contribuir melhor com ela.

Depois de estabelecer seus papéis, visão e roadmap, a próxima etapa é começar a mensurar a quantidade de trabalho para cada requisito. A equipe de desenvolvimento começa estimando o esforço envolvido em requisitos de alto nível. Aqui, você cria um ponto de partida para referência futura. Você define a relação entre o numerador (o total do backlog do produto) e o denominador (velocidade média) que lhe dá o número estimado de sprints necessários para completar toda ou uma parte da meta dos itens no backlog do produto. Mostramos a você em que medida essas estimativas de alto nível podem ser alcançadas com rapidez e precisão.

CAPÍTULO 4 **O Talento e a Sintonia** 63

A Equipe de Desenvolvimento

Em Hollywood, referem-se aos atores e aos cantores como "o talento". São eles que entram no palco ou em cena e fazem o trabalho. Todo mundo facilita esse processo, pois, quando o talento é bem-sucedido, todo mundo é bem-sucedido. Pense na equipe de desenvolvimento como o talento. Preserve esse talento como um dos frutos de uma boa implementação scrum.

A equipe de desenvolvimento é o talento responsável por criar e desenvolver o produto real. Eles conduzem o como e o quanto. Grosso modo, eles determinam como irão desenvolver os requisitos e quantos eles conseguem fazer em qualquer sprint. A equipe dedica-se a um projeto de cada vez, é funcional, auto-organizada e autogerenciada.

O tamanho da equipe de desenvolvimento é propositalmente limitado em cerca de seis membros, com mais ou menos três membros. O melhor tamanho da equipe é pequeno o bastante, de modo que ela seja ágil e grande o suficiente a fim de concluir um trabalho significativo dentro de um sprint. Tal tamanho possibilita ao grupo ser autossuficiente e auto-organizado, dotado de uma diversidade de habilidades, porém não muito grande e de difícil gestão. Lembre-se de que para cada membro novo os canais de comunicação aumentam geometricamente. Com uma equipe de desenvolvimento de mais de nove membros, você não consegue ter uma equipe auto-organizada. Em um modelo em cascata, esse problema é mascarado com um gerente de projeto, responsável por coordenar toda a comunicação. O scrum não tem o custo referente a muitos canais de comunicação ou a um gerente de projeto.

Embora seis pessoas, mais ou menos três, seja um tamanho gerenciável e eficiente, o fator-chave é o autoencapsulamento. A equipe é capaz de elaborar os requisitos, projetá-los, desenvolvê-los, testá-los, integrá-los, documentá-los e aprová-los? As questões pertinentes às falhas foram eliminadas (isto é, pelo menos duas pessoas apresentam as habilidades para fazer a mesma coisa)? O tamanho total não é mais do que nove pessoas? Se todas as três respostas forem sim, você tem uma equipe de desenvolvimento de bom tamanho e funcional. Considerando que um Product Owner deve ser decisivo e um Scrum Master deve ter influência, um membro da equipe de desenvolvimento deve ser versátil, intelectualmente curioso e predisposto a compartilhar. Nada de estrelismo na equipe. O entusiasmo dos membros da equipe de desenvolvimento é alimentado pelo desenvolvimento e pela criação.

A peculiaridade das equipes de desenvolvimento scrum

Em muitos aspectos, a equipe de desenvolvimento scrum é o oposto de uma equipe tradicional. No scrum, os membros da equipe de desenvolvimento vão

CRIANDO UM AMBIENTE MOTIVADOR

Daniel Pink escreveu sobre motivação em seu excelente livro *Drive: The Surprising Truth About What Motivates Us* (Estímulo: A Surpreendente Verdade Sobre O Que Nos Motiva, em tradução livre). No livro, Pink acaba com o mito de que o caminho para motivar as pessoas é através de mais e mais dinheiro. Surpreendentemente, ele descobriu que quanto maior o incentivo monetário, piores os resultados. O dinheiro é um fator, porém apenas o suficiente para tirar o assunto dinheiro de cena.

Conforme investigava mais, Daniel encontrou três fatores específicos que promoviam um ambiente com resultados de melhor qualidade, seja em casa ou no trabalho: autonomia, domínio e propósito. Deixe seu pessoal decidir como fará o próprio trabalho, dê a ele espaço e tempo para dominar as habilidades atuais e novas, e manifeste um senso de propósito compartilhado a respeito do que está sendo feito.

O framework scrum pode viabilizar o ambiente que Pink discute. A equipe de desenvolvimento é projetada para se auto-organizar e ser autônoma em como faz o trabalho. A multifuncionalidade e o desenvolvimento de novas habilidades são fundamentais. Por meio da declaração de visão e da comunicação direta com o Product Owner e as partes interessadas, os membros da equipe de desenvolvimento podem entender em que estão trabalhando e por quê.

Confira o livro de Daniel Pink ou as palestras do TED para mais informações sobre sua pesquisa. Visite o site dele (conteúdo em inglês): www.danpink.com/.

desenvolver habilidades interdisciplinares. Eles fazem parte do processo de definição de metas e, como equipe, têm controle total de como elas são desenvolvidas. Além do mais, toda a equipe leva o crédito.

Equipes exclusivas e multifuncionais

Conforme mencionado anteriormente, os membros da equipe de desenvolvimento dedicam-se a um projeto de cada vez. Não faça a sua equipe de desenvolvimento revezar entre os projetos, o que é conhecido pelo termo *thrashing*. É melhor que eles se concentrem a cada dia no objetivo do sprint atual. Seja o gerenciamento funcional ou outra pessoa que escolha os membros da equipe, demanda-se uma pluralidade de habilidades para que a equipe tenha todas as competências necessárias a fim de ter êxito (elas são autoencapsuladas). Isso nos leva ao próximo ponto: multifuncionalidade.

LEMBRE-SE

As pessoas não necessariamente começam a ser multifuncionais; elas se tornam multifuncionais aos poucos. Comece com uma equipe de diversos talentos e, gradualmente, construa essa equipe para que ela seja individualmente multifuncional. O ideal é que todos os desenvolvedores possam fazer de tudo. Isso nem sempre é possível, mas pelo menos exija que todos os desenvolvedores façam mais de uma coisa e que cada pessoa tenha mais de uma habilidade. A multifuncionalidade é um processo que evita gargalos na entrega do trabalho.

Seja qual for o seu negócio ou organização, os fatos falam por si: as pessoas saem de férias; ficam doentes; arrumam empregos novos ou assumem outras funções. Um dia, elas estão ao seu lado e no dia seguinte podem estar em outro lugar. Em projetos tradicionais, quando um membro importante da equipe de desenvolvimento sai de férias, o projeto também sai de férias. Você é obrigado a aceitar uma série de atrasos, enquanto espera que a pessoa retorne ou (no caso de perda de pessoal) até recrutar e mobilizar outra pessoa.

Assim, você dá o melhor que pode para que sua equipe de desenvolvimento seja multifuncional. Dessa forma, você elimina esse ponto único de falha. Se um membro da equipe de desenvolvimento ficar gripado ou estiver profundamente envolvido em outra tarefa, outra pessoa poderá assumir seu lugar e realizar o trabalho. A multifuncionalidade também apresenta as seguintes vantagens:

» Permite diversas ideias sobre desenvolvimento em busca de soluções ótimas.

» Viabiliza o desenvolvimento em pares (descrito posteriormente nesta seção) para garantir maior qualidade.

» É uma das melhores maneiras de potencializar as suas habilidades primárias. Aprender uma habilidade por associação o expõe a outros modos de pensar sobre sua habilidade primária.

» Permite às pessoas que trabalhem em várias coisas e mantém o trabalho interessante.

Há muitas maneiras de transformar uma equipe multifuncional em membros multifuncionais.

» **Não use títulos.** Incentive uma atuação de igual para igual. Descobrimos que isso estimula os desenvolvedores juniores a aumentar a velocidade mais rapidamente, e as habilidades de nível sênior aumentam porque as pessoas mais velhas não querem ser superadas por jovens talentos sedentos por trabalho. A falta de títulos também enfatiza as habilidades, em vez da hierarquia fixa, estimulando o desenvolvimento de competências. O status informal ainda existe, mas agora é baseado em habilidades.

» **Use a programação pareada.** Comumente usada em práticas de desenvolvimento de software, como no Extreme Programming, a programação em pares, ou pareada, pode ser utilizada por uma equipe de desenvolvimento para desenvolver qualquer tipo de produto. Dois desenvolvedores trabalham juntos na mesma funcionalidade. O desenvolvedor A está desenvolvendo taticamente (escrevendo o código, por exemplo), enquanto o desenvolvedor B está livre para pensar estrategicamente sobre a funcionalidade (escalabilidade, extensibilidade, riscos e assim por diante). Eles mudam esses papéis ao longo do dia. Como esses desenvolvedores estão trabalhando juntos, eles podem detectar erros de modo mais rápido. Em nossa experiência, os desenvolvedores ficam mais atentos e cometem menos erros, já que estão programando em pares, e o resultado geralmente é um cronograma menor.

» **Use a técnica shadowing (observação e aprendizagem).** Novamente, dois desenvolvedores estão trabalhando juntos, mas neste caso apenas um faz o trabalho, enquanto o outro assiste e aprende.

A técnica shadowing também aumenta a qualidade do produto. Lembre-se de que a visibilidade e o desempenho estão correlacionados: potencializando a visibilidade, você geralmente aumenta o desempenho. O desenvolvedor atuante não vai querer fazer malfeito na frente do colaborador que está aprendendo, e o que está aprendendo fará aquelas perguntas "idiotas". Explicar algo melhora seu próprio conhecimento, e para expressar as próprias ideias você usa uma parte diferente do cérebro, melhorando o seu funcionamento. Por fim, intensifica-se a participação quando você está ensinando e explicando as coisas.

PROGRAMAÇÃO PAREADA

Embora inicialmente a programação pareada possa parecer mais cara — empregando dois desenvolvedores para o mesmo trabalho —, quando analisada de forma holística ela reduz os custos. O custo de desenvolvimento pode aumentar, mas o custo de garantia de qualidade cai drasticamente.

É exponencialmente mais barato prevenir os defeitos do que retirá-los de um sistema implantado posteriormente, conforme descrito nestes casos:

- Se você pegar o erro no local, o custo para corrigi-lo é mínimo.

- Se o erro for encontrado depois da confirmação do código, o custo será 6,5 vezes maior para remobilizar, localizar e corrigir.

- Caso o bug escape aos testes e seja disponibilizado para o ambiente de produção, sendo identificado apenas vários dias ou semanas depois, o tempo de mobilização é muito maior e o custo chega a ser 15 vezes mais alto.

- Se esse mesmo bug entrar no mercado e precisar ser corrigido por um grupo que nunca desenvolveu o aplicativo — como o grupo de suporte à produção —, o custo pode ser até 100 vezes maior.

Para cada falha, a equipe de desenvolvimento deve encontrar o bug, desenvolver o código para corrigi-lo e esperar que a correção para essa falha específica não cause outra falha. Lembre-se: para cada duas falhas corrigidas, outra é criada no processo.

PAPO DE ESPECIALISTA

O efeito Hawthorne (ou efeito do observador) tem base em estudos que mostram que a produtividade de um trabalhador aumenta quando alguém o observa. O nome foi dado em homenagem a Hawthorne Works, uma empresa de eletricidade nos arredores de Chicago, onde as primeiras experiências ocorreram.

PAPO DE ESPECIALISTA

A *programação com pato de borracha* ou *debug com pato de borracha* (*Rubber duck problem solving, rubber ducking* ou *the rubber duckie test*) são termos usados para descrever um fenômeno interessante frequentemente usado em engenharia de software. Os programadores são instruídos a explicar seus problemas de programação *em voz alta e em detalhes para um pato de borracha*. Na maioria das vezes, antes mesmo de o programador ter terminado de explicar o problema, eles descobrem a resposta. O mesmo fenômeno ocorre quando um amigo chega até você com um problema. Só o fato de explicar a questão em voz alta estimula uma parte diferente do cérebro, de modo que as respostas possam fluir.

Auto-organização e autogerenciamento

A palavra da vez é *participação*. Equipes auto-organizadas e autogerenciadas são responsáveis e participam do que estão desenvolvendo. Com uma equipe de desenvolvimento de scrum, toda a responsabilidade e participação é parte do que gera a eficiência e o sucesso.

Às vezes, os clientes nos perguntam como podemos garantir que eles receberão 100% do que a sua equipe de desenvolvimento faz. A resposta é que a equipe dá 100% porque ela perderia se não o fizesse. A visibilidade e o reconhecimento do seu trabalho árduo aumentam a motivação.

DICA

Visibilidade e desempenho estão diretamente correlacionados. Potencialize o desempenho aumentando a visibilidade.

Uma técnica usada ocasionalmente é dispor de duas (ou mais) equipes de desenvolvimento. Sincronize os sprints delas para que as revisões do sprint ocorram no mesmo dia e no mesmo horário. Em seguida, convide um executivo a comparecer aleatoriamente a ambas as avaliações de sprint por alguns minutos e peça que faça pelo menos uma pergunta às equipes antes de ir embora. Cada equipe de desenvolvimento sabe que seu desempenho terá visibilidade administrativa, e todas querem passar uma boa impressão. Historicamente, elas podem não ter recebido crédito pelo trabalho que fizeram. Agora, podem desenvolver um produto do qual possam se orgulhar. Elas estão no palco, recebendo todo o crédito. Isso é extremamente motivador, aumenta o esforço e a receptividade.

Aumentam-se, portanto, a participação e a responsabilidade de uma equipe de desenvolvimento scrum das seguintes maneiras:

> » A equipe de desenvolvimento é diretamente responsável pelos resultados que cria. Isso nem sempre é fácil, porque a visibilidade traz pressões inerentes ao desempenho, mas essa visibilidade também fomenta a participação.

- » A multifuncionalidade promove a participação, pois não há meu trabalho versus seu trabalho. Todo mundo é responsável pelo trabalho.

- » Como toda a equipe scrum é responsabilizada, o desempenho individual é potencializado. Todos saem ganhando como equipe e todo mundo contribui para o sucesso de cada sprint.

- » A equipe de desenvolvimento participa ativamente da criação das metas do sprint e demonstra o andamento da funcionalidade durante a revisão do sprint.

- » A equipe de desenvolvimento é responsável pelo relatório de status tático todos os dias. Em menos de um minuto de administração por dia (veja os gráfico de burndown no Capítulo 5), a empresa obtém um nível de relatório de status tático que nunca obteve antes.

CUIDADO

As equipes de desenvolvimento têm melhor desempenho quando são fixas. Alimente-as com projetos e dê a elas o que precisam para fazer o melhor possível. Toda vez que você troca um membro da sua equipe, leva tempo para ela se estabilizar novamente. Proteja sua equipe de desenvolvimento para cultivar uma boa dinâmica.

PAPO DE ESPECIALISTA

A teoria da consistência cognitiva descreve a tendência dos seres humanos a buscar informações, princípios e estímulos que sejam consistentes com os princípios e atitudes atuais. No scrum, se os membros da equipe de desenvolvimento tiverem voz, receptividade e controle, eles se esforçarão mais para atingir suas metas relacionadas ao trabalho. Eles tentam encontrar compatibilidade entre a participação que criaram e seus resultados futuros.

Colocalização ou a coisa mais próxima

Muitas pessoas esqueceram como é trabalhar com uma equipe colocalizada e experimentar o aumento da produção envolvida. A maioria das pessoas aprecia o conceito, mas pode não entender os princípios subjacentes. Veja abaixo algumas das vantagens de uma equipe colocalizada:

- » Maior velocidade e eficácia da comunicação presencial, sobretudo através de movimentos, tonalidade de voz, expressões faciais e assim por diante.

    A importância da comunicação presencial não deve ser subestimada. Albert Mehrabian, PhD e professor emérito de psicologia na Universidade da California-Los Angeles, provou o seguinte:

    - 55% dos significados são transmitidos através da linguagem corporal e expressões faciais.
    - 38% dos significados são *paralinguísticos* (transmitidos pela maneira como falamos).

- 7% dos significados são transmitidos nas palavras reais faladas.

  Essas estatísticas, por si sós, são um caso gritante para a colocalização de sua equipe de desenvolvimento.

» Facilidade de usar ferramentas simples para planejamento e comunicação, como quadros brancos e notas autoadesivas.

» Facilidade no esclarecimento imediato de questões.

» Saber no que os outros membros estão trabalhando.

» Facilidade em apoiar outros membros da equipe em suas tarefas.

» Economia de custos devido à diminuição do tempo de espera e menos mal-entendidos que resultam em falhas ou desperdício de trabalho.

POR QUE AS EQUIPES DE DESENVOLVIMENTO ADORAM O SCRUM?

As equipes de desenvolvimento adoram o scrum por uma série de razões, e não podemos deixar de lado o fato de que o scrum é um ambiente de capacitação e motivação. Quando você permite que as pessoas contribuam, elas se tornam parte do processo e participam dos resultados. É o efeito bola de neve:

- O sucesso é claramente definido a partir da meta do sprint, da definição de concluído e dos critérios de sucesso listados de cada requisito.

- Os membros participam da elaboração da meta do sprint, aumentando assim a participação.

- Os critérios de aceitação são claros dentro dos requisitos. A equipe compreende nitidamente como ser bem-sucedida.

- É um ambiente de trabalho apenas de resultados. Trabalhe como quiser; apenas mostre resultados.

- A comunicação direta com o Product Owner é acessível.

- O reconhecimento da equipe é dado em cada revisão de sprint.

- A melhoria estruturada do processo é obtida através das retrospectivas de sprint.

- O conhecimento sistemático é construído através das retrospectivas de sprint.

LEMBRE-SE

Quando colocalizado, o Product Owner e a equipe de desenvolvimento têm acesso um ao outro durante todo o período de trabalho todo santo dia. Eles trocam qualquer tipo de assunto e banalidade, e é tentador pensar que isso pode ser um desperdício. No entanto, descobrimos que é durante essas trocas que de fato o melhor trabalho acontece. As pequenas coisas não são realmente pequenas; elas são diferenciadoras, e são as coisas que importam. A qualidade precisa de contribuições, e a contribuição precisa de acesso. Quando o acesso é alto, grandes coisas são possíveis.

DICA

Às vezes, a terceirização é a única solução viável para sua empresa ou organização. Se esse for o caso, faça isso integralmente. Colocalize toda a sua equipe scrum. Sua equipe de desenvolvimento precisa de um Product Owner disponível, então envie um ao local de terceirização para trabalhar diretamente com a equipe remota scrum. Ou treine um Product Owner local, mesmo que ele tenha que começar como um agente do Product Owner (veja o Capítulo 2). O aumento na qualidade e eficiência supera em muito o custo do Product Owner.

Ganhando Vantagem Competitiva com a Estimativa do Backlog

Na etapa do roadmap do produto (veja o Capítulo 1), a equipe de desenvolvimento faz uma estimativa de alto nível da quantidade de trabalho envolvida no projeto. O valor prático deste processo de estimativa não entra em jogo até o início dos sprints (veja o Capítulo 5), porém, essa estimativa inicial define uma marca a partir da qual as estimativas futuras podem ser calculadas. A equipe de desenvolvimento efetua a estimativa porque apenas as pessoas que fazem o trabalho devem estimar o esforço do trabalho.

LEMBRE-SE

Essas técnicas de estimativa de backlog não são requisitos do scrum. São práticas comuns que os praticantes de scrum acharam valiosas para a área.

O roadmap do produto é o início do backlog do produto. O que está no seu roadmap é o que você começará a desenvolver. Então, como você pega todos esses itens em seu backlog do produto e com algum grau de precisão estima o trabalho envolvido? Dependendo da situação, algumas práticas comuns são utilizadas. Antes de analisarmos individualmente essas técnicas de estimativa, é importante entender o que você está tentando alcançar.

Sua Definição de Concluído

Se você perguntar aos membros de uma equipe scrum o que eles acham que é um requisito com o status de concluído, você recebe tantas respostas quanto o número de membros da equipe. Portanto, antes de iniciar um projeto, as equipes scrum determinam qual é a definição de concluído. A menos que você chegue a um consenso sobre essa definição, as estimativas terão base em dados incorretos.

Conforme descrito no Capítulo 3, para cada requisito dentro de um sprint, você completa os seguintes estágios de desenvolvimento:

» Elaboração dos requisitos

» Design

» Desenvolvimento

» Testes abrangentes

» Integração

» Documentação

» Aprovação

Essa definição de concluído precisa ser específica, aperfeiçoada e focada no que significa concluir essas coisas a fim de conquistar o nível de qualidade pelo qual você está se esforçando em seu projeto. Considere em qual ambiente o produto ou serviço precisa funcionar, e em que nível de integração deve ser considerado como concluído. "Funciona no ambiente de desenvolvimento", por exemplo, é provavelmente uma definição ruim de concluído e que deixa a desejar.

Leve em conta estes quatro fatores em sua definição de concluído:

» **Desenvolvido:** O produto foi totalmente desenvolvido pela equipe de desenvolvimento.

» **Testado:** A equipe de desenvolvimento testou completamente o produto para garantir que ele funcione no ambiente necessário sem falhas.

» **Integrado:** O produto foi integrado em sua totalidade dentro de outro produto como um todo e a qualquer sistema relacionado.

» **Documentado:** A equipe de desenvolvimento elaborou toda a documentação necessária. Basta lembrar que o objetivo com todas as coisas ágeis é "apenas o suficiente".

DICA

Quando você chegar à sua definição de concluído, escreva-a em uma cartolina branca e cole-a na parede. Assim, ela sempre ficará visível e bem na frente da equipe de desenvolvimento e do Product Owner. Nós chamamos isso de *in-your-face documentation (documentação visível)*. Sem folha de rosto, sem índice — simplesmente um modo de veracidade que comunica e torna a informação mais visível.

Em sua definição de concluído, considere não apenas o desenvolvimento, mas também a profundidade dos testes e da documentação que pode ser necessária. Leve em conta alguns testes que você pode implementar:

- Unitários
- Funcionais/sistêmicos
- Desempenho/carga
- Segurança
- Aceitação do usuário

Considere também de qual documentação você precisa:

- Técnica
- Do usuário
- De sustentabilidade e manutenção

Cada um desses pontos de teste e de documentação pode diferir entre o nível de sprint e o nível de lançamento, embora nós prefiramos que a definição de nível do sprint concluído englobe tudo necessário para o lançamento. Você também pode ter itens específicos da organização que deseja incluir. A escolha cabe a você. O negócio é ter uma definição clara do termo concluído, que é definido pela equipe scrum para que todos trabalhem.

LEMBRE-SE

Um *lançamento* ocorre quando um conjunto de funcionalidades comercializáveis é liberado fora da equipe scrum. Isso pode acontecer várias vezes durante um sprint, no final de cada sprint ou após uma série de sprints. Essas funcionalidades podem ser liberadas no mercado e para os usuários, ou talvez possam ser liberadas às partes interessadas internas ou externas para uso no mundo real e para feedback.

DICA

Um sprint normal implica: conclusão do desenvolvimento, teste, documentação e aprovação dos itens no backlog do sprint. No entanto, antes de você fazer um lançamento do produto, outras atividades podem ser necessárias (como teste de desempenho e teste de carga), às quais a equipe de desenvolvimento não teria acesso em um sprint normal. Portanto, às vezes as equipes scrum têm um sprint de lançamento antes do próprio lançamento para permitir que esses testes adicionais sejam atendidos. O mais importante é que, ao final de cada sprint, os requisitos devem funcionar e ser comprovados. Você pode testar e ajustar a dimensão em cada sprint de lançamento, mas os requisitos devem funcionar em cada sprint.

Práticas Comuns para Estimativas

Estimar o esforço envolvido no desenvolvimento dos requisitos do backlog de produto é um processo constante. (No Capítulo 3, discutimos o refinamento do backlog do produto.) Por exemplo, você poderia realizar estimativas por 30 minutos diariamente às 17h, antes de os membros da equipe irem para casa. Dessa forma, no final da semana, você teria uma boa base e estaria pronto para cada início de sprint. Algumas equipes não gostam de desenvolver na tarde de sexta-feira e aproveitam para fazer o refinamento.

As equipes tendem a refinar suas estimativas em três níveis como parte do processo de dividir os requisitos para a execução em nível de sprint. Dependendo do seu produto, você pode incluir mais. Geralmente, seu refinamento de estimativa é feito nesta ordem:

1. **Roadmap do produto**
2. **Planejamento de lançamento**
3. **Planejamento de sprint**

LEMBRE-SE

A equipe de desenvolvimento é responsável por estimar o esforço necessário para o desenvolvimento completo dos requisitos. O Scrum Master pode facilitar o processo, e o Product Owner pode prestar esclarecimentos, todavia, a decisão é tomada pelos desenvolvedores ao realizarem o trabalho.

DICA

Usamos estimativas relativas em vez de estimativas precisas (absolutas), porque em muitas situações é muito mais viável. Caso lhe peçam para olhar pela janela e dizer qual é a altura do prédio vizinho, qual seria o nível de precisão de sua resposta? Alto — tem 300 metros. Sua resposta seria certeira? Não muito. Por quê? Porque na verdade você não tem ideia; você deu um palpite. Mas se pedirmos a você que olhe para dois prédios próximos e nos diga qual deles é mais alto, salvo algum problema de visão, podemos garantir que você nos dará a resposta correta. Utilizar o dimensionamento *relativo* é um meio eficaz de superar a dificuldade que nós, humanos, temos em fazer estimativas absolutas.

Números de Fibonacci e os story points

A sequência de Fibonacci é uma excelente técnica de dimensionamento para estimativa relativa.

Com ela, se algo é maior, você tem uma ideia do quanto maior esse algo é. Os dois últimos números da sequência são adicionados para criar o próximo número. Os números de Fibonacci são assim:

1, 2, 3, 5, 8, 13, 21, 34, 55, 89, 144 e assim por diante.

À medida que a numeração progride, a distância entre os números aumenta. Usamos essa técnica para reconhecer o menor grau de precisão em predizer grandes blocos de trabalho.

LEMBRE-SE

Uma *story point* é o número de Fibonacci atribuído a um requisito individual (ou seja, uma user story).

PAPO DE ESPECIALISTA

Leonardo Pisano Bigollo, também conhecido como Fibonacci, viveu perto de Pisa, na Itália, aproximadamente de 1170 a 1250. Amplamente reconhecido como um matemático brilhante, ele fez com que a sequência de Fibonacci se tornasse famosa e fomentou a difusão do sistema numérico hindu-arábico na Europa — hoje, a representação simbólica mais comum dos números no mundo.

Os requisitos iniciais de alto nível são estimados no nível do roadmap do produto.

» Nas equipes scrum com as quais trabalhamos, as equipes de desenvolvimento entendem que os requisitos com estimativas de número de Fibonacci de 1 a 8 podem ser colocados dentro de um sprint. Via de regra, esse nível de refinamento resulta em uma user story.

» Os requisitos com estimativas numeradas de 13 a 34 são aqueles que você deixaria para um lançamento, porém eles precisam ser divididos ainda mais antes de você colocá-los em um sprint. Chamamos esse nível de refinamento de épicos.

» Os requisitos de 55 a 144 são grandes demais para um lançamento, mas são mesuráveis quanto ao nível do roadmap do produto em ordem de grandeza. Esses requisitos geralmente refletem as funcionalidades.

DICA

Os requisitos maiores que 144 precisam ser divididos antes que a equipe de desenvolvimento possa fazer qualquer analogia com uma estimativa precisa, portanto, não estimamos além de 144. Eles podem representar temas mais amplos.

Seja lá qual for o número de Fibonacci, apenas os cartões de prioridade máxima são divididos em tamanhos de sprint (recomendamos que não deve ser maior do que um 8). Portanto, se você tiver um requisito de prioridade máxima com um número de Fibonacci 21 atribuído a ele, será necessário dividi-lo em requisitos menores antes que possa entrar em um sprint.

Com os tamanhos definidos, podemos aplicar algumas técnicas para estimar os requisitos:

» Quando temos listas mais curtas de requisitos, começamos com o *poker de estimativa*.

> Quando temos centenas de requisitos, começamos com *estimativa de afinidade* (discutida mais adiante neste capítulo).

No processo de estimativa de projetos menores, temos a equipe de desenvolvimento começando da seguinte maneira. A equipe senta com sua pilha de requisitos escritos em cartões 7,5cm x 12cm. Então, pedimos que escolham um requisito que todos concordem que tenha um nível de esforço 5. Isso cria um ponto de referência.

Depois, pedimos que escolham outro cartão e com base no primeiro, 5, pergunte a eles qual é o número do próximo. Se for maior que 5, é um 8, um 13 ou um 21? Esse processo continua até que alguns dimensionamentos representacionais tenham sido definidos.

Poker de estimativa

Um modo bem conhecido de estimar os requisitos é utilizar uma variação do pôquer. Você precisa de um baralho de cartas de pôquer, como o mostrado na Figura 4-1. (Você pode encontrá-lo em nosso site — o conteúdo está em inglês: `https://platinumedge.com/store/estimation-poker-cards`[1]). Você também pode fazer o download do nosso aplicativo de estimativa de pôquer para iPhone e/ou Android, pesquisando o *Platinum Edge Estimation Poker* na loja de aplicativos do seu dispositivo ou pode criar seu próprio baralho com índice de cartas e marcadores.

FIGURA 4-1: Cartas de poker de estimativa para mensurar a quantidade esforço exigido em cada requisito.

Porque somente a equipe de desenvolvimento decide quanto tempo será necessário para desenvolver um requisito, apenas ela joga o poker de estimativa. O Scrum Master facilita o processo, e o Product Owner lê os requisitos e fornece os detalhes do requisito, mas nenhum deles fornece as estimativas. É assim que isso funciona:

1. **O Product Owner lê um requisito específico para a equipe de desenvolvimento, incluindo critérios de aceitação.**

---

1 Conteúdo pago. A editora Alta Books não se responsabiliza pela venda.

LEMBRE-SE

2. **A equipe de desenvolvimento faz perguntas e recebe os esclarecimentos de que precisa.**

3. **Cada membro da equipe de desenvolvimento escolhe uma carta de seu baralho com sua estimativa de dificuldade do requisito.**

   A estimativa é concretizar a definição de concluído, não apenas para escrever o código.

   Os membros não mostram suas cartas a mais ninguém para que os outros não sejam influenciados.

4. **Depois de todos terem escolhido um número, os membros da equipe exibem suas cartas simultaneamente.**

   Caso todos tenham a mesma estimativa, nada será discutido. Atribua o requisito estimado e siga para o próximo requisito.

   Se existirem diferenças nas estimativas, pede-se que as pessoas com as estimativas maiores e menores expliquem. O Product Owner presta mais esclarecimentos, conforme necessário.

5. **À medida que todos se familiarizam com o processo, todo mundo escolhe um novo número para esse requisito, repetindo os Passos 3 e 4.**

Normalmente, fazemos até três rodadas do poker de estimativa para cada requisito, a fim de estabelecer e elucidar as premissas fundamentais, e nesse ponto geralmente temos as estimativas em um grupo de números mais refinado.

Se todos os desenvolvedores concordarem com um único número após três rodadas, você estará pronto para passar para o próximo requisito. Porém, você nem sempre verá os desenvolvedores chegarem a um acordo em relação a um único número após três rodadas. Nesta altura, vamos abordar uma técnica de construção para se chegar a um consenso chamada de punho dos cinco.

Punho dos cinco

Método rápido e eficiente de se chegar a um consenso, o punho dos cinco pode ser usado sozinho ou como um adendo ao poker de estimativa. A finalidade do punho dos cinco é encontrar rapidamente uma estimativa que todos os membros da equipe possam justificar (veja a Figura 4-2).

FIGURA 4-2: O punho dos cinco é um jeito eficiente de se chegar a um consenso em muitas situações.

5 = MANDOU MUITO BEM!
4 = Boa ideia.
3 = Sim, posso viver com isso.
2 = Tenho lá minhas reservas, vamos discutir isso depois.
1 = Nem pensar. Não prossiga.

Quando você tentou o poker de estimativa, talvez alguns membros da equipe tenham dado 5 a um requisito, e outros, 8.

Começa com o Scrum Master segurando o cartão de requisitos em questão e dizendo, por exemplo: "O quanto você ficaria à vontade com um 8?" Cada membro da equipe de desenvolvimento mantém o número de dedos associados ao seu nível de comodidade. Se todos estão segurando três, quatro ou cinco dedos, está resolvido.

Se alguns desenvolvedores estiverem levantando um ou dois dedos, como no poker de estimativa, pedem-se explicações das partes divergentes (outliers, em estatística) e podem-se apurar mais informações, caso necessário. Então, o punho dos cinco seria executado novamente. Continue com esse processo até que todos os membros da equipe possam dar ao número pelo menos 3 (ou seja, "Não gosto muito, mas posso viver com isso").

Com o punho dos cinco concluído e os requisitos estimados, você está pronto para prosseguir com o planejamento de lançamento ou de sprints. Eles são abordados no Capítulo 5.

Estimativa por afinidade

O poker de estimativa e o punho dos cinco são métodos eficazes de se chegar a um consenso em projetos pequenos. Mas e se você tiver várias centenas de requisitos no backlog do produto? Pode levar dias para ser concluído. É aqui que a estimativa de afinidade entra em jogo.

Em vez de começar com números de Fibonacci, você começa com um conceito mais familiar: tamanhos de camiseta (PP, P, M, G, GG).

Com a estimativa por afinidade, você primeiro cria várias áreas marcadas com cada tamanho e, em seguida, coloca cada requisito em uma das categorias de tamanho. Veja como funciona:

1. **Determine tabelas pequenas para ordenar as cartas.**

   Classifique uma tabela como Esclareça, e rotule outras tabelas pequenas para cada uma dessas categorias de tamanho:

   - Extrapequeno
   - Pequeno
   - Médio
   - Grande
   - Extragrande
   - Épico (muito grande para caber no sprint, dado que de seis a dez requisitos é o alvo para cada sprint; mais a respeito disso no Capítulo 5)

2. **Para cada categoria de tamanho, dê à sua equipe de desenvolvimento 60 segundos para escolher um requisito da pilha geral de requisitos e colocá-lo na tabela correspondente.**

   Isso estabelece a *âncora representacional* para cada tamanho.

3. **Cada membro da equipe de desenvolvimento pega uma pilha de requisitos.**

4. **Cada membro coloca na mesa cada cartão que eles achem condizente com seu tamanho tendo por base a âncora representacional desse tamanho.**

   Como você pode ver, são como tamanhos de camisetas. Por fim, cada "tamanho" corresponderá a um número de Fibonacci:

   - Extrapequeno é igual a 1.
   - Pequeno é igual a 2.
   - Médio é igual a 3.
   - Grande é igual a 5.
   - Extragrande é igual a 8.

   Qualquer coisa maior que um 8 precisa ser dividida antes que possa entrar em um sprint.

DICA

   Não deixe que os membros da equipe demorem muito em sua pilha de requisitos. Defina um time box para que eles trabalhem, por exemplo, 20 minutos para 20 cartões.

DICA

   Time box é um termo que se refere ao tempo alocado para um evento ou atividade. Caso seus sprints durem duas semanas, o time box é de duas semanas.

A Figura 4-3 mostra como é a relação entre as pilhas de tamanho e os números de Fibonacci.

FIGURA 4-3:
A estimativa por afinidade usa tamanhos de camisetas para o tamanho da story, dando o número de Fibonacci correspondente.

TAMANHO	PONTOS
Extrapequeno (PP)	1
Pequeno (P)	2
Médio (M)	3
Grande (G)	5
Extragrande (GG)	8

5. **Peça aos membros da equipe de desenvolvimento que joguem algo que chamamos de *gallery* até que todos os membros concordem com os tamanhos para cada requisito.**

No gallery, os membros da equipe folheiam todas as cartas em todas as tabelas e fornecem feedback apenas sobre as cartas que não parecem estar na tabela correta.

Caso um membro da equipe queira mudar o tamanho de uma story de pequeno para médio, por exemplo, verifique se a primeira pessoa que a colocou lá não discorda. Se a pessoa discordar, coloque essa carta em uma tabela separada Esclareça. Não entre ainda em discussões que levem muito tempo.

6. **Convide o Product Owner para analisar as principais discordâncias:**

- Se o Product Owner vê na tabela um requisito de tamanho médio que ele achava pequeno, não perca tempo discutindo isso. Em última instância, a equipe de desenvolvimento define o tamanho do requisito, e não vale a pena discutir uma diferença de um único tamanho.

- Caso você tenha uma tabela cuja diferença seja maior do que 1 entre os membros da equipe de desenvolvimento e o Product Owner sobre onde eles acharam que uma carta deveria ser colocada, coloque-a na tabela Esclareça. A equipe de desenvolvimento pode não ter entendido a explicação do Product Owner sobre o requisito.

7. **Para as cartas na tabela Esclareça, jogue o poker de estimativa (discutido anteriormente neste capítulo).**

Dentro de um período de tempo relativamente curto, você conseguiu estimar de maneira confiável o esforço de centenas de requisitos separados. Você está pronto para planejar seu primeiro lançamento e/ou seu primeiro sprint.

Velocidade

Depois de ter números de Fibonacci atribuídos aos seus requisitos, você tem story points para trabalhar.

O Capítulo 5 mostra como planejar lançamentos e sprints. Para planejar seu primeiro sprint, dentro dos requisitos que têm entre 1 e 8 story points, uma equipe scrum determina um número modesto de story points combinados em que trabalhar. Desse modo, no final do sprint, uma equipe scrum examina os requisitos que foram totalmente concluídos e adiciona seus story points. O resultado pode ser 15, 25 ou 35 story points. Esta é a velocidade da equipe de desenvolvimento para o primeiro sprint e seus resultados iniciais, determinando o quanto ela pode realizar no próximo sprint.

A *velocidade* é o número combinado de story points que sua equipe de desenvolvimento concluiu em um sprint individual. É um fato de pós-sprint usado para extrapolação, não como meta de pré-visualização.

A fim de determinar com precisão a velocidade, você precisa de mais de um sprint para encontrar uma média. A velocidade segue a lei dos números maiores; quanto mais pontos de dados você tiver, melhor. No mínimo, você precisa de três pontos de dados para estabelecer uma extrapolação otimista, pessimista e provável de quantos requisitos serão concluídos durante o projeto. Depois de estimá-los, você pode dizer às partes interessadas as estimativas otimistas, pessimistas e mais prováveis de quantos dos requisitos de prioridade máxima no backlog do produto podem ser concluídos em um projeto. Disponibilizar esse tipo de intervalo de estimativa às partes interessadas fornece o nível de detalhe que elas estão procurando, ao mesmo tempo em que proporciona certa flexibilidade à equipe de desenvolvimento, já que elas ainda estão pegando o ritmo de desenvolvimento.

Nos primeiros sprints de um projeto, a velocidade da equipe geralmente varia muito. Ela torna-se mais estável à medida que a equipe entra no ritmo de desenvolvimento. Decerto que as mudanças de membros da equipe ou na duração do sprint introduzirão a variabilidade na velocidade da equipe.

A velocidade não é um objetivo; é um fato usado para extrapolação. Os números mais altos não são automaticamente melhores que os números menores.

Quando se utiliza os story points, você perceberá que algumas equipes são pessimistas em suas estimativas. Seus números sempre são superiores. Outras equipes são otimistas. O total de seus story points é bem abaixo.

Considere que a velocidade de uma equipe otimista é 15 e as estimativas para o lançamento totalizam 150 pontos. Eles precisariam de dez sprints para concluir o lançamento.

Se a velocidade de uma equipe pessimista fosse 30 e as estimativas para o lançamento totalizassem 300 pontos, também seriam necessários dez sprints.

STORY POINTS E A VELOCIDADE EM TEMPO REAL

Um exemplo do mundo real a respeito da importância dos story points e da velocidade pode ser conforme o apresentado abaixo. Leve em consideração os seguintes dados:

- O backlog restante do produto apresenta 500 story points.
- A duração do seu sprint (time box) é de uma semana, de segunda à sexta-feira.
- A velocidade da equipe de desenvolvimento é em média de 20 story points por sprint.
- Hoje é segunda-feira, 8 de janeiro de 2018.
- Seu custo anual referente à equipe de desenvolvimento é de US$100 mil por membro da equipe, e você tem sete membros — ou seja, US$700 mil por ano ou US$13.462 por semana.

Em poucos minutos, você pode fazer uma estimativa sólida do custo e da data de entrega do projeto. Fornecidos esses dados, seu projeto envolverá 25 sprints e, portanto, levará 25 semanas para ser concluído. Seu custo será de US$336.550 e sua data de conclusão será sexta-feira, 29 de junho de 2018.

O que acontece se sua equipe de desenvolvimento aumentar sua velocidade para 25 story points por sprint? É só atualizar os números. Agora você precisará de apenas 20 sprints. Seu custo cairá para US$269.240 (economizando US$67.310), e sua data final de entrega será sexta-feira, 25 de maio de 2018. Essa é a vantagem de ter um Scrum Master dedicado, que elimina os obstáculos e os atrasos organizacionais da equipe com o intuito de maximizar a velocidade.

DICA

A propósito, otimismo ou pessimismo não importam muito. As equipes geralmente serão consistentes de uma forma ou de outra e, portanto, se equilibrarão no final. Essa é a razão pela qual você sempre valoriza a velocidade de uma equipe em relação a si mesma, e não em relação às outras equipes. Na verdade, nem diga a ninguém qual é a velocidade de uma equipe. Considere isso um sistema de extrapolação, não um sistema de desempenho.

Quando você tem um método claro de estimar o esforço necessário com a finalidade de concluir cada requisito e uma velocidade média estabelecida para a equipe de desenvolvimento, é possível prever com precisão a quantidade de produto que pode ser desenvolvida dentro das restrições de tempo e custo fixo. Você está potencializando as suas variáveis.

As equipes scrum bem-sucedidas precisam compartilhar a participação dos resultados e valorizar a transparência autêntica entre a equipe e suas partes interessadas. O progresso fica visível para todos.

> **NESTE CAPÍTULO**
>
> » **Elaborando o roadmap dentro do planejamento de lançamento**
>
> » **Adotando o ciclo de sprint do scrum**
>
> » **Planejando seus sprints para máxima eficácia**
>
> » **Usando o backlog do sprint**

Capítulo **5**

Planejamento de Lançamento e de Sprint

Constatou-se que um sistema que funciona evoluiu invariavelmente a partir de um sistema simples que funcionava. Um sistema complexo projetado do zero nunca funciona, e não pode ser corrigido para que passe a funcionar. Você tem que começar de novo com um sistema simples de trabalho.

— JOHN GALL

té agora, você tem um produto, um Product Owner e uma equipe de desenvolvimento. Porém, é no planejamento de lançamento e de sprint que o bicho começa a pegar. Conforme mencionamos anteriormente, com o scrum você fará mais planejamento do que nunca, mas é um planejamento focado, constante, orientado a resultados e condicionado de tal forma que você se perguntará como conseguiu gerenciar os projetos sem ele.

Neste capítulo, você descobre como planejar o lançamento das funcionalidades do projeto de maneira lógica e organizada. O objetivo do planejamento de

CAPÍTULO 5 **Planejamento de Lançamento e de Sprint** 83

lançamento é mobilizar a maior equipe de projeto em torno de um conjunto específico de funcionalidades que a empresa deseja disponibilizar ao mercado. É nesse momento que os departamentos ou as partes interessadas, como o departamento de marketing, os serviços de apoio e o atendimento ao cliente, são mobilizados e preparados para dar suporte à funcionalidade que os clientes finais usarão no mundo real.

Nós também lhe explicaremos como funciona o evento scrum de sprints. Em seu núcleo, o scrum nada mais é do que um ciclo de sprint. Nós lhe mostramos como usar esse processo valioso e obter os melhores resultados possíveis.

LEMBRE-SE

Um *sprint* é um time box fixo dentro do qual o desenvolvimento é feito para produzir um produto de trabalho potencialmente entregável. Um típico sprint pode ter a duração de uma ou duas semanas, mas também pode ser de apenas um dia ou até de um mês.

Analisamos como a priorização dos lançamentos e dos sprints acelera o tempo de lançamento no mercado e maximiza o retorno sobre investimento (ROI), e explicamos que, com os ciclos de retorno, você desenvolve o produto que seus clientes querem, com as funcionalidades que, de fato, eles usarão.

Fundamentos do Planejamento de Lançamento: Etapa 3

Começamos com a importância do roadmap no Capítulo 1 e com as perspectivas básicas: sua declaração de visão. Isso lhe permite determinar a sua meta e definir o final do projeto. A segunda etapa, o roadmap do produto, fornece uma visão holística das funcionalidades que sustentam a visão. À medida que restringe seu foco e gera mais detalhes, você entra em um planejamento de lançamento, que é a Etapa 3 do seu roadmap (veja a Figura 5-1). O conceito de planejamento de lançamento faz parte do scrum. Entretanto, o artefato do planejamento de lançamento é uma prática comum que muitos simpatizantes usam com sucesso.

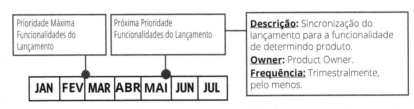

FIGURA 5-1: A Etapa 3 do roadmap é o planejamento de lançamento.

(As Etapas 1 e 3 são práticas comuns que não fazem parte do scrum)

CR + CO > V

A aplicação de uma fórmula simples ao seu projeto o ajuda a saber quando alcançou os melhores resultados possíveis. Em outras palavras, você saberá finalizar o projeto assim que o custo real (CR) do projeto somado ao custo de oportunidade (CO) de não trabalhar em outros projetos for maior que o valor (V) que você espera obter da funcionalidade futura.

Veja como é a fórmula:

CR + CO > V

Essa fórmula o ajuda a determinar quando é a hora de encerrar um projeto. Você verá como conquistar uma economia de tempo de 30% a 40% e uma redução de custos de 30% a 70% que já atingimos tantas vezes quando:

- Temos equipes estáveis e dedicadas.
- Há priorização para evitar o desenvolvimento de funcionalidades que os clientes não usarão.
- Há iteração entre os ciclos constantes de feedback com os seus clientes.

O *planejamento de lançamento* é um cronograma de alto nível que visa liberar um conjunto de funcionalidades de produtos. Assim, você está trabalhando de forma segmentada, desde o roadmap geral como um todo até o planejamento de nível médio de lançamento. (Mais adiante neste capítulo, abordamos o próximo tamanho menor, que é o sprint real.) O planejamento de lançamento possibilita um ponto focal em torno do qual a equipe do projeto pode se mobilizar.

LEMBRE-SE

Faça o mínimo possível ao desenvolver um produto funcional. Ao planejar um conjunto de funcionalidades a fim de disponibilizá-las ao mercado, pergunte-se sempre: "Qual é o conjunto mínimo de funcionalidades que agrega valor ao meu cliente?" Costuma-se denominar isso como *produto viável mínimo* (MVP — *Minimum Viable Product*).

Você deve lançar o produto no mercado sempre que tiver algo de valor para oferecer aos seus clientes — o produto viável mínimo. Os lançamentos do seu produto também podem ser programados regularmente (por exemplo, quatro vezes por ano, no final de cada trimestre). Contudo, devido aos avanços tecnológicos e à necessidade de ser rápido no mercado, atualmente os lançamentos podem ser mensais, semanais ou até disponibilizados várias vezes por dia, em alguns casos.

DICA

Pense na possibilidade de empregar a regra da caneta e do lápis. Você pode usar uma caneta para se comprometer com o planejamento do primeiro lançamento, mas qualquer coisa além desse planejamento é escrita a lápis. É um planejamento just-in-time para cada lançamento.

Um projeto pode ter muitos lançamentos. Para cada lançamento, você começa com uma meta, que é atendida pelas funcionalidades e requisitos de máxima prioridade. Você perceberá que esse é um padrão que segue em cada etapa do roadmap. Cada lançamento apresenta uma meta de entrega, e você se compromete com apenas um lançamento de cada vez. A Figura 5-2 descreve um típico planejamento de lançamento com um sprint de entrega opcional.

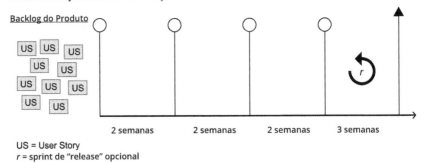

Meta de Lançamento: Disponibilizar aos clientes o acesso, a visualização e a movimentação entre as suas contas ativas.
Data de Lançamento: 31 de março de 2021.

FIGURA 5-2: Um típico planejamento de lançamento com meta e data do lançamento e um sprint de lançamento opcional.

US = User Story
r = sprint de "release" opcional

PAPO DE ESPECIALISTA

O número de sprints dentro de cada lançamento pode variar dependendo da meta de lançamento e do que é necessário para concluir os requisitos a fim de atingir essa meta. Uma opção é usar trens de liberação, nos quais cada lançamento tenha um cronograma de tempo definido. Definem-se os lançamentos para que todos saibam quando esperar por eles.

Em cada lançamento programado, o Product Owner decide quais das funcionalidades concluídas serão disponibilizadas nesta data. Desse modo, as empresas e os clientes estão cientes, e esperam por funcionalidades novas de acordo com um cronograma definido. Eventualmente, as equipes scrum podem organizar seus planejamentos de lançamento conforme o próprio ritmo de trabalho.

O scrum é uma abordagem empírica. A cada etapa do processo, você inspeciona seus resultados e se adapta imediatamente às novas necessidades de seus clientes. Esses fundamentos lhe permitem obter economias significativas de custo e tempo, enquanto entrega o que o cliente deseja. Você pode ter uma visão geral dos quatro lançamentos do seu projeto, todavia, realiza o planejamento detalhado somente de um lançamento por vez. O aprendizado do primeiro lançamento pode mudar o que você fará no segundo lançamento.

CUIDADO

Sua empresa pode ter receio de disponibilizar aos poucos um software. Talvez você ache difícil disponibilizar o trabalho completo antes que todo o backlog esteja concluído. Às vezes, essa hesitação se origina da sensação de que, uma vez disponibilizado o produto, não é mais possível melhorá-lo ou aumentá-lo.

Livre-se desses receios (o chamado antipatterns nas práticas ágeis) e procure contribuir com lançamentos mais efetivos e frequentes.

Priorizar, priorizar, priorizar

Você já ouviu isso antes quando falamos sobre scrum, e você vai ouvir mais ao longo deste livro. Identificar os requisitos de prioridade máxima, de acordo com o valor e o risco do negócio, e trabalhar apenas com esses requisitos são práticas comuns importantes dentro da comunidade ágil.

Pense em cada lançamento como o próximo MVP incremental de seu produto. Ao planejar cada lançamento, faça estas perguntas para identificar as funcionalidades de prioridade máxima:

» O que faz com que um requisito seja essencial para esse lançamento?

» Qual o número mínimo de funcionalidades que apresentam valor comercial ao cliente que precisamos trazer para o mercado?

» Quais requisitos apresentam maior risco e devem ser atendidos mais cedo ou mais tarde?

PAPO DE ESPECIALISTA

Um famoso estudo do Standish Group de 2001 mostrou em um projeto de desenvolvimento de software representacional que apenas 20% das funcionalidades eram usadas sempre ou com frequência pelos clientes. Curiosamente, 64% das funcionalidades nunca foram ou raramente eram utilizadas. Com a ênfase do scrum na priorização, somente as funcionalidades mais importantes e úteis são desenvolvidas primeiro. E se o seu projeto ficar sem recursos financeiros e você estiver apenas com 80% das funcionalidades concluídas? Com base no que o estudo Standish descobriu, você pode não precisar dos 20% restantes de qualquer forma. CR + CO > V indica o fim de um projeto. Mobilize esse capital para um uso maior e melhor.

As quatros razões principais a seguir são os motivos pelos quais você vai querer um conjunto de funcionalidades por lançamento tão pequeno quanto possível:

» Vantagem inédita de velocidade em relação ao mercado e maior participação de mercado.

» Ciclo de feedback do cliente acelerado.

» ROI maximizado (hoje, um real vale mais do que valerá seis meses a partir de agora).

» Mitigação do risco interno de fatores como mudança organizacional e redução no desvio de orçamento.

O Product Owner é o único que detém o planejamento de lançamento e é quem prioriza os requisitos no backlog do produto e define a meta de lançamento (conforme mostrado na seção a seguir). Embora o Product Owner decida quais são as prioridades e quando disponibilizar a funcionalidade entregável concluída, ele consulta as partes interessadas e a equipe de desenvolvimento para tomar suas decisões. A Figura 5-3 aplica a regra 80/20 à ideia de valor versus esforço. Não é uma fórmula mágica, mas uma maneira útil de entender e explicar o valor.

O Princípio de Pareto (regra 80/20) e a Lei do Rendimento Decrescente

	Imagine um projeto não iniciado e vamos aplicar a regra 80/20 algumas vezes.	Valor Agregado de Negócio	Esforço Despendido	Valor de Alavancagem
Caso mais fácil	80% do valor agregado de negócio com 20% do esforço (um bom valor, agregando o valor mais alto e as melhores stories definidas primeiro).	80%	20%	4:1
Difícil ou arriscado, mas necessário	Agora, pegue 80% da parte remanescente (20) do valor de negócio, o que nos deixa com 16%, e pegue 20% do esforço que sobrou (80).	16%	16%	1:1
Obstáculos em que podemos ficar presos	Até o momento, entregamos 96% do valor de negócio com apenas 36% de esforço! Vamos fazer isso mais uma vez. 80% de 4% = 3,2 do valor, e 20% de 64% do esforço restante = rendimentos de 12,8 de esforço.	3,2%	12,8%	1:4
	Temos ainda 50% do esforço estimado restante para apenas conseguir o valor agregado de negócio.	99,2%	48,8%	

FIGURA 5-3: Aplicando o princípio de Pareto (regra 80/20) ao scrum.

Esse exemplo não tem intenção de ser uma estimativa de projeto extra, e sim demonstrar um pouco de experiência dos profissionais scrum em projetos. Se o roadmap é seguido, você fará as stories mais importantes primeiro.

— Mais da metade das funcionalidades de software não são usadas (veja o estudo do Standish).

— A **Lei do Rendimento Decrescente** refere-se ao ponto em que o nível de vantagens obtidas é menor que a quantidade de esforços (tempo, dinheiro) despendidos.

Metas de lançamento

Cada planejamento de lançamento tem um objetivo geral de negócios chamado *meta de lançamento*. Essa meta é criada pelo Product Owner e vincula-se diretamente à meta final do produto, que é a declaração de visão do produto. A meta de lançamento estabelece o limite de médio prazo em torno da funcionalidade específica que será liberada para os clientes usarem no mundo real.

Ter uma meta de lançamento explícita agiliza o processo de priorização: caso um requisito não se ajuste à meta, você não precisa se preocupar com esse requisito neste lançamento. Qualquer requisito determinado deve fazer jus ao seu investimento. Deixe-o escondido no backlog do produto até que ele possa ser compatível com uma meta prioritária. A Figura 5-4 mostra uma matriz para ajudá-lo a determinar as stories prioritárias.

DICA

Pense nas três camadas de definição de metas como um sistema de filtro de priorização. A declaração de visão é o limite mais alto. Se uma funcionalidade não se encaixa na visão geral, o lugar dela não é nesse projeto. Nem coloque esse requisito no backlog do produto. O solicitante precisa obter recursos financeiros para essa ideia à parte. Não permita que existam funcionalidades clandestinas em seu projeto.

Em seguida, vem a meta de lançamento. Esse é o limite de meio-termo. Se um requisito não se encaixa nessa meta, ele permanece no backlog do produto. Finalmente, o limite de curto prazo é a meta do sprint.

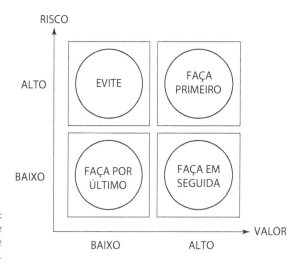

FIGURA 5-4: Matriz de prioridade do backlog.

LEMBRE-SE

As metas direcionam o backlog do produto e o planejamento de lançamento, e não o contrário. Cada funcionalidade e requisito devem ser pensados em termos de adequação à meta. Isso é o chamado *desenvolvimento orientado para determinados fins*. As metas determinam o que o backlog do produto faz. Elas direcionam o que é incluído em um lançamento e conduzem o que é incluído em cada sprint.

Sprints de lançamento

Às vezes, a liberação das funcionalidades do produto no mercado exige a conclusão de determinados trabalhos que não cabem em um sprint normal de desenvolvimento. Na teoria, todas as atividades necessárias para disponibilizar um produto ao mercado são feitas dentro de um sprint normal. Mas se o modo como uma empresa é definida não permitir isso, um sprint de lançamento pode ser usado para realizar:

» Verificação do dimensionamento (por exemplo, teste de carga ou de desempenho).

» Atividades de teste mais abrangentes (por exemplo, grupos de foco ou validação de que a funcionalidade desenvolvida funciona com dados em tempo real).

Apesar de preferirmos não ter sprints de lançamento, grosso modo, um sprint de lançamento corresponde a todas as outras coisas que precisam ser feitas a fim de colocar o produto no mercado.

O sprint de lançamento é comumente usado no final da série normal de sprints dentro de um lançamento. O tamanho de um sprint de lançamento pode ser diferente dos sprints de desenvolvimento no lançamento. O tamanho do sprint de lançamento depende dos tipos de atividades e da quantidade de trabalho necessária para liberar os incrementos de produto concluídos de cada sprint. A equipe scrum especifica todos esses fatores durante o planejamento de lançamento.

LEMBRE-SE

Durante o sprint de lançamento, nenhum desenvolvimento real de requisitos é feito. Todas as tarefas de desenvolvimento (como testes, documentação técnica, garantia de qualidade e revisão por pares) são concluídas durante cada sprint para satisfazer a definição de concluído da equipe, que, por sua vez, garante um produto potencialmente entregável no final de cada sprint. Mas, antes que o produto possa ser liberado para o mercado, outras coisas (como grupos de foco ou testes de carga e desempenho) talvez precisem ser feitas.

Como o tamanho e as atividades do sprint de lançamento são frequentemente diferentes dos sprints de desenvolvimento, não existe um conceito de velocidade para ele. Com base em seu conhecimento, as equipes de desenvolvimento calculam o melhor que podem quanto ao esforço e à complexidade das tarefas para o sprint de lançamento. Todos devem concordar e se sentir à vontade com o tamanho dele após a decisão.

CUIDADO

O sprint de lançamento é uma forma antipadrão em organizações que não podem realizar tarefas de teste escalonadas e de suporte organizacional no sprint. Se você não precisa, não o faça.

Entre os exemplos já inclusos, os usos para os sprints de lançamento podem englobar:

» Condução de grupos de foco (lembre-se de que isso não é para identificar novas funcionalidades, mas para validar o que você fez e identificar problemas de lançamento).

- » Testes de dimensionamento.

- » Ajuste do desempenho com base nos resultados do teste de dimensionamento.

- » Integração do produto dentro de sistemas corporativos.

- » Elaboração da documentação, como manuais do usuário.

- » Conclusão de quaisquer requisitos regulatórios.

Planejamento de lançamento na prática

Para ver como um planejamento de lançamento funciona no mundo real, siga o seguinte passo a passo:

1. **Desenvolva uma meta de lançamento.**

   Essa meta é o alvo de todo o resto. O Product Owner garante que a meta se alinhe à visão do produto e trabalha com a equipe scrum a fim de assegurar que toda a equipe se sinta à vontade com a meta.

2. **Determine a data desejada do lançamento.**

   Essa data pode ser influenciada por fatores que fogem ao controle da equipe scrum.

3. **Identifique os requisitos de maior prioridade (MVP) no backlog do produto que sejam compatíveis com a meta de lançamento.**

   A prioridade é uma função de valor e risco. Lide com os itens de maior valor/ maior risco primeiro. Veja uma matriz de valor na Figura 5-4.

4. **Refine as estimativas de requisitos conforme necessário.**

   Não raro, problemas e/ou sinergias são descobertos quando a equipe de desenvolvimento examina o pacote menor de requisitos que entra em um planejamento de lançamento. Os requisitos em si também serão mais deta-lhados e divididos (em um tamanho menor que 34; veja o Capítulo 4) do que quando a equipe de desenvolvimento originalmente estimou o nível do roadmap do produto.

5. **Identifique a velocidade da equipe.**

   Se a equipe estiver estável e trabalhando no mesmo projeto, a velocidade estabelecida em sprints anteriores é um ótimo ponto de partida. Caso a equipe não tenha estabelecido velocidade, comece de um jeito modesto até que alguns sprints tenham sido executados e a velocidade possa ser apurada.

6. **Faça o planejamento de um sprint de lançamento (caso necessário).**

   Verifique com a equipe scrum se você precisará de um e, em caso afirmativo, quanto tempo ele levará.

7. **Finalize o escopo do lançamento.**

   Com base na velocidade, estimativas totais de requisitos e número de sprints dentro do time box da lançamento, quantas funcionalidades você pode incluir? Qual é mais flexível — a data ou a quantidade de funcionalidades? Quais ajustes precisam ser feitos na data de lançamento ou no escopo dos requisitos para liberar o máximo possível dentro de seu time box?

   Suponha que sua velocidade seja 20, o time box de lançamento seja de 5 sprints e o total de pontos estimados para o lançamento seja 110. Isso o coloca 10 pontos acima do que está disponível no lançamento. O Product Owner tem uma decisão a tomar. As funcionalidades que compõem os 10 pontos mais baixos do lançamento são valiosas o suficiente para serem englobadas ou o lançamento pode continuar sem elas? Ou o lançamento precisa ser estendido em um sprint, e as partes interessadas e os clientes aceitarão isso?

DICA

Uma opção no planejamento de lançamento é usar o modelo de *trem de lançamento*. Em vez de ter lançamentos de duração variável, nesse cenário cada lançamento tem exatamente o mesmo tamanho — seis semanas, por exemplo. No final de cada ciclo de seis semanas, a funcionalidade completa de cada um dos sprints é empacotada e liberada. Dessa forma, cria-se um ritmo de desenvolvimento e todos na empresa podem antecipar sua carga de trabalho e planejar o progresso.

Use qualquer uma das técnicas de estimativa e construção de consenso discutidas no Capítulo 4 para refinar os itens do backlog do produto no lançamento, caso ainda seja necessário refinar e estimar os requisitos (veja o Passo 4, anteriormente). Se os seus produtos são compostos de muitos itens de backlog do produto, use a estimativa de afinidade (a técnica de tamanhos de camisetas discutida no Capítulo 4) para o planejamento de lançamento.

LEMBRE-SE

Tal como acontece com toda a documentação do scrum, preferimos as ferramentas mais simples possíveis. Todo o planejamento de lançamento pode ser mapeado com o seu fiel quadro branco e notas autoadesivas. Isso possibilita a facilidade de mudança e acesso imediato. Ademais, isso também economiza tempo.

O Processo de Sprint e Suas Metas

Até que enfim, o coração do scrum! Os sprints e seu modelo interno de inspeção e adaptação são recursos inerentes ao scrum. É através do processo de sprint que você pode alcançar os três pilares ágeis de melhoria — transparência, inspeção e adaptação — abordados no Capítulo 1.

Ao dividir seu projeto em partes tangíveis e, em seguida, usar o modelo empírico do scrum para avaliar seu progresso, você pode estar sempre um passo à frente. Isso permite a agilidade e a facilidade de adaptação que faltam ao método em cascata.

Cada membro da equipe scrum compartilha da mesma meta nos sprints: maximizar a eficácia no fornecimento de produtos potencialmente entregáveis.

Definindo os sprints

Os sprints são a alma do scrum, conforme demonstramos no Capítulo 1. Eles são um time box consistente para o desenvolvimento de produtos pela equipe de desenvolvimento. Cada sprint inclui o seguinte:

- » Planejamento de sprint, incluindo definição de metas.
- » Scrums diários.
- » Tempo de desenvolvimento, incluindo revisão regular pelo Product Owner.
- » Revisão de sprint.
- » Retrospectiva de sprint.

O time box consistente dos sprints permite à equipe de desenvolvimento estabelecer um ritmo de desenvolvimento. Também possibilita que as equipes scrum extrapolem, em relação ao futuro, com base em dados empíricos, como velocidade. Assim que um sprint é finalizado, outro começa. Um fluxo de feedback iterativo constante é criado, e com isso engendra-se um ambiente ideal para produção e melhoria contínua.

DICA

Imagine que você é corredor. Você está treinando sistematicamente para a corrida de 100 metros rasos e se tornou incrivelmente competente nisso, mas, de repente, seu técnico lhe pede para correr uma maratona. Se você tentar correr a maratona em seu ritmo de 100 metros rasos, você não irá concluí-la. Você precisa modificar seu treinamento para ajustar-se ao ritmo da maratona, o que exigirá mudanças de treinamento, cronograma e dieta ao longo do tempo. Toda a memória muscular e o tipo de resistência que seu corpo desenvolveu precisarão ser reaprendidos para um formato diferente de corrida.

Planejamento do tamanho do sprint

Em virtude de as metas de sprint não mudarem durante um sprint, a resposta à pergunta "Quanto tempo deve durar um sprint?" depende do seu projeto e de quanto tempo sua empresa pode ficar sem realizar mudanças. Esse é o limite externo. Você não tem motivos para considerar ir além disso no que se refere à duração. Por exemplo, se sua empresa se esforçar para passar uma semana sem precisar de mudanças, nem pense na ideia de um sprint de duas semanas. Você não será capaz de manter a integridade da estabilidade do sprint, e a estabilidade é um grande impulsionador de desempenho no scrum. Em vez disso, discuta como fazer um sprint com um tamanho menor.

Além disso, os tamanhos do sprint não mudam depois de começar e, de preferência, não mudam ao longo de um projeto, a menos que sejam reduzidos. Se uma equipe scrum alterar o tamanho do sprint durante um projeto, isso resultará em um custo significativo: sua velocidade anterior não é mais relevante. O desempenho não é uma linha matemática reta que pode ser cortada, picada e reajuntada novamente. Só porque uma equipe scrum aumenta seu sprint de uma para duas semanas, não significa que ela irá automaticamente aumentar sua velocidade anterior em duas semanas.

Os sprints menores diminuem a quantidade de tempo entre o feedback recebido das partes interessadas, permitindo que as equipes scrum inspecionem e adaptem-se antecipadamente e com mais frequência. Os sprints maiores têm um rendimento decrescente, porque existe menos senso de urgência devido aos muitos dias ainda disponíveis para a equipe. Os fins de semana e as reuniões diárias mais longas de sprint também podem ter um efeito negativo na eficiência.

A competência de uma equipe de desenvolvimento durante um sprint de uma semana pode ser maior ou menor que a metade da velocidade anterior de duas semanas. Você não tem ideia até executar alguns sprints e não tem certeza até executar muitos sprints.

PEGUE A FILA DA MATEMÁTICA

PAPO DE ESPECIALISTA

A teoria das filas é o estudo matemático das filas de espera. Estudos descobriram que quando os clientes estão esperando em um restaurante por uma mesa, eles vão esperar o dobro do tempo se receberem algo satisfatório no início. Por exemplo, se lhes pedirem que se sentem no bar e lhes oferecerem a possibilidade de pedir uma bebida ou até mesmo uma porção saborosa, eles ficarão por mais tempo e aguardarão que a mesa seja limpa.

O mesmo princípio se aplica ao scrum. No final de cada sprint, você tem algo funcionando e tangível para colocar nas mãos das partes interessadas. Este conceito "com antecedência e frequente" é uma técnica conhecida para aumentar a satisfação do cliente.

DIAGRAMA DE FLUXO CUMULATIVO

Os diagramas de fluxo cumulativo (CFDs — Cumulative Flow Diagrams) fornecem às equipes scrum a visibilidade dos padrões de sua produção e as ajudam a identificar possíveis gargalos em seus processos.

Um gráfico de burnup, mostrado no lado esquerdo da figura, é um tipo de CFD que mostra o número de requisitos que a equipe conseguiu concluir dentro de um período de tempo definido. Os CFDs, mostrados no lado direito da figura, fornecem uma imagem instantânea de quanto trabalho há em qualquer estágio do processo, de modo que indicadores como lead, ciclo, trabalho e tempos de espera possam ser expostos para identificar pontos de ineficiência.

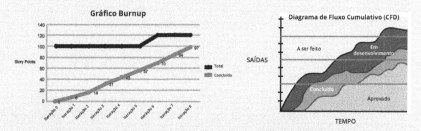

Alterar os tamanhos dos sprints durante um projeto faz com que os indicadores de desempenho fiquem inconsistentes com o passar do tempo. Além da perda de relevância da velocidade anterior com a mudança dos tamanhos dos sprints, os indicadores de CFD, como lead, ciclo, trabalho e tempos de espera, também se tornam irrelevantes.

CUIDADO

Considerando que o custo de alterar os tamanhos de sprints ao longo de um projeto é significativo, o custo de alterar uma meta de sprint durante um sprint é provavelmente bem pior. Se uma meta de sprint se tornar irrelevante (por exemplo, devido a mudanças no gerenciamento da empresa ou mudanças no mercado) antes do final de um sprint, o Product Owner pode decidir cancelá-lo. Mas esteja ciente de que o cancelamento desperdiça recursos valiosos de desenvolvimento e é bastante traumático para a equipe scrum e para a empresa. Além do mais, quanto menor o ciclo de feedback (ou seja, o tamanho do sprint), menor a probabilidade de o Product Owner cancelar um sprint.

PAPO DE ESPECIALISTA

Uma coisa que sabemos da ciência é que não se pode desligar a mente. Ela está sempre trabalhando. Se você puder dar à sua equipe de desenvolvimento um pequeno número de problemas para solucionar e dizer a eles que enfrentarão esses problemas amanhã, eles pensarão premeditadamente no trabalho. Quer queiram ou não, eles também pensarão neles inconscientemente quando estiverem longe do trabalho. Essa é a razão pela qual a estabilidade dos sprints é imprescindível. Após o início de um sprint, os desenvolvedores devem ter certeza de que o escopo é compatível para que suas mentes possam se concentrar totalmente no que precisa ser feito para esse sprint, seja no trabalho ou fora dele. Você já teve uma epifania enquanto escovava os dentes? Essa é a dinâmica de que estamos falando aqui. Mas você precisa de dois elementos: um número limitado de problemas e a confiança para enfrentar esses problemas amanhã. Se todos os dias um desenvolvedor trabalhar no Projeto A, no Projeto C ou no Projeto de sei lá o que, isso não acontecerá. Um desenvolvedor só se envolverá mentalmente quando chegar ao escritório e descobrir o que de fato o espera. Uma das razões pelas quais os projetos ágeis são tão inovadores é que eles têm essa estabilidade e, portanto, mais participação da mente do desenvolvedor.

DICA

Com nossos clientes, descobrimos que o tamanho de sprint de uma semana é um bom ritmo. Possibilita um tempo de descanso para a equipe de desenvolvimento, evita que os desenvolvedores trapaceiem e trabalhem nos finais de semana, exaurindo a capacidade de trabalho da equipe, e o tempo é longo o bastante para que um progresso real seja feito toda semana. Esse ciclo de feedback mais curto também permite às equipes scrum que inspecionem e se adaptem com mais frequência. Por essas razões, as equipes scrum devem sempre procurar meios de reduzir a duração de um sprint de maneira responsável.

A estratégia é executar sprints que permitam que sua equipe de desenvolvimento realisticamente desenvolva produtos tangíveis, testados e aprovados em cada sprint. Após cada sprint, você terá algo concreto para mostrar às partes interessadas.

Acompanhando o ciclo de vida do sprint

Cada sprint apresenta o mesmo processo: planejamento de sprint, reuniões diárias, uma revisão de sprint e uma retrospectiva de sprint. Os sprints são ciclos de desenvolvimento que se repetem até que seu projeto esteja completo. Os requisitos (geralmente na forma de user stories) são desenvolvidos, testados, integrados e aprovados em cada sprint. O processo continua sprint após o sprint. A Figura 5-5 mostra um ciclo de vida de sprint de uma semana.

Etapa 4: PLANEJAMENTO DE SPRINT

FIGURA 5-5: Ciclo de vida do sprint de uma semana.

Descrição: Implementação de iteração específica, bem como de metas e tarefas.
Owner: Product Owner e equipe de desenvolvimento.
Frequência: No começo de cada sprint.

NÃO FIQUE CORRENDO ATRÁS DO MÉTODO EM CASCATA

PAPO DE ESPECIALISTA

O scrum é diferente do método tradicional em cascata, no qual todos os itens estão em um pacote e esse pacote está em desenvolvimento. Desse modo, se as mudanças chegarem à metade do projeto, o impacto delas será um tanto confuso e arrastará consigo inúmeros requisitos. Esse impacto desconhecido é o que transforma a mudança em uma palavra obscena no método cascata.

Aqueles que são novos no scrum e se agarram ao método cascata podem, por engano, ver um sprint como simplesmente um time box menor do que antes para concluir tarefas, que são parte de um plano inicial geral:

- Eles definem antecipadamente vários sprints no início do projeto e identificam os requisitos exatos e as tarefas que serão executadas durante cada sprint.
- Eles realizam breves revisões de sprint como relatórios de status sobre o backlog do produto, em vez de demonstrações de incremento de produto.
- Eles fazem breves reuniões de planejamento de sprint para confirmar o plano original.

O aumento da frequência de revisão do plano original parece bom para uma equipe nova no pensamento ágil, mas perde completamente o sentido e fica muito além das expectativas. Isso ainda é metodologia em cascata.

O ciclo de vida do sprint permite a fácil incorporação e adaptação de mudanças baseadas na realidade. Isso sim é empirismo.

DICA

Quando as equipes scrum estão distribuídas em lugares diferentes, com membros da equipe em fusos horários distantes (como Estados Unidos e Índia), é necessário tomar providências para que todos os membros da equipe participem de cada uma das reuniões de sprint. Para contabilizar as diferenças de fuso horário, os membros da equipe interna podem participar da reunião no domingo à noite, enquanto é manhã de uma segunda-feira para os membros da equipe de outros países. No final do sprint, os membros da equipe interna terminam o sprint na manhã de sexta-feira e aproveitam o resto do dia, enquanto a equipe externa está participando da revisão de sprint e da retrospectiva na sexta-feira à noite. A rotatividade de cada sprint pode ser reconhecida por completo, de modo que cada membro da equipe nem sempre tenha que trabalhar nas noites de domingo ou de sexta-feira.

A chave é que, depois de cada sprint, a equipe scrum aprende coisas novas. Mudanças ocorrem; é inevitável. Reagir e adaptar-se a elas deve ser considerado progresso, não falha.

A mudança é para lá de bem-vinda no scrum porque, no final de cada ciclo, o que foi criado foi concluído totalmente. Quando você entra em seu próximo sprint e trabalha com itens do backlog do produto, não importa se esses itens estão no backlog do produto por quatro meses, quatro semanas ou quatro minutos. Antigo ou novo, cada item do backlog de produto é priorizado não pela ordem em que foi recebido, mas pela ordem em que ele possa agregar o maior valor ao cliente.

DICA

Em nossa experiência, a semana de trabalho de segunda a sexta-feira é um período de tempo natural e biorrítmico. As equipes precisam de um fim de semana, o que condiz naturalmente aos padrões de vida. Portanto, evite os padrões incompatíveis de sprint de quarta a terça-feira ou algo parecido.

Planejando os Seus Sprints: Etapa 4

O planejamento de sprints é a Etapa 4 dos princípios do roadmap. Todo o trabalho a ser realizado durante esse sprint específico é planejado aqui. Cada sessão de planejamento de sprint é inserida em um time box de não mais do que duas horas para cada semana do sprint. Caso você tenha um time box de sprint de uma semana, terá no máximo duas horas para planejar seu sprint, por exemplo.

Metas do sprint

Uma meta é criada para cada sprint. O Product Owner dá início à discussão da meta, identificando o objetivo do valor de negócios que precisa ser atingido. Depois que a equipe compreender a meta, o Product Owner escolhe os requisitos do backlog do produto que sejam mais compatíveis com a meta. Assim como na meta de lançamento, a meta do sprint impulsiona os requisitos desenvolvidos, e não o contrário.

A meta do sprint em si deve ser compatível com a meta de lançamento, que, por sua vez, deve ratificar a declaração de visão. A decomposição e o alinhamento dessa meta são essenciais para garantir que você esteja realizando o desenvolvimento orientado para determinados fins. Se sua equipe de desenvolvimento tiver uma velocidade média estabelecida, ela poderá ser usada como entrada para determinar a quantidade de trabalho que eles irão realizar durante o sprint.

A equipe de desenvolvimento também pode utilizar a velocidade para testar e aumentar seus limites, ou recuar, se estiver lutando para conquistar as metas estabelecidas. Se estão conseguindo 34 story points confortavelmente, eles podem apertar o passo para 38 ou 40. Caso estejam com dificuldades para alcançar 25, eles podem diminuir o ritmo para 23, enquanto a equipe scrum descobre o entrave organizacional que pode ser removido.

Ambas as fases do planejamento de sprint ocorrem na única reunião de planejamento de sprint no começo do sprint. É na Fase I que o Product Owner, com a contribuição da equipe de desenvolvimento e facilitada pelo Scrum Master, determina o que precisa ser realizado (a meta). Na Fase II, a equipe de desenvolvimento determina como atingir a meta do sprint e desenvolve o backlog do sprint real das tarefas de suporte.

CUIDADO

A reunião de planejamento de sprint nem sempre ocorre sem problemas, principalmente no começo. Você pode entrar em uma baita saia justa, descobrir coisas completamente distintas e revelar estimativas do que é possível. É quando se faz necessário um facilitador forte e habilidoso sob a figura do Scrum Master. O trabalho dele é garantir que a reunião permaneça no rumo certo e acalmar os ânimos.

Fase I

No início da Fase I, a meta de sprint é criada, e a equipe de desenvolvimento deve entendê-la completamente, porque ela definirá os limites e a direção do trabalho que será feito durante o sprint. Em seguida, o Product Owner seleciona uma parte do backlog do produto que seja compatível com a meta. Isso não será necessariamente o backlog final do sprint, mas é a funcionalidade prevista que, se concluída no sprint, atenderia à meta do sprint. É a partir daí que a equipe de desenvolvimento trabalhará para atingir a meta de sprint e determinar o backlog do sprint real.

A Fase I dá outra oportunidade para a equipe de desenvolvimento e o Product Owner elucidarem quaisquer requisitos existentes ou identificarem novos requisitos necessários a fim de conquistar a meta de sprint. Esse também seria o momento de dar a estimativa final do tamanho de quaisquer requisitos já elucidados e dimensionar quaisquer requisitos novos para o sprint. Lembre-se do critério: se qualquer requisito tiver um tamanho maior que 8, ele será muito grande para um sprint (consulte o Capítulo 4).

DICA

Gostamos de inserir de seis a dez itens do backlog de produto em cada sprint. Normalmente, esse é o equilíbrio certo entre ser capaz de fornecer um incremento de produto com uma funcionalidade substancial, e a prova de fogo de que cada item individual é suficientemente dividido.

CUIDADO

Os únicos requisitos discutidos no planejamento de sprint devem ser aqueles estimados entre 1 e 8 na escala de Fibonacci. Essa não é uma regra que faz parte do scrum, mas está de acordo com nosso modelo de estimativa de afinidade (veja o Capítulo 4) e tem sido uma maneira eficaz de muitas equipes se concentrarem em requisitos adequadamente refinados que podem ser concluídos em um sprint. Para mais informações sobre números de Fibonacci, veja o Capítulo 4.

Fase II

Quando a meta e os requisitos comprobativos forem determinados pela equipe scrum, a equipe de desenvolvimento divide esses requisitos em tarefas individuais — como eles transformarão os itens do backlog do produto no incremento do produto. As tarefas para cada requisito devem atender explicitamente à definição de concluído da equipe. Por exemplo, se a definição de concluído engloba a integração com o sistema A, pelo menos, uma tarefa para o requisito deve ser "teste de integração com o sistema A".

DICA

De preferência, cada tarefa deve poder ser concluída em um dia. Isso dá à equipe de desenvolvimento uma meta de tempo tangível e realista à medida que ela divide os requisitos em tarefas. Tal meta também estabelece uma referência a partir da qual a equipe pode ficar alerta em relação a quaisquer problemas de desenvolvimento. Caso uma tarefa leve vários dias para ser desenvolvida, talvez seja necessário resolver um problema com a tarefa ou com o desenvolvedor.

As equipes de desenvolvimento podem optar por estimar em horas as tarefas para cada requisito, caso a empresa quiser esse nível de visibilidade. Porém, muitas equipes simplesmente usam a velocidade e o status de concluído/não concluído para os itens do backlog do produto com o intuito de visualizar adequadamente o risco do sprint.

A equipe de desenvolvimento é forçada a ser a mais detalhada aqui, o que ajuda a aguçar a mente. Na prática, ela pode investigar mais a fundo e analisar o que precisa ser feito.

No final do planejamento de sprint, a equipe de desenvolvimento deve compreender como os itens do backlog do sprint escolhidos são compatíveis com a meta do sprint e como o trabalho para concluir esses itens do backlog será feito. Isso não significa que todas (ou algumas) tarefas no backlog do sprint sejam atribuídas neste momento. Em vez disso, a equipe de desenvolvimento se auto-organiza a cada dia, porque cada desenvolvedor executa uma tarefa e trabalha nela até a conclusão. (Você encontra mais informações sobre pull versus push em "Trabalhando no backlog de sprint" mais adiante neste capítulo.)

Backlog do Sprint

O backlog do sprint é criado na reunião de planejamento de sprint e é a lista ordenada de requisitos e tarefas necessários para atingir a meta de sprint.

Um backlog de sprint pode conter as seguintes informações:

» A meta e a data do sprint.
» Uma lista priorizada dos requisitos (por exemplo, user stories) a ser desenvolvida no sprint.
» O esforço estimado (isto é, story points) necessário para elaborar cada requisito.
» As tarefas necessárias para desenvolver cada requisito.
» As horas estimadas para concluir cada tarefa (se necessário).
» Um gráfico burndown para mostrar o status do trabalho desenvolvido no sprint.

As vantagens do gráfico burndown

Os gráficos burndown são meios de representar visualmente o progresso alcançado no sprint. Eles retratam a quantidade de trabalho realizado em comparação com a quantidade restante de trabalho. A Figura 5-6 mostra um exemplo:

» O eixo vertical representa o trabalho a ser feito.
» O eixo horizontal representa o tempo ainda disponível no sprint.

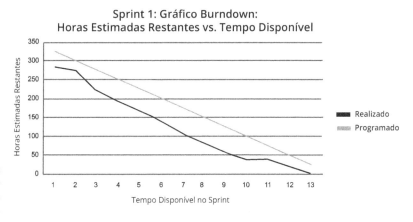

FIGURA 5-6: Gráfico burndown de sprint.

Seus sprints mostrarão uma linha diagonal do canto superior esquerdo até a parte inferior do canto direito, que representa a produtividade em alta e em baixa, um comparativo em relação às ondas de calor. Alguns gráficos burndown também têm uma linha mostrando os story points marcantes. Você pode

CAPÍTULO 5 **Planejamento de Lançamento e de Sprint** 101

criar seu próprio gráfico burndown com o Microsoft Excel ou fazer o download do que está incluído no modelo do backlog do sprint em (conteúdo em inglês): https://platinumedge.com/blog/anatomy-sprint-backlog. Outra opção é fazer o download no site da editora Alta Books: www.altabooks.com.br. Procure pelo nome do livro.

O gráfico burndown é gerado a partir do backlog do sprint. O backlog do sprint deve ser atualizado todos os dias, e somente a equipe de desenvolvimento pode fazer isso. No final de cada dia, cada desenvolvedor atualiza sua tarefa (seja em um cartão 7,5cm x 12cm, em uma planilha ou em uma ferramenta eletrônica) inserindo o número de horas restantes (não o número de horas concluídas) que faltam para concluir a tarefa. Veja uma amostra de um backlog de sprint na Figura 5-7.

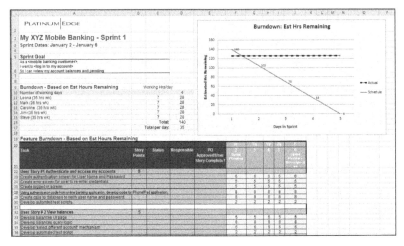

FIGURA 5-7: Um backlog de sprint é um artefato-chave do scrum.

O gráfico burndown de sprint é um irradiador de informações que mostra o status do sprint a quem quiser sabê-lo. Os gráficos burndown são gerados automaticamente conforme os membros da equipe de desenvolvimento atualizam o tempo que falta para concluir suas tarefas ativas no final de cada dia e também demonstram a quantidade de tempo restante para a somatória de todos os requisitos no backlog do sprint. Comparado com a linha de tendência, o gráfico burndown fornece um nível diário de detalhes de status para uma equipe scrum que você não pode obter com as técnicas tradicionais de gerenciamento de projetos.

Definindo a capacidade do backlog

Quanta capacidade há em um dia? Se você está olhando para o número de horas por dia que um membro da equipe de desenvolvimento é capaz de dedicar ao seu trabalho principal — desenvolvendo! — permita que seja menos de oito. Toda empresa tem uma certa quantidade de sobrecarga. Descobrimos que, para a maioria das empresas, algo entre cinco e sete horas é um dia de trabalho normal e eficaz.

PAPO DE ESPECIALISTA

Uma média de 16 horas por semana é desperdiçada em objetivos pouco claros, pouca comunicação da equipe e reuniões improdutivas.

Quanta capacidade pode, de fato, entrar em um sprint? Em um sprint de uma semana, as equipes scrum gastarão até duas horas no planejamento de sprints, até uma hora na revisão de sprint, e até 45 minutos em uma retrospectiva de sprint. Isso é cerca de quatro horas em reuniões de sprint. (Você tem mesmo que usar todas as quatro horas? Não. Você pode ultrapassar o limite dessas horas em uma reunião? Não.) Isso representa quatro dos cinco eventos scrum (suponha que um scrum diário de no máximo 15 minutos não afetará o tempo de desenvolvimento), mas não se esqueça do refinamento do backlog de produto. Assim, para um sprint de uma semana, cada desenvolvedor gasta entre sete e oito horas em eventos de sprint, que levam um dia de trabalho completo para uma empresa eficiente, e aproximadamente um dia e meio para uma empresa menos eficiente.

DICA

Existe alguma reserva no scrum? Claro. Considere que uma equipe de desenvolvimento tem 165 horas disponíveis para um sprint. Eles não devem separar apenas 1 hora de reserva, trabalhando 164 horas sob a falsa suposição de que tudo está indo exatamente conforme o planejado. Essa reserva varia de equipe para equipe, mas você deve torná-la transparente

Assim, a capacidade de um desenvolvedor para um sprint de uma semana seria de 18 a 27 horas, dependendo do dia de trabalho efetivo estabelecido pela empresa. Leve isso em consideração ao identificar a capacidade de uma equipe de desenvolvimento durante o planejamento do sprint, considerando que os desenvolvedores não terão nenhum feriado pago, férias ou outro período de folga planejado, quando não estarão desenvolvendo. Quem disse que o scrum não tem controle e propósito? Mais disciplinado que isso, impossível.

Esse é o impacto incrível de se ter um Scrum Master competente e dedicado para direcionar a capacidade de uma equipe de desenvolvimento. Ao remover os obstáculos organizacionais que impedem que dias de trabalho eficazes aumentem de cinco para sete horas, o impacto pode chegar a nove horas a mais de trabalho em um sprint de uma semana por desenvolvedor. Para uma equipe de desenvolvimento de sete pessoas, esse é um aumento de eficiência substancial de 63 horas. Os Scrum Masters agregam valor.

O que acontece se, no final do planejamento de sprint, a equipe de desenvolvimento descobrir que o número de horas estimadas para suas tarefas no backlog do sprint é maior do que a capacidade dela? Ela se conforma e faz horas extras? Não, o Product Owner tem uma decisão a tomar: quais itens do backlog do sprint serão colocados de volta no backlog do produto para obter o número de horas de acordo com a capacidade da equipe de desenvolvimento? Adotar horas extras deixa a equipe de desenvolvimento desanimada, leva a uma qualidade que deixa a desejar e causa perdas de produtividade em longo prazo.

Trabalhando no backlog do sprint

Nós vemos as equipes de desenvolvimento se distraírem e pisarem na bola ao cometer alguns erros comuns. Siga estas práticas para combater esses erros ao trabalhar com o backlog do sprint:

» Faça questão de que os requisitos sejam divididos em tarefas precisas e que reflitam completamente sua definição de concluído (veja o Capítulo 4).

   O Product Owner não deve aceitar um requisito até que ele satisfaça completamente a definição de sprint de concluído.

» Toda a equipe de desenvolvimento trabalha preferencialmente em apenas um requisito de cada vez e o conclui antes de iniciar outro. Isso se chama *swarming* (processo em que os membros da equipe de desenvolvimento trabalham em conjunto com o objetivo de concluir um requisito antes de passar para o próximo).

   O swarming pode ser realizado através das seguintes atividades:

   - Cada membro da equipe trabalhando em tarefas individuais relacionadas ao mesmo requisito.
   - Trabalho em dupla em uma tarefa para garantir a qualidade.
   - Membros da equipe trabalhando em estreita colaboração para potencializar a multifuncionalidade.

   À medida que as equipes de desenvolvimento fazem o swarm de um requisito de cada vez, elas garantem a multifuncionalidade e asseguram que cada sprint terá algo concreto realizado em seu final.

» Cada requisito deve ser totalmente desenvolvido, testado, integrado e aceito pelo Product Owner antes que a equipe passe para o próximo requisito.

» Não atribua várias tarefas a somente um membro da equipe de desenvolvimento. Todos os dias, a equipe de desenvolvimento coordena as prioridades e decide quem fará o quê. Um desenvolvedor deve estar trabalhando em apenas uma tarefa por vez até que ela esteja completamente concluída. Isso se chama *sistema pull*. Não recorra ao método tradicional de um gerente que atribui tarefas aos membros da equipe.

DICA

O uso do método swarming em relação à tratativa dos requisitos origina-se do conceito Lean de limites de trabalho em andamento (WIP — Work in Progress). Quando uma equipe de desenvolvimento tem muito trabalho em andamento, ela adia a execução das ações necessárias para finalizar o trabalho e corrigir os problemas. Em teoria, sua restrição de WIP deve ser apenas de um requisito por vez para a equipe de desenvolvimento e somente uma tarefa para cada desenvolvedor.

PUSH VERSUS PULL

O gerenciamento de projetos tradicional segue o modelo push de atribuição de tarefas aos indivíduos quando elas são identificadas. Cada indivíduo gerencia e concentra-se exclusivamente nas tarefas de sua fila pessoal. Essa fila se acumula com o tempo, e é comum tentar redistribuir a carga de tarefas entre os membros da equipe para evitar sobrecarga ou subcarga. O problema com os sistemas push é que fica difícil saber o status das coisas, a menos que tudo ainda não tenha sido começado ou esteja totalmente concluído. Isso também costuma fazer com que os membros da equipe trabalhem em sistemas de silos, em vez de trabalharem como equipes multifuncionais.

Os modelos pull, como scrum, mantêm todo o trabalho em uma fila comum, e os itens são "puxados" da lista prioritária por desenvolvedores individuais (o que pressupõe a ordenação e a priorização adequada pelo Product Owner). Você não precisa da redistribuição da carga de tarefas, o que possibilita uma pausa natural para que os desenvolvedores avaliem em que podem auxiliar outras pessoas em tarefas abertas, antes de puxarem uma nova. Em um modelo pull, as equipes de desenvolvimento também são mais propensas a seguir a ordem de prioridades muito mais de perto, se não exatamente, e não as acumular como em um sistema push. Os gargalos são menos comuns, e o fluxo de trabalho geral é mais previsível.

Os sistemas de push incentivam as metas centradas no indivíduo (silo). Os sistemas pull respaldam a colaboração em prol da conquista de metas centradas no produto. Por exemplo, na mercearia, você pode escolher entre uma opção push e pull quando for passar no caixa:

- A opção push é escolhida indo à fila do caixa, que, por sua vez, tem um funcionário (o caixa) para passar as compras. Digamos que essa fila lhe é "atribuída", porque você a escolheu e está em pé na fila, esperando sua vez. Você está empacado enquanto a fila não anda, a menos que outro caixa fique livre e você saia correndo antes que outra pessoa faça isso.

- Você pode escolher o sistema pull e aumentar as suas chances, tentando pegar a fila de caixa rápido ou de autoatendimento. Veja quais opções de caixa têm a fila menor, com menos pessoas e com atendentes prontos para passar a sua mercadoria. Em vez de se comprometer com uma única fila, você pode verificá-las antes e, com base em sua experiência, entrar na fila menor do caixa.

CAPÍTULO 5 **Planejamento de Lançamento e de Sprint** 105

Priorizando os sprints

Cada sprint tem seu próprio ciclo de vida, conforme mostrado na Figura 5-5 anteriormente neste capítulo. Dentro de cada sprint, cada requisito tem sua própria priorização e ciclo de vida também. Cada requisito e tarefa são desenvolvidos, testados, integrados e aprovados antes que a equipe passe para o próximo item de máxima prioridade. Veja uma representação na Figura 5-8.

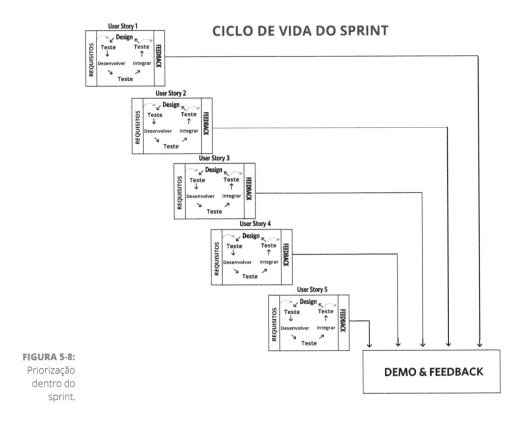

FIGURA 5-8: Priorização dentro do sprint.

Os itens do backlog do sprint são priorizados do maior para o menor e desenvolvidos nessa ordem. A equipe de desenvolvimento trabalha em apenas um requisito de cada vez. Quando esse requisito é finalizado, ela passa para o próximo de máxima prioridade, em vez de escolher um de prioridade menor na lista, que pode ser mais fácil ou mais interessante.

NESTE CAPÍTULO

» **Aproveitando as vantagens da reunião diária**

» **Empregando o processo de swarming**

» **Executando revisões eficazes de sprint**

» **Descobrindo os elementos-chave da retrospectiva de sprint**

Capítulo **6**

Obtendo o Máximo dos Sprints

Os sprints são a essência do scrum, então vale a pena gastar um capítulo inteiro neles. Você já pegou o espírito da coisa: os sprints são time boxes fixos projetados para que sua equipe de desenvolvimento possa estabelecer um ritmo de desenvolvimento. Eles também fomentam a premissa de inspecionar e adaptar.

Mas isso não é tudo o que os sprints fazem. Neste capítulo, apresentamos a reunião diária — 15 minutos inestimáveis por dia que irão focalizar e organizar suas metas de curto prazo como nunca antes. Facilitado pelo Scrum Master, a reunião diária mantém o seu projeto sob controle, enquanto a equipe scrum lida com os obstáculos e coordena as prioridades do dia.

Este capítulo também o expõe à revisão de sprint e à retrospectiva de sprint. Essas duas reuniões levam os conceitos de inspeção e adaptação a novos níveis. As partes interessadas analisam o produto desenvolvido e dão um feedback imediato ao Product Owner; a própria equipe scrum avalia como foi o sprint e incorpora quaisquer melhorias no processo.

O Daily Scrum (Reunião Diária): Etapa 5

A reunião diária é um dos cinco eventos scrum e a Etapa 5 dos princípios do roadmap (veja a Figura 6-1).

LEMBRE-SE

O planejamento é enorme no scrum. Você não estabelece uma meta, esquece e depois se reúne seis meses depois para ver o que aconteceu. Você inspeciona e adapta todos os dias, e até mesmo durante o dia.

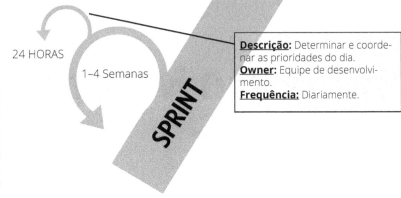

FIGURA 6-1
A reunião diária é um aspecto integral do sprint e da Etapa 5 dos princípios do roadmap.

Como uma equipe de desenvolvimento se reúne todos os dias para confrontar um único requisito, a coordenação é fundamental. A remoção de obstáculos também é determinante aos desenvolvedores que trabalham em estreita colaboração a fim de que eles disponibilizem os incrementos potencialmente entregáveis em períodos curtos. A reunião diária é a forma pela qual a equipe de desenvolvimento coordena.

LEMBRE-SE

Se você gerencia seus projetos semanalmente (isto é, com relatórios de status semanais do gerente de projeto que podem não ser revisados imediatamente), você está cometendo deslizes semanais. No scrum, você pode até cometer tais deslizes, mas apenas por um dia, porque as equipes scrum gerenciam o dia por meio do backlog do sprint, da reunião diária e da interação diária e direta. No Capítulo 7, analisamos mais de perto essa comparação.

108 PARTE 2 **Funcionamento de um Projeto Scrum**

Definindo a reunião diária

Como o próprio nome indica, uma reunião diária ocorre durante cada sprint. O time box é de 15 minutos no máximo, não importa o tamanho total do sprint. Reuniões no scrum, como os artefatos, dificilmente são o bastante. Qualquer coisa com mais de 15 minutos consumiria o valioso tempo de desenvolvimento. Além disso, 15 minutos é tempo de sobra para realizar tudo o que for necessário.

O propósito da reunião diária é coordenar as atividades do sprint do dia e identificar obstáculos de modo que a equipe de desenvolvimento cumpra sua meta de sprint. Todos os membros da equipe de desenvolvimento participam, então todos estão em sintonia com aquilo em que toda a equipe está trabalhando. Caso um obstáculo apareça durante a reunião diária, ele é tratado após a reunião diária. O evento é uma reunião de coordenação, não uma reunião de solução de problemas ou reclamação.

LEMBRE-SE

O Scrum Master remove os obstáculos ou facilita a remoção deles. Talvez alguns obstáculos precisem ser removidos pelo Product Owner ou exijam análise entre um membro da equipe e alguém de fora dela.

Os participantes na reunião diária são os membros da equipe de desenvolvimento e o Scrum Master. O Scrum Master garante que a reunião ocorra e a equipe de desenvolvimento a direciona. O Product Owner deve participar (e deve comparecer se especificamente solicitado pela equipe de desenvolvimento). O Product Owner pode prestar esclarecimentos sobre a priorização, conforme necessário, e qualquer pessoa envolvida e interessada pode ouvir, mas não pode dizer nada. Dessa forma, eles podem desfrutar da transparência diária e estar envolvidos no processo diário; todavia, não podem atrapalhar ou inviabilizar as coisas.

LEMBRE-SE

A reunião diária é a forma pela qual uma equipe de desenvolvimento se auto-organiza e se autogerencia. Todos os dias, a equipe decide quem fará o que e quem ajudará quem. O trabalho não é determinado por um gerente de projeto ou por alguma outra pessoa que não seja desenvolvedora.

Se uma reunião diária começar a parecer uma reunião de relatório de status ou os membros da equipe de desenvolvimento começarem a abordar uma pessoa (como um líder informal de equipe ou o Scrum Master), a reunião perde o sentido. Uma reunião diária deve ser direta.

A principal lição de um scrum diário é a clareza sobre o que significa ser bem-sucedido naquele dia. Em seguida, a equipe se reúne, caso necessário, para realizar o trabalho de maior prioridade. A equipe encontra valor em tal reunião somente se os membros da equipe alcançarem clareza e propósito relevantes a respeito dos objetivos do dia. As reuniões diárias oferecem uma oportunidade para inspecionar e adaptar-se às ocasiões.

LEMBRE-SE

Um equívoco comum a respeito da reunião diária reside no fato de as pessoas acharem que essa é a ocasião para a equipe de desenvolvimento se reportar ao Product Owner, ou para que os Product Owners apresentem novos requisitos ou atualizem uma meta de sprint. Não deixe a reunião diária se tornar uma reunião de relatório de status de negócios; é uma reunião de coordenação para possibilitar alto desempenho.

Agendando uma reunião diária

Como uma reunião diária dura apenas 15 minutos, todo mundo precisa ser pontual e estar pronto. Você encontrará uma correlação direta entre o nível de atraso de uma reunião e o quanto a reunião perde o foco após o início. Você pode ter maneiras diferentes de incentivar a pontualidade, como as seguintes:

» **Comece a sua reunião diária meia hora após o início do dia normal de trabalho.** Esse cronograma permite aos membros de sua equipe de desenvolvimento que tomem café, respondam aos e-mails, discutam as peripécias da noite anterior e tratem de qualquer outra coisa em seus rituais matinais.

» **Penalize os membros por estarem atrasados de um jeito amistoso e animado.** Peça aos membros da equipe que paguem uma certa quantia em um fundo de comemoração para cada minuto que chegarem atrasados ou que cantem uma música a pleno pulmões. Seja criativo e faça com que a penalidade seja desconfortável o suficiente para suspender os atrasos.

DICA

Uma equipe scrum em Portland implementou um incentivo de "US$20 ou 20 flexões com multiplicador". A primeira vez que um membro da equipe se atrasou, ele pagou US$20 ou fez 20 flexões. A próxima vez que ele se atrasou, pagou US$40 ou fez 40 flexões e assim por diante. Essa penalidade foi inventada pelos membros da equipe, não imposta a eles. Funcionou para eles e os atrasos foram evitados com sucesso.

Um disruptivo importante da reunião diária é a distração. Trabalhamos com algumas equipes cujo hábito regular é cada membro se concentrar em sua tela de notebook. Alguns membros participavam da reunião enquanto dirigiam para o escritório. Procure pelos indicadores como: "Você pode dizer isso de novo? Não ouvi direito." Nenhum dispositivo eletrônico deveria ser norma em uma reunião diária.

Conduzindo uma reunião diária

Imagine uma equipe scrum reunida em torno de seu backlog de sprint ou quadro de tarefas no início do dia. Cada pessoa pode ver o progresso feito no dia anterior com apenas uma olhada geral; logo, cada pessoa escolhe proativamente uma tarefa nova para o dia atual. Os membros da equipe coordenam onde a ajuda se faz necessária para realizar uma tarefa antes de o dia terminar; em seguida, eles vão direto para o trabalho.

Cada membro da equipe deve fazer três declarações sobre como ele ou ela está ajudando a equipe a conquistar sua meta de sprint:

» Ontem eu realizei...

» Hoje, vou me concentrar...

» As coisas que me impedem são...

Gostamos que os Scrum Masters participem além da facilitação, abordando os obstáculos identificadas e/ou em andamento. O Scrum Master pode informar o que fez, depois que os membros da equipe tiverem falado:

» Ontem, removi tal obstáculo.

» Hoje, posso remover esse obstáculo. Os obstáculos que não posso remover são... e eu vou ver se fulano pode me ajudar.

Conforme discutimos no Capítulo 5, as tarefas devem ser divididas para que possam ser realizadas em um dia ou menos. Mesmo assim, quando os desenvolvedores são deixados sozinhos por dias a fio sem coordenação e sem se reunir como uma equipe, eles podem ficar atolados em detalhes desnecessários ou problemas que poderiam ser facilmente resolvidos com ajuda.

As reuniões diárias sincronizam uma equipe e todos trabalham para ajudar uns aos outros a fazer o que é preciso a fim de concluir as coisas. Juntos, eles são totalmente responsáveis pelo resultado. No dia seguinte, os membros da equipe ficam animados para falar sobre o progresso deles.

Tornando as reuniões diárias mais eficazes

As seguintes táticas podem manter suas reuniões diárias rápidas e eficazes:

» Seja diligentemente pontual. Consulte "Agendando uma reunião diária", anteriormente neste capítulo, para obter algumas dicas sobre como aplicar a pontualidade.

» Conduza a reunião de pé. Estudos mostram que as reuniões realizadas em pé são 34% mais curtas do que as realizadas sentadas. Ninguém tem a chance de se sentar em uma cadeira e relaxar; é como se todo mundo já estivesse em movimento.

DICA

» Foque a reunião na coordenação e não na solução de problemas. Os obstáculos são removidos após a reunião diária.

Quando os obstáculos são evidenciados na reunião diária, o Scrum Master pode lidar com eles promovendo um pós-evento imediatamente após a reunião diária. Esse evento envolve apenas aqueles que precisam estar envolvidos e é para resolver quaisquer questões que surgiram durante a reunião diária.

Um backlog de "tópicos da equipe" também pode ser mantido para que os tópicos possam ser abordados pela equipe durante o pós-evento, quando apropriado ou durante a retrospectiva da equipe. Nem todos os tópicos levantados durante a reunião diária de pé precisam ser abordados naquele dia.

» O Scrum Master é o facilitador da reunião e, quando necessário, mantém a reunião no prazo e no rumo certo, garantindo que apenas os membros da equipe de desenvolvimento participem. Sua participação deve ser a mais leve possível.

» Abordar somente questões imediatas e prioridades em relação a esse dia em apoio à meta do sprint.

» Reúna-se em torno do quadro de tarefas para garantir o contexto e o foco.

» Não atribua uma ordem para cada um falar, pois, quando as pessoas sabem a ordem, tendem a sair até que seja a vez delas. Em alguns casos, elas só aparecem imediatamente na hora de falar.

DICA

Nós jogamos um brinquedo de cachorro, daqueles que fazem muito barulho, para um membro aleatório da equipe de desenvolvimento quando essa pessoa deve falar. Se alguém demorar muito, mudamos para uma bola temporizada com um alarme. Uma alternativa é jogar algum objeto mais pesado e deixar a pessoa falar pelo tempo que puder segurá-lo. Essas táticas mantêm a reunião diária rápida, contínua e divertida.

» Não permita declarações vagas nem confie nas memórias dos membros da equipe sobre o que está no backlog do sprint (consulte a próxima seção, "Quadro de Tarefas da Equipe").

Quadro de Tarefas da Equipe

Um *quadro de tarefas* é uma maneira de exibir o backlog do sprint. Embora seja comum que as equipes scrum gerenciem o backlog de sprint em formato digital, tudo o que você precisa é de um espaço de parede ou quadro branco, cartões 7,5cm x 12cm, notas autoadesivas e fita. A Figura 6-2 mostra um exemplo de quadro de tarefas.

O quadro de tarefas, como o roadmap do produto, aumenta o envolvimento e a flexibilidade em virtude de ser tangível.

Um quadro de tarefas físico é excelente porque é um modo rápido e eficaz de mostrar o status de um sprint inteiro. Manter o quadro de tarefas à vista da equipe de desenvolvimento e do Product Owner garante que todos saibam instantaneamente o que está sendo concluído, o que não está concluído e tudo o mais.

Use estes elementos básicos:

» Parte superior

- A meta específica do sprint.
- A meta geral de lançamento.

Datas de lançamento e sprint também podem ser incluídas.

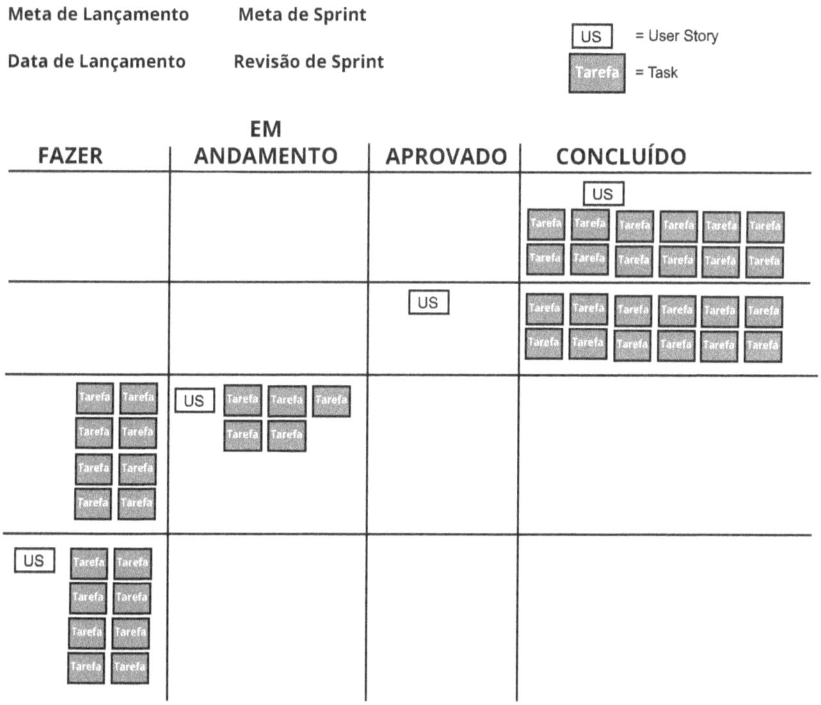

FIGURA 6-2
Um quadro de tarefas da equipe.

» Colunas (da esquerda para a direita)

- *Fazer:* Requisitos e tarefas no sprint que ainda precisam ser desenvolvidos.

CAPÍTULO 6 **Obtendo o Máximo dos Sprints** 113

Os desenvolvedores puxam as tarefas do topo dessa lista para iniciar uma nova tarefa. Se dois desenvolvedores quiserem realizar a mesma tarefa, eles podem trabalhar em conjunto, um desenvolvedor pode acompanhar (técnica shadowing) o outro, ou decidir quem pode lidar melhor com ela.

- *Em Andamento:* Os itens e tarefas do backlog do produto nos quais a equipe de desenvolvimento está trabalhando.

  Cada tarefa pode ter diferentes pontos coloridos ou adesivos para designar responsabilidade ou para identificar tarefas bloqueadas por um obstáculo. Os limites de trabalho em andamento, se usados, devem ser exibidos nesta coluna. Depois que os desenvolvedores concluem uma tarefa, eles olham para ver quem podem ajudar. Caso contrário, eles puxam a próxima tarefa da coluna Fazer e verificam com a equipe se essa é a tarefa certa a ser trabalhada.

- *Aprovado:* Requisitos que estão aguardando aceitação pelo Product Owner.

  Se o requisito for rejeitado e houver tempo suficiente no sprint, ele retornará à coluna Em Andamento. Caso contrário, o requisito será movido de volta para o backlog do produto para consideração em um sprint futuro (consulte "Lidando com requisitos não concluídos" mais adiante neste capítulo).

- *Concluído*: Os requisitos que o Product Owner aceitou como completos.

Somente os membros da equipe de desenvolvimento podem mover os requisitos da coluna FAZER para a coluna EM ANDAMENTO, e para a coluna APROVADO, e apenas o Product Owner pode movê-los de APROVADO para CONCLUÍDO. Depois que um requisito é aceito pelo Product Owner e movido para a coluna CONCLUÍDO, a equipe de desenvolvimento move suas tarefas também. Do contrário, se um requisito for rejeitado, a equipe de desenvolvimento moverá as tarefas de volta para a coluna EM ANDAMENTO a fim de reformulá-las ou criará tarefas novas para abordar o motivo pelo qual o requisito foi rejeitado.

LEMBRE-SE

Os requisitos na coluna APROVADO não devem se acumular. De preferência, quando um cartão é colocado em APROVADO, ele deve ser colocado em CONCLUÍDO ou rejeitado para desenvolvimento posterior, no mesmo dia. Se ocorrer um atraso, o Product Owner precisa ser orientado para não deixar que as stories se acumulem enquanto esperam para serem aceitas. Você não tem motivos para atrasos se o Product Owner for um membro dedicado da equipe scrum que esteja disponível a qualquer momento para esclarecimento, se os requisitos foram detalhados para uma única ação ou integração, e se os requisitos passaram para a definição de CONCLUÍDO. É essencial que os membros da equipe de desenvolvimento saibam quando o trabalho está concluído e possam se reunir (swarming) para o próximo requisito.

Swarming

No Capítulo 5, apresentamos o conceito de swarming no contexto do backlog do sprint. *Swarming* é quando todos os membros da equipe de desenvolvimento trabalham em apenas um requisito de cada vez durante o sprint. Embora este princípio não seja exclusivo do scrum, é um modo tão produtivo de as equipes executarem seu backlog de sprints que ele merece uma análise aqui.

Um dos principais benefícios do scrum é que as equipes de desenvolvimento iniciam e concluem os requisitos com o intuito de satisfazer sua definição de concluído para produzir um incremento de produto potencialmente entregável em um time box relativamente curto. A equipe revisa o processo com base nas lições aprendidas e repete esse ciclo repetidas vezes. A meta é concluir, e não apenas iniciar, o maior número possível de requisitos.

O processo de swarming possibilita que as equipes desfrutem das seguintes vantagens:

- » Maximização das chances de sucesso, com o conhecimento e habilidades de toda a equipe concentrada em um único requisito.
- » Finalização do ciclo de planejamento, design, desenvolvimento e teste até a conclusão de cada requisito.
- » Resolução de problemas e obstáculos do dia.
- » Redução drástica de introdução de defeitos em um produto por meio de emparelhamento e tarefa única (versus multitarefa).
- » Eliminação dos pontos únicos de falha no conhecimento, nos processos e nos conjuntos de habilidades.
- » Conclusão total dos requisitos mais importantes em primeiro lugar.

Quando os membros da equipe veem todos os seus colegas desenvolvedores trabalhando em uma tarefa, e não há outras tarefas para o mesmo requisito (a user story), é perfeitamente natural que eles achem mais produtivo iniciar um novo requisito do que ajudar outros desenvolvedores no requisito em andamento. Contudo, essa tendência pode sair fora de controle, a ponto de as equipes estarem com vários requisitos iniciados, mas nenhum deles concluído. Ao empregar o acompanhamento (shadowing), as duplas, a pesquisa ou ajudar com o que for necessário para que a tarefa seja executada, as equipes de desenvolvimento evitam esse risco.

Este processo garante que em cada sprint *alguma coisa* seja completamente desenvolvida e esteja disponível para mostrar às partes interessadas. Cada sprint produz resultados entregáveis. Os esforços da equipe de desenvolvimento são focados, o trabalho em equipe é aprimorado e o processo iterativo do scrum é colocado em ação.

CAPÍTULO 6 **Obtendo o Máximo dos Sprints** 115

O QUADRO KANBAN

Kanban em japonês significa *sinalização, quadro de avisos, placa de sinal* ou *cartão que você pode ver*. Na década de 1950, a Toyota formalizou esse conceito para padronizar o fluxo de peças de estoque em suas linhas de produção. Em suma, os quadros Kanban contêm cartões que representam peças únicas de trabalho. Cada cartão funciona como um sinal de status e indica quando novos trabalhos podem ser puxados (pull).

Essa prática ajudou a inspirar o pensamento enxuto (Lean) e as práticas de fabricação, e hoje muitas equipes ágeis usam algo como um sistema de sinalização Kanban. Os quadros de tarefas funcionam de forma muito semelhante aos quadros Kanban, pois fornecem um status visual (sinal) de exatamente onde cada tarefa (trabalho) está no processo geral. Esse nível de visibilidade faz com que seja mais fácil para as equipes de desenvolvimento serem disciplinadas e realizarem o processo de swarming para que os requisitos sejam concluídos.

DICA

Mantenha o foco. Pare de começar e comece a terminar.

Lidando com rejeição

Se um requisito colocado na coluna APROVADO for rejeitado pelo Product Owner, os desenvolvedores terão duas opções:

- » **Concluir suas tarefas atuais e, em seguida, empregar a técnica swarming no requisito rejeitado:** Talvez esta seja a melhor opção, caso haja tempo de sobra no sprint para concluir as tarefas atuais e o requisito rejeitado.

- » **Abandonar suas tarefas atuais para empregar a técnica swarming no requisito rejeitado:** Esta pode ser a melhor opção, caso não haja tempo suficiente no sprint para concluir as tarefas atuais e o requisito rejeitado.

O Product Owner decide a prioridade quando confrontado com essa decisão. Variáveis diferentes de tempo restante no sprint podem influenciar a decisão do Product Owner. À medida que a equipe inspeciona seu aprendizado e se adapta ao longo de um sprint, a story rejeitada pode se tornar menos significante para atingir a meta do sprint do que o próximo requisito em andamento, por isso, apesar do tempo sobrando no sprint para fazer as duas coisas, o risco de não concluir o requisito em andamento pode ser maior do que o risco de não concluir o requisito rejeitado.

Em qualquer caso, a atenção à prioridade e a estreita coordenação diária com o Product Owner durante todo o sprint mantêm toda a equipe scrum (incluindo o Product Owner) em foco e na tarefa.

MULTITAREFA E THRASHING

Recentemente, a Microsoft realizou um estudo sobre os impactos da multitarefa, mostrando que ela não funciona. Em média, leva-se 15 minutos para que seu cérebro retorne ao nível em que estava antes de você responder àquele telefonema ou e-mail. Estudos também demonstraram que uma interrupção curtinha de apenas 4,4 segundos triplica o número de erros cometidos em tarefas subsequentes que exigem sequenciamento. A redução da multitarefa em sua equipe de desenvolvimento lhe proporciona uma posição de vantagem sólida na obtenção do tempo de lançamento no mercado de 30% a 40% a mais do que o tempo normal.

O *thrashing* ocorre quando os desenvolvedores alternam entre projetos, requisitos e tarefas, mudando efetivamente o contexto. O thrashing aumenta o tempo necessário para concluir tarefas em 30%. Se você não tem pessoas suficientes para assumir a carga de trabalho como desenvolvedores dedicados e que empregam o swarming, não há motivo para criticá-los.

LEMBRE-SE

As equipes scrum devem sempre se esforçar. Se as equipes de desenvolvimento derem conta de 100% de seu backlog de sprints a cada vez, elas podem não estar se esforçando ao máximo. Uma alta porcentagem de conclusão do backlog de sprint deve ser o objetivo, mas você não deve esperar que as equipes scrum atinjam 100% toda vez. Os Scrum Masters, como os engenheiros aeronáuticos, ajudam a equipe scrum a encontrar maneiras de reduzir o arrasto para se tornar mais efetiva e realizar mais em cada sprint. Desde que as equipes concluam o início de cada sprint e aumentem a velocidade, elas percebem o benefício de melhoria contínua do scrum.

Lidando com requisitos não concluídos

Mesmo as equipes de desenvolvimento de alto desempenho que estimam bem, utilizam o swarming e aderem a um limite de um trabalho em andamento (WIP — Work in Progress) durante um sprint podem acabar com requisitos incompletos ou não iniciados deixados no backlog do sprint no final de um sprint. Esse resultado pode ser bom se os membros da equipe empregarem o swarming nos requisitos de prioridade máxima até concluí-los e tiverem incrementos de produto que possam ser entregues.

Mas o que a equipe faz com os requisitos restantes?

Caso um requisito não seja iniciado ou tenha sido iniciado e não concluído, o Product Owner o colocará de volta no backlog do produto na íntegra (mantendo todas as anotações, tarefas e documentação intactas, é claro) e em seguida o redimensionará novamente em relação ao restante do backlog do produto. É possível que o Product Owner puxe o requisito para um sprint futuro de acordo com sua nova prioridade.

Com base no que foi concluído durante o sprint, o requisito não iniciado ou não concluído pode não ser mais necessário ou pode não ter um valor tão alto quanto antes. O que foi feito pode ser suficiente; pode ser hora de mudar para um recurso diferente.

Seja qual for o esforço despendido no requisito, como não foi concluído, ele não está incluído na velocidade da equipe para esse sprint. Se o requisito chegar a um sprint futuro, ele precisará ser refinado, esclarecido e reestimado com base no trabalho restante a ser concluído. Você não pode depositar ou armazenar story points em cache.

Uma exceção pode ocorrer quando, depois de trabalhar em um requisito não concluído, você descobrir que pode dividi-lo. Você termina uma parte do requisito durante o sprint; a outra parte retorna ao backlog do produto para ser reestimada e redimensionada.

O que aprendemos com tudo isso é: fazer o swarming para alcançar a fase CONCLUÍDO durante o sprint.

A Revisão de Sprint: Etapa 6

A próxima parada em nossos princípios do roadmap é a Etapa 6, a revisão de sprint (veja a Figura 6-3). Este evento scrum é parte integrante do processo de inspeção e adaptação do scrum e ocorre no final de cada sprint.

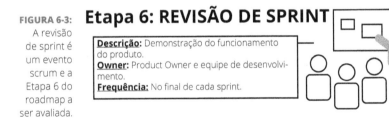

FIGURA 6-3: A revisão de sprint é um evento scrum e a Etapa 6 do roadmap a ser avaliada.

O objetivo da revisão de sprint é que o Product Owner receba feedback organizacional sobre se o produto está sendo desenvolvido na direção certa. Essa revisão também é uma ótima oportunidade para a equipe de desenvolvimento se destacar e mostrar o que foi realizado. Os membros da equipe recebem todo o crédito pelo que realizaram e pelo que não realizaram.

Essa reunião no final de cada sprint garante que as partes interessadas estejam atualizadas sobre o que foi realizado no sprint e tenham um espaço para fornecer feedback diretamente ao Product Owner, com a equipe de desenvolvimento ouvindo. Além do mais, as partes interessadas dispõem de um produto de trabalho funcionando e entregável em mãos.

O processo de revisão de sprint

A revisão de sprint, que é inserida em um time box de uma hora por semana de sprint, ocorre no final do último dia do sprint. Permita que esse tempo seja gasto durante a sessão de planejamento de sprint.

Os participantes da revisão de sprint são a equipe scrum inteira e as partes interessadas, nos seguintes papéis:

- » **Scrum Master:** Facilita a reunião, garantindo que ela seja focada e pontual.
- » **Product Owner:** Revisa brevemente a meta do sprint e como a equipe scrum conquistou a meta, informa as partes interessadas sobre quais itens do backlog foram concluídos e resume o que falta para o lançamento.

LEMBRE-SE

A revisão de sprint não é o momento para o Product Owner fornecer feedback sobre a funcionalidade concluída. O evento serve para o Product Owner receber feedback das partes interessadas acerca da direção à qual conduzem o produto. O Product Owner aceita ou rejeita cada requisito à medida que é concluído, e não no final do sprint, e aprova os requisitos antes que eles sejam demonstrados para as partes interessadas.

- » **Membros da equipe de desenvolvimento:** Exibem e explicam os requisitos concluídos.
- » **Partes interessadas:** Fazem perguntas e fornecem feedback.

O processo começa com a equipe de desenvolvimento se preparando para a revisão. Considere as seguintes orientações para a preparação da revisão de sprint:

- » A equipe de desenvolvimento prepara uma revisão de sprint dentro do prazo máximo de tempo (não mais que 20 minutos) para demonstrar os requisitos concluídos.
- » Nenhum slide formal deve ser usado em uma revisão de sprint. Em vez disso, a equipe de desenvolvimento deve gastar seu tempo desenvolvendo o produto, e não preparando uma apresentação.
- » Apenas os requisitos que foram considerados concluídos (de acordo com a definição de concluído) e aprovados pelo Product Owner são demonstrados.
- » A equipe de desenvolvimento mostra a funcionalidade entregável do requisito — ou seja, como ela funciona no mundo real.

CUIDADO

Se você gasta seu tempo mostrando às partes interessadas o que poderia ou deveria ter sido concluído, você está dando uma demonstração manipulada e não está ajudando em nada. As partes interessadas nunca esperam menos; elas sempre esperam mais. Ao fazer parecer que o incremento de seu produto funciona quando na verdade ele não funciona, você aumenta sua carga de trabalho para o próximo sprint, porque terá que dar conta do trabalho que mostrou funcionar, bem como todo o trabalho novo que você planejou. Mostre somente os incrementos do produto que estão funcionando.

Feedback das partes interessadas

O feedback das partes interessadas é crítico para o sucesso da revisão de sprint. Um ciclo constante de comunicação mantém o projeto no caminho certo e produz o que as partes interessadas querem. Embora as partes interessadas não possam dizer aos membros da equipe de desenvolvimento como desenvolver os requisitos, elas podem fornecer feedback ao Product Owner sobre os requisitos, as funcionalidades que desejam desenvolver e a respeito de como as implementações atendem às necessidades dos clientes.

Esse ciclo de feedback também serve a outro propósito: ele mantém a equipe de desenvolvimento envolvida e, como consequência, engajada emocionalmente com o projeto.

O feedback é um tema comum ao longo do scrum. A Figura 6-4 mostra quantas camadas de feedback fazem parte do framework scrum. Cada vez que o feedback é recebido, ele é atualizado de volta para as sessões de backlog de produto e planejamento de sprint — com efeito, a inspeção e a adaptação.

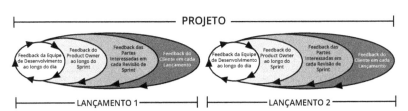

FIGURA 6-4: Várias camadas de feedback existem em um típico projeto scrum.

Incrementos do produto

O incremento do produto é o final dos três artefatos do scrum. (Discutimos o backlog de produto no Capítulo 3 e o backlog de sprint no Capítulo 5.) Dentro de um único sprint, o incremento de produto é aquele que esteja funcional e considerado concluído pelo Product Owner e, agora, potencialmente entregável. Ele é *potencialmente* entregável, pois o Product Owner pode não decidir se o produto está pronto para envio a posteriori. Mas ele está pronto para ser enviado assim que o Product Owner estiver pronto. Um incremento de produto foi:

» Desenvolvido

» Testado

» Integrado

» Documentado

Durante a reunião de revisão de sprint, esse incremento de produto é demonstrado para as partes interessadas. O ciclo de vida do sprint de inspeção e adaptação continua conforme o feedback é obtido e traduzido em requisitos. Em seguida, esses requisitos podem ser aprimorados durante o refinamento do backlog do produto; eles podem subir em prioridade para consideração em sprints futuros e, por fim, tornarem-se incrementos novos do produto.

A Retrospectiva de Sprint: Etapa 7

A sétima e última etapa dos princípios do roadmap é a retrospectiva de sprint (veja a Figura 6-5). Este evento scrum ocorre após cada sprint.

FIGURA 6-5: A retrospectiva de sprint, a sétima e última etapa do roadmap.

O objetivo da retrospectiva de sprint é oferecer uma oportunidade para a equipe scrum — Scrum Master, Product Owner e membros da equipe de desenvolvimento — avaliar o que foi bem no sprint que acabou de ser concluído e o que pode ser melhorado. O processo é novamente de inspeção e adaptação, com foco nas pessoas, processos e ferramentas que a equipe scrum usa. O resultado da retrospectiva deve ser planos de ação a fim de melhorar continuamente o scrum, pessoas, processos e ferramentas em cada sprint. Embora o framework scrum seja simples — três funções, três artefatos e cinco eventos (veja o Capítulo 1) — e não exija ajustes, cada equipe scrum tem peculiaridades e nuances em razão de seu produto, organização e métodos de desenvolvimento. Através do processo de inspeção e adaptação, você pode direcionar essas individualidades para os objetivos do projeto.

LEMBRE-SE

Nas retrospectivas de sprint é de suma importância promover um ambiente confiável. A visão de cada pessoa é ouvida e respeitada, e nada é levado para o lado pessoal. A confiança é a chave para evitar que a retrospectiva seja um labirinto de eufemismos ou politicagem. O Scrum Master desempenha um papel fundamental no fomento de um ambiente de confiança.

CUIDADO

A retrospectiva de sprint pode revelar problemas dentro da equipe. Um Scrum Master experiente pode facilitar o evento para que essas questões sejam tratadas em um ambiente equitativo e equilibrado. Uma retrospectiva de sprint não é para desabafar, mas para criar planos implementáveis de melhoria. Fique atento ao discurso passivo-agressivo e às segundas intenções pessoais.

O processo de retrospectiva de sprint

A retrospectiva de sprint ocorre no final de cada sprint, após a revisão de sprint e antes da sessão de planejamento do próximo sprint. Para cada semana de sprint, 45 minutos são inseridos no time box para este evento, portanto, um sprint de duas semanas tem uma retrospectiva de 90 minutos dentro do time box. A equipe scrum inteira participa e, a critério da equipe, outras pessoas podem ser convidadas (como clientes e partes interessadas) se a equipe acreditar que essas pessoas têm informações valiosas sobre as melhorias necessárias. O objetivo da retrospectiva de sprint é inspecionar o sprint que acabou de terminar para:

» Identificar o que correu bem no sprint com os processos, ferramentas e dinâmica de equipe.
» Discutir e descobrir as oportunidades de melhoria.
» Definir um plano de ação para implementar as melhorias.

Durante a retrospectiva, lembre-se de enfatizar e possibilitar o tempo adequado para que tudo corra bem. É importante focar o positivo e identificar o que está funcionando bem, de modo que você possa continuar fazendo isso. Celebre os sucessos em equipe. Especialmente durante a implementação inicial do scrum, é importante reconhecer as vitórias — grandes e pequenas.

DICA

Uma maneira enérgica de manter as coisas positivas e evitar isolar as pessoas durante uma retrospectiva é a técnica do sanduíche. Comece com positivo, trabalhe o negativo e termine com mais positivo. Quando você ouve a palavra *porque,* é uma boa indicação de que a discussão passou a ser para justificar o motivo pelo qual alguém fez algo de uma certa maneira. Continue avançando dizendo algo como: "Foi isso que eu experimentei e é isso que pode funcionar melhor daqui para frente." Não diga: "Eu fiz assim porque..."

O processo de Derby e Larsen

Esther Derby e Diana Larsen escreveram um livro excelente chamado *Agile Team Retrospectives: Making Good Teams Great* (Retrospectivas de Equipe Ágil: Transformando Equipes Boas em Excelentes, em tradução livre). Leia-o para obter mais dicas e técnicas sobre as retrospectivas de sprint e outras práticas ágeis. No *Agile Team Retrospectives,* Derby e Larsen apontam que existe muito mais a ser descoberto sobre o que correu bem e quais melhorias são necessárias do que simplesmente fazer as mesmas três perguntas no final de cada sprint. O modelo de Derby e Larsen para estruturar uma retrospectiva consiste em responder a estas perguntas:

» O que você acha que correu bem?
» O que você gostaria de mudar?
» Como devemos implementar essa mudança?

Para maximizar a eficácia da retrospectiva, recomendamos o processo Derby e Larsen:

1. **Prepare o terreno.**

   É importante estabelecer regras básicas para uma comunicação produtiva e esclarecer as expectativas e o propósito desde o início. Prepare a equipe para uma discussão aberta e honesta.

2. **Reúna as informações.**

   Tomar decisões com base em informações superficiais, ruins ou imprecisas pode fazer mais mal do que bem. Busque descobrir tópicos importantes, refrescar a memória e correlacionar experiências que precisam ser abordadas. É melhor saber não apenas o que as pessoas pensam, mas também como elas se sentem a respeito.

3. **Gere insights.**

   Muitas equipes reúnem as informações, porém não fazem nada com elas. Assim como os melhores designs vêm de equipes auto-organizadas, os melhores insights se originam de equipes que levam tempo para explorar o que tais informações significam.

4. **Decida o que fazer.**

   Mudança e adaptação podem acontecer somente por meio da ação. Ação requer um planejamento. Decidir o que fazer muda o foco da equipe para seguir em frente — para o próximo sprint.

5. **Finalize a retrospectiva.**

   O encerramento oferece a oportunidade de analisar a retrospectiva por meio de atividades que avaliam a eficácia da experiência da retrospectiva e identificam maneiras de melhorá-la. Também incentiva o apreço pelo reconhecimento.

DICA

Cada aspecto da retrospectiva pode ser facilitado por uma série de atividades que envolvem e fomentam o pensamento individual e a discussão em grupo. Tente fazer uma pesquisa na internet a respeito das técnicas *Triple Nickels, 5 Por* ques, Metas SMART, Temperature Reading, Team Radar e Mad Sad Glad — todas são atividades ótimas para usar durante uma retrospectiva.

DICA

Para estimular a discussão das retrospectivas, organize atividades em torno de questões específicas, como as seguintes:

- O que está nos impedindo de aumentar nossa velocidade de 36 para 38?
- Todos têm as ferramentas necessárias para realizar o trabalho?
- Algum obstáculo ainda persiste?
- Nossa reunião diária é eficaz na identificação de obstáculos e na coordenação das prioridades diárias?
- Faltam determinadas habilidades em nossa equipe e, em caso afirmativo, como podemos obtê-las?

Um Scrum Master perceptivo e proativo se adapta para trabalhar com qualquer tipo de grupo, seja com aqueles que precisam de um empurrãozinho para participar ou com aqueles que não param de falar, a fim de alcançar os melhores resultados.

DICA

Encontre apenas uma ação para cada sprint. No início, pode ser tentador abordar todos os problemas discutidos pela equipe. Em vez disso, encontre uma ação que seja de alto impacto e fácil de implementar. Escolha primeiro o que for mais fácil e acessível. Os resultados da retrospectiva devem ser colocados no backlog do produto como itens de melhoria. A equipe scrum deve concordar que, pelo menos, uma ação de melhoria será aplicada a cada sprint. Traga no mínimo um item retrospectivo prioritário para o próximo sprint, talvez um da última retrospectiva. Afinal, por que esperar?

Inspeção e adaptação

O scrum reside no fato de planejar as coisas certas no momento preciso. Trata-se de responder às mudanças dos mercados e sobre lições aprendidas. Trata-se de aprender e avaliar continuamente, minimizando o risco e maximizando o valor em cada etapa — em cada ponto de trabalho. A perspectiva de inspeção e adaptação fornecida no Guia Oficial do Scrum (conteúdo em inglês — http://scrumguides.org) é uma boa maneira de encerrar este capítulo. Nós adicionamos o itálico para ênfase:

> As inspeções são mais benéficas quando executadas diligentemente por inspetores qualificados *para realizarem o trabalho.*

O guia do scrum continua afirmando que os ajustes são feitos o mais rápido possível. Os ajustes ocorrem assim que um inspetor percebe que o trabalho excedeu os limites e resultará em um produto inaceitável.

> **NESTE CAPÍTULO**
>
> » **A necessidade da certeza**
>
> » **Entendendo o ciclo de feedback**
>
> » **Promovendo a transparência**
>
> » **Lidando com os antipadrões e com as forças externas**
>
> » **Corrija seu percurso**
>
> » **Testes de uso para o ciclo de feedback**
>
> » **Implementando uma cultura de inovação**

Capítulo **7**

Inspecionar e Adaptar: Como Corrigir Seu Percurso

M uitas vezes, durante o desenvolvimento do produto, você acaba se deparando com um produto diferente do que esperava. Neste capítulo, exploramos como o scrum facilita o aprendizado e a melhoria contínua. Analisamos também como você pode trabalhar face à incerteza, em vez de achar que pode planejar-se para ela. Afinal de contas, ser ágil é aprender e ajustar-se à medida que você avança — sendo flexível o suficiente para construir o melhor produto com os recursos certos e com a melhor qualidade.

Necessidade de Certeza

A necessidade do gerenciamento pela certeza dos resultados pode muito bem fazer com que muitos projetos e grandes ideias se enveredem ladeira abaixo e acabem em derrocada. As pessoas poderiam se recusar a aceitar a realidade básica da incerteza, decidindo pela segurança relativa do conhecido à custa do melhor. O poder da abordagem empírica é estar a par da incerteza até que você obtenha as informações necessárias para ter mais certeza do resultado do seu projeto ou meta. Por exemplo, daqui a seis meses, será difícil saber com certeza se um componente necessário que está sendo desenvolvido por outra equipe será concluído no prazo, se a outra equipe não iniciar o desenvolvimento em três meses a partir de agora. Mas, duas semanas antes de sua entrega esperada, você pode ter uma previsão muito mais clara de sua agilidade.

LEMBRE-SE

Empírico significa aprender ou verificar por meio de observação. Desse modo, o scrum é considerado uma abordagem empírica, porque a cada etapa do processo, você inspeciona seus resultados e se adapta imediatamente a um resultado melhor.

A Figura 7-1 mostra a ferramenta de previsão conhecida como Cone da Incerteza. O princípio básico é que os resultados são difíceis de prever em um período de tempo, todavia, à medida que você chega mais perto de seu objetivo, a certeza aumenta.

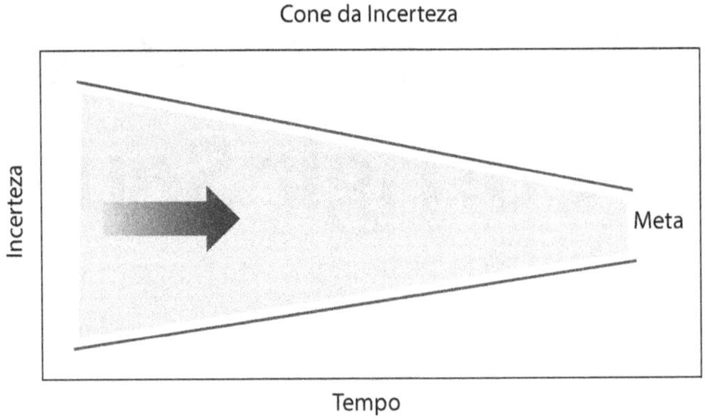

FIGURA 7-1:
Cone de Incerteza.

Meteorologistas usam o Cone da Incerteza para descrever o caminho dos furacões ao longo de vários dias. A abordagem empírica abrange a realidade de algumas incertezas e fornece um framework para gerenciar os riscos associados, melhorando e adaptando-os continuamente.

O Ciclo de Feedback

Em economia, um *ciclo de feedback* é definido como a solução ou resultados de um processo, ou um ciclo usado para informar o próximo. Esse feedback é o que alimenta os dados para o processo de inspeção empírica. A Figura 7-2 examina o processo de feedback das equipes scrum.

126   PARTE 2 **Funcionamento de um Projeto Scrum**

SINCRONIZAÇÃO DAS DECISÕES

PAPO DE ESPECIALISTA

Não defendemos necessariamente que todas as decisões sejam tomadas na última hora. Um conceito de desenvolvimento Lean afirma que, como os desenvolvedores estão sempre aprendendo, devem esperar até o último momento possível para tomar decisões. Outros argumentam que há pouco valor a ser ganho esperando. Uma simples ideia heurística é colocar as decisões em três grupos:

- Coisas que são *conhecidas*.
- Coisas que *podem ser conhecidas*.
- Coisas que *não podem ser conhecidas*.

A escolha de adiar as decisões para o conhecido pode não trazer valor algum. Da mesma forma, um atraso não agregará valor se uma decisão não puder passar do "não pode ser conhecido" para o "pode ser conhecido". O atraso é válido quando uma coisa é apenas possível de ser conhecida. Esperar até que se saiba mais sobre isso pode resultar em uma decisão melhor.

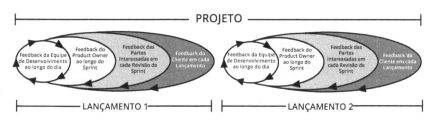

FIGURA 7-2: Processo de feedback.

A ideia por trás de um ciclo de feedback é que você possa melhorar constantemente a partir das informações adquiridas com a experiência, caso você tenha um modo de aplicar as lições aprendidas em situações futuras. Uma parte inerente do processo scrum é reconhecer que o conhecimento e a experiência adquiridos durante cada sprint precisam ser reintroduzidos em sprints posteriores a fim de atualizar o planejamento em evolução. No início de um projeto, o roadmap dos produtos e os planejamentos de sprint são sempre elaborados com as melhores informações disponíveis no momento. Os planejamentos são aceitos por toda a equipe e divulgados a todas as partes interessadas. A aderência rígida a um planejamento inicial complexo pode ignorar as lições aprendidas durante o processo e reprimir as inovações dentro da equipe. Em vez disso, o scrum usa o feedback do cliente e da equipe para melhorar o planejamento.

Talvez você esteja se perguntando por que deveria planejar tudo, se sabe que um planejamento inicial provavelmente será falho. Você implementa um planejamento como o primeiro passo no seu processo de aprendizagem. Assim como uma tripulação registra um plano de voo com base nas condições esperadas para que os membros da tripulação e os controladores de tráfego aéreo saibam o que esperar, os roadmaps do produto expõem as expectativas prévias da equipe scrum. Depois que uma tripulação de voo decola, os membros avaliam as condições atuais, como clima, vento e itinerário, para ajustar o plano de voo conforme necessário. Da mesma forma, no scrum você fornece feedback todos os dias e, à medida que aprende mais informações, adapta suas ideias e seu planejamento.

DICA

Os ciclos de feedback podem ser positivos (resultantes de sucessos) ou negativos (resultantes de falhas). O sucesso pode gerar sucesso, mas a falha pode prenunciar o sucesso se você aprender com ela. É por isso que perguntamos o que funcionou bem e o que pode ser melhorado durante cada retrospectiva de sprint. É importante continuar a apoiar os sucessos do scrum e procurar mudanças que possam ter um efeito positivo.

Transparência

A transparência é generalizada na sociedade moderna. Em tudo, desde o software de código aberto até colaboração de ideias afins, a transparência é um termo de interpretação bem ampla. No Capítulo 1, definimos por que a transparência é um pilar básico de melhoria. É importante não perder o valor essencial da transparência dentro do processo de inspeção e adaptação. Sem uma cultura transparente, as decisões são tomadas com informações imprecisas. Frequentemente, vemos organizações valorizarem as notícias falsas em vez da verdade, e acabam tomando decisões com base em informações ruins.

Veja a seguir alguns princípios básicos para empregar a transparência em seus projetos:

- » Fatos concretos. Demonstre somente a verdade para as partes interessadas, apresentando especificamente como um trabalho concluído é realizado de acordo com sua definição de concluído.
- » Seja aberto e claro sobre o planejamento, design, processo e progresso.
- » Faça com que todas as informações sejam acessíveis a todos.
- » Cole o roadmap, o planejamento de lançamento e a definição de concluído na parede, onde todos os envolvidos possam vê-los.
- » Incentive um ambiente de avaliações e resultados reais.
- » Tenha conversas potencialmente embaraçosas logo no início do dia.

DICA

É comum querer evitar conversas honestas e embaraçosas, mas evitar situações desconfortáveis pode causar problemas. (Na verdade, livros e cursos em massa foram escritos para ensinar as pessoas a lidar com essas situações.) Queremos que você compreenda a importância de conhecer o preço altíssimo a se pagar associado a evitar ou atrasar momentos difíceis. O preço mais imediato a se pagar é o tempo perdido indo na direção errada e atrasando o curso de uma ação melhor. Não adie essas conversas desconfortáveis; tenha-as assim que perceber que algo precisa ser abordado.

CUIDADO COM A DISTORÇÃO DA REALIDADE

Algumas das organizações que treinamos e orientamos tinham uma cultura de trabalho que impedia a transparência da equipe. Cuidado com os antipadrões que forçam as equipes a esconder a realidade como um meio de autoproteção. Ademais, esteja ciente de que algumas organizações externas ou contratantes têm por especialidade evitar as informações concretas. Como líder, você precisa valorizar e confiar no conhecimento específico de suas equipes scrum. Viabilize o sucesso da equipe em vez de tentar adivinhar o progresso dela.

Como diretor-presidente de uma empresa de desenvolvimento de software, David aprendeu essa lição da maneira mais difícil. Embora acreditasse nos conceitos de equipes autônomas, ele teve dificuldade em confiar no progresso da equipe quando as partes interessadas pediram garantias de sucesso. Como a única resposta que David queria ouvir quando perguntou à equipe sobre a qualidade do produto ou o cronograma do projeto era "Sim, concluiremos a tempo", a equipe scrum não foi capaz de pedir ajuda ou pedir esclarecimentos porque temia a fúria dele. As respostas, na verdade, estavam disponíveis através dos artefatos scrum, mas David estava ocupado demais para olhar. Depois de perceber que não estava promovendo um ambiente que viabilizasse o sucesso da equipe, ele mudou. Aprendeu a seguir os quadros do scrum em vez de pedir um relatório de status, o que lhe permitiu ver a verdade e se unir à equipe para ter sucesso, em vez de se afastar de qualquer falha em potencial. Então, ele foi capaz de facilitar conversas embaraçosas com as partes interessadas o mais breve possível. Sua mudança de abordagem em relação à responsabilidade foi uma grande vitória para suas equipes. Com o tempo, as equipes começaram a confiar nele para viabilizar o sucesso novamente. Como resultado, a qualidade e a pontualidade da equipe deram um grande salto à frente. Inicialmente, David expôs vários antipadrões familiares que dificultavam o processo de inspeção e adaptação.

Antipadrões (Antipatterns)

O termo *antipatterns* (*antipadrão*, em português) tem sido usado para descrever uma solução bem-intencionada para um problema que causa consequências negativas não intencionais. É imprescindível para uma empresa que está adotando ou amadurecendo sua prática scrum a fim de possibilitar que o scrum exponha os antipadrões como parte do processo de inspeção e adaptação. Também é importante não personalizar o scrum para se encaixar em uma cultura ou práticas descabidas. Em vez disso, faça mudanças na cultura para facilitar o sucesso da sua prática de scrum.

Você pode estar familiarizado com alguns dos seguintes exemplos de antipadrões que ocorrem no gerenciamento e desenvolvimento de software:

» **Paralisia analítica:** Ser incapaz de avançar devido à análise contínua e relutância em aceitar a incerteza.

» **Enrolação e viagem na maionese:** Criar a ilusão de novas realizações, como exagerar na qualidade ou conclusão.

» **Gerenciamento gaivota:** Precipitar-se como líder e fazer um estardalhaço enorme e, depois, voar para longe, na esperança de ter motivado a todos com um senso de urgência, mas causando medo e pânico.

As equipes scrum e os líderes ágeis precisam procurar as causas-raiz e os antipadrões culturais que bloqueiam o ciclo de feedback. Uma vez que os antipadrões são identificados, eles devem ser encaminhados para a liderança como um obstáculo ao processo de scrum. A remoção desses obstáculos culturais precisa ser prioridade, pois eles podem dificultar o trabalho de muitas equipes scrum dentro da empresa.

Forças Externas

Uma equipe pode ser impactada por coisas externas a ela que afetam a sua capacidade de entregar o produto. Nas aeronaves e na terminologia aeronáutica, essas forças agem como um vento de proa ou cruzado que força uma aeronave a sair do percurso ou a se atrasar.

Para equipes scrum, essas forças podem estar alterando regulamentos, desenvolvendo a arquitetura ou repriorizando os recursos. Uma equipe pode ser impotente para mudar essas realidades, mas o scrum expõe os impactos das forças e frequentemente mostra percursos alternativos de ação.

Uma desculpa comum é dizer que o scrum não pode funcionar em um ambiente devido às forças externas que fazem de tudo para que seja impossível a implementação bem-sucedida dele. Mas o scrum pode ter sucesso em qualquer lugar, desde que haja adesão e esforço suficientes das pessoas envolvidas para fazê-lo funcionar. Nos próximos capítulos, demos exemplos de empresas que usam o scrum com sucesso e que provavelmente têm mais restrições do que a sua empresa.

Correção da Rota de Voo a Bordo do Scrum

Nesta seção, voltamos à analogia da tripulação de voo e do plano de voo para explicar a dinâmica em jogo no planejamento e replanejamento com base em dados empíricos. Uma tripulação de voo sempre planeja os detalhes de uma missão futura com base nos parâmetros atribuídos para essa missão. A tripulação estima a quantidade de combustível, o tempo em voo e detalhes de execução com base em todos os detalhes conhecidos e esperados. No dia da missão, os membros da tripulação reúnem quaisquer relatórios meteorológicos atualizados e mudanças na missão.

Quando a aeronave está no ar, os membros da tripulação avaliam continuamente as velocidades e orientações, e comparam a posição real do avião com os planos de voo. A Figura 7-3 mostra uma rota planejada e uma localização calculada em voo.

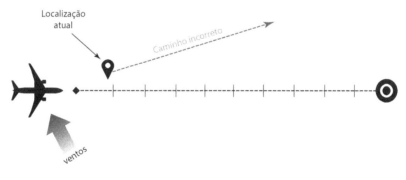

FIGURA 7-3: Rota de voo.

Cada vez que os membros da equipe calculam a localização durante o voo, eles avaliam por que estão se afastando do plano. Eles analisam as informações para determinar as possíveis causas do ajuste do percurso, como direções inesperadas do vento ou velocidades, ou uma diferença entre a orientação e a velocidade planejados e a orientação e a velocidade reais. Em seguida, usam as novas informações para ajustar o plano a fim de atingir os objetivos da missão — tudo isso a uma velocidade de 645km/h. Para garantir o sucesso de uma missão, a tripulação de voo repete várias vezes esse processo de inspeção e adaptação.

No scrum, os sprints funcionam como um momento perfeito para reavaliar e melhorar os planos. Em uma empresa transparente, as informações novas são bem-vindas e aplicadas para alcançar o sucesso do produto.

CUIDADO

É determinante evitar a sobrecarga dispendiosa de processos paralelos redundantes ou burocráticos. Trabalhamos com organizações bem-intencionadas que se esforçam mais para avaliar o status e elaborar slides de status do que no desenvolvimento de produtos, tudo na esperança de manter o controle ou evitar a incerteza. Criar relatórios de status é uma atividade paralela desnecessária. Uma organização que se transformou em ágil e que adotou totalmente o scrum deixa esse tipo de artefato de lado e recebe de braços abertos esse novo caminho.

Testando no Ciclo de Feedback

No scrum, você realiza testes durante cada sprint, fazendo coisas como testes de código, testes funcionais e testes para feedback do usuário. Compare esse tipo de projeto com um típico projeto em cascata, em que o teste acontece apenas no final de um projeto. Encontrar erros de última hora provoca correções hercúleas e dispendiosas ou dificuldade de cumprir o cronograma (empurrá-lo, conforme o sistema push). Como uma aeronave cujo trajeto não é corrigido, um produto que não é validado acaba saindo do percurso.

O feedback recebido durante o teste e a validação do cliente à medida que o sprint progride necessariamente atualiza a prioridade diária. Em geral, as correções no produto são feitas no mesmo dia, embora sejam mais fáceis e menos dispendiosas de serem corrigidas e não atrasem o progresso.

LEMBRE-SE

Em uma equipe scrum, todos os membros são responsáveis por tudo. Não há um testador especializado que testa tudo para todo mundo. Toda a equipe é dona do resultado e todos os membros se importam com a qualidade.

Cultura de Inovação

Muitas empresas, das mais novas às mais antigas, dizem que querem ser inovadoras. Provavelmente, elas veem as vantagens de mercado das abordagens criativas. No entanto, as estruturas de comando e controle que elas usam para gerenciar produtos e processos impossibilitam as inovações que buscam. Os valores fundamentais das organizações sobre o propósito determinam se suas equipes trabalham em uma cultura de inovação.

O framework scrum funciona melhor em uma cultura de auto-organização, propósito e inovação. As inovações de produtos e processos são incentivadas por meio do modelo de inspeção e adaptação, e a ideia de inovação está no cerne do trabalho em equipe. Usar o feedback é uma ótima maneira de incentivar a inovação.

A seguir, algumas maneiras de promover uma cultura inovadora:

- » Dê autonomia às equipes para desafiar convenções ou restrições.
- » Remova obstáculos organizacionais à criatividade.
- » Repense como você motiva.
- » Procure pessoas criativas de pensamento lateral.

PAPO DE ESPECIALISTA

Atribui-se ao psicólogo e filósofo Edward de Bono a criação do termo *pensamento lateral*, que ele definiu como uma mentalidade de convenções e restrições desafiadoras. Um pensador lateral pode superar suas crenças anteriores sobre limitações e convenções. Uma pessoa que se envolve em pensamento lateral não ignora a existência de restrições; em vez disso, ele procura ideias e soluções que não são imediatamente óbvias.

Um caso moderno e popular é que, aparentemente, os engenheiros e desenvolvedores são pensadores robóticos, fundamentados em lógica ou lineares. Em nossa experiência, esse não é o caso da maioria dos trabalhadores do conhecimento altamente eficazes. São criadores com habilidades cognitivas para lá de aprimoradas que não podem ser substituídas pelos algoritmos complexos que eles desenvolvem e que, por sua vez, prosperam em uma cultura de inovação. À medida que tendemos a substituir as funções de negócios pela automação, precisamos abrir espaço para os pensadores laterais que podem ir além das restrições percebidas. Sem criatividade, somos reféns dos mesmos erros.

MOTIVANDO A CRIATIVIDADE

Em sua palestra no TED (www.ted.com/talks/dan_pink_on_motivation#t-1094472), o autor de livros de negócios Dan Pink confrontou as ideias anteriores a respeito de como promover a criatividade. Utilizando pesquisas recentes em ciências sociais, ele expôs um caso que coloca em dúvida a eficácia de motivadores baseados em recompensas de incentivo ou de incentivos extrínsecos. Motivadores intrínsecos como autonomia, domínio e propósito são mais eficazes para incentivar os membros da equipe a se engajarem em tarefas de pensamento lateral.

134   PARTE 2 **Funcionamento de um Projeto Scrum**

3

O Scrum em Diversos Setores

NESTA PARTE . . .

Vá além do software com o scrum.

Evite excesso de design inicial em hardware e produção de bens tangíveis.

Maximize o aprendizado, salve e proteja vidas usando o scrum.

Adapte-se aos transtornos no setor de games e mídias digitais.

NESTE CAPÍTULO

» Combinando softwares com o scrum

» Usufruindo das vantagens de flexibilidade do desenvolvimento de software

» Refatorando para otimizar e simplificar

» Potencializando as mudanças no mercado de software

Capítulo **8**

Desenvolvimento de Software

De fato, você não faz um projeto; você só pode executar etapas do processo relacionadas a ele. Quando forem tomadas medidas o bastante a respeito das etapas do processo, será instaurada alguma situação que corresponda ao seu quadro inicial do resultado e chegue próximo o suficiente do que você possa chamar de "concluído".

— DAVID ALLEN

O desenvolvimento de software é o contexto no qual os criadores do scrum formalizaram os valores e os princípios ágeis e dentro dos quais o framework scrum nasceu. Portanto, não é surpresa que o scrum seja facilmente utilizado nessa área.

À medida que a tecnologia evolui, também aumentam suas complexidades. Surgem novos desafios e os frameworks de gerenciamento de projetos que resistem serão aqueles que possibilitam e melhoram a mudança.

Neste capítulo, mostramos alguns dos desafios enfrentados pela indústria de software e descrevemos como o scrum ajuda a enfrentá-los. Você verá a implementação do scrum por meio de exemplos atuais e entenderá como o

CAPÍTULO 8 **Desenvolvimento de Software** 137

framework lhe permite ser tão ágil e rápido quanto este mundo tecnológico em crescimento exponencial.

Scrum e Desenvolvimento de Software: Uma Combinação Natural

O desenvolvimento de software é criativo por natureza. Nem o céu é o limite já que hoje em dia as ideias, os conceitos e a realidade vão muito além disso. Necessariamente, as soluções de design empregadas muitas vezes são tão criativas quanto os produtos que elas desenvolvem.

Dada a sua natureza empírica, o scrum se encaixa perfeitamente nesse ambiente. O scrum não lhe diz como fazer nada. Simplesmente permite que você veja com clareza (isto é, expõe) o que está fazendo e avalie os fatos a partir daí.

Existe uma enorme variedade de linguagens, ferramentas, métodos e plataformas para solucionar esses problemas complexos. O scrum não lhe diz quais usar. Em vez disso, esse framework permite às equipes que se autogerenciem com o propósito de decidir quais são as melhores maneiras conforme as suas circunstâncias. O scrum faz isso mediante a transparência irrestrita, inspeção constante e adaptação imediata.

A própria natureza do scrum lhe possibilita encontrar soluções todos os dias, em cada sprint e a cada lançamento. Tanto o produto como o processo são alimentados pela criatividade e excelência.

Os métodos e os frameworks tradicionais de gerenciamento de projetos são fundamentados na capacidade de prever com exatidão o futuro. Eles são lineares e sequenciais. Eles se comportam como uma cascata. (Você pode ler mais sobre as abordagens em cascata no *Gerenciamento Ágil de Projetos Para Leigos*, segunda edição, de Mark C. Layton e Steven J. Ostermiller, Editora Alta Books, 2018.) O que é importante entender é que as necessidades de tecnologia e design superaram muito esse framework de aversão a mudanças.

O gerenciamento de projetos em cascata envolve o amadurecimento progressivo de um conjunto de requisitos em diferentes etapas, completando uma etapa antes de passar para a próxima — como projetar todos os requisitos para o projeto inteiro antes de fazer qualquer desenvolvimento e concluir todo o trabalho de desenvolvimento antes de realizar testes abrangentes, que são deixados para o final. Com o scrum, essas fases são repetidas ao longo de todo o projeto, de modo que um ciclo contínuo de projeto, desenvolvimento, teste, integração e feedback seja obtido a cada dia, sprint e lançamento.

PAPO DE ESPECIALISTA

WINSTON ROYCE TINHA RAZÃO

Em um capricho histórico inusitado, um homem erroneamente responsabilizado pela introdução do framework em cascata em grandes projetos de software enfatizou os princípios básicos ágeis e do scrum: inspecionar e adaptar.

Winston Royce era cientista da computação e diretor do Lockheed Software Technology Center. Ele publicou um artigo intitulado "Managing the Development of Large Software Systems" ("Gerenciando o Desenvolvimento de Grandes Sistemas de Software", em tradução livre) no qual descreveu várias metodologias, incluindo a cascata e uma iteração inicial ágil, como mostrada nesta figura.

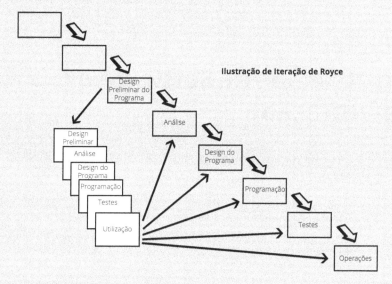

Ilustração de Iteração de Royce

Royce claramente advertiu sobre as armadilhas que mais tarde a metodologia em cascata enfrentaria. É estranho que o próprio sistema pelo qual erroneamente ele leva o crédito de ter inventado seja o mesmo sistema sobre o qual ele alertou. Ele escreveu:

"A fase de teste que ocorre no final do ciclo de desenvolvimento é o primeiro evento para o qual a sincronização, o armazenamento, as transferências de entrada/saída etc. são testados como distintos da análise... No entanto, se esses fenômenos não atendem às várias restrições externas, invariavelmente é necessário um grande redesenho. Um simples patch octal ou refazer um código isolado não corrigirá esse tipo de dificuldade. É provável que as mudanças necessárias de design sejam tão perturbadoras que os requisitos de software nos quais o design é baseado e que fornecem a justificativa para tudo sejam violados."

Royce disse que deixar o teste como uma fase separada no final era "um risco e um fracasso anunciado". Ele sugeriu uma abordagem iterativa que testasse com frequência e fizesse adaptações com base nos resultados. Cada passo se conectava ao anterior.

Conforme os projetos se tornaram mais complexos, os limites naturais da metodologia em cascata ficaram generosamente evidentes. Existem muitas fases e longos atrasos antes mesmo de começar a programação. O desempenho inicial não era um indicador do desempenho posterior, porque as tarefas de cada fase eram fundamentalmente diferentes; o teste de código era preparado até o final do projeto, quando a equipe tinha menos tempo ou dinheiro; e os clientes não interagiam com o produto até que fosse tarde demais para incorporar o feedback deles. Os projetos atrasavam ou nunca eram concluídos e muitas vezes deixavam, e muito, a desejar.

O scrum surgiu da necessidade de encontrar melhores maneiras de se desenvolver um software. Lembre-se, no entanto, de que o framework scrum pode ser aplicado a qualquer projeto no qual você possa encapsular o trabalho e priorizar um item em relação a outros itens.

Flexibilidade de Software e Refatoração

O scrum funciona bem com o software por vários motivos. Nesta seção, analisamos alguns.

Como afirmamos no Capítulo 4, o custo de correção dos defeitos aumenta exponencialmente quanto mais tarde esses defeitos são encontrados. Identificar de antemão os defeitos e corrigi-los é um incômodo, porém, viável. Quando você deixa para capturar os defeitos mais tarde, o débito técnico acumulado pode ser bem caro.

Desenvolver qualitativamente a cada passo do caminho para reduzir e eliminar os defeitos é uma vantagem do scrum. Afirmamos nas seções de sprint do Capítulo 5 que testar todos os requisitos e sua integração com outros requisitos é parte intrínseca do processo. No entanto, erros ainda acontecem.

Os softwares podem ser muito flexíveis. Embora ter o código de refatoração do desenvolvedor venha com um custo, o efeito físico é virtual, portanto, em muitos casos, o trabalho pode ser feito com relativa facilidade.

LEMBRE-SE

Refatoração de código é o processo de alterar o código existente sem alterar seu comportamento externo para melhorar os aspectos não funcionais do sistema.

A refatoração é inevitável no scrum (no bom sentido), e você a fará mais do que nunca, porque está respondendo e aderindo à mudança. Felizmente, a abordagem empírica do scrum disciplina as equipes a fim de inspecionar e adaptar-se continuamente para melhorar a condição e a qualidade de seus produtos. Identificar as necessidades de melhorias técnicas e priorizá-las em relação aos novos desenvolvimentos fazem parte dessa manutenção incessante.

A refatoração do código é como fazer a manutenção do seu carro. Você percebe que o veículo está fazendo barulho, vê a pequena luz vermelha ou sente o cheiro do sistema elétrico. Você sabe que se não fizer algo esses problemas ficarão maiores. Você pode fingir que tem uma escolha, mas na verdade não tem. Como na refatoração do código, você dá os pequenos passos necessários para garantir que seu veículo esteja funcionando sem problemas. Talvez o carro simplesmente precise de mais óleo ou de um alinhamento. Mas, se você esperar, seu motor pode enguiçar ou uma parte pode ser danificada, levando a gastos muito maiores e mais tempo desperdiçado.

A refatoração permite a você que crie um módulo funcional escalável, extensível e estável. No mundo de hoje, onde aquele que chega primeiro ganha, esse tipo de eficiência no controle de qualidade é inestimável. Refatore com antecedência e com frequência.

Lançamentos constantes e sob demanda

A implementação de produtos novos no mercado não exige mais embalagem e remessa. Graças à internet, à nuvem, aos testes automatizados e à integração contínua, você tem a flexibilidade de planejar seus lançamentos sob demanda e sempre que necessário para adequar-se a outros fatores, como disponibilidade de mercado, expectativas do cliente e campanhas de marketing.

Agora, o produto que você desenvolve tem um grau de flexibilidade e periodicidade muito maiores a partir do momento em que você o libera para seu cliente. O dinheiro anteriormente alocado para produtos físicos é agora redirecionado para necessidades mais prementes e lucrativas. O botão "Faça o Download Aqui" facilita a vida de muitas formas. Em muitos casos, como o Software as a Service (SaaS, abordado mais adiante neste capítulo), as atualizações são enviadas automaticamente, eliminando a etapa de download.

Com a ênfase do scrum na produção de produtos a serem entregues após cada sprint, ou até mesmo em sprints, você tem ainda mais flexibilidade no planejamento de lançamentos de produtos. Você não precisa esperar até o final de um projeto para liberá-los. Você pode liberar incrementalmente em etapas e continuamente, com a funcionalidade testada, integrada e aprovada.

PAPO DE ESPECIALISTA

Empresas tecnológicas gigantes como Facebook, Amazon e Google implementam código em produção várias vezes por dia — no caso da Amazon, 3 mil vezes por dia. É vertiginoso!

Personalize os tamanhos de seu lançamento

Não importa quantas vezes você faça um lançamento; via de regra, quanto menor ele for, melhor. Assim como a flexibilidade de realizar lançamentos com frequência e sob demanda, o tamanho do produto que você libera é extremamente flexível com o scrum, com base na funcionalidade, datas previstas e condições de mercado. O scrum trabalha com tudo, desde um requisito minúsculo que completa um requisito maior, liberado anteriormente, até uma nova geração imensa de requisitos que está prestes a nascer.

Independentemente de você estar lançando uma única linha de código ou um pacote completo de funcionalidades, o produto passou por um processo completo. Qualidade é a essência da flexibilidade — e a essência do scrum. Fazer com que o custo de mudança e melhoria sejam muito altos restringe a qualidade.

Inspecione e adapte quando realizar o lançamento

Com a capacidade de personalizar o tempo e o tamanho dos seus lançamentos, você pode receber feedbacks imediatos dos clientes. Cada vez que libera o produto, você pode avaliar os resultados e fazer as alterações necessárias. Tanto a análise quanto o atendimento ao cliente podem reunir dados rapidamente, e a partir dessa entrada você pode adaptar os refinamentos e melhorias futuras.

Com o scrum, você inspeciona e adapta diariamente, após cada sprint e após cada lançamento. Esses eventos podem acontecer quantas vezes você quiser para se adequar ao seu projeto. Na verdade, quanto mais lançamentos você fizer, com mais frequência poderá inspecionar e adaptar.

Você pode até personalizar a quantidade e o foco do feedback. Lançamentos menores podem ter um feedback mais direcionado. Lançamentos maiores podem receber uma avaliação mais ampla e, a partir dessa avaliação, você pode definir lançamentos futuros menores e direcionados.

LEMBRE-SE

A ideia da retrospectiva de sprint (veja os Capítulos 6 e 7) de inspecionar e adaptar seu processo também é importante nos lançamentos. Você adapta seu processo a cada iteração, em vez de apenas uma vez em uma reunião sufocante no final do projeto, quando todos ficam aliviados por estarem prontos para começar a trabalhar em diferentes projetos.

Os clientes têm muito a escolher, porque produtos novos chegam ao mercado todos os dias. Para sobreviver e destacar-se, você deve ser, no mínimo, tão ágil quanto o próximo cara e certamente mais rápido que ele. O scrum fornece o framework apenas para esse propósito.

Receba a Mudança de Braços Abertos

Embora a eficácia e a rapidez do scrum o tornem uma combinação natural em muitas situações, é diferente para as empresas estruturadas hierarquicamente. Esse fato por si só pode causar problemas. Incorporar novas ideias e romper com velhos hábitos pode ser um desafio. Algumas culturas corporativas estão abertas a mudanças; outras têm mais dificuldade. É da natureza humana encontrar conforto nos hábitos, e é preciso esforço e energia para romper esses hábitos.

Para que as pessoas na organização recebam a mudança de braços abertos, você deve revelar o valor da mudança para elas. Quando as partes envolvidas entendem claramente o que vão ganhar com as mudanças, elas as aceitam de imediato. À medida que as partes começarem a experimentar os benefícios dos lançamentos antecipados e da adaptação, a conversão será mais rápida.

A fim de ajudá-lo a facilitar a transição da sua empresa para o modelo scrum, nas seções a seguir analisamos alguns problemas específicos.

Desafios da equipe de desenvolvimento

Em culturas de gestão tradicionais e hierarquizadas, implementar o scrum mantendo o status quo não funcionará. A equipe de desenvolvimento pode ficar frustrada com o trabalho contínuo se não estiver implementando apenas o scrum. Os gerentes podem entrar em parafuso e não desenvolver projetos que não são planejados antecipadamente e que não oferecem as pilhas monstruosas de relatórios e análises aos quais estão acostumados.

Com o scrum, as empresas podem facilitar a inspeção e a adaptação de um sprint de cada vez. Pode ser difícil conseguir que os gerentes participem de maneira apropriada (como as partes interessadas) das primeiras revisões de sprint. Igualmente desafiador é fazer com que as pessoas vejam o funcionamento do software como um novo benchmark de sucesso (veja o quadro "Spotify versus Healthcare.gov" mais adiante neste capítulo).

O scrum é uma nova maneira de trabalhar, tanto para a equipe como para todas as partes interessadas e influenciadores. Se a empresa for resiliente e deixar a equipe scrum se manifestar, consequentemente verá resultados imediatos, práticos e de qualidade. A empresa descobre que tem algo real com que trabalhar depois de cada sprint e que o progresso se acumula em um ritmo lógico e rápido. O tempo gasto escrevendo relatórios e gerenciando status foi substituído pelo tempo desenvolvendo produtos reais e úteis. O status é claro porque é concreto.

Alinhamento de negócios com a tecnologia

Tradicionalmente, o lado comercial de uma empresa e a engenharia de software ficam separados, estando, muitas vezes, em desacordo. Por décadas, esses grupos operaram como silos dentro da mesma organização:

» A empresa atende ao mercado e às partes interessadas e está sob extrema pressão para agregar valor rapidamente e adaptar-se a um mercado em constante mudança.

» Os tecnólogos querem arquitetura e estruturas sustentáveis com o mínimo possível de acúmulo de dívida técnica.

O scrum faz com que os dois lados trabalhem em estreita colaboração. Um representante da empresa (Product Owner), um membro experiente de uma equipe scrum (um par do integrante da outra equipe) e as partes interessadas estão envolvidos em todo o sprint e fornecem feedback diretamente no final de cada iteração de trabalho (revisão de sprint). Você nunca verá um alinhamento mais bonito e uma facilitação de colaboração e responsabilidade conjunta como esses. Graças ao scrum, as pessoas certas estão tomando as decisões certeiras sobre as coisas certas nos momentos adequados. Apontar o dedo não é mais relevante. O progresso é exposto em todos os momentos para todas as partes. Existem pontos de inspeção e adaptação ao longo do caminho. A auto-organização e a autogestão significam que todos estão juntos.

MUDANÇAS NO MUNDO REAL

Há pouco tempo, fornecemos treinamento scrum para um de nossos clientes de software. O cliente estava trabalhando em um projeto de pesquisa e desenvolvimento envolvendo novas tecnologias e recebeu um prazo final da alta gerência para concluir um conjunto abrangente de funcionalidades.

Inicialmente, a equipe apresentou uma prova de conceito (PoC — Proof of Concept) das funcionalidades e requisitos com bastante rapidez, obtendo a adesão da administração para prosseguir com o projeto em grande escala. No entanto, o backlog do produto era vago e a equipe passou meses não planejados desenvolvendo um lançamento de demonstração para a gerência.

O processo de desenvolvimento foi lento e repleto de surpresas técnicas. A equipe não perdeu apenas a primeira data de lançamento, mas também as próximas datas de lançamento remarcadas. Neste ponto, treinamos a equipe e implementamos o framework scrum.

No início, toda a equipe do projeto manteve as práticas tradicionais (design inicial, escopo fixo e cronogramas, renomeando artefatos e eventos em cascata como se fossem scrum). Mas seguiu em frente, realizou revisões consistentes de sprint com as partes interessada, e sobreviveu a uma série de conversas difíceis e desconfortáveis sobre prazos perdidos e como os aspectos do scrum poderiam ajudar a resolver esses desafios.

Depois de algumas revisões de sprint, do esclarecimento de papéis (sobretudo a disponibilização de um Product Owner dedicado e totalmente treinado) e da remoção de alguns obstáculos, a transparência, tão inerente ao scrum, começou a se manifestar. As barreiras entre a equipe scrum, as partes interessadas e os clientes (os usuários reais estavam envolvidos em todas as revisões de sprint) foram derrubadas; a comunicação, melhorada; e o projeto foi replanejado com uma visão adequada, um roadmap e um backlog do produto. Um cronograma de lançamento foi recriado com base nas novas estimativas de velocidade de processamento e backlog do produto. Para encurtar a história, a partir desse ponto levou meses, não anos, para liberar o produto mínimo viável (MVP — Minimum Viable Product). O planejamento novo do projeto foi baseado em prioridade, feedback do cliente e dados empíricos (como velocidade).

Durante as revisões iniciais do sprint, a equipe identificou uma parte interessada importante (uma cliente que usaria o produto) que não estava participando das revisões de sprint. Ela foi convidada e seu envolvimento forneceu um feedback crucial a respeito do produto. À medida que as outras partes interessadas observaram a disposição e a velocidade da equipe scrum em inspecionar e adaptar, a confiança disparou, a responsabilidade e a colaboração (incluindo as partes interessadas) melhoraram surpreendentemente.

No final, o produto refletia com muito mais precisão o que o cliente queria; funcionalidades extras foram priorizadas e deixadas de fora (algo que foi decidido por uma parte interessada e pelo Product Owner, não pela equipe de desenvolvimento); um MVP foi liberado em pleno funcionamento; e as partes interessadas estavam totalmente comprometidas e envolvidas com o treinamento dos usuários no software. Na verdade, as partes interessadas acabaram colaborando com o Product Owner em todos os aspectos do lançamento.

Engenharia inicial

A tendência dos gerentes de desenvolvimento, gerentes de projeto e desenvolvedores de planejar tudo tem raízes profundas:

» A maioria das faculdades ainda ensina engenharia inicial (veja "O Desafio Marshmallow" no Capítulo 1). Recém-saídos das universidades, os engenheiros planejam primeiro e desenvolvem depois.

> O método em cascata reforça a mentalidade de "planejar tudo e depois desenvolver tudo". Esse processo é construído em torno da conclusão de uma fase, como projetar, antes de passar para a próxima, como em desenvolvimento. Em cascata, a engenharia inicial é o fundamento sólido sobre o qual tudo se baseia.

Diante desse histórico, você descobrirá que há um estigma em mudar alguma coisa depois que um projeto é iniciado. Mas, em nossa mentalidade e no framework scrum, a mudança é ideal. Todas as mudanças são aprendizados. Você incorpora mudanças todos os dias, após cada sprint e em cada lançamento. Você descobre como procurar mudanças. No scrum, mudança é progresso.

Além disso, quando a gerência e os desenvolvedores investem tempo e energia no planejamento de algo, é difícil abandonar esses planejamentos e possivelmente arcar com custos irrecuperáveis.

PAPO DE ESPECIALISTA

Custos irrecuperáveis são fundos que foram gastos em um projeto e não podem ser recuperados. Na metodologia em cascata, os custos irrecuperáveis eram mais comuns, pois os projetos eram planejados e financiados antecipadamente. Se ao longo do caminho eles não fossem bem-sucedidos, as empresas não tinham nada para demonstrar os seus esforços. Com o scrum, você tem a opção de falhar rápido ou acumular incrementalmente a funcionalidade desenvolvida por completo. Em vez de desperdiçar dinheiro em projetos iniciais, você pode alocar fundos ao longo do caminho. Caso o projeto termine antes do previsto, você perderá menos dinheiro na forma de custos irrecuperáveis ou tomará uma ótima decisão de negócios que maximize o retorno de seu investimento limitado. Com o scrum, seus dias de insucessos catastróficos acabaram.

Se 64% das funcionalidades de software forem usadas raramente, ou mesmo nunca, pense no desperdício de tempo, energia e recursos envolvidos no planejamento, projeto, desenvolvimento, teste e documentação dessas funcionalidades. Com o scrum, o paradigma dominante de planejar tudo com antecedência cai por terra.

Vimos equipes de desenvolvimento usando o método em cascata e passarem semanas e meses em planejamento. Vimos equipes scrum planejarem funcionalidades e sistemas da mesma magnitude em questão de horas.

Como as equipes scrum entendem que não sabem tudo de antemão, não planejam o que não sabem. Elas avaliam e se adaptam ao longo do caminho, à medida que novas informações são reunidas e as prioridades são reavaliadas. Como a transparência é contínua, é menos provável que a gerência tenha reações exageradas.

Arquitetura emergente

Arquitetura emergente é a elaboração progressiva da arquitetura de seu aplicativo ou da sua iniciativa com base nos requisitos atualmente em desenvolvimento para alcançar e manter a estabilidade e a escalabilidade. O objetivo é refatorar a arquitetura com base na realidade de funcionamento do software, em vez de desenvolver todo o sistema com base em suposições.

Muitos programadores veem a arquitetura emergente como um sinal de fracasso. Eles querem que todo o produto seja planejado de antemão, custe o que custar. Mas essa abordagem não é realista, tampouco prática.

Você começa com decisões de arquitetura em nível macro com base na visão holística dos requisitos que você tem do roadmap do produto. Depois, em seu primeiro sprint, pergunte quais são os requisitos e a arquitetura para esse sprint. Deixe a meta do sprint impulsionar o sprint e, se essa meta exigir a refatoração de código, não espere. Seu produto deve funcionar em todos os sprints. Com o scrum, você refatora com mais frequência, mas isso é importante. A mudança de requisitos não é prejudicial, tampouco a refatoração de código.

UMA LIÇÃO SCRUM APRENDIDA

A 7Shifts é uma empresa de reservas para restaurantes fundada por Jordan Boesch e sua esposa, Andrée Carpentier. Quando estavam montando seu negócio, eles se depararam com um cliente que, sem intenção e sem gastar um centavo em seus produtos, ajudou-os a mudar de um hábito em cascata para uma solução scrum.

Esse cliente em potencial, proprietário de um restaurante, pediu algumas funcionalidades para seu aplicativo, uma das quais era uma ferramenta de orçamento. Jordan desenvolveu todas as funcionalidades completamente, incluindo o aplicativo de orçamento, e as apresentou ao cliente. Não impressionado por algum motivo, o cliente disse: "Não, obrigado", e Jordan nunca mais o viu. O resultado foi muito planejamento e desenvolvimento antecipados sem qualquer feedback de um usuário real.

Atônito, Jordan usou as funcionalidades em seu próprio negócio, incluindo o aplicativo de ferramentas de orçamento, mas nunca mais o inspecionou. Um dia, ele executou algumas análises na ferramenta para ver o quanto seus clientes estavam usando. Os dados mostraram que apenas 2% de seus clientes a usavam.

Jordan começou a redefinir o aplicativo, começando por perguntar aos clientes existentes por que eles não o estavam usando. Eles explicaram que seu programa exigia que eles inserissem manualmente uma quantia estimada em dólares, quando poderiam ser facilmente calculados de modo automático com alguns ajustes.

Jordan liberou uma atualização para o aplicativo, com um sucesso incrível. Ele aprendeu a planejar apenas o que sabe, conversar com seus clientes antes, inspecionar e adaptar até que os clientes fiquem felizes.

O início do projeto é quando você sabe menos. Nesse ponto, você não deve fazer um planejamento detalhado ou desenvolver partes do sistema que não serão utilizadas. Você pode convenientemente aplicar um princípio Lean a este cenário: decida no último momento quando você tiver certeza, o chamado LRM (Last Responsible Moment). Quanto mais cedo você tomar uma decisão no projeto, maior o risco de que a decisão seja errada e maior a probabilidade de se fazer um trabalho dispensável. Quanto mais tarde você decidir, mais informações terá para tomar essa decisão e menor será o risco de cometer um erro.

LEMBRE-SE

A refatoração deve ser desenvolvida em todas as estimativas de requisitos. Conforme novos requisitos chegam ao topo da lista e são refinados, a arquitetura surge nas mentes da equipe de desenvolvimento. À medida que os membros da equipe estimam e planejam, eles planejam a refatoração.

DICA

Caso os seus sprints durem uma semana, você estará refatorando pequenos lotes de arquitetura. Se você esperar até o final do projeto, como nos frameworks tradicionais, ficará refatorando a arquitetura por meses ou anos. Refatore frequentemente. Refatore com antecedência.

Aplicações do Scrum em Software

Muitas empresas de tecnologia já estão usando o scrum com êxito considerável. Isso permite que elas sejam mais rápidas e flexíveis para se manterem competitivas.

Uma coisa é entender o sucesso do scrum na teoria; seu funcionamento é totalmente diferente na prática. Embora não possamos levá-lo para o campo conosco, podemos trazer-lhe o campo nas próximas seções. Nesta seção, mostramos alguns dos desafios que as empresas enfrentam e descrevem quando a adaptabilidade exclusiva do scrum entra em jogo.

Desenvolvimento de videogame

Essa área extremamente popular e complexa de desenvolvimento de software pode usar o scrum com grande sucesso por quatro razões:

» **Flexibilidade:** Com o scrum, você começa com funcionalidades básicas e maximiza o game no quesito complexidade. Essa evolução acontece gradualmente; portanto, você está sempre desenvolvendo o que é mais importante na sequência.

» **Descobrindo a diversão:** Os desenvolvedores podem adicionar diversão em pequenas doses interativas. As funcionalidades que agregam mais valor em termos de diversão (um elemento imprescindível de qualquer jogo) são adicionadas primeiro.

» **Economia de custos:** A maioria dos games deixa a desejar financeiramente. A natureza de economia de custos do scrum poupa a empresa de muitos gastos. Mesmo que o orçamento seja cortado na metade do projeto (supondo que o prazo mínimo de jogo seja cumprido), você ainda terá 50% das funcionalidades mais importantes em pleno funcionamento e, se ainda não forem comercializáveis, pelo menos serão reutilizáveis.

» **Feedback regular:** Esse feedback pode vir diariamente, do Product Owner e de cada revisão de sprint, das partes interessadas (como os produtores e o marketing).

A ideia dos videogames é manter os clientes felizes e envolvidos. O feedback dentro do scrum é incorporado rapidamente, então o resultado é aquilo que os usuários querem.

Etapas de desenvolvimento

Para games, o desenvolvimento técnico geralmente segue três etapas, mostradas na Figura 8-1.

» **Pré-produção:** Nesta etapa, artistas, diretores e engenheiros se reúnem para descobrir a diversão. O objetivo desta fase de prototipagem e prova de conceito é determinar se o jogo é uma boa ideia antes que a empresa entre em produção e gaste mais dinheiro.

Sobretudo para os jogos de celulares, os engenheiros podem prototipar sem arte rapidamente. Para todos os jogos durante esta fase, as equipes podem validar a ideia do jogo, defini-lo, desenvolver a arte conceitual, garantir o financiamento e montar uma equipe de desenvolvimento.

» **Produção:** A prova de conceito é desenvolvida por diretores, artistas e engenheiros.

FIGURA 8-1: O fluxo histórico do desenvolvimento de videogames.

CAPÍTULO 8 **Desenvolvimento de Software** 149

» **Pós-produção:** Testadores profissionais testam o produto acabado; o teste beta vem na sequência; e as atividades de vendas, marketing e suporte começam.

Como consequência desse processo, os produtores se comprometem com os estúdios sob contratos e estruturas tradicionais em cascata, pagando ao estúdio somente em determinados milestones de longo prazo. Esse arranjo geralmente implica que os produtores passem longos períodos sem ver nenhum progresso.

Em um modelo scrum, o desenvolvimento de games se parece mais com a Figura 8-2, que mostra os testes em andamento necessários para a garantia de qualidade. Depois de cada tarefa — como a arte conceitual, storyboard, escrita ou prototipagem — a tarefa é testada ou desenvolvida.

Com o scrum, os produtores podem identificar e eliminar as coisas que não são divertidas mais rapidamente e ter maior controle de qualidade, pois participam regularmente das revisões de sprint e pagam os estúdios de modo gradual, de acordo com a entrega dos incrementos dos jogos em funcionamento.

Os sprints curtos mantêm um fluxo de conteúdo de saída que atrai e retém os consumidores. O scrum proporciona a entrega mais rápida de games jogáveis às partes interessadas, como distribuidoras e grupos focais. Esse processo permite que os desenvolvedores realcem o fator diversão e eliminem rapidamente os elementos do game que não são divertidos (o que também pode poupar custos desnecessários de criação de arte).

CUIDADO

A definição de *concluído* pode diferir entre pré-produção e produção. Faça questão de esclarecer às duas etapas de antemão. A definição de sprint de pré-produção de *concluído* pode incluir diferentes tipos e níveis de documentação e padrões de trabalho artístico a partir da definição de um sprint de produção.

DICA

De preferência, os games de apenas um jogador não podem ser enviados com menos de dez horas de jogo. Embora essa quantidade de tempo de reprodução possa ser a meta de lançamento, após cada sprint os produtores podem revisar o funcionamento do software e fornecer um feedback valioso.

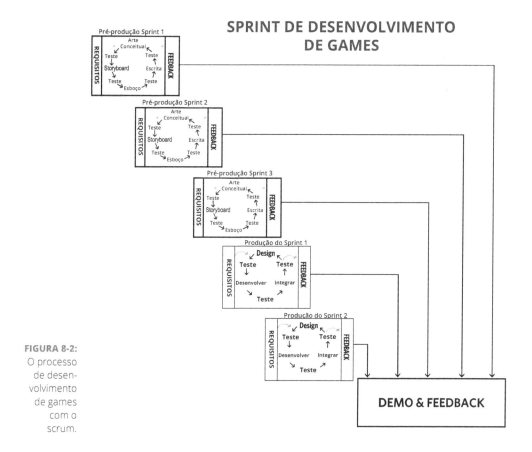

FIGURA 8-2: O processo de desenvolvimento de games com o scrum.

Marketing

Tradicionalmente, os games são vendidos como produtos de varejo, mas a distribuição online e digital está mudando a ênfase do varejo para a entrega digital. Existe uma enorme necessidade de atualizar, adicionar e gerenciar conteúdo para um jogo de forma constante e rápida. Essa capacidade é a diferença entre sobreviver e não sobreviver. A velocidade de comercialização é incontestável.

As vendas de games são predominantemente sazonais, e mais de 50% da receita vinda do setor ocorre durante a época de Natal. Esse é um fator importante no tempo decisivo que muitas equipes enfrentam, porque a temporada de férias impõe um prazo rígido.

O backlog de produtos orientado pela prioridade do scrum garante que a diversão de maior prioridade seja entregue em um tempo mínimo, o que não apenas deixa a gerência feliz, mas também reduz o desgaste dos funcionários.

Artes

A arte é uma parte significativa do trabalho de desenvolvimento exigido em videogames. Os consoles e jogos de computador exigem muitos recursos de arte e animação, somando 40% ou mais do custo de um título de jogo. O atraso de questões técnicas e de jogo em produção sai caro.

A arte, sendo o elemento mais caro, está tentando cair nas graças da terceirização no exterior. Mas problemas com fusos horários e comunicações quase sempre levam a atrasos, retrabalho e insatisfação do cliente com a qualidade do produto acabado.

O scrum possibilita a artistas e desenvolvedores que trabalhem na mesma equipe em vez de em silos, com os mesmos objetivos e comunicação em tempo real sobre o que funciona e o que não funciona. Para otimizar a colaboração, as equipes devem estar no mesmo lugar e in-loco (colocalizadas). Equipes no mesmo lugar e colocalizadas mantêm os custos de atrasos e retrabalho em baixa.

A entrega dos recursos de artes dentro de time boxes (sprints) mantém todos dentro do cronograma com prazos definidos em equipe e um fluxo constante de entregáveis para o mercado, com o mínimo de desperdício.

Muitos títulos de games grandes demandam equipes de desenvolvimento grandes, com 15 ou mais desenvolvedores, 10 ou mais artistas e 30 ou mais membros de garantia de qualidade. Para uma discussão aprofundada sobre como o scrum funciona em projetos maiores, veja o Capítulo 13.

Serviços

As empresas de desenvolvimento "As-a-Service" utilizam o scrum para liberar seus produtos de maneira rápida e eficaz, aproveitando o poder da internet.

SaaS

O Software as a Service (Software como Serviço — SaaS) é um modelo de distribuição de aplicativos de software hospedados por um provedor de serviços e disponibilizado aos usuários pela internet. Não é necessária nenhuma instalação em computadores pessoais ou dispositivos. Em geral, os clientes pagam uma taxa mensal ou uma assinatura.

Mesmo os aplicativos móveis, que exigem download, fazem o download rapidamente e até em trânsito por Wi-Fi ou por uma rede móvel em roaming. Discos de instalação, chaves de licença inseridas manualmente e horas de etapas de instalação com o dispositivo conectado são coisas do passado. A nuvem permite que as equipes scrum inspecionem e adaptem-se a dados reais ao vivo, que podem ser disponibilizados rapidamente para gerar feedback.

IaaS

A Infrastructure as a Service (Infraestrutura como Serviço — IaaS) é um modelo de computação em nuvem que fornece às organizações o equipamento terceirizado necessário para dar suporte às operações de TI, incluindo hardware, servidores, armazenamento e outros componentes de rede. Os provedores de IaaS dispõem do próprio equipamento e são responsáveis por fornecimento, execução e manutenção. Geralmente, os clientes pagam pelo uso, com base no volume de dados ou no tamanho do equipamento. Esses mesmos produtos permitem que outras empresas gerenciem seus departamentos de TI e operem suas infraestruturas de um modo que tem a ver mais com o scrum.

Instalar um novo servidor de banco de dados, por exemplo, costumava levar semanas ou meses. O engenheiro interno precisava adquirir o equipamento e depois construí-lo, configurá-lo e instalá-lo antes que os engenheiros de banco de dados pudessem começar a instalar o banco de dados e a migrar os dados. Agora, as soluções de IaaS permitem que esse processo seja feito virtualmente e concluído em minutos.

PaaS

A Platform as a Service (Plataforma como Serviço — PaaS) é um modelo de computação em nuvem que fornece soluções de plataforma de computação e de pilha (conjunto de subsistemas de software). Normalmente, os clientes pagam taxas de licença e/ou taxas por uso.

Com os serviços de IaaS e PaaS, como a Amazon, as organizações de TI podem configurar um servidor novo em minutos, e ele fica imediatamente disponível para os dados e para a instalação.

Projetos customizados

Alguns softwares estão disponíveis para pronta entrega no mercado; alguns são customizados para atender às necessidades individuais dos clientes. Como lidar com a customização no scrum? Você precisa de equipes individuais para cada cliente?

Trabalhamos com um cliente que fornece software de logística, o qual tinha uma parte considerável de customização para trabalhar com configurações específicas de equipamentos e integrações de software de terceiros/legado. Antes do scrum, as equipes de projeto que forneciam o serviço de customização aos clientes estavam tão atrasadas que o lead time para um novo cliente estava quase levando a empresa à falência.

A solução foi convidar as equipes de projeto de customização (que ainda não haviam adotado o scrum) para participar das revisões de sprint da equipe scrum a respeito dos principais produtos como partes interessadas. Essa mudança possibilitou a essas partes interessadas que avançassem com a antecipação do produto. Eles forneceram feedback com base no que o cliente-chave usava, o que permitiu à equipe scrum desenvolver o produto principal de uma maneira que exigia menos customização para cada cliente, pois a equipe via maneiras de utilizar determinadas funcionalidades e colaborar com outros representantes do cliente.

SPOTIFY VERSUS HEALTHCARE.GOV

Para entender os impactos dos frameworks ágeis baseados em scrum nos serviços de computação e no SaaS, compare dois exemplos: o Spotify e o Healthcare.gov.

Quaisquer que fossem seus pontos de vista políticos sobre o Affordable Care Act (PPACA ou Lei de Proteção e Cuidado ao Paciente, nos Estados Unidos), o Healthcare.gov era uma nova implementação enorme de tecnologia de computação em nuvem que tinha uma infinidade de problemas que exigiam uma correção extensa. Jeff Sutherland, um dos fundadores do scrum, chamou essa implementação de "um método cascata que acabou muito mal".

O Healthcare.gov era um projeto ágil de interface aos usuários, mas os desenvolvedores deixaram a desejar a respeito do segundo princípio ágil: software funcional. As pessoas da interface gráfica fizeram sua parte, porém a falta de testes de carga e desempenho em relação ao hardware fez com que o software fosse inútil.

Embora o planejamento tivesse dezenas de consultorias respeitáveis trabalhando no projeto, quase não existia uma coordenação entre elas. O programa foi implementado em todo o país, mas se tivesse sido testado por estado (o certo a se fazer para o scrum e o ágil), muitos dos problemas poderiam ter sido resolvidos de antemão e rapidamente.

O Spotify — serviço de streaming de música online — fez as coisas de forma diferente e teve um sucesso extraordinário. Vestiu a camisa do scrum e do ágil, tanto que todos os seus Scrum Masters devem ser atualmente coaches ágeis.

Os concorrentes do Spotify são Google, Amazon e Apple, então o Spotify tinha que ser mais ágil, rápido e barato para começar a pensar em competir com eles. A empresa dispõe de locais e equipes scrum em todo o mundo, e cada equipe é responsável por um único produto. Mas mesmo essa configuração não foi rápida o suficiente, então a empresa implementou um desenvolvimento contínuo, liberando produtos várias vezes durante um sprint.

Quando você compara esses dois enormes serviços de computação em nuvem, um feito em cascata e outro em scrum, você vê a necessidade de entregar, inspecionar e adaptar o funcionamento do sofware com frequência.

NESTE CAPÍTULO

» Evoluindo a partir do método em cascata

» Melhorando os projetos de construção

» Aplicando as soluções scrum no setor de manufatura

» Desenvolvimento de hardware com o scrum

Capítulo **9**

Produção de Bens Tangíveis

Até um erro pode revelar-se um elemento necessário a um feito meritório.

— HENRY FORD

Dadas as origens do ágil e do scrum, não é difícil de se imaginar que eles devem ser usados apenas para desenvolver software. O fato é que isso está completamente longe da verdade. O artigo de 1986 da *Harvard Business Review* "New New Product Development Game" ("O Novo, Novíssimo Jogo de Desenvolvimento de Produtos", em tradução livre), mencionado nos Capítulos 1 e 8, foi escrito em resposta às experiências nos setores de manufatura. O artigo usou, como estudo de caso, produtos de hardware, eletrônica e automotivos projetados e construídos por empresas como a Fuji-Xerox em 1978, a Canon em 1982 e a Honda em 1981.

O desenvolvimento e a produção de bens tangíveis funcionam maravilhosamente com o scrum, e neste capítulo lhe mostramos como. Claro que as situações e produtos podem variar substancialmente, mas as ferramentas e técnicas permanecem as mesmas. Seguindo os procedimentos do framework sobre os quais escrevemos, você verá facilmente como o scrum pode se adequar a qualquer projeto. Tudo o que você precisa é de uma lista de requisitos que possam ser priorizados.

O Método em Cascata Indo por Água Abaixo

Segundo afirmamos no Capítulo 8, o desenvolvimento de produtos está ocorrendo em velocidade desenfreada, e não apenas o setor de software está vendo mudanças fundamentais no que é desenvolvido e quanto tempo leva. As atividades de produção manual de longo prazo também estão mudando. Na maioria dos setores, os ciclos de desenvolvimento são mais curtos e mais rápidos devido à economia de tempo e ao custo contabilizado por meio da tecnologia. Empresas como a Apple, cujos produtos são certamente tangíveis, lançam produtos de ponta e de última geração várias vezes por ano.

Alguns argumentam que o framework scrum não pode ser aplicado a produtos físicos dizendo: "Não se pode estar construindo o décimo andar e perceber que precisamos fazer uma mudança no quinto andar!" Às vezes, eles têm razão.

As pessoas também fazem, o tempo todo, objeções como essa no desenvolvimento de software. Talvez uma mudança no design seja tão cara que não possa ser implementada de forma realista e outras opções devam ser consideradas, incluindo seguir em frente com o projeto sem a mudança. Talvez um banco de dados diferente fosse preferível, mas é muito caro, então o Product Owner decide rejeitar a ideia e continuar como está.

O scrum tem a ver com a exposição da realidade e com a tomada de decisões baseadas em evidências empíricas, e não com a troca de requisitos segundo os caprichos de cada cliente. Quer o setor esteja desenvolvendo software para a produção de aviões, trens ou automóveis, os princípios do scrum se aplicam: organização de uma equipe scrum com os papéis apropriados; inspeção frequente e pontos de adaptação; e a tomada de decisões no último momento responsável (isto é, planejamento em diferentes níveis de detalhe para as coisas certas no momento certo).

LEMBRE-SE

Por causa do ciclo de feedback, o cliente contribui com as decisões de negócios por intermédio do Product Owner. Dessa forma, a equipe de desenvolvimento não precisa entender todas as nuances do mercado e do cliente necessárias para tomar as decisões de negócios. O Product Owner filtra o ruído de todas as partes interessadas, de modo que os desenvolvedores gastem seu tempo apenas com os requisitos de prioridade máxima. Os Product Owners e os desenvolvedores de produtos trabalham em equipe para implementar as soluções para os problemas apresentados pelo Product Owner. Quando todos estão trabalhando rumo aos mesmos objetivos, reduz-se a troca de acusações e a responsabilidade é compartilhada.

Clientes engajados são clientes mais satisfeitos que acabam conseguindo o que querem. Com o scrum, os ciclos de feedback são regulares, consistentes e tão frequentes quanto possível, para que os clientes obtenham o que desejam pelo custo que estão dispostos a pagar por isso; assim, eles permanecem envolvidos e as equipes de desenvolvimento continuam no caminho certo. Os obstáculos podem ser identificados e resolvidos com antecedência, e a responsabilidade é assumida por aqueles que fazem o trabalho *e* por aqueles que tomam decisões, incluindo clientes.

LEMBRE-SE

Embora as seções a seguir deste capítulo sirvam como um guia de campo para usar o scrum em setores específicos, os papéis do scrum que tornam esse framework tão eficaz se transformam facilmente em novos tipos de projetos.

Construção

Os usos para o scrum na esfera do vasto mundo dos bens tangíveis são descomunais. O rápido crescimento do mercado e a redução de custos que podem ser alcançados em software também são possíveis em outras áreas. O setor de construção e o scrum são excelentes exemplos.

O scrum funciona em qualquer projeto, desde que você possa listar e priorizar o trabalho a ser feito. Obviamente, os projetos de construção têm essas qualidades. Eles também representam desafios específicos para o setor. Todo segmento de um setor tem um desafio. Em vez de dizer: "Aff, o scrum não vai funcionar com isso por causa de X , Y e Z", diga: "Estes são os desafios que enfrentamos, então vamos ver como o scrum vai resolvê-los e nos levar mais rápido e mais barato ao mercado."

Nas seções a seguir, resumimos problemas específicos do setor de construção e descrevemos como o scrum ajuda a solucioná-los. Você verá como lidar com os problemas tradicionais — aqueles com os quais você tem lidado durante toda a sua carreira na construção — usando o scrum.

Quem dá menos?

A concorrência no processo de licitação para projetos de construção é cruel, e não mostra nenhum sinal de tendência de que ficará mais fácil. Combine esse fato com um aumento constante no custo de construção, e você tem uma fórmula em que todos querem cortar os custos, custe o que custar, e possivelmente pular etapas essenciais.

Isso não é novidade para ninguém neste setor. Seu lance pode ser impecável, fornecendo a um preço razoável tudo que o cliente precisa, mas você sabe que as propostas de seus concorrentes podem prejudicá-lo, deixando de lado as coisas que você sabe que o cliente precisa. O scrum pode ajudar você e o cliente. Afinal de contas, quanto melhor o cliente for atendido, melhor será o resultado, melhor para o seu negócio e maior o potencial de ele o indicar para outro cliente.

O scrum proporciona o seguinte:

» **Transparência:** Permite aos clientes que decidam ao que querem que o próprio dinheiro seja direcionado. Eles podem fazer alterações, inspecionar e adaptar conforme o andamento do projeto. Mas eles serão totalmente informados a cada passo do caminho, enquanto participam de sessões regulares de revisão de progresso na revisão do sprint, fornecem feedback e fazem perguntas.

» **Adaptabilidade:** O scrum permite à equipe que identifique e corrija os problemas em relação ao planejamento antecipadamente. Mesmo quando você está construindo até a conclusão, é melhor resolver os problemas identificados ao completar uma única casa do que descobri-los quando dez casas atingem simultaneamente o mesmo ponto de conclusão. Levando este exemplo mais além, adaptar-se ao feedback do cliente sobre uma parede de sustentação que está mal construída é muito mais fácil do que consertá-la depois que os sistemas elétricos, o encanamento e o drywall sejam instalados.

» **Coordenação da reunião diária de equipe:** Ter um espaço estabelecido para levantar questões limita os gargalos e evita que pequenos problemas se transformem em grandes problemas. Se o fornecedor não conseguiu entregar os materiais necessários, o Scrum Master está resolvendo o problema agora e garantindo que isso não aconteça novamente — e não no final da semana, quando isso surgir em uma reunião semanal de relatórios de status.

No Capítulo 1, falamos a respeito dos três pilares de melhoria ágil: transparência, inspeção e adaptação. Embora todos os três pilares lhe sirvam bem ao longo do scrum, a questão da transparência é claramente (trocadilho) fundamental no processo de licitação e construção.

Papéis scrum na construção

No gerenciamento de projetos tradicional, o papel de gerente de projeto implica em responsabilidades enormes, que são amplas, abrangentes e, não raro, são demais para uma pessoa suportar sozinha. O gerente de projeto tem tantas funções — coordenadas entre todos os envolvidos — que eficiência e qualidade podem sofrer as consequências.

158   PARTE 3 **O Scrum em Diversos Setores**

O scrum apresenta papéis diferentes e claramente designados para ajudar o gerente de projeto a dar conta de toda a carga de trabalho. O equilíbrio é restaurado à medida que os membros da equipe scrum assumem novas responsabilidades:

» O papel do gerente de projetos desaparece.

» O Product Owner representa o dinheiro do cliente e as partes interessadas. O Product Owner pode ser a pessoa que era tradicionalmente o gerente, o arquiteto ou o engenheiro do projeto, dependendo de como esses papéis são implementados em cada empresa. Não importa qual foi o papel anterior do Product Owner, seu papel no scrum é o mesmo: fornecer o "que" e o "quando" do produto que está sendo construído.

» O papel do Scrum Master facilita a comunicação e as interações, elimina os obstáculos para a equipe de desenvolvimento, garante que cada pessoa envolvida compreenda o processo e garante que a equipe esteja preparada para que os membros sejam bem-sucedidos ao desempenhar seu trabalho. Esse papel parece muito com o de supervisor ou superintendente, não é?

» A equipe de desenvolvimento é composta de subcontratados, engenheiros, arquitetos e comerciantes individuais.

Envolvimento dos clientes

A visão tradicional sustenta que a mudança nos projetos é ruim. No scrum, no entanto, a mudança é adotada como um sinal de progresso. Você procura a mudança como evidência óbvia de que está construindo um produto melhor, diretamente de acordo com o que seu cliente deseja.

Em projetos de construção tradicionais (como em muitos projetos de outros setores), você encontra uma tendência a envolver o mínimo possível de clientes para manter o mínimo de alterações. As empresas de construção ainda apresentam a mentalidade de que a mudança é ruim. Quanto mais cedo e com mais frequência o cliente estiver envolvido, mais baratas serão as mudanças e maior a probabilidade de você construir algo de que o cliente goste muito.

No outro extremo, você não quer seu escopo seja a casa da mãe Joana (distorção de escopo). À medida que os clientes veem as coisas tomarem forma, eles querem adicionar mais funcionalidade, o que cria um escopo adicional no projeto. Esse escopo acrescenta custos que podem não ter sido orçados. No scrum, busca-se reduzir custos, não aumentá-los.

O scrum evita essa situação restringindo o escopo por custo — e, portanto, o tempo — em vez de dar justificativas sobre o que um requisito por escrito significa. O cliente pode ter qualquer requisito novo que se alinhe com a declaração de visão, mas para cada um desses requisitos novos adicionados há a

CAPÍTULO 9 **Produção de Bens Tangíveis** 159

compensação pela perda de um requisito de menor prioridade, a menos que esse requisito de menor prioridade esteja contemplado no orçamento adicional.

O scrum facilita o processo de envolvimento do cliente através da:

» Estruturação do feedback do cliente dentro de ciclos de sprint em quebras naturais e milestones no projeto, como a inspeção de fiação elétrica ou do encanamento antes de instalar o drywall para garantir que a instalação esteja de acordo com a vontade do cliente. Essa prática possibilita que você faça os ajustes necessários antes que seja tarde demais. O cliente inspeciona o trabalho concluído no final de cada sprint e fornece um feedback valioso.

» Participação crescente no projeto tomando decisões baseadas no custo e no retorno do investimento dentro desses ciclos de feedback.

» Dar visibilidade às solicitações de mudança do cliente em todo o projeto, mostrando como essas solicitações vão afetar o cronograma e o custo restantes.

No final, o processo de transparência, inspeção e adaptação viabiliza uma comunicação melhor. Quando todos os envolvidos têm as informações de que precisam, cria-se um ambiente excelente para a tomada de decisões.

O dilema do terceirizado

Desde a construção das pirâmides no Egito, os gerentes de projeto e os terceirizados, ou subcontratados, têm se esforçado para estar alinhados e no rumo certo. As questões ainda surgem com demasiada frequência devido à estrutura em que essas partes inestimáveis operam.

Os desafios são enormes. Tradicionalmente, o processo do projeto não tem sido nada fácil de coordenar porque os subcontratados são numerosos e os contratados são poucos. Por meio da falta de coordenação, comunicação e, consequentemente, participação do resultado, bem como por questões relacionadas à natureza humana, as partes envolvidas concentram-se em seus próprios benefícios e resultados, e não no projeto como um todo.

Cada subcontratado é altamente especializado; portanto, é necessário um alto grau de coordenação entre os subcontratados e a parte responsável, as partes interessadas e os usuários em potencial. O método em cascata simplesmente não promove esse ambiente. Felizmente, o scrum promove.

Veja abaixo algumas maneiras pelas quais o scrum facilita a relação entre contratados e subcontratados:

» Por meio de eventos scrum regulares e estruturados (reuniões diárias, revisões de sprint e retrospectivas de sprint), a comunicação é aprimorada e o feedback imprescindível de todas as partes é incentivado.

160   PARTE 3 **O Scrum em Diversos Setores**

- » Os sprints e os lançamentos são regularmente colocados em time boxes, e cada parte sabe exatamente o que é esperado em cada incremento.

- » Os subcontratados informam quanto trabalho podem realizar em um sprint (isto é, dados empíricos do que eles realizaram em sprints dentro de time boxes anteriores). Os contratados podem dar a própria contribuição sobre as prioridades, porém as decisões finais ficam a cargo das pessoas que estão fazendo o trabalho.

- » Os subcontratados recebem uma perspectiva geral de seus papéis e são encorajados a compartilhar seus conhecimentos e experiências para que o processo fique mais eficiente (isto é, equipes auto-organizadas contribuem com seu conhecimento específico para chegar aos melhores designs).

- » Os contratados recebem conhecimento e experiência das pessoas que fazem o trabalho: os subcontratados.

- » Os subcontratados podem apontar ineficiências e problemas com antecedência (através de retrospectivas de sprint). Esse feedback é de suma importância para eliminar os obstáculos.

- » As questões de suprimentos e aquisições são mais fáceis de coordenar porque todos estão no mesmo barco e juntos têm o mesmo objetivo por meio de discussões ativas e presenciais (refinamento do backlog do produto, reuniões diárias e feedback diário do Product Owner).

- » Melhora-se a qualidade através de maior coordenação.

- » O fluxo de material e o escalonamento são mais fáceis de coordenar via refinamento do backlog do produto e do planejamento de sprint, incluindo o planejamento de tarefas dos requisitos.

A estratégia é que os papéis e trabalhos desconectados sejam combinados em uma equipe scrum coordenada e comunicativa. Com o scrum, você tem um organismo vivo. As partes dependem umas das outras e as aprimoram.

DICA

As equipes de subcontratados individuais se dão bem usando o scrum para se organizarem e trabalharem. Todavia, a equipe geral do projeto é composta de muitos subcontratados/terceirizados. Como você consegue que todas essas equipes trabalhem como uma? Veja bem, pode não ser realista ter todas as equipes na mesma sala todos os dias, mas seria possível ter cada supervisor na mesma sala todos os dias, de modo que eles coordenassem as prioridades diárias, identificassem os obstáculos e trabalhassem para removê-los a fim de garantir que o trabalho avance sem entraves.

Segurança do trabalhador

Preocupações de segurança com os trabalhadores são sempre importantes, sobretudo nos dias de hoje, com o aumento do número de projetos em áreas com alto volume de tráfego e grandes populações. A comunicação clara de riscos e soluções, portanto, é mais importante do que nunca. Vidas dependem disso.

CONSTRUÇÃO DE VIADUTO EM BANGALORE

Um artigo da Scrum Alliance intitulado "A Real-Life Example of Agile, Incremental Delivery of an Infrastructure Project in Bangalore, India" ("Um Exemplo Real de Entrega Ágil e Incremental de um Projeto de Infraestrutura em Bangalore, Índia", em tradução livre) (`conteúdo em inglês - https://stage-kentico.scrumalliance.org/community/member-articles/754`) apresenta um exemplo do funcionamento do processo scrum na construção. O projeto tratava-se da construção de um viaduto em um cruzamento extremamente movimentado em Bangalore, na Índia. Muitas empresas de alta tecnologia tinham grandes instalações nesse cruzamento.

Em geral, um projeto de viaduto dessa magnitude levaria 18 meses para ser concluído. No processo, estradas temporárias seriam criadas em ambos os lados da via principal, enquanto ambos os viadutos eram construídos ao mesmo tempo. Naturalmente, o tráfego ficaria congestionado durante a construção, pois as estradas temporárias seriam usadas e não haveria viadutos até que ambos fossem liberados no final do projeto.

Este projeto, no entanto, foi realizado com scrum em etapas incrementais:

- Identificou-se o requisito de prioridade máxima como um dos lados do viaduto para o primeiro lançamento. Desse modo, uma estrada temporária foi construída e usada em um lado da estrada principal. Simultaneamente, a construção do viaduto no primeiro lado da estrada começou.

- Após a conclusão, o primeiro viaduto foi aberto para o tráfego em ambas as direções, e a construção do viaduto oposto começou. Embora o tráfego ainda estivesse congestionado, o engarrafamento foi reduzido porque pelo menos um viaduto estava funcionando. A conclusão do primeiro viaduto também criou um incremento de produto para entrega. O processo de swarming foi utilizado apenas naquele lado do viaduto.

- A mesma estrada temporária foi usada durante a construção do segundo viaduto. Economizou-se tempo e dinheiro em virtude de nenhuma estrada nova ser necessária. Talvez uma segunda estrada temporária pudesse ter sido planejada inicialmente, mas a primeira estrada temporária foi considerada útil durante a segunda fase. Inspeção e adaptação eliminaram os desperdícios.

- Quando o segundo viaduto foi concluído, os dois viadutos estavam liberados; o tráfego da via principal foi reinstaurado e a estrada temporária foi fechada.

O processo parece ser simples, não é? Veja abaixo alguns dos resultados:

- Usar a entrega incremental de um viaduto de cada vez reduziu o tempo total de construção de 18 meses para 9 meses (uma redução de 50% no tempo de colocação no mercado).

- O congestionamento do tráfego foi reduzido à medida que o primeiro viaduto foi liberado e, em seguida, o outro.

- Apenas uma estrada temporária precisou ser construída.

- Assim que um viaduto ficou operacional, reduziram-se os riscos de falha. Se o financiamento tivesse sido cortado pela metade, porque um lado estava totalmente funcional (isto é, incrementos entregáveis foram criados), esse corte não teria sido um desastre. Os problemas de maior risco haviam sido tratados antecipadamente.

- A eficiência geral foi melhorada, já que havia menos peças móveis a qualquer momento.

O scrum facilita o aumento da segurança do trabalhador através dos seguintes meios:

» Os regulamentos de conformidade de segurança são relevantes e completos. Adicionar essas regulamentações à definição de concluído significa que as medidas de segurança documentadas e validadas podem estar em vigor e prontas para análise durante as auditorias.

» As retrospectivas de sprint frequentes permitem que os trabalhadores exponham as preocupações e as soluções de segurança. Scrum Masters competentes podem facilitar esse processo para assegurar que os assuntos de segurança apropriados venham à tona.

» Os trabalhadores experientes podem compartilhar seus conhecimentos na contribuição de soluções.

» As reuniões diárias propiciam um espaço para questões urgentes.

Provavelmente essas coisas já estejam sendo feitas de várias maneiras, mas não em termos de scrum. A transparência sobre as preocupações de segurança é necessária e fornece um mecanismo para inspecionar e implementar ações para adaptação.

O Scrum na Construção de Casas

O scrum na construção de casas é real, está se tornando comum e suas vantagens são tão acentuadas quanto em outros setores. Uma casa pode ser definida, planejada, orçada e construída usando o framework scrum.

A primeira reunião com o construtor é para saber sobre o tipo de casa que você está procurando — funcionalidades, como o número de quartos, tipo de terreno e garagem para quantos carros; a qualidade dos acabamentos e pavimentos; o paisagismo; o valor aproximado que você pretende gastar; e o seu tempo. Essa reunião, que leva cerca de uma hora, oferece ao construtor uma compreensão de alto nível do que você está procurando (a visão e o roadmap).

Durante várias semanas após a reunião de planejamento inicial, os compradores se reúnem com um arquiteto para obter detalhes mais específicos sobre os planejamentos, como layouts de quartos, pisos, porões, planta da casa, azulejos e armários. Elementos de design, como cores, aparelhos e acessórios ainda não foram selecionados. O que for decidido é o necessário para estimar o custo da casa e fornecer a planta e a projeção. Esses itens de alto risco são mais difíceis e caros de serem alterados posteriormente (o backlog do produto).

A partir daí, espera-se que as coisas menos arriscadas mudem mais tarde, assim, essas decisões são adiadas até o último momento responsável. Contudo, os riscos potenciais são discutidos, como surpresas que podem ser encontradas na hora de se mudar para a casa.

Com a planta vem um orçamento, que especifica os detalhes de forma suficiente para que o construtor estime seu lucro e a fim de que o comprador veja cada funcionalidade da casa (user stories).

O orçamento para cada funcionalidade, como os armários, tem base na descrição dada pela compradora ou pelo comprador ao construtor no início do projeto. Dentro desse orçamento, o comprador escolhe exatamente o que deseja. Nesse ponto as compensações podem ser feitas, ou a definição de cores pode ocorrer quando o comprador estiver olhando para a casa real em vez de olhar para as fotos em um catálogo. Ainda que uma determinada qualidade de madeira aparentemente tenha sido ótima durante o planejamento, o comprador pode mudar de ideia e escolher uma opção menos cara, economizando para adicionar outra coisa no lugar ou até mesmo economizando tempo para a finalização do projeto.

Manufatura

Curiosamente, as fronteiras entre software e hardware estão se desfazendo. Hoje em dia, os produtos tangíveis têm uma quantidade incrível de software dentro deles. O carro que você dirige, a geladeira que resfria suas bebidas e o e-reader que você usa para ler um livro estão cheios de código.

PAPO DE ESPECIALISTA

Atualmente, os automóveis estão conectados à tecnologia da Internet das Coisas (IoT) e estão se tornando cada vez mais orientados por software. Um veículo da Tesla se conecta à sua rede Wi-Fi doméstica, e todo mês você faz o download de novas funcionalidades. Depois que um erro foi encontrado em um carregador, a Tesla completou uma correção para seus 29.222 proprietários de veículos por meio de atualização de software. No momento, estamos prestes a ter carros autodirigidos.

SIMPLICIDADE E EFICIÊNCIA COM A TOYOTA

Na década de 1940, uma empresa de automóveis relativamente desconhecida chamada Toyota elaborou um planejamento para produzir carros enquanto controlava os custos. Em vez de empregar o procedimento-padrão da linha de montagem, que exigia enormes custos indiretos, a empresa criou um processo just--in-time.

Em vez de produzir tudo de uma só vez, a empresa fabricava somente o necessário no momento para um projeto. Assim como um supermercado substitui apenas itens que foram vendidos, a Toyota construía ou adquiria apenas as peças de que precisava. Uma vez que não havia um estoque enorme, os custos foram reduzidos.

Como resultado, uma das raízes do scrum está na manufatura.

Novas demandas são colocadas nos processos de fabricação que não estão apenas conectando um widget a outro. Sistemas complexos, muitos dos quais são baseados em software, estão se entrelaçando e integrando. Na verdade, o software é fundamental para o sucesso de muitos produtos manufaturados.

Essas tendências estão produzindo projetos de desenvolvimento e equipes maiores e mais complexos, com diversas matrizes de talentos. Elas também resultam em uma maior complexidade na incorporação de famílias de produtos (não apenas produtos individuais), na maximização de riscos ou defeitos à medida que a complexidade aumenta e na necessidade de um novo conjunto de conformidade e padrões.

A sobrevivência do mais rápido no lançamento

Uma estratégia para ganhar a corrida rumo à participação no mercado é ser o mais rápido no lançamento, o que não é um conceito novo. Um conceito igualmente essencial é acompanhar e até liderar no quesito inovação — especificamente, a inovação liderada pelas necessidades e desejos do cliente.

Você pode ser o mais rápido no lançamento apenas se estiver recebendo antecipadamente o feedback do cliente, ao mesmo tempo em que aborda as funcionalidades de prioridade máxima e os maiores riscos. A qualidade de alto nível é construída por meio de testes iniciais. O scrum permite lançamento antecipado e de alta qualidade no mercado. Ao que tudo indica, essa é a combinação perfeita para o scrum. Essa é a razão pela qual a Tesla e outros fabricantes atualmente empregam Scrum Masters e coaches ágeis.

As tecnologias novas são de tirar o fôlego: robótica, inteligência artificial, impressão em 3D e nanotecnologia, citando somente algumas. Cada uma dessas tecnologias introduz novas complexidades à produção. Os frameworks baseados no scrum e no ágil são ideais para a solução de problemas complexos.

O valor acionário

As burocracias que são partes tradicionais do setor de manufatura reforçam a eficiência, o corte de custos e maximizam o valor do acionista em vez de agregarem valor aos clientes. Tal ênfase é o calcanhar de Aquiles. As empresas que se destacarão no futuro são aquelas que reforçam o valor para os clientes.

O scrum e seu ciclo de feedback constante enfatizam o feedback regular voltado para o valor do cliente. Após cada sprint, você tem um produto entregável que funciona para mostrar às partes interessadas e clientes. Mesmo que não consiga feedback durante o sprint, o scrum permite a você que se adapte assim que recebê-lo.

De acordo com o Manifesto Ágil, a principal medida de sucesso é um produto funcionando nas mãos de um cliente — quanto mais cedo e mais frequente, melhor. O scrum faz as duas coisas.

Gestão estratégica de capacidade

Ao construir produtos tangíveis, talvez você não tenha uma peça final do produto para colocar nas mãos de alguém no fim de um sprint de uma semana. Não tem problema. Lembre-se de manter a progressão demonstrável e o ciclo de feedback o mais curto possível.

A ideia é ter o feedback regular e frequente dos usuários. Os detalhes variam de acordo com cada produto. Trabalhe para manter o ciclo de feedback o mais curto possível e diminua-o quando possível.

A TRANSIÇÃO DA INTEL PARA O SCRUM

A Intel tem uma longa história de gerenciamento de projetos em cascata, devido ao histórico manufatureiro. A empresa decidiu testar o scrum no desenvolvimento da infraestrutura pré-silício e na disponibilidade. A ideia era que, se o scrum funcionasse para esse projeto, a Intel poderia implementá-lo em outros processos de fabricação.

A Intel contratou um coach scrum para ajudá-la a identificar e romper velhos hábitos, integrar novos e, eventualmente, entender o framework scrum de modo adequado. Porém, mesmo com o coaching, surgiram problemas de transição. Nem todos os gerentes seniores compareceram às reuniões iniciais do scrum, a aceitação de pessoas importantes foi lenta e os exemplos reais que justificavam os trabalhos de scrum não estavam sendo identificados.

Por fim, a Intel descobriu que a melhor maneira de implementar suas equipes e se beneficiar do scrum era seguir as diretrizes do próprio scrum e evitar sua personalização para adequá-lo ao processo.

Pat Elwer escreveu um estudo de caso intitulado "Agile Project Development at Intel: A Scrum Odyssey" ("Desenvolvimento de Projetos Ágeis na Intel: Uma Odisséia no Scrum", em tradução livre) (conteúdo em inglês – http://www.scrumcasestudies.com/intel/).

Em resumo, o estudo de caso revelou que as equipes descobriram que o scrum ajudou o projeto de quatro maneiras distintas:

- Tempo de ciclo reduzido de 66%.
- O desempenho delas continuou conforme o cronograma com praticamente nenhum compromisso perdido.
- Aumento do moral dos funcionários. Ironicamente, a equipe com o moral mais baixo se tornou a equipe de melhor desempenho.
- Maior transparência, que levou à identificação de obstáculos e hábitos improdutivos.

Depois que as equipes e a gerência foram incorporadas ao processo, o poder do scrum logo se tornou óbvio.

Desenvolvimento de Hardware

Existem muitas semelhanças entre implementar o scrum em projetos de software e de hardware. Ouve-se por aí que as diferenças entre os dois produtos são tão grandes que o scrum não funciona com nenhum deles. Isso não é verdade. Sempre que puder encapsular o trabalho a ser feito e priorizá-lo em relação a outro trabalho, você poderá usar o scrum e colher muitos benefícios.

Um elemento-chave dos projetos de hardware realizados com o scrum é focar o feedback com antecedência e com frequência. A princípio, talvez você não tenha muito com o que trabalhar, mas continua produzindo incrementos viáveis durante cada sprint, e o que você tem para mostrar aos clientes e às partes interessadas crescerá — com o feedback deles incorporado.

Identificação com antecedência de requisitos de alto risco

Caso descubra com antecedência defeitos e problemas, economizará tempo, dinheiro e aborrecimentos. No método em cascata, o teste é postergado até o final do projeto. Mas por que testar apenas no final quando você pode testar durante todo o projeto e encontrar (e resolver) de antemão os defeitos?

O scrum pressiona a integração oportuna entre o firmware (software embarcado) e o software. Ele divide os silos funcionais e faz com que os engenheiros trabalhem juntos para solucionar os problemas, em vez de se unirem depois para solucioná-los.

Na reunião diária (que não passa de 15 minutos), você pode coordenar o que foi concluído com o que será feito e listar quais obstáculos estão no caminho.

PAPO DE ESPECIALISTA

O hardware de código aberto é um presente para o scrum e para a engenharia como um todo. À medida que os envios de código aberto aumentam, as empresas podem implementar, de maneira rápida e criativa, projetos, frameworks e arquiteturas existentes que levam mais rapidamente seus produtos ao mercado.

Desenvolvimento de hardware viável

Nas seções a seguir, discutimos quatro exemplos de framework scrum sendo usados com sucesso para o desenvolvimento de hardware. Cada situação é única, mas os princípios e práticas do scrum permanecem os mesmos. Na maioria das vezes, seja lá qual for o projeto, você pode usar o scrum para desenvolvê-lo mais rapidamente e com maior qualidade e facilidade.

Johns Hopkins CubeSat

O Laboratório de Física Aplicada da Universidade Johns Hopkins utilizou o scrum em seu Projeto MMBD (Multi-Mission Bus Demonstrator — Demonstração Múltipla de Missão Espacial) para a construção de dois satélites CubeSat. O programa em si foi patrocinado pela NASA.

Três elementos-chave foram identificados como críticos para o sucesso do projeto:

» **Equipes scrum:** Essas equipes eram compostas de lideranças do subsistema. Todos os membros da equipe foram colocalizados e receberam acesso direto ao representante da NASA (o Product Owner, que estava no local) para tomar decisões rápidas.

» **Ênfase no funcionamento do sistema:** Apenas uma revisão de projeto foi financiada e desenhos auxiliados por computador (CAD) foram usados para simular e manipular os designs. Realizou-se as avaliações de pares informais durante todo o projeto e a documentação foi mínima.

» **Cultura de inovação:** A mudança foi bem-vinda e incorporada. As reuniões diárias foram realizadas para coordenar e identificar as melhores formas de atender aos requisitos de maior prioridade. O planejamento de longo prazo foi evitado em favor da resposta à realidade.

Como na manufatura, a mudança é inevitável em projetos de hardware. Aceite esse fato e transforme-o em uma vantagem. A negação não vai levar você a lugar nenhum. Felizmente, a mudança no projeto e no desenvolvimento de projetos de hardware é viável e prática.

Carro modular da Wikispeed

A Wikispeed é uma empresa de designer de protótipo de carros totalmente voluntária e ecológica. Ao formar equipes auto-organizadas e usando o framework scrum, a empresa construiu um protótipo de carro funcional que faz 160km por litro de combustível. As equipes vencem corridas porque seu carro é completamente modular. Eles podem trocar os componentes com base em como estão sendo executados naquele dia, naquela pista, naquele determinado momento. Seus concorrentes não têm a mesma habilidade.

A Wikispeed reuniu quatro conclusões importantes de sua experiência com o scrum:

» **Feedback do cliente:** As equipes foram até os usuários para obter feedback regular e testaram o que podiam a cada semana.

» **Sprints e avaliações:** Ciclos de sprint regulares foram realizados, com reuniões no final do ciclo de cada afirmando o que deu certo e o que deu errado.

» **Transparência:** Todos os membros da equipe sabiam dos objetivos e qualquer um poderia fazer uma sugestão.

» **Comunicação peer-to-peer:** Nenhuma pessoa era a chefe; todos eram iguais e contribuíam para alcançar o objetivo do sprint a cada dia.

Telefonica Digital

A Telefonica Digital começou como uma empresa de fabricação de hardware que usava o gerenciamento de projetos em cascata. Como a tecnologia mudou, começou a desenvolver mais software. Como o foco mudou de hardware para software, a empresa se adaptou completamente ao ágil e ao scrum.

Quando a tecnologia e a direção da empresa mudaram novamente, ela voltou a produzir hardware. Devido à sua experiência com o scrum ao longo dos anos, a empresa não tinha o desejo de voltar ao gerenciamento de projetos tradicional, por isso usou o framework scrum para seus projetos de hardware.

A primeira questão foi realocar a instalação para que os funcionários pudessem ser colocalizados, porque a empresa compreendia o valor de se trabalhar in loco. A Telefonica também criou um sistema no qual poderia facilmente adquirir equipamentos e materiais no dia em que fossem necessários.

A empresa utilizou equipes scrum e promoveu a multifuncionalidade. Tudo era testado com antecedência e frequentemente, mesmo usando tecnologias de impressão e prototipagem 3D para acelerar o teste. Usava-se muito hardware aberto, que poderia ser utilizado para testes. Às vezes, esse processo acelerava o progresso da equipe de hardware até o ponto de esperar pelas equipes de software.

O caça da Saab

A Saab Defense está usando o scrum para desenvolver o avião de caça JAS 39E Saab Gripen. Construir esse avião de caça altamente complexo requer mais de mil engenheiros e mais de cem equipes. O scrum fornece prioridades em nível de equipe e a transparência necessária para expor, inspecionar e adaptar-se às variáveis de modo regular e rápido. A Saab escalonou o scrum em várias equipes e departamentos. Veja o Capítulo 13 para obter mais informações sobre o dimensionamento scrum.

Por que o scrum funcionou na construção de um avião de caça para lá de complexo:

» **Melhora na autonomia:** As equipes recebem graus de liberdade dentro de um framework claramente definido. O foco em equipes autônomas incentiva a tomada de decisões no nível mais baixo e reduz a burocracia (veja o Capítulo 13).

» **Arquitetura modular:** A Saab usou arquitetura modular para reduzir as dependências impositivas e focar a flexibilidade para mudanças futuras.

» **Melhoria contínua:** Retrospectivas após cada sprint e ciclos curtos de feedback de fora da equipe viabilizaram melhorias no processo e no produto.

NESTE CAPÍTULO

» Usando o scrum nos serviços de assistência médica

» Melhoramento escolar

» Segurança nacional e internacional

Capítulo **10**

Serviços

Há mais de 9.000 códigos de faturamento para procedimentos e unidades referentes ao atendimento médico individual. Mas não há um único código de faturamento para adesão ou melhoria do paciente ou para ajudar os pacientes a ficarem bem.

— CLAYTON M. CHRISTENSEN, *THE INNOVATOR'S PRESCRIPTION: A DISRUPTIVE SOLUTION FOR HEALTH CARE*

O scrum tem um potencial gigantesco dentro do setor de serviços. Dependemos dos serviços de assistência médica, de educação e serviços públicos para manter e melhorar nossa sociedade civilizada. Ainda assim, há espaço para criar sistemas enxutos (Lean) de redução de custos e melhoria de qualidade. E, em muitos casos, o scrum já está sendo usado.

Cada setor tem desafios específicos. Existem conjuntos exclusivos de circunstâncias que precisam ser tratados de maneira personalizada. Muitos dos sistemas desatualizados de desenvolvimento e manutenção foram desenvolvidos em épocas mais simples. Porém, à medida que o mundo se torna mais complexo, aumenta também a necessidade de frameworks de projetos inovadores e flexíveis. O scrum é perfeito para lidar com novas demandas. Nós vamos lhe mostrar como e com quais resultados.

Serviços de Assistência Médica e o Scrum

Nos últimos anos a assistência médica tem estado na vanguarda das novidades. A assistência médica acessível e de baixo custo é muitas vezes considerada um princípio básico de uma sociedade civilizada. No entanto, os crescentes custos, a pressão para diminuir o tempo de desenvolvimento sem sacrificar a qualidade, o desperdício de gastos e o aumento das mortes evitáveis levaram a grandes mudanças na forma como os norte-americanos pagam e recebem os serviços médicos.

Em 1970, os gastos com assistência médica nos Estados Unidos foram estimados em US$75 bilhões. Em 2016, os gastos foram de US$3,3 trilhões, ou US$10.348 por pessoa, representando 17,9% do produto interno bruto (PIB) norte-americano.

Soma-se a essa situação uma cultura de assistência médica na qual os reembolsos de seguros estão cada vez mais ligados à satisfação do cliente. A tecnologia referente à assistência médica tem uma influência massiva e importante nos resultados clínicos e na satisfação do paciente. A existência de novos paradigmas e métodos para atender às necessidades dos pacientes é necessária. Não é de se surpreender que o scrum esteja sendo usado com mais frequência do que nunca antes para solucionar os problemas no setor de assistência médica. Entre os desafios de maior prioridade enfrentados pelo setor de assistência médica, estão:

» Atualmente, os erros de procedimento durante a prestação de serviços de assistência médica ocupam o terceiro lugar no ranking de mortes dos Estados Unidos, logo atrás de doenças cardíacas e câncer. Um artigo da *Forbes* de 2016 afirma que mais de 500 pessoas morrem a cada dia devido a "erros, acidentes e infecções" em hospitais.

» O dinheiro é desperdiçado em exames médicos e tratamentos desnecessários. O Institute of Medicine Health alega que um terço dos bilhões investidos em assistência médica a cada ano vai direto para o ralo. *O American Journal of Obstetrics and Gynecology* afirma que os tratamentos opcionais sozinhos custam US$1 bilhão por ano.

» Regulamentos novos e crescentes exigem adaptação rápida e completa.

» A demanda pela conversão dos registros de saúde em registros eletrônicos é monumental, mas ainda faltam processos para implementar na prática essa conversão.

» A pesquisa e o desenvolvimento de novos tratamentos e medicamentos precisam de financiamento e inovação contínuos.

» Existem preocupações de que novos equipamentos e sistemas médicos não tenham sido completamente revisados em relação a riscos de segurança, e muitos deles são projetados com métodos tradicionais nos quais o design vem em primeiro lugar e o teste é deixado para o final.

Nas seções a seguir, mostramos como o scrum pode ajudar com os problemas anteriores. O scrum tem sido usado com grande êxito dentro do ambiente de assistência médica. Começa com a adesão administrativa seguida pela implementação de equipes scrum e seus papéis inerentes. Depois, inicia-se o processo, seguindo os princípios do roadmap como qualquer outro projeto scrum. Siga as etapas que descrevemos ao longo deste livro e observe as mudanças positivas acontecerem. Em geral, o scrum evidencia os seguintes benefícios:

» **Feedback rápido e constante:** O feedback é primordial para determinar o que é aceitável e o que não é. O feedback é ainda mais importante quando o ciclo de desenvolvimento envolve a adesão a um framework regulatório. O scrum acelera o momento em que a auditoria interna pode acontecer para garantir uma melhor conformidade regulatória.

» **Prazo acelerado para implementação:** Assistência médica tem a ver com salvar vidas, mas a vantagem competitiva pode ser um benefício adicional.

» **Monetização mais rápida:** Fazer com que a assistência médica de qualidade seja lucrativa permite mudanças mais rápidas e mais propensas a permanecerem.

» **Maior retenção de talentos:** Trabalhadores focados comprovadamente sentem mais satisfação no trabalho e permanecem envolvidos por mais tempo.

» **Menos defeitos no produto:** Maior visibilidade leva a maior qualidade e maior satisfação do cliente.

O scrum é necessário no setor de assistência médica para ajudar a promover mudanças que apoiem a tomada de decisões clínicas relacionadas ao atendimento altamente eficaz do paciente e à administração de negócios. O setor de assistência médica apresenta dificuldade para evoluir rapidamente, pois, ao mesmo tempo em que evolui, tem que estar em conformidade com as exigências em constante mudança das agências reguladoras.

O scrum ajudou a reduzir o tempo de desenvolvimento de novos sistemas administrativos e clínicos e a maximizar a qualidade e a eficiência. O atual ambiente de serviços de assistência médica se encontra entre as constantes mudanças dos serviços privados e do financiamento público. Regulamentos e leis estão sendo alterados e refinados. Portanto, um alto grau de flexibilidade e transparência é necessário para sobreviver nessas águas turbulentas.

Velocidade para o mercado

Muitas das doenças que nossos pais e avós sofriam quando crianças não são mais preocupações diárias graças aos progressos no saneamento e nos tratamentos, porém doenças novas estão sendo descobertas e expostas. As pesquisas efetivas e o progresso continuam a encontrar curas e a prevenir doenças crônicas e terminais. Mas os profissionais de saúde querem salvar mais vidas e salvá-las mais rapidamente.

As expectativas dos clientes em relação à assistência médica e aos milagres da ciência estão crescendo cada vez mais. Os contribuintes do sistema de saúde estão buscando o melhor valor nos medicamentos e tratamentos que estão comprando.

As empresas farmacêuticas estão sob pressão incessante para desenvolver medicamentos novos com o intuito de acompanhar a forte concorrência, mas precisam fazê-lo dentro de um ambiente de corte de custos e economia. A fim de competir e serem bem-sucedidas, as empresas deste setor (como em qualquer outro setor discutido neste livro) devem ser as mais rápidas, mais ágeis e mais econômicas.

No entanto, a produção do setor farmacêutico, no geral, permaneceu estável. A maioria das organizações farmacêuticas está lidando com novas situações e avanços tecnológicos com os mesmos frameworks de gerenciamento de projetos que usavam na década de 1940. Elas estão cercadas por novas formas de fazer negócios, mas, na maioria das vezes, continuam se voltando para mentalidades tradicionais de administração. O scrum pode possibilitar mudanças positivas das seguintes maneiras:

» Todo experimento começa com uma hipótese. No scrum, essa hipótese é a meta de lançamento.

» Ao testar a hipótese, as premissas são consideradas verdadeiras ou falsas. Cada premissa é uma meta de sprint. O backlog do sprint é dividido em tarefas e experimentos necessários para explorar completamente cada premissa. A definição de concluído para o sprint descreve o tipo de tarefas e atividades que devem ser conduzidas e aceitas para que uma premissa seja considerada totalmente testada e explorada.

» No final de cada sprint, a equipe apresenta suas descobertas às partes interessadas, que fazem perguntas e validam as conclusões do sprint da equipe. As partes interessadas devem incluir representantes de equipes de regulamentação. Se algo foi esquecido, a equipe scrum saberá com antecedência e pode realizar atividades de acompanhamento para responder ao feedback no próximo sprint, se for uma prioridade.

» Após todas as premissas terem sido validadas, a hipótese permanece ou é invalidada. De qualquer forma, a hipótese chega a uma conclusão possível de ser lançada.

» Todas as ações necessárias para testar a hipótese são os requisitos de backlog do produto, que são priorizados adequadamente.

» Para produtos novos e melhorias em produtos antigos, o scrum permite iterar rapidamente. O mantra "Fracassar rapidamente, fracassar barato" significa que você pode ser tão ágil quanto quiser ao tentar novas ideias e processos.

174   PARTE 3 **O Scrum em Diversos Setores**

» As equipes scrum auto-organizadas possibilitam que os desenvolvedores apresentem as melhores pesquisas e soluções.

» O envolvimento de clientes, empresas e órgãos reguladores durante todo o processo significa feedback e direcionamento contínuos. Por essa razão, a responsabilidade é compartilhada e o engajamento aumenta.

Erros reduzidos, aumento da qualidade

Embora as gerações atuais tenham a maior tecnologia e tratamentos já conhecidos, ainda temos espaço para melhorar. Inacreditavelmente, os erros durante a prestação de assistência médica são hoje em dia o terceiro fator causador de mortes nos Estados Unidos. Os erros médicos que provocam danos podem ser coisas como complicações cirúrgicas complexas que passam despercebidas a erros menores em relação às doses ou tipos de medicamentos dados aos pacientes.

Ninguém sabe ao certo os custos dos erros de assistência médica, pois o sistema de codificação usado para registrar os dados de morte não registra itens como falhas de comunicação, erros de diagnóstico e falta de discernimento, que podem custar vidas. Mas sabemos que há custos humanos e econômicos associados a erros no atendimento. Estima-se que as mortes de pacientes nos EUA sejam superiores a 300 mil por ano, e que os danos graves sejam dez vezes superiores a isso. O custo econômico de erros médicos pode ser estimado em US$20,8 bilhões.

Um relatório do *Journal of Health Care Finance* calcula que tais erros médicos, se você englobar a perda de produtividade no local de trabalho, podem totalizar até US$1 trilhão por ano. Em muitos casos, esses erros podem resultar na proibição de um equipamento ou medicamento para sempre em um prazo muito curto, ocasionando a perda completa para uma empresa que investiu bilhões de dólares durante o ciclo de desenvolvimento.

As causas desses erros podem variar, mas a garantia de qualidade incorporada no framework scrum pode revelar problemas de todas as origens e suas soluções antecipadamente. O scrum facilita a identificação e o tratamento das ineficiências do sistema, dos gargalos no fluxo de trabalho, das falhas de comunicação e da falta de feedback oportuno. Veja abaixo como o scrum pode ajudar:

» Conforme a comunicação aumenta, as ineficiências se tornam visíveis. O scrum expõe essas ineficiências através das reuniões diárias e revisões de sprint; soluções reais podem ser experimentadas, testadas e adaptadas.

» Embora os médicos sejam as únicas pessoas autorizadas a diagnosticar os pacientes, as equipes auto-organizadas (compostas por toda a equipe) facilitam o tratamento necessário, em vez do sistema de comando e controle do médico de mais alto nível.

» O feedback é rápido e os ajustes podem ser implementados com rapidez e testados novamente.

» À medida que a qualidade aumenta, os riscos desnecessários e os custos desperdiçados diminuem.

» À medida que a contribuição de todos os membros da equipe e dos grupos-chave é buscada e usada, a adesão aumenta e o moral melhora. A adesão ou a participação é de suma importância na prestação de assistência médica, em que muitas pessoas estão sobrecarregadas e o esgotamento físico e psicológico pode ser elevado.

Cortando custos

Essas palavras por si sós são suficientes para despertar o interesse de qualquer administrador da área médica. De certo modo, todos os problemas e soluções que discutimos neste capítulo ajudam a reduzir os custos. Doenças e mortes evitáveis, maior eficiência na prestação de assistência médica e fluxo administrativo, facilidade em seguir regulamentos — e praticamente qualquer outra coisa que você possa imaginar — pode ser melhorada a fim de mitigar os custos.

LEMBRE-SE

A redução de custos é uma característica do scrum. O scrum não somente ajuda a aumentar a velocidade de lançamento no mercado, o que representa uma grande parte da economia, como também simplifica os processos, remove ineficiências e possibilita que você tome decisões melhores de negócios. O Center for American Progress (Centro de Progresso Norte-americano) afirmou em 2012: "Os custos administrativos no sistema de saúde dos EUA consomem cerca de US$361 bilhões por ano — 14% de todos os gastos com saúde no nosso país. Estima-se que pelo menos metade desse gasto seja um desperdício."

Pense nas economias no contexto de custos desnecessários na assistência médica. Um estudo de 2012 conduzido pelo Institute of Medicine (Instituto de Medicina dos EUA) estima que são desperdiçados US$750 bilhões anualmente nos Estados Unidos em assistência médica desnecessária. As causas incluem serviços ineficientes e despropositados, superfaturamento, custos administrativos excessivos e fraudes. Algumas das maneiras pelas quais o scrum pode ajudar a reduzir custos são:

» **Retrospectivas de sprint:** As retrospectivas de sprint no scrum rotineiramente fazem perguntas tais como:

- Seria nosso processo de reclamações desnecessário?
- Como podemos minimizar as visitas repetidas aos pacientes?
- Quais passos adicionais podemos dar para reduzir ainda mais os riscos do paciente?
- Onde estão os gargalos?

- E se determinado formulário fosse eletrônico?

- O que nos impede de aumentar nossa taxa de processamento de solicitações diárias em 20% ou 50%?

» **Coordenação diária de prioridades:** Durante as reuniões diárias, perguntas como estas podem ser feitas:

- Isso é necessário para esse paciente hoje?

- O que está acontecendo com esse paciente que vai para casa hoje?

- Como podemos remover esse obstáculo?

» **Transparência e simplicidade:** Com o scrum, você deve maximizar a quantidade de trabalho não realizado, especialmente se for prejudicial. Reduzir o número de cirurgias cesarianas eletivas (entre 37 e 39 semanas de gestação, em vez de 40), por exemplo, eliminaria até 500 mil dias de unidade de terapia intensiva neonatal.

Aderindo às regulamentações

Com as mudanças trazidas pelo Affordable Care Act, em 2010, surgiu uma enxurrada de regulamentações novas. Essas regulamentações entraram em vigor para proteger os pacientes e os prestadores de assistência médica, e cada empresa de assistência médica precisa encontrar maneiras de cumpri-las. A implementação de soluções para lidar com as regulamentações novas pode ser desafiadora e até entediante, e ter menos recursos com que se trabalhar torna o processo ainda mais desanimador.

Veja a seguir como o scrum ajuda os prestadores de assistência médica a entender e cumprir as novas regulamentações:

» Um backlog de produto pode ser criado e priorizado por valor comercial e mitigação de risco. Em seguida, as equipes scrum e a empresa como um todo dispõem da base racional para tomar decisões de negócios e recursos durante os períodos difíceis de mudanças na regulamentação.

» Anteriormente, os aspectos técnicos e comerciais das soluções para os serviços de assistência médica podem não ter sido coerentes; afinal, as ordens que eles recebiam eram provavelmente diferentes. Mas conforme o lado comercial é assumido por um Product Owner, as equipes de desenvolvimento são formadas para projetar soluções, e assim as metas se alinham de repente. Os papéis da equipe scrum são papéis pareados. Os membros da equipe trabalham juntos para promover o ambiente propício a fim de alinharem metas e objetivos, cenário ideal para implementar mudanças que lidem com as regulamentações.

GESTÃO DE RISCOS E PROBLEMAS

A documentação é determinante na gestão de riscos e problemas para implementações de serviços de assistência médica durante a auditoria das regulamentações e para as medidas legais cabíveis.

No gerenciamento de projetos tradicional, a documentação de riscos e o acompanhamento dos problemas são feitos mediante a elaboração de um registro de riscos e problemas que se baseia nos requisitos iniciais determinados no início do projeto. À medida que os requisitos mudam no decorrer da implementação, eles se tornam difíceis de gerenciar e, muitas vezes, levam a processos complicados de gerenciamento de mudanças.

No scrum, você pode criar uma gestão de riscos em seu processo, tornando-a parte de sua definição de concluído. O requisito não está completo até que riscos especificamente definidos sejam identificados, mitigados ou aceitos e documentados. O foco do scrum na revisão contínua oferece melhores resultados do que a metodologia tradicional de gerenciamento de projetos.

» Equipes auto-organizadas definem as melhores soluções. Quando as regulamentações novas são delimitadas e priorizadas, fica mais fácil identificar soluções e implementá-las rapidamente.

» Os requisitos das regulamentações em evolução podem ser incorporados na definição de concluído da equipe scrum. Dessa forma, os Product Owners e as partes interessadas podem ter certeza de que estarão alinhados quando ocorrerem auditorias e inspeções.

O scrum não é a porta de salvação para você se livrar das regulamentações. Afinal, elas querem proteger o bem-estar do paciente. O scrum é uma ferramenta para responder às mudanças, sendo taticamente flexível enquanto permanece estrategicamente estável, garantindo assim que o objetivo — a melhora nos serviços de assistência médica — seja alcançado.

Fabricação e segurança de equipamentos médicos

Assim como o setor farmacêutico, o setor de fabricação de equipamentos médicos opera dentro de um ambiente altamente competitivo e de redução de custo. O setor, não raro, é assolado por mentalidades tradicionais de gerenciamento de projetos. O design inicial, combinado com o teste de back-end posterior, indica que os defeitos são detectados com atraso e os custos para correção aumentam — supondo que os defeitos sejam detectados antes que o produto chegue ao mercado (veja o Capítulo 4). Com o scrum, você pode:

DIAGNÓSTICO POR IMAGEM DA GE

A unidade de diagnóstico por imagem da General Electric encontrou os seguintes males em sua abordagem tradicional para o desenvolvimento de equipamentos médicos antes de implementar o scrum:

- **Previsibilidade:** A empresa estava administrando projetos de 12 a 24 meses, geralmente com atrasos significativos.

- **Distorção de escopo:** Representantes do negócio normalmente pressionavam a equipe para adicionar recursos além do escopo original.

- **Abordagem faseada:** Interação mínima com o cliente até a primeira rodada de testes, que foi um fator contribuinte para atrasos e aumento dos custos do projeto.

- **Equipes em silos:** Existiam barreiras artificiais entre as unidades funcionais, técnicas e de negócios da organização.

O scrum curou esses males das seguintes maneiras:

- Os Product Owners eram parte integrante das equipes scrum, derrubaram significativamente os silos e alinharam as prioridades em toda a organização. Todo o negócio começou a trabalhar em uníssono a fim de liberar a tempo o produto certo para os clientes.

- Os sprints elaborados eram pequenos, e dentro deles os incrementos reais do produto foram concluídos e demonstrados. O feedback recebido antecipadamente direcionou a finalização do projeto mais cedo que o normal.

- A liderança sênior estava animada. Ao observar os sucessos em um empreendimento conjunto que usava o scrum, a liderança executiva via o que o scrum poderia fazer e o apoio deles acelerou a adoção.

- Devido à alta regulamentação do setor, a GE elaborou etapas regulatórias na definição de critérios de execução e aceitação. As equipes de desenvolvimento se adaptaram a esse nível de esforço ao estimar e executar.

Ao incorporar o scrum no processo de fabricação de equipamentos médicos, a GE reduziu os custos e o tempo de colocação no mercado. E o mais importante: a empresa reduziu os defeitos, o que resultou em menos riscos reputacionais e regulatórios. A chance de um produto prejudicar uma pessoa diminuiu porque ele foi testado e integrado muitas vezes.

» Criar testes de produtos em cada iteração. Detecte os defeitos mais rapidamente, elimine-os e implemente designs melhores.

» Colocalizar os designers com os engenheiros para que eles sejam imediatamente acessíveis e recebam feedback diário em tempo real.

» Adicionar requisitos conforme o andamento do projeto. Muitas vezes, os clientes não sabem exatamente o que querem no começo. Depois que os requisitos iniciais de prioridade máxima forem desenvolvidos, o scrum permite aos clientes que tenham uma noção mais completa das coisas.

» Inspecionar e adaptar constantemente. Desenvolva apenas o que é mais importante, teste e obtenha feedback regularmente e com frequência.

» Obter uma sinalização diária com o Product Owner sobre o trabalho realizado.

» Receber feedback das partes interessadas nas revisões regulares do sprint. Esse feedback possibilita que elas se envolvam ao longo do processo de desenvolvimento.

» Coordenar de antemão e frequentemente ao sincronizar o desenvolvimento de software e hardware.

» Compartilhar a definição de concluído com as duas equipes e incluir a integração e o teste em cada sprint, e não no final.

O Setor Educacional e o Scrum

Ao longo deste livro, destacamos o fato de que o scrum pode ser utilizado em diversos setores — na verdade, em todos eles. O scrum é um framework para o desenvolvimento de produtos, não uma ferramenta específica de software.

A educação é um desses setores. As crianças são o futuro, e o futuro pertencerá aos filhos delas também. Educar os jovens e garantir que eles tenham a capacidade de criar soluções criativas e inovadoras e de tomar as próprias decisões deve ser a prioridade essencial de qualquer cultura.

A educação pública foi criada em um cenário diferente — o da educação básica para os trabalhadores. A necessidade era simples, pois o mundo do trabalho era simples. Hoje, no entanto, a complexidade cresceu exponencialmente, assim como as escolhas dos estudantes sobre trabalhos e papéis no mundo.

Devido a essa mudança no cenário de trabalho, a educação precisa preparar as crianças para participar efetivamente do trabalho. Muitos professores ainda são treinados para preparar e entregar material do modo antigo, porém existe um modo melhor de se fazer isso. Na sala de aula, o scrum ajuda as crianças a se adaptarem de forma criativa e flexível para mudar, priorizar projetos e ideias e apresentar soluções novas. A tecnologia e a mídia estão mudando tão rapidamente que a informação que as crianças recebem está sempre se transformando. Com o scrum, elas aprendem como transformar essa mudança em uma vantagem.

Desafios na educação

Nos dias de hoje, a educação enfrenta diferentes desafios nunca antes vistos. O programa curricular de ensino está expandindo seu escopo, os alunos com desempenho abaixo do esperado exigem mais atenção e os tamanhos das salas de aula estão aumentando. Apesar do caos aparente, o scrum pode contribuir com o progresso da educação. Em muitos aspectos, os professores usam o scrum de forma natural, mas usam termos que talvez não sejam conhecidos pelos que estão fora da profissão, como objetivos, técnicas scaffolding, miniaulas, modalidades de aprendizado e reflexão.

Os professores já definem metas para cada lição. Eles usam os padrões como meta e estabelecem objetivos para a lição, pois alguns padrões exigem várias etapas. Essas são as etapas das chamadas técnicas *scaffolding*. Os professores dividem a lição em iterações para que os alunos possam ter sucesso e acompanhem cada ponto necessário. No decorrer do percurso de aprendizagem, eles usam avaliações formativas e somativas a fim de avaliar e modificar o aprendizado. Alunos e professores refletem no final de cada aula, como em uma retrospectiva. Em seguida, os professores são treinados para usar modelos de aprendizagem colaborativa e fazer projetos que envolvam os alunos com o intuito de conseguir a adesão deles.

Aumentando o escopo do programa curricular de ensino

Os programas curriculares de ensino para professores estão em expansão há décadas. Mais informações devem ser abordadas, e os professores podem ficar sobrecarregados tentando acompanhá-las. Tais pressões curriculares se originam de quatro fontes: sistemas escolares, governos, pais e alunos. Veja a seguir alguns assuntos que foram introduzidos na última década:

» Prevenção contra o bullying.

» Políticas de antiassédio.

» Avaliação do índice de massa corporal (monitoramento da obesidade).

» Literacia financeira.

» Desenvolvimento de habilidades empreendedoras.

» Programas de saúde e bem-estar.

Não existe nada de errado com esses programas adicionais. Na verdade, eles servem a um grande propósito. Porém, exige-se dos professores que incluam alguns desses tópicos, juntamente com muitos outros novos e também com os padrões antigos de leitura, escrita e matemática. No entanto, eles não dispõem de mais horas no dia para ensiná-los e, muitas vezes, trabalham com recursos e financiamento limitados.

Os próprios alunos chegam com uma série de experiências e conhecimentos que teriam sido considerados ficção científica há algumas décadas. Em geral, logo na infância, eles foram instruídos através de computadores, expostos a temas e mensagens de adultos por meio da televisão, filmes e música. Embora as técnicas de ensino mencionadas anteriormente sejam inerentemente escritas, o leque de opções do que está sendo ensinado cresceu. Mas o objetivo geral da educação continua o mesmo: estudantes bem preparados.

A priorização assertiva e os métodos de inspeção e adaptação são essenciais para administrar de forma eficaz esse programa curricular. Os professores repriorizam conforme planejam cuidadosamente a cada dia e dão autonomia aos alunos para que sejam auto-organizados e autogerenciados. Em vez de seguir um planejamento rígido delineado no início do ano, eles regularmente conduzem avaliações e ajustam seus cronogramas, às vezes gastam mais tempo que o planejado em um assunto com o intuito de ajudar uma classe em dificuldades e, às vezes, gastam menos tempo que o planejado quando a classe entende um conceito mais rápido que o esperado.

Os professores também estão reconhecendo o valor da refatoração. Antigamente, você fazia uma prova, recebia uma nota e era isso. Como os educadores aprenderam com a experiência, adaptações foram feitas para permitir aos alunos que aprendam com seus erros e sejam recompensados por seu aprendizado. Ciclos de feedback contínuo viabilizam o aprendizado, seguido de uma avaliação (pré-teste ou teste) com feedback e mais aprendizado, seguido da avaliação final. A nota não é o único objetivo. Os alunos estão começando a compreender e a valorizar o que aprendem usando esses mesmos eventos utilizados no scrum.

Melhorando o desempenho dos alunos

Os professores são extremamente importantes para fazer com que os alunos progridam em seus blocos de aprendizagem. Às vezes, no entanto, os professores trabalham a partir de um programa curricular estruturado que requer que eles passem para tópicos e assuntos novos, embora nem todos os alunos os compreendam totalmente. Ainda que queiram dispor de mais tempo útil sozinhos com cada aluno, eles simplesmente não podem se dar ao luxo de tirar esse tempo sem que o avanço do programa curricular seja prejudicado.

Desse modo, a atenção individual necessária para ajudar os alunos com rendimento baixo ou moderado muitas vezes não está disponível devido à falta de tempo. Os professores precisam continuar avançando em seu programa. As turmas grandes podem contribuir ainda mais com essa dificuldade. Como resultado, os alunos de baixo desempenho chegam ao ano seguinte sem entender completamente a matéria do ano anterior, ou repetem de ano e veem a mesma matéria novamente sem novas técnicas de aprendizado. As avaliações são feitas, mas o ensino não necessariamente é reforçado nas matérias em que os alunos têm dificuldade.

O sucesso em elevar o aprendizado de cada aluno ocorre por meio da colaboração entre escolas, professores, pais e estudantes. Se o framework scrum fosse aplicado para cada aluno, com uma equipe formada por participantes como o professor, o aluno, o orientador, o administrador da escola e um tutor, essa equipe poderia definir metas iterativas que levassem a uma meta final, com ciclos de feedback constantes, inspecionando e continuamente adaptando o progresso e o processo para atender às necessidades dos estudantes.

Melhorando as relações aluno-professor

As classes estão ficando maiores e a atenção individual de professor-aluno está diminuindo. É uma tarefa difícil administrar uma turma inteira e uma grade de ensino cada vez mais extensa, além de ministrar disciplinas específicas para os alunos.

LEMBRE-SE

Os professores passam tempo criando relacionamentos, modificando e explicando as lições, e ajudando os alunos individualmente. Dispor de tempo é o desafio mais importante da educação. Enquanto os financiamentos educacionais diminuem, os métodos e sistemas de ensino permanecem os mesmos, logo, a educação em sala de aula é inevitavelmente prejudicada. O scrum pode ajudar a potencializar o tempo dos professores e aumentar a adaptabilidade.

Scrum em sala de aula

O scrum funciona na educação como em qualquer outro lugar. Como o scrum é baseado em metas e visão, a definição de metas de aprendizado focadas permite aos alunos que adaptem seus estilos de estudo à velocidade de aprendizado. Concentrando-se em um objetivo de aprendizagem de cada vez, os alunos podem dominar cada assunto e nível antes de seguir em frente. Por intermédio do scrum, os professores podem ressaltar os itens de aprendizagem de prioridade máxima de modo que os alunos se concentrem neles.

A inspeção e a adaptação funcionam consideravelmente bem em ambientes de ensino. Estudos comprovam que os alunos que têm planos de aula para se adaptar e podem trabalhar as áreas específicas em que têm dificuldade conseguem melhor compreensão. Introduziram-se modelos de ensino iterativo na sala de aula que apresentaram os seguintes resultados surpreendentes:

» O professor descreve a unidade ou projeto para todos os alunos e os grupos são formados (planejamento de sprint).

» O professor segue com o ensino diário e orienta as tarefas de aprendizagem em grupo, estabelecendo também uma meta de tempo (sprint).

» O aluno e o professor avaliam o desempenho do aluno no final do time box (revisão do sprint).

» Se os alunos tiverem desempenho acima da média predefinida, eles avançam com a matéria nova. Se eles tiverem um desempenho abaixo dessa média, uma retrospectiva de sprint é conduzida.

» Usando o feedback recebido na revisão do sprint, identifica-se os tópicos problemáticos para cada estudante.

» Equipes novas são formadas para maximizar a capacidade do professor de ajudar os alunos, aproveitando os desafios que cada aluno enfrenta. Essas equipes trabalham juntas para aumentar sua compreensão do tópico.

» O material para esses novos grupos é revisado (refinamento do backlog do produto). Os alunos apresentam ideias sobre maneiras de como aprender melhor o material do assunto.

» Executa-se outro sprint.

» O desempenho do aluno é avaliado.

Esse processo é repetido melhorando gradualmente o desempenho do aluno. Nos estudos, o desempenho dos alunos mostrou melhora significativa. Os alunos também cometeram menos erros, ganharam mais confiança e gastaram menos tempo para solucionar os problemas. As equipes scrum dos estudantes não precisam ser mudadas; elas podem ser mantidas estáveis. Dessa forma, equipes multifuncionais podem ser criadas, formadas por alunos que têm habilidades superiores em algumas áreas do que em outras. Os sprints posteriores usam as mesmas técnicas que na programação pareada e no método shadowing. Ao aprender com os outros estudantes, cada aluno adquire novas habilidades e os alunos avançados expandem seus conjuntos de habilidades.

Os padrões estaduais e nacionais ditam certos requisitos para demonstrar o domínio dos assuntos (isto é, a definição de concluído), mas cada escola ou professor pode melhorar a definição estadual ou nacional de concluído para se adequar a circunstâncias específicas. O que os alunos aprendem e mostram que aprenderam são elementos vitais do sucesso geral do sprint. O sucesso varia de acordo com a situação, porém a definição de concluído deve ficar clara para todos, especialmente para os alunos.

Um exemplo de abordagem usando o scrum

Como funciona o conceito scrum dentro da sala de aula? As crianças adoram. Elas se tornam participantes ativas com os quadros brancos e as notas autoadesivas, e ficam responsáveis por garantir que cada nota permaneça em seu devido lugar. A seguir, veja como um professor usa a abordagem do scrum em sala de aula:

1. **Define um projeto com duração de um a cinco dias.**

Esse projeto é, de fato, um sprint. O professor tem o planejamento original, mas consegue a adesão da classe ao listar os requisitos. Se o projeto é entender a tabela periódica dos elementos químicos, por exemplo, os requisitos podem ser seções da tabela. As tarefas podem ser os próprios elementos individuais.

2. **As equipes scrum de alunos são formadas e os membros da equipe decidem quem preenche os papéis do scrum.**

   Essas equipes apresentam um alto grau de autonomia.

3. **Um backlog do projeto é criado, geralmente usando um quadro de tarefas.**

   As crianças anotam os requisitos. O professor atua como um Scrum Master e mantém todos focados.

4. **Notas autoadesivas em um quadro branco, parede ou quadro negro são usadas para envolver as crianças na solicitação e priorização dos requisitos.**

   As crianças adoram a sensação de realização que sentem ao verem as etapas passando de "a ser feito", "em progresso" e "realizado".

5. **Cada sessão do projeto começa com uma reunião diária.**

   Os alunos estão usando os termos scrum, como reunião diária, Scrum Master e revisão de sprint.

6. **Ao final de cada sprint, tanto a revisão quanto a retrospectiva são realizadas.**

   A adesão aumenta e, quando apropriado, os alunos podem contribuir para as metas de novos projetos.

As crianças gostam do processo iterativo e do progresso.

eduScrum

Em Alphen aan de Rijn, na Holanda, o scrum está sendo usado em uma escola de ensino fundamental e médio. O programa chama-se eduScrum, e os educadores que o utilizam estão tendo resultados surpreendentes. Professores e alunos usam o scrum em todas as disciplinas, formando equipes scrum com todos os papéis na íntegra. Três Scrum Masters professores orientam os estudantes, cada um facilitando o processo em sua classe. Os Scrum Masters também realizam reuniões diárias de projetos, bem como revisões de sprint e retrospectivas.

A escola coletou os dados a respeito dos resultados desse processo com 230 alunos com idade variando entre 12 e 17 anos. Os resultados foram impressionantes. Na Holanda, as notas das provas são de 1 a 10. Uma nota de 5,5 é boa, mas os estudantes se esforçam para tirar 6,7 ou mais. Os alunos que participaram das equipes scrum ultrapassaram sistematicamente aqueles que não participaram das equipes em 0,8 a 1,7 pontos — um aumento significativo em termos de porcentagens. Metade dos alunos disse que entendeu melhor a matéria, se divertiu mais (extremamente importante para o aprendizado), podia estudar mais e mais rápido, e sentiu que estava aprendendo de maneira mais inteligente.

DICA

Um efeito colateral interessante do scrum nas escolas foi que os estudantes relataram simplesmente se divertir mais com as aulas e o aprendizado. Isso os deixou mais dispostos para ir à escola e participar. E aqueles estudantes tímidos e quietos? Eles progrediram em suas habilidades e suas contribuições foram percebidas nas revisões e retrospectivas.

Escola Blueprint

A escola de ensino médio Blueprint High School, em Chandler, Arizona, é uma organização sem fins lucrativos que desenvolve e implementa opções de educação especial. Os diretores da escola decidiram que ter um certificado de conclusão do ensino médio não era suficiente para preparar os alunos para o século XXI. Os alunos também precisavam de habilidades em colaboração, criatividade, responsabilidade, pensamento crítico e trabalho em equipe. O interessante é que o scrum naturalmente promove todas essas qualidades.

Os papéis do scrum na Blueprint eram flexíveis com base no contexto de equipe individual. Às vezes, o professor era o Product Owner ou o Scrum Master; outras vezes, os alunos assumiam esses papéis. À medida que os membros da equipe amadureciam e adquiriam mais experiência, eles automaticamente assumiam o papel de Product Owner. Os professores simplesmente identificavam o tipo de projetos a serem concluídos; em seguida, os alunos assumiam o desenvolvimento de suas próprias metas, implementação e revisões. As habilidades de colaboração e trabalho em equipe melhoram muitíssimo.

O sucesso do scrum no ensino médio levou a Blueprint a difundir a ideia no ensino primário com resultados semelhantes. Embora a Blueprint não tenha realizado o tipo de estudo quantitativo que a eduScrum realizou, ela obteve muitos resultados positivos, incluindo maior envolvimento do aluno, mais diversão, maior compreensão, pensamento independente e uma experiência educacional mais positiva. Uma professora disse que seus filhos queriam ir à escola mesmo doentes, pois não queriam perder um único dia de aula, comprovando a adesão incondicional dos estudantes.

Forças Armadas e Segurança Pública

Muitos experts ágeis e do scrum gostam dos Princípios Ágeis e do framework scrum por causa da experiência que adquiriram nas forças armadas. As pessoas se enganam ao pensar que as forças armadas valorizam a tomada centralizada de decisões. No entanto, os estrategistas militares sabem há muito tempo que a tomada centralizada de decisões leva à derrota no campo de batalha.

Em 1871, o estrategista militar alemão Helmuth von Moltke (o Ancião) sabiamente observou: "Nenhum plano de batalha sobrevive ao contato com o inimigo." Hoje, sua abordagem para a tomada de decisão descentralizada é conhecida pelos militares como Comando de Missão. A filosofia do Comando de Missão permite aos líderes que tomem decisões ágeis e se adaptem sob condições de incerteza. Os princípios são praticados pela maioria das organizações militares ocidentais, incluindo o Corpo de Fuzileiros Navais e o Exército dos EUA. O Exército dos EUA opera o Mission Command Center of Excellence (Centro de Excelência de Comando de Missão — MCCOE) para treinar líderes nos métodos de tomada de decisão descentralizada.

As forças de operações especiais, também chamadas de forças especiais, são treinadas exclusivamente para serem adaptáveis, autoconfiantes e capazes de operar na incerteza. Nos Estados Unidos, *forças especiais* referem-se a equipes ilustres como os Boinas Verdes (Green Berets) e os Seals Americanos (Navy Seals). Sob muitos aspectos, as equipes ágeis são análogas às equipes de forças especiais. Ambas são pequenas, altamente treinadas, extremamente capacitadas, coesas e multifuncionais. As equipes de forças especiais são pequenas e multifuncionais para que possam se adaptar às situações que surgem. A multifuncionalidade significa que todos os membros da equipe podem fazer mais de uma coisa; de preferência, todos na equipe têm as habilidades para fazer todas as coisas necessárias.

Como as equipes ágeis, as equipes das forças especiais são estáveis e duradouras. Através da experiência alcançada com esforço, seus membros sabem como trabalhar em estreita colaboração e confiam uns nos outros, eles arregaçam as mangas e fazem o que for necessário para cumprir a missão. Essa missão pode exigir fluência em uma língua estrangeira, construir relacionamentos com os moradores locais ou até mesmo o uso qualificado de força letal, caso necessário. A missão pode exigir qualquer combinação dessas coisas, mas realizá-la pode envolver algo completamente diferente. As equipes de forças especiais sabem aprender e se adaptar.

Semelhantes aos sprints do scrum, as missões das equipes militares são normalmente divididas para serem realizadas rapidamente — dentro de semanas, no máximo. As missões mais longas desgastam os soldados, esgotam os suprimentos e exigem apoio contínuo significativo. Você encontra uma correlação exponencial entre a duração de uma missão, seu custo e taxa de falha. As missões curtas viabilizam melhor a concentração, o moral da equipe e o sucesso. Um dos muitos exemplos em que um comandante militar conseguiu mudar sua abordagem de comando e controle é o almirante Nelson, em Trafalgar. Em vez de exigir estrita adesão às bandeiras de sinalização içadas em sua embarcação, Nelson delegou autoridade substancial aos capitães de navios, dizendo: "Caso os sinais não possam ser vistos ou perfeitamente compreendidos, nenhum capitão estará errado se colocar seu navio ao lado do inimigo."

O SCRUM E O FBI

Os ataques cibernéticos de todos os tipos, desde ataques a cartões de crédito até ameaças de segurança ao governo e às forças armadas, estão aumentando em todo o mundo. Especialistas militares e de guerra cibernética concordam que controlar essa ameaça em expansão é uma grande preocupação. Programas de intimidação a ameaças cibernéticas que possam se adaptar à natureza sempre mutável desses desafios sofisticados são necessários — e são mais que necessários. Em muitos casos, é uma questão de segurança nacional.

O FBI tem estado cada vez mais ativo na busca de soluções para responder a esses ataques cibernéticos em âmbito nacional e criminal. A liderança sabe que usar técnicas antigas para lidar com essas ameaças ultramegamodernas não é suficiente. Novas formas de aplicar tecnologia, moldar sua força de trabalho e colaborar com parceiros são necessárias.

Não é de surpreender que eles estejam abordando esse baita problema com o scrum.

Após os ataques terroristas de 11 de setembro, o FBI começou a trabalhar na otimização de seu fluxo de informações e coordenação com todas as entidades relevantes. Depois de algumas tentativas fracassadas, desenvolveu o programa Sentinel: um sistema abrangente de gerenciamento de casos de software. O objetivo é substituir um sistema atual, que consiste em uma mistura de fluxo de informação digital e de papel, por um fluxo puramente digital.

Por dez anos, o projeto foi conduzido usando os métodos em cascata estabelecidos pelo FBI, incluindo um extenso projeto inicial e requisitos fixos. Um novo CIO, Chad Fulgham, começou a exigir a entrega incremental dos desenvolvedores contratados. Veja abaixo alguns dos sintomas do processo cascata usado até então:

- **Apenas 4 dos 18 fluxos de trabalho estavam ativos, mas com defeitos.**
- **Menos de 1% dos 14 mil formulários foram criados no sistema novo.**
- **O custo até então foi de US$405 milhões, com um valor estimado de US$350 milhões a mais nos próximos seis anos.**
- **Todas as funcionalidades entregues foram consideradas opcionais em toda a organização.**

Em três meses usando scrum, com 5% do orçamento e com 80% do pessoal reduzido, foi possível colocar em prática o que o método em cascata não conseguiu em dez anos. No geral, o excesso de pessoal foi reduzido em mais de 50%, foram criadas user stories e agendados 21 sprints de duas semanas — um total de 85% de redução no cronograma projetado.

> **NESTE CAPÍTULO**
>
> » Ajustando-se às mudanças no setor editorial através da inspeção e adaptação
>
> » Disrupção no setor dos meios de comunicação

Capítulo **11**

Setor Editorial: Um Cenário em Mudanças

A história será gentil comigo, pois pretendo escrevê-la.

— WINSTON CHURCHILL

Em qualquer ambiente disruptivo, são necessárias táticas de inovação rápidas e dinâmicas. O setor editorial e os meios de comunicação estão passando por grandes mudanças diante de nossos olhos. Os produtos e os leitores tradicionais estão mudando e ninguém sabe aonde essa mudança vai parar.

As editoras e as agências de notícias precisam continuar monetizando os produtos atuais e encontrando novas fontes de receita. Tentar uma nova forma de publicidade específica, por exemplo (como anúncios misturados em um feed de artigos de notícias), exige tempo de remodelação e resposta rápidos ao feedback do cliente. Promover um livro novo por meio dos canais de mídia social existentes de um autor ou desenvolver ideias novas de geração de receita para o feedback do cliente demanda um ciclo de feedback disciplinado, desenvolvimento focado e interação próxima com os clientes.

O scrum pode lidar facilmente com esse tipo de cenário. Enquanto os objetivos continuarem mudando, não tem por que focar onde eles costumavam estar. Não sabemos como as publicações e as notícias continuarão a evoluir de modo que possamos inspecionar e adaptar durante o processo. As empresas editoriais que estão sendo mais bem-sucedidas estão fazendo exatamente isso.

Um Cenário Inconstante no Setor Editorial

As mudanças estão ocorrendo em velocidades espantosas. Tanto as livrarias físicas como as virtuais estão sofrendo, e os leitores passaram a procurar outros meios de encontrar livros e autores. Até as bibliotecas estão recebendo menos recursos, e grande parte do espaço em suas prateleiras está sendo convertido em computadores e outras mídias.

Ademais, os leitores atualmente podem escolher entre ler em desktops ou plataformas móveis, com cada vez menos livros tradicionais de capa dura e brochura disponíveis. Agora, diferentes formas de mídia estão competindo entre si pelo mesmo conteúdo.

Nesse novo cenário editorial, os modelos tradicionais de receita estão mudando para publicidade e assinaturas, de modo que são necessários modelos novos que possam tirar proveito desse mundo digital moderno. Mas as editoras ainda estão descobrindo esses modelos.

A indústria da música experimentou uma mudança repentina parecida. A compra tradicional de álbuns foi por água abaixo quando o iTunes chegou. Os downloads de música gratuitos, e muitas vezes ilegais, provocaram um novo debate sobre a lei de direitos autorais (enriquecendo dezenas de advogados nesse ínterim), e hoje as possibilidades para a música são completamente diferentes daquelas de 10 e 20 anos atrás. Porém, músicas e álbuns novos são criados o tempo todo, e a vida musical continua. Só está um tanto diferente.

O mesmo pode ser dito do setor editorial. Para algumas empresas, as mudanças substanciais no setor são assustadoras; para outras, a oportunidade é reconhecida, a flexibilidade é incentivada e a inspeção e a adaptação são vistas como primordiais. Algumas editoras dizem que, devido à rapidez da mudança, elas não têm certeza de quais informações devem usar para tomar suas decisões. Tudo ao redor delas está mudando freneticamente.

O scrum pode ajudar o setor editorial a evoluir. As mesmas qualidades que tantas pessoas no setor acham desestabilizadoras — mudanças rápidas, mudanças nas necessidades e desejos do consumidor e fontes incertas de receita — são aquelas nas quais o scrum se destaca.

Inspeção, adaptação e refatoração

Inspeção, adaptação e refatoração são o centro nevrálgico do scrum e se encaixam no mundo editorial. Como cada setor que abordamos neste livro, a área editorial apresenta seu próprio conjunto de desafios e soluções scrum.

Os leitores mudaram

O que os leitores esperam de um livro, artigo de revista ou feed de notícias está mudando. Informação imediata e gratificação instantânea são a norma. A menos que o autor já seja um grande best-seller com muitos seguidores, a maioria dos leitores não se sentará para terminar de ler um livro de mil páginas.

Ao incorporar o feedback rápido dos leitores, através de artigos curtos, blogs e ferramentas de rastreamento analítico para taxas de cliques e respostas do leitor, uma enxurrada de dados pode ser acessada. Mídia de notícias, editores e autores individuais podem ver rapidamente ao que os leitores estão respondendo e se adaptarem de maneira conveniente.

Esse ciclo de feedback rápido não apenas significa um conteúdo melhor, mas também significa uma monetização imediata. À medida que você inspeciona e se adapta em qualquer lugar, é possível seguir os caminhos que levam a mais cliques e hits e, portanto, incorporar mais fluxos de receita por meio de publicidade e vendas.

Os escritores mudaram

Hugh Howey quebrou mais de um paradigma com a série de ficção científica *Silo*, best-seller do *New York Times*. Seu conto original foi publicado e vendido pela Amazon por apenas US$0,99 centavos, recebendo uma resposta positiva tão espantosa que continuou escrevendo.

Hugh escreveu e publicou cinco histórias em série, obtendo feedback dos leitores em cada uma delas e as combinou para criar o livro. Ele ficou na lista de best-seller do *Times* e criou um belo fluxo de receita de sete dígitos.

Histórias em série são produzidas em sprints. O feedback vem de leitores e compradores de livros em potencial. Alguns autores usam a autopublicação, na qual cada detalhe pode ser inspecionado e adaptado durante o percurso. Toda a história de sucesso foi uma variação sem querer do scrum.

Depois de autopublicar e alcançar a lista de mais vendidos, Hugh assinou um contrato com uma editora tradicional, a Simon & Schuster. Em mais um movimento de ruptura, ele vendeu apenas os direitos de impressão para o editor, mantendo todos os direitos digitais e lucros para si.

Os produtos mudaram

O que e como as pessoas leem estão em constante mudança. Romances gráficos, mangás e seriados interativos combinam romances, artigos e blogs para criar uma ampla rede na qual os autores disponibilizam suas obras. Some a isso os e-readers, apps de smartphones e a diminuição nas vendas de livros físicos e você terá um mundo que está mudando, e muito.

Nenhum autor ou leitor está imune a essa revolução literária. O poema épico clássico de T.S. Eliot *A Terra Inútil* tem seu próprio aplicativo para iPad, mas não é apenas uma edição copiada e colada do texto. O aplicativo incorpora as seguintes funcionalidades:

» Uma performance filmada de Fiona Shaw do poema.

» Leituras de áudio de TS Eliot e atores como Alec Guinness e Viggo Mortensen.

» Notas interativas para ajudar o leitor com referências culturais e nuances poéticas.

» Vídeos de especialistas literários fornecendo informações a respeito da obra-prima.

» Páginas originais do manuscrito que mostram ao leitor como o poema se desenvolveu sob a orientação de Ezra Pound.

As editoras (Faber e Touch Press) não estão sentadas nos bastidores, lamentando os bons e velhos tempos. Elas estão indo direto ao ponto e desenvolvendo arte de primeira qualidade de diversos modos.

Tanto para editoras como para autores, o ciclo de feedback do scrum permite uma entrada rápida e, portanto, um tempo de comercialização acelerado, criando produtos que os clientes desejam e pelos quais pagarão. Aqueles que adotam essa mudança e incorporam os frameworks ágeis (como o scrum) que possibilitam isso estão se sobressaindo nesse novo ambiente.

LEMBRE-SE

"A sobrevivência dos que se adaptam mais rapidamente à mudança" é o mantra. Veja a mudança como uma oportunidade e você dará a volta por cima.

Aplicando o scrum

Tal como no software, o conteúdo editorial pode ser inspecionado, adaptado e refatorado com facilidade e frequência até que esteja pronto para publicação. Para trabalhos curtos, o processo é mais fácil, mas pode ser adaptado para todos os tamanhos e comprimentos.

O SCRUM NO *SCRUM PARA LEIGOS*

Com a experiência adquirida em seu último livro, Mark aplicou o que aprendeu em sua abordagem ao escrever a primeira edição deste livro. Há realmente o uso do scrum aqui no *Scrum Para Leigos*.

Ele definiu o livro como um quadro de tarefas virtual. Suas notas adesivas eram virtuais, e as colunas da esquerda para a direita eram:

- **Um backlog de produto listando todos os capítulos, assuntos anteriores e posteriores e qualquer outra coisa relevante.**
- **A fazer.**
- **Em andamento.**
- **Concluído.**

Cada capítulo incluía tarefas como pesquisar, escrever, editar (feedback!), emendar, revisar e aprovar. Em alguns casos, várias tarefas foram criadas (como para várias edições).

Os requisitos eram capítulos. As tarefas eram atividades de capítulos. Os membros da equipe editorial (equipe de desenvolvimento) colocaram o processo de swarming em prática durante cada seção e capítulo e, depois, passavam para o próximo. Houve reuniões diárias em que cada parte delineou o que estava fazendo e levantou quaisquer obstáculos. Cada sprint semanal foi seguido por uma revisão e retrospectiva em que os membros da equipe elaboraram o que poderia ser feito melhor.

A clareza foi incrível. Todos os membros da equipe de criação sabiam o que deveriam fazer e quando.

Criar conteúdo para o YouTube, por exemplo, é algo intrínseco para inspeção e adaptação. Ao postar conteúdo e, através das análises, você pode ver uma incrível variedade de dados, como quantas pessoas viram, se inscreveram em seu canal, quanto tempo ficaram e quais links seguiram.

Para conteúdos maiores, o processo também funciona. O primeiro livro de Mark, *Gerenciamento Ágil de Projetos Para Leigos* (Editora Alta Books, 2019):

1. **Mark estabeleceu a visão para o livro (um guia de campo que as pessoas que estavam fazendo scrum poderiam usar como referência).**

2. **Ele definiu um roadmap: o esboço do livro.**

3. **Ele dividiu o esboço em seções de livros (lançamentos). Cada capítulo se tornou seu próprio sprint.**

4. **Ele começou com o Capítulo 1, escrevendo de acordo com padrões de desenvolvimento da série *Para Leigos*.**

   Depois que ele enviou o Capítulo 1 para a editora, foi-lhe dito que ela não havia gostado e por quê (feedback, feedback, feedback).

5. **Ele implementou esse feedback no Capítulo 1, identificou as lições aprendidas e usou o que aprendeu para escrever o Capítulo 2.**

   Ele enviou o Capítulo 2 para a editora e foi informado de que ela não gostou muito e por quê (feedback, feedback, feedback).

6. **Ele melhorou o Capítulo 2 e usou o que aprendeu para escrever o Capítulo 3. Naquela época, quando ele enviou o Capítulo 3 para a editora, ela disse: "Tudo bem, mas seria melhor se você..." (feedback, feedback, feedback).**

   Esse ciclo continuou até Mark e a editora estarem em sincronia a partir do Capítulo 5.

Se ele tivesse escrito todos os 20 capítulos e enviado de uma vez, e a editora lhe dissesse que tinha odiado todos, o livro não estaria no mercado hoje.

Mídia de Notícias e Scrum

A mídia de notícias também experimentou uma transformação sísmica. O conteúdo impresso passou a ser online, a publicidade muda em cada meio de comunicação (como impressão, rádio, TV, online, mídia social e móvel), e a experiência de coleta de notícias dos leitores se metamorfoseou. Por exemplo, muitas pessoas não recebem mais um jornal diário entregue em suas casas.

Mas, no scrum, a mudança é uma coisa boa. Pelo menos, o scrum o ajuda a aproveitá-la para melhoria.

O que o setor está experimentando é disrupção. Clayton Christensen cunhou o conceito de "inovação disruptiva", que pode ser descrito como o que acontece quando um produto ou serviço novo entra em um mercado existente e, implacavelmente, vai ganhando participação até erradicar seus concorrentes bem-estabelecidos.

Os maiores desafios para as organizações tradicionais de mídia impressa são encontrar formas de monetizar suas ofertas de produtos atuais e se tornarem digitais. Mídia impressa e digital são criaturas peculiares. As empresas inteligentes de comunicação que têm tanto presença digital quanto impressa separaram os dois lados de seus negócios para conseguir fazer o que fazem de melhor. O lado digital dessas empresas, conforme indicado no Capítulo 7, implementa o scrum. Mas e os lados tradicionais?

Brady Mortensen, redator experiente e diretor sênior (Product Owner) dos sistemas de publicação da Deseret Digital Media, disse:

> Na realidade, as organizações de comunicação provavelmente colocaram em prática muitas técnicas scrum durante muitos anos, sem perceberem. Reuniões scrum diárias não são incomuns. Com estações de TV locais ou jornais diários, a duração do "sprint" é de um dia, e o produto final é um conjunto de noticiários e um artigo. Existe também um produto utilizável criado no final de cada ciclo. As redações passam a vida inteira seguindo essas práticas. O que ajudaria as agências de notícias tradicionais é reconhecer que o que elas já fazem é como o scrum, e também adotar ainda mais as técnicas.

As empresas que estão prosperando neste ambiente novo são aquelas que se mostraram ágeis — e especialmente aquelas que adotaram o scrum para identificar suas áreas de maior risco em intervalos regulares e dinâmicos (inspeção e adaptação).

Organizações como *The Washington Post*, *The Chicago Tribune* e a National Public Radio usam aspectos do scrum em suas redações. Veja a seguir algumas técnicas específicas utilizadas:

- » ***Chicago Tribune:*** As equipes começam perguntando quem são os usuários, do que eles precisam e quais recursos podem ser incluídos para atender a essas necessidades. As equipes, então, priorizam os recursos em pilhas chamadas Obrigação, Requerido, Bom e Fala Sério. As equipes eliminam as duas pilhas inferiores e trabalham em cada funcionalidade. Quando o prazo chega, a iteração é interrompida.

  Geralmente o editor-geral é o Product Owner. A equipe de desenvolvimento é composta de jornalistas, designers, fotógrafos, editores e outras pessoas relacionadas ao desenvolvimento de conteúdo.

  O scrum reduz o número de reuniões, que pode ser gigantesco, sobretudo em mídia digital.

- » **NPR:** A NPR usa um ciclo de sprint de duas semanas, com uma reunião de planejamento de sprint de duas horas no início.

  As reuniões diárias são feitas em pé e duram 15 minutos. As equipes coordenam quem está trabalhando em quais histórias e os obstáculos são identificados e removidos.

- » ***Washington Post:*** O jornal tem uma técnica ágil específica para o desenvolvimento de conteúdo em sua plataforma de blogs ao vivo.

  A equipe começa com uma visão: qual é o impacto que ela deseja causar no usuário?

Nas reuniões scrum diárias, a equipe decide o que será trabalhado para esse dia. Jornalistas se unem para trabalhar, processo que o *The Post* usava desde muito antes de o scrum ser implementado. Dois jornalistas sentam-se na mesma mesa e terminam o projeto. Isso intensifica o trabalho e restringe as distrações.

A meta é entrar ao vivo com as notícias o mais rápido possível e obter feedback dos usuários e do grupo. Com base no feedback, a equipe se adapta e se ajusta para o próximo ciclo.

A definição de concluído para o conteúdo

O uso do scrum para desenvolver produtos e serviços, como conteúdo e publicação, é bastante semelhante ao uso do scrum para software. A definição de concluído para as equipes de desenvolvimento de conteúdo deve ser claramente estabelecida, o que significa considerar o conteúdo pronto para o horário nobre.

Voltando aos nossos princípios do roadmap, uma equipe de editoração deve ter uma declaração de visão que exponha quais são as necessidades dos leitores, como a publicação atende às necessidades deles e é diferenciada em seu mercado e em seu ramo, e como a visão se relaciona à estratégia corporativa. (Para mais informações a respeito das declarações de visão, veja o Capítulo 2.)

O roadmap reflete essa visão ao definir as áreas de ênfase editorial a serem abordadas pela publicação, incluindo quaisquer considerações sazonais. O backlog do produto é uma lista ordenada e priorizada de funcionalidades, séries e stories propostas a serem pesquisadas, desenvolvidas, editadas e publicadas.

A visão é o framework para definir o que significa ter um conteúdo concluído, uma story ou um artigo de cada vez. A definição de concluído pode ser algo como:

Com cada artigo, conseguimos cumprir nossa visão de [declaração de como a necessidade é atendida e diferenciada] depois de termos...

Abordar quem, o que, quando, onde e por que isso. Esses elementos não ficam escondidos.

Garantir o equilíbrio, fazendo questão de que ambos os lados de um problema sejam representados.

Assegurar que os padrões e requisitos de otimização de mecanismos de pesquisa sejam atendidos nos elementos do artigo, como título, tags e corpo.

Mencionar pelo menos uma fonte para cada lado da questão.

Checar duas vezes a veracidade para evitar hipérbole e favoritismo.

Preparar o conteúdo de acompanhamento para as postagens de mídia social.

Verificar que as edições e revisões foram concluídas.

Uma sala de redação na qual esses critérios estejam bem visíveis, de modo que os curadores de conteúdo, os editores e os produtores vejam, em todos os momentos, possibilita consistência e clareza sobre o que se espera e como o sucesso deve ser.

A equipe scrum de mídia de notícias

Um diretor de equipe de conteúdo de um grande site de notícias regional estabeleceu a seguinte implementação de scrum. O papel dessa equipe era organizar, editar e publicar conteúdo diariamente no site. O scrum ainda é aplicado, mas a equipe não estava desenvolvendo código. A adoção do scrum pelo site abordou os seguintes problemas:

» Qual é o produto? (O que os clientes de conteúdo de notícias querem ler.)

» Qual é o backlog do produto? (Notícias em potencial e posts de mídia associados, que estavam constantemente mudando.)

» Qual é o lançamento? (Entrega contínua; o conteúdo é entregue assim que é editado e aprovado.)

» Qual é a duração do sprint? (O ciclo de notícias de 24 horas.)

» Quando é o planejamento de sprint? (A primeira coisa a cada manhã; as stories do backlog que receberam aprovação de edição são discutidas.)

» Quando é a revisão do sprint? (No final de cada dia ou antes do planejamento do sprint, todas as manhãs, o que inclui uma revisão dos artigos publicados e análises resultantes para inspeção e adaptação dos artigos do próximo sprint.)

» Quem está na equipe de desenvolvimento? (Curadores de conteúdo, repórteres, fotógrafos, editores, artistas gráficos e cinegrafistas.)

» Quem é o Product Owner? (O editor de gerenciamento.)

» Quem é o Scrum Master? (Um membro da equipe de desenvolvimento que entende, tem experiência com o scrum e a influência organizacional para remover os obstáculos para a equipe.)

» Quem faz o refinamento do backlog e quando? (Toda a equipe de desenvolvimento e o Product Owner ao longo do dia, organizando e avaliando as matérias propostas, incluindo as últimas notícias.)

Quando essas perguntas básicas são feitas e respondidas, as ideias e visões vêm à tona. Cada função, artefato e evento pode ser identificado e atribuído.

A flexibilidade do sprint

Em geral, os sprints rotineiros em uma agência de notícias viabilizam a flexibilidade necessária para os feeds de notícias diários. Você não pode planejar as notícias com cinco dias de antecedência, mas pode planejar uma matéria por dia — na maior parte do tempo. As notícias de última hora e inesperadas podem ser tratadas durante o sprint através da comunicação direta entre os membros da equipe.

Mídias com ciclos de conteúdo mais longos, como revistas (online e/ou impressas), podem ter ciclos de sprint mais longos para o conteúdo. Cada funcionalidade — uma seção, artigo, capítulo ou outro segmento — pode ser dividido em requisitos e tarefas, quando apropriado.

4
Scrum para Funções de Negócios

NESTA PARTE . . .

Otimize o desempenho do portfólio do projeto.

Escalonamento do scrum em equipes de projetos com mais de mil pessoas.

Financie projetos de forma incremental e lucrativa.

Maximize as equipes de desenvolvimento de negócios e atendimento ao cliente.

Melhore o valor e a eficiência da TI e da manutenção.

NESTE CAPÍTULO

» Facilitando a migração do big data

» Viabilizando e protegendo as ferramentas de TI

» Retendo e treinando talentos

» Maximizando o valor operacional

» Manutenção e suporte inovadores

Capítulo **12**

Gerenciamento de TI e Operações

Qualquer tecnologia suficientemente avançada é equivalente à magia.

— SIR ARTHUR C. CLARKE

No Capítulo 8, analisamos o scrum no setor de desenvolvimento de software, demonstrando exemplos do poder do scrum nessa área. Algumas pessoas acham que a tecnologia da informação (TI) e o software são uma e a mesma coisa, mas essa suposição está bem longe de ser a verdade.

O desenvolvimento de software tem a ver com a criação de aplicativos de software executados em sistemas de computador e dispositivos eletrônicos. A tecnologia da informação está relacionada aos sistemas de computador e telecomunicações para armazenar, enviar e recuperar informações.

Nem toda empresa tem um departamento de desenvolvimento de software, mas é raro encontrar uma empresa que consiga sobreviver sem uma equipe de profissionais de TI dedicados ao fluxo regular e à segurança das informações.

As operações de TI podem variar muito de uma organização para outra. Os papéis e as responsabilidades podem diferir, e, mesmo dentro de um único

CAPÍTULO 12 **Gerenciamento de TI e Operações** 201

grupo, o tipo de trabalho realizado pode variar de um dia para outro e de um trimestre para o outro. Além disso, a TI está passando por mudanças rápidas, à medida que a tecnologia continua a evoluir e as possibilidades aumentam.

Em qualquer campo em crescimento, o que não faltam são desafios. Quando o sistema fica sobrecarregado e os serviços são interrompidos, o trabalho de importância capital pode ficar atrasado ou parar, resultando em aumento de custos, desperdício de recursos, perda de receita e até de clientes. O backlog de uma equipe de TI pode ser tão rápido que a equipe pode não conseguir acompanhar.

Neste capítulo, examinamos o gerenciamento e as operações de TI e descrevemos como o scrum fornece soluções que economizam tempo e dinheiro para os desafios modernos.

Big Data e Migração em Grande Escala

A dimensão gigantesca de dados é assombrosa, e até mesmo enquanto escrevíamos este capítulo ela crescia cada vez mais. Tentar compreender a dimensão do big data é como tentar imaginar um enorme fenômeno matemático como a velocidade do Universo em expansão. O big data é tão grande que vai além do que a maioria das pessoas pode sequer imaginar.

Os números a seguir são apenas alguns exemplos de como o big data pode ser grande:

» O Walmart realiza 1 milhão de transações por hora, alimentando bancos de dados de mais de 2,5 petabytes (cerca de 167 vezes maior que o tamanho dos dados de todos os livros da biblioteca do congresso).

» O Facebook hospeda mais de 40 bilhões de fotografias.

» O eBay lida com 50 petabytes de informação todos os dias.

» Decodificar o genoma humano exige a análise de 3 bilhões de pares de bases. Na primeira vez, o processo levou dez anos; agora, leva uma semana.

» A Cisco estima que, em 2016, a taxa anual de execução do tráfego global da internet seja de 1,2 zettabytes (ZB) por ano ou 96 exabytes (EB) por mês. Espera-se que o tráfego anual global da internet atinja 3,3ZB por ano, ou 278EB por mês, até 2021.

A importância do big data não pode ser subestimada. Muitos desses dados são altamente pessoais e confidenciais, e podem impactar vidas e resultados financeiros. O desafio é reunir, gerenciar e interpretar dados de modo rápido, eficaz e correto. Aliás, deve-se levar em consideração o possível uso futuro desses dados no design dos processos de armazenamento e recuperação. É necessário que eles se tornem informações úteis, e não apenas dados.

QUAL É O TAMANHO DE UM ZETTABYTE?

PAPO DE ESPECIALISTA

Um zettabyte corresponde a bilhões de gigabytes, ou 10^{21} bytes de informação digital. Veja abaixo a escala dos tamanhos de dados:

- 1 byte é o equivalente de um único caractere digital de texto (como a letra *a*).
- 1KB é um kilobyte, ou aproximadamente 1.000 bytes de informação digital.
- 1MB é um megabyte, ou 1 milhão (1.000^2) de bytes de informação digital.
- 1GB é um gigabyte, ou 1 bilhão (1.000^3) de bytes de informação digital.
- 1TB é um terabyte, ou 1 trilhão (1.000^4) de bytes de informação digital.
- 1PB é um petabyte, ou 1 quadrilhão (1000^5) de bytes de informação digital.
- 1EB é um exabyte, ou 1 quintilhão (1000^6) de bytes de informação digital.
- 1ZB é um zettabyte, ou 1 sextilhão (1000^7) de bytes de informação digital.

Um desafio significativo é que 80% desses dados não são estruturados (como e-mails, blogs, planilhas, documentos de texto, imagens, vídeos, voz e registros de pesquisa). Esse segmento não estruturado está crescendo mais rapidamente que os dados estruturados. Grosso modo, a maioria dos dados é uma tremenda bagunça.

A segurança de dados e a proteção da privacidade são mais importantes do que nunca; porém, ao mesmo tempo, está cada vez mais difícil de se garantir a segurança. Os frameworks e os processos tradicionais de gerenciamento de dados não são capazes de processar essa quantidade. Velocidade, flexibilidade e feedback instantâneo são necessários. Seis meses é tempo demais para esperar que um sistema novo não testado funcione. E as chances são de que, em seis meses, os requisitos tenham mudado ou um gap novo tenha sido identificado.

A fim de lidar com esse tsunami de dados, muitas empresas e organizações estão migrando para a nuvem. Muitas organizações têm suas próprias nuvens internas ou ambientes virtualizados. (Veja o Capítulo 8 para detalhes a respeito da computação em nuvem.)

Gerenciamento de projetos de armazenagem de dados (data warehouse)

Tradicionalmente, os projetos de armazenamento de dados são considerados difíceis de gerenciar. Embora cada segmento ou fase do projeto possa ter um início e um fim tangível, o data warehouse em si nunca é concluído; está crescendo e mudando continuamente.

MIGRAÇÃO GRANDE DE DADOS

Um exemplo de implementação bem-sucedida do scrum é uma empresa de energia multibilionária com operações nos Estados Unidos e no Brasil. As fusões e as aquisições frequentes criaram a necessidade de integração precisa e oportuna de dados. A gerência sênior precisava de relatórios criados sobre as entidades novas, bem como sobre seus produtos e clientes novos. A gestão concentrou-se especificamente em projetos de eficiência energética para manter um forte segmento de clientes.

Existiam dados em vários formatos e em vários aplicativos, incluindo dados financeiros e de orçamento em planilhas, uma ferramenta de gerenciamento de relacionamento com o cliente (CRM) e dados que estavam armazenados em nuvem relacionados a inúmeras pesquisas de clientes.

O processo de integração do scrum foi assim:

1. Papéis foram definidos.

   As partes interessadas foram identificadas como usuários finais. O Product Owner representou as partes interessadas e os financiadores do projeto. O gerente de projeto tornou-se o Scrum Master. A equipe de desenvolvimento foi representada pelo arquiteto de dados, arquiteto do sistema e arquiteto/recurso ETL (extract, transform, load — extrair, transformar, carregar).

2. As partes interessadas e o Product Owner determinaram o ponto de partida de maior prioridade: dados de orçamento.

3. O ETL foi o escopo do pedaço inicial do projeto. À medida que os dados eram disponibilizados, o Product Owner trabalhava com as partes interessadas para identificar relatórios que pudessem ser implementados de forma incremental e que os conectassem ao backlog do produto para priorização nos sprints futuros.

4. O sprint 1 foi executado. Os dados de orçamento foram carregados no data warehouse. Os dados foram conferidos a partir de relatórios de amostra.

5. O sprint 2 foi executado. Os dados do CRM foram carregados no data warehouse. Relatórios de amostra foram usados para validar os dados.

   Após o segundo sprint, as partes interessadas identificaram requisitos novos nos dados de orçamento, depois de compará-los com os dados do CRM carregados. Esses requisitos foram adicionados ao backlog do produto e priorizados.

6. O sprint 3 foi executado. Os dados de pesquisa foram carregados e validados a partir de relatórios de amostra.

   Durante o terceiro sprint, novas fontes de dados foram descobertas e carregadas.

7. O sprint 4 foi executado. A integração de todas as três fontes de dados foi analisada a partir de relatórios de amostra.

8. Nos sprints restantes, os relatórios foram escritos de acordo com a prioridade.

Em questão de meses, e não de anos, toda a migração do banco de dados foi concluída. O data warehouse estava totalmente funcional e havia um processo para gerenciar os dados novos e as mudanças ao longo do caminho. Parte da razão para o sucesso desse projeto foi o modo como as equipes de negócios e desenvolvimento trabalharam juntas visando um objetivo em comum.

O processo foi liberado mais rápido para o mercado porque não envolvia a abordagem em cascata de carregar todos os dados possíveis de todas as fontes possíveis e, em seguida, testar. Em vez disso, primeiro implementaram-se os dados de prioridade máxima em fases, todos inspecionados e adaptados durante o processo. Novas descobertas foram incorporadas no próximo sprint e, em seguida, implementaram-se os próximos dados de maior prioridade.

LEMBRE-SE

Um data warehouse não é um prédio cercado de arame farpado nos cafundós da cidade. Em vez disso, é um processo ou um framework para manipular dados dentro de uma empresa ou organização, ou uma arquitetura de aplicativos baseada em conhecimento que facilita a tomada de decisões estratégicas e táticas.

Outra complexidade é que a atividade contínua de fusões e aquisições cria problemas de integração de dados em toda a empresa. Ativos e grupos novos são adquiridos ou desmembrados, e os dados e processos correspondentes precisam ser gerenciados. A manutenção de diversos aplicativos herdados que não se integram bem pode ser mais cara do que os projetos de conversão.

Enterprise Resource Planning

Enterprise Resourse Planning (Planejamento de Recursos Empresariais — ERP) é um conjunto de aplicações de software integrados e dinâmicos que as organizações e corporações usam para reunir, gerenciar, interpretar e integrar processos de negócios, incluindo planejamento, compras, fabricação, estoque, marketing, vendas, distribuição, finanças e recursos humanos.

Normalmente, a implementação de um sistema ERP significa fazer o desenvolvimento simultâneo em várias áreas funcionais (como marketing, vendas, estoque e compras) para realizar uma transação comercial específica. A implementação envolve o design e a configuração de muitos módulos ao mesmo tempo. Esses módulos, embora sejam desenvolvidos individualmente, também devem ser projetados para aplicação multifuncional. Durante o design do módulo de vendas, por exemplo, dá-se uma atenção especial aos processos upstream e downstream.

Pense em como as vendas se encaixam no processo geral como um todo. Você começa com o estoque e, posteriormente, precisa faturar seus pedidos. Portanto, o módulo de vendas deve se integrar perfeitamente ao seu módulo de estoque e ao seu módulo de finanças (e seu módulo de estoque deve se integrar aos seus módulos de fabricação e compra, que, por sua vez, devem se integrar aos seus módulos financeiros e assim por diante).

Infelizmente, levam-se anos para projetar e construir esses módulos individuais antes do início da fase de testes integrados. Até lá, quaisquer gaps entre os módulos exigem ainda mais tempo para identificá-los e corrigi-los. Uma pequena diferença entre o departamento de vendas e finanças pode resultar em meses de trabalho extra. Normalmente, essa correção pode não se integrar devidamente a outro módulo em algum ponto do processo. Quando todos trabalham em silos até a fase de testes integrados, a detecção com antecedência de gaps e anomalias é bem difícil.

Tradicionalmente, os fornecedores de ERP lidavam com essa interdependência bloqueando uma sequência de desenvolvimento específica. De fato, mesmo os parâmetros que não seriam usados precisavam ser configurados na ordem definida pelo fornecedor de ERP.

Agora, com equipes scrum escalonadas (veja o Capítulo 13), é possível fazer essa customização em paralelo, com cada equipe scrum concentrando-se em uma área funcional específica e usando testes de integração automatizados para garantir que a transação comercial funcione nos módulos. Seguir as técnicas ágeis permite que o teste de integração ocorra todos os dias (desde o primeiro dia), em vez de ocorrer em meses ou anos de projeto.

Ainda que essas interdependências modulares sejam aparentemente passivas, elas facilitam a divisão do trabalho em partes que se ajustem às equipes scrum separadas que, por sua vez, executam sprints sincronizados. A priorização do backlog do produto é definida a nível de programa e as alterações de requisitos incrementais são minimizadas. A priorização do backlog do sprint também fica alinhada. Você mantém a flexibilidade do scrum e acelera drasticamente o ritmo da implementação. (No Capítulo 13, entramos de cabeça nesse modelo de fatiamento vertical.)

A arquitetura dos sistemas ERP está cada vez mais orientada para Software as a Service (SaaS; veja o Capítulo 8), o que significa que os componentes monolíticos são mais modulares do que costumavam ser para instalações de clientes.

Além disso, as tarefas necessárias para configurar os sistemas ERP geralmente são repetitivas, portanto, a cadência e a estimativa podem ser estabelecidas com antecedência e possibilitar previsões acertadas de escalonamento e tempo.

No Capítulo 13, falamos a respeito do escalonamento do scrum em várias equipes. Para lidar com mais de um projeto de implementação de ERP de uma vez só com o intuito de agilizar a entrega, várias equipes podem trabalhar em cada componente da função de negócios ao mesmo tempo. O uso efetivo do scrum escalonado permite a várias equipes scrum que estruturem sua definição de concluído para englobar testes de integração, regressão, desempenho, segurança e teste de regressão no nível do sprint em vez de ser no nível do lançamento. Faz-se necessário o alinhamento da definição de concluído porque os sistemas ERP são complicados de se corrigir quando os conflitos são introduzidos no ambiente de produção. As equipes aprendem a ser disciplinadas em sua definição de concluído.

CONVERTENDO SISTEMAS LEGADOS

Um cliente nosso sem fins lucrativos assumiu um projeto imenso de conversão de vários sistemas legados para uma nova solução de ERP. Ao que tudo indicava, esse trabalho seria um pesadelo. Era como tentar misturar água com óleo ou domar tigres. Porém, mesmo esses eufemismos são desafios fáceis quando comparados à tarefa de combinação de diversos sistemas de gerenciamento de dados.

O roadmap que o cliente definiu indicava um projeto com duração de 18 meses. A visão era uma solução de ponta a ponta para a gestão de recursos imobiliários globais da empresa. Veja quais foram as etapas que a empresa seguiu:

1. Uma equipe conseguiu um espaço aberto e organizado. Era uma sala de equipe scrum completa, com uma parede inteira disponível para um quadro de tarefas. Outra equipe montou uma oficina ao lado, bem pertinho, para facilitar a colaboração.

2. Com a ajuda das partes interessadas, o Product Owner determinou o primeiro produto viável mínimo (MVP) — um conjunto dos processos mais comuns relacionados às atividades de leasing. De imediato, os usuários puderam se beneficiar desses processos comuns.

3. O lançamento foi planejado, incluindo alguns sprints, tendo o novo MVP como meta. A equipe colocou a mão na massa.

4. Os desenvolvedores foram adicionados à equipe para definir as integrações de terceiros.

5. A técnica de swarming e a programação pareada foram usadas imediatamente, pois o sistema era novo para todos. Os membros da equipe queriam colocar a multifuncionalidade em prática o mais rápido possível.

    A equipe também convidou um membro da equipe de implementação tradicional para participar em tempo integral. Ele se sentou com a equipe scrum e acompanhou as etapas de definição durante os sprints. Quando chegou a hora da implementação entrar em produção, tal etapa ocorreu sem problemas, graças ao conhecimento compartilhado e aos testes iniciais.

6. A equipe passou a integrar as funcionalidades novas do roadmap, enquanto os clientes aproveitavam as vantagens das funcionalidades de leasing desenvolvidas recentemente.

Muito do que foi aprendido com esse primeiro lançamento foi incorporado em lançamentos futuros para diferentes aspectos do novo sistema, como planejamento, construção, operações e manutenção. Por meio do processo scrum, a equipe estava sempre um passo à frente do cliente e pôde avançar tranquilamente com as próximas funcionalidades de prioridade máxima.

Descobrimos também que o scrum funciona bem com esses tipos de projetos quando eles se concentram em fornecer business intelligence para a organização. Os relatórios visuais de dados têm um requisito claro de negócios para usuários. O trabalho de preparar os dados (como agregação e manipulação) compõe as tarefas que suportam a entrega de um relatório ao usuário especificado (como um executivo ou gerente).

As implementações de ERP que ocorrem muitas vezes ao ano costumavam ser comuns, porém as organizações não podem esperar tanto tempo para entrarem no mercado acelerado de hoje. As empresas precisam de soluções mais rápidas e baratas. Os clientes querem ver o retorno do investimento o mais rápido possível, com maior satisfação do cliente.

Iterar, inspecionar e adaptar-se através do scrum possibilita implementações reduzidas.

O Dilema: Serviço x Controle

A importância de um grupo de TI é estarrecedora. Esse grupo mantém as informações circulando em toda a organização, ao passo que os sistemas de tecnologia que ele gerencia se tornam mais sofisticados e complexos. Para complicar ainda mais o trabalho de um grupo de TI, temos a disponibilidade facilitada de outros aplicativos de software e recursos de nuvem, além de uma tendência crescente de funcionários que trazem seus próprios dispositivos para o trabalho (BYOD) ou trazem aplicativos externos (BYOA).

PAPO DE ESPECIALISTA

BYOD significa *traga seu próprio dispositivo (bring your own device)*, particularmente quando se refere ao uso de telefones, notebooks e tablets externos não suportados pela TI. *BYOA* quer dizer *traga seu próprio aplicativo (bring your own application)* e refere-se a adquirir e trazer ferramentas de software ou usar assinaturas para o trabalho.

O uso do BYOD e do BYOA já está bem difundido. Uma pesquisa recente da Syntonic descobriu que 60% das empresas com mais de 100 funcionários têm uma política amigável em relação ao BYOD. Se os funcionários não acham que têm as ferramentas de TI necessárias, é natural que procurem soluções em outros lugares, sobretudo quando essas soluções estão amplamente disponíveis por meio de aplicativos SaaS e móveis. Essa perda de controle se torna uma preocupação significativa para as equipes de TI quando dispositivos e aplicativos não compatíveis criam riscos de segurança ou interferem nas soluções aprovadas pela empresa.

O fato é que um equilíbrio pode ser alcançado entre fornecer aos funcionários as ferramentas necessárias para desempenharem suas funções e manter o controle e a segurança. A seguir, alguns exemplos de como você pode usar o scrum para gerenciar problemas comuns em TI:

» A TI não consegue controlar os dispositivos e aplicativos pessoais que os funcionários usam, mas pode controlar o acesso a dados. Use o scrum para desenvolver aplicativos que acessem os dados com segurança. O framework scrum limita as funcionalidades para que o MVP seja rapidamente identificado e implementado.

» Peça aos membros de TI que participem como partes interessadas das revisões de sprint de outras equipes scrum, para que a TI saiba em primeira mão em que as equipes de desenvolvimento estão trabalhando e quais ferramentas estão usando. Perguntas podem ser feitas no local, e as necessidades podem ser atendidas com o conhecimento da causa.

» Convide os representantes do departamento para as reuniões de revisão de sprint da TI com a finalidade de obter feedback sobre o roadmap da TI. Eles podem ser informados a respeito do que é importante para a empresa e para o desenvolvimento de produtos. Dessa forma, o negócio se alinha com a TI.

Trate o problema, não o sintoma, dando aos funcionários as ferramentas de que precisam, quando precisam, da maneira que precisam. O scrum o ajuda a fazer isso.

Desafios de segurança

Talvez você já tenha ouvido alguns destes termos: *bots, worms, malware, phishing* e *falha de segurança*. Para algumas pessoas, a internet é um terreno fértil para atividades maliciosas. As principais violações de dados vivem aparecendo nas manchetes regularmente. Confira a seguir alguns exemplos de empresas e organizações que recentemente foram invadidas e tiveram as informações de seus clientes comprometidas:

» Agosto de 2017: Equifax (143 milhões de pessoas afetadas).

» Junho de 2017: Comitê Nacional Republicano (200 milhões de pessoas afetadas).

» Fevereiro de 2017: PayPal/TIO (1,6 milhão de pessoas afetadas).

» Outubro de 2016: Uber (57 milhões de pessoas afetadas).

» Fevereiro de 2015: Assistência Médica e Plano de Saúde Anthem (78,8 milhões de pessoas afetadas).

GUILDAS

Guildas são grupos de pessoas em uma organização que compartilham conhecimento, ferramentas e práticas. Uma guilda é similar a uma comunidade de prática, na qual as pessoas se envolvem regularmente na aprendizagem coletiva e compartilham conhecimento de interesses ou práticas comuns. Exemplos de guildas incluem equipes de segurança, administração do sistema, banco de dados, qualidade e scrum.

As guildas devem estar abertas a qualquer pessoa interessada em orientar os outros ou em aprender mais, incluindo aqueles que são novos na habilidade ou prática.

As guildas devem reunir-se com frequência suficiente para construir conhecimento e aumentar os níveis de aprendizado e habilidade em toda a organização.

Pense na possibilidade de disponibilizar pelo menos uma pessoa em cada equipe scrum para que se torne um membro do grupo de segurança. Isso ajudará muito a garantir que as práticas de segurança sejam comuns e que a conscientização esteja sendo promovida em todas as equipes.

Não raro, a segurança é uma medida tardia. Os gerentes muitas vezes sabem que é bom investir em segurança, mas dizem: "Vamos lidar com isso quando se tornar um problema." Os riscos de segurança estão aumentando e precisam ser resolvidos antes cedo do que tarde. Abaixo, veja alguns meios pelos quais o scrum pode ajudar a expor problemas relacionados à segurança e facilitar o modo como as melhorias são abordadas.

» Refine sua definição de concluído. Em ambos os níveis de lançamento e sprint, a definição de concluído é de suma importância. Decida sobre os requisitos de segurança que devem ser atendidos em cada time box. Ao adicionar uma tarefa de segurança a cada requisito para atender à sua definição de concluído, os custos de mitigação do risco de segurança podem ser distribuídos ao longo da duração do projeto. Faça com que a segurança seja uma prioridade máxima desde o início do projeto.

» Como membro da equipe scrum em qualquer papel, se a segurança não for uma prioridade tão alta quanto você acha que deveria ser, aborde-a na próxima retrospectiva. As partes interessadas do negócio e/ou o Product Owner podem precisar ser treinados sobre os problemas. Identifique os problemas e insira-os no backlog do produto.

» Faça com que os membros da equipe de TI participem das revisões de sprint da equipe do projeto e forneçam feedback de segurança.

» Automatize os testes de segurança o máximo possível. Considere a possibilidade de automatizar o teste de invasão, o cross-site scripting (XSS) e a verificação de vulnerabilidades.

» Pense na possibilidade de implementar um grupo (guilda) de segurança dentro da empresa que promova a conscientização e o desenvolvimento de habilidades em práticas e tecnologias comuns de segurança em toda a organização.

O Gap da Aposentadoria dos Baby Boomers

Os funcionários novatos que ocupam o lugar dos aposentados baby boomers (explosão de nascimentos de bebês) têm uma mentalidade geracional diferente do que seus predecessores. Com frequência, o crescimento pessoal e a ambição são os padrões preferíveis do que ficar na mesma empresa durante toda a carreira. Isso significa que os funcionários mais antigos com os quais você sempre pode contar serão cada vez mais raros, o que pode apresentar desafios operacionais. As práticas ágeis a seguir podem o ajudar a reter e a desenvolver as habilidades dos funcionários mais novos:

» Crie um programa de mentoria para aqueles que estão prestes a se aposentar e seus substitutos mais jovens. Esse programa aumenta a eficiência na transferência de conhecimento, assim como aumenta a adesão e a dedicação.

» Dê aos novos funcionários de TI projetos e responsabilidades fora da zona de conforto deles. Dê-lhes treinamento e coisas novas para aprender a aumentar o envolvimento mental e emocional. As chamadas guildas (grupos de colaboração; veja o box anterior) facilitam esse processo, fornecendo grupos de especialistas em cada área. Desenvolvedores de nível sênior e júnior aprimoram suas habilidades trabalhando juntos.

» Elabore atividades de multifuncionais, como emparelhamento e a técnica shadowing (veja o Capítulo 4).

DICA

Essas atividades também podem ajudar os funcionários mais antigos a continuar crescendo. Às vezes, as pessoas que estão no processo de deixar as organizações resistem às mudanças, pois elas só querem trabalhar os últimos anos antes de se aposentarem. As guildas podem fornecer um meio para explorar o conhecimento e o imenso valor desses funcionários. Tire esses funcionários de suas zonas de conforto organizando workshops, palestras durante o almoço e outros tipos de treinamento.

Incentive as pessoas novas a crescer e, em seguida, forneça os meios necessários para capacitá-las. Quando o tédio e a rotina podem motivar as pessoas a alçarem voos mais altos, os desafios, oportunidades de crescimento, reconhecimento e um senso de propósito ajudam as pessoas a ficar e se comprometer.

Potencial de Lucro e Perda

O valor de negócio da TI é gigantesco. Ele precisa ser divulgado e demonstrado regularmente para o restante da organização. Às vezes, no entanto, esse valor é negligenciado diante de problemas que dependem da tecnologia. Uma grande oportunidade vincula-se ao fato de divulgar claramente o valor que a TI agrega para todos os envolvidos — mesmo que tais vantagens sejam apenas na forma de riscos mitigados.

LEMBRE-SE

A pergunta que não quer calar é: "Essa tarefa ou atividade contribui com as principais prioridades de nossa organização?" Se sim, procure mantê-la e priorize-a. Se não, descubra como eliminar essa função e focar as tarefas de operação crítica.

O aumento da visibilidade para a empresa (através de artefatos como backlog e incrementos dos produtos prioritários de TI demonstrados nas revisões do sprint) fornece informações para toda a organização sobre como a TI trabalha, a fim de eliminar os gargalos no fluxo de informações e comunicações, e proporciona as ferramentas para aumentar a produtividade. Quando toda a organização compreende o valor que a TI agrega, as interações entre a TI e outros departamentos tornam-se mais colaborativas e as soluções de TI tornam-se facilitadoras inequívocas da estratégia corporativa.

Assim como uma equipe scrum que aumenta sua velocidade de 25 para 27, basta uma pequena economia no percentual do custo operacional para obter a melhoria de grandes resultados com o passar do tempo.

Atualmente, a eficiência energética é um assunto controverso e é um exemplo de como adianta economizar um pouco ao longo do tempo. Um conjunto amplo de ferramentas está se tornando disponível para ajudar com a economia dos custos em energia. Mediante um monitoramento melhor e implementação de produtos que economizam energia, é possível poupar alguns pontos percentuais no custo; isso permite à TI que gere mais lucros.

PAPO DE ESPECIALISTA

A IBM estima que os custos de TI e energia combinados respondem por até 75% dos custos operacionais e por até 60% das despesas de capital em uma organização.

Estima-se que um data center de 7.500 metros quadrados consuma mais de US$4 milhões em energia a cada ano. Embora esse número não seja eliminado de uma só vez, usando etapas incrementais para inspecionar e adaptar, os custos podem ser reduzidos de forma gradual e apropriada. Uma pequena porcentagem de economia sobre US$4 milhões não é ruim.

Inovação versus Estabilidade

As empresas dependem das operações de TI para ganho de estabilidade, desempenho e tempo produtivo, porém a TI sempre precisa inovar, o que pressupõe a necessidade de mudar rapidamente e com frequência. Estabilidade e mudança conflitam. Esse conflito é resolvido ao estreitar a colaboração entre as equipes de operações e desenvolvimento. Em vez de desenvolver novas tecnologias e empurrá-las no colo das operações de suporte como se fossem problemas deles, e vice-versa, o lado operacional do negócio elabora sandboxes (conceito de caixa de areia) ou conjuntos de padrões nos quais as equipes de desenvolvimento podem trabalhar.

Toda vez que as equipes de desenvolvimento fazem alterações no código do processo de inovação, elas podem ficar tranquilas sabendo que essas mudanças de código são feitas dentro do conjunto de padrões acordados entre operações e desenvolvimento. As mudanças nas estruturas de banco de dados ou projetos dentro dos padrões operacionais evitam os riscos inerentes em relação àquelas mesmas mudanças feitas nos moldes de desenvolvimento em silos, caracterizadas por pouca ou nenhuma colaboração com as operações.

Esses padrões são incorporados à definição de concluído da equipe. A TI pode ter certeza de que, dentro de cada sprint, as equipes permanecerão no sandbox com cada requisito. Quando mudanças nos sandboxes precisam ser feitas, o desenvolvimento e as operações analisam as coisas e definem novos limites.

A necessidade de melhorar a coordenação é a alma do negócio, especialmente no desenvolvimento de software, que é onde o DevOps entra.

DevOps

Desenvolvimento e operações (DevOps) é uma solução crescente relacionada ao gap no desenvolvimento de aplicativos de software. A Figura 12-1 mostra como o DevOps aborda os desafios de coordenação.

CAPÍTULO 12 **Gerenciamento de TI e Operações**   213

FIGURA 12-1: O DevOps equilibra um requisito de negócio em relação à estabilidade.

As tarefas tradicionais de TI estão sendo transferidas para os membros da equipe DevOps, o que não apenas transfere tarefas da TI, mas também viabiliza que as equipes de desenvolvimento com membros da equipe DevOps levem o desenvolvimento de seus produtos à produção com menos dependências de TI. Os data centers virtualizados tornam essa prática cada vez mais possível porque a TI gerencia a plataforma, o que permite a criação de novos ambientes virtualizados por alguém com recursos de DevOps em uma equipe scrum de projeto.

Agora, as dependências de TI podem ser feitas dentro da equipe scrum. Dentro dos sprints, consegue-se uma qualidade maior e uma velocidade mais rápida de finalização.

Manutenção

Depois que um aplicativo é disponibilizado para uso, as equipes de manutenção fornecem suporte. Esse suporte pode ser responder aos questionamentos referentes ao próprio suporte, corrigir defeitos e implementar pequenas melhorias para atender aos gaps de funcionalidade na produção.

Quando as equipes scrum se concentram no funcionamento do projeto, seja software ou TI, a triagem de problemas operacionais é prejudicial. O funcionamento do projeto e da manutenção é bem diferente. Ele exige diferentes tipos de trabalho e empenho por parte dos desenvolvedores, o que também envolve um ritmo diferente. Se uma equipe scrum de projeto for responsável pela operação ou manutenção, o desenvolvimento de uma funcionalidade nova é interrompido com frequência, afetando os cronogramas de lançamentos que são o valor de negócio e as funcionalidades do cliente. (Veja o Capítulo 13 para saber mais sobre o custo dos atrasos em ficar alocando uma equipe de desenvolvimento em muitos projetos.)

Ao separar a manutenção dos novos esforços de desenvolvimento das equipes scrum, ela pode ser simplificada e os novos desenvolvimentos podem progredir ininterruptamente. Recomendamos uma estrutura de equipe scrum de manutenção que separe essas duas funções, de forma que as interrupções sejam minimizadas sem aumentar os custos (veja a Figura 12-2 e a Figura 12-3).

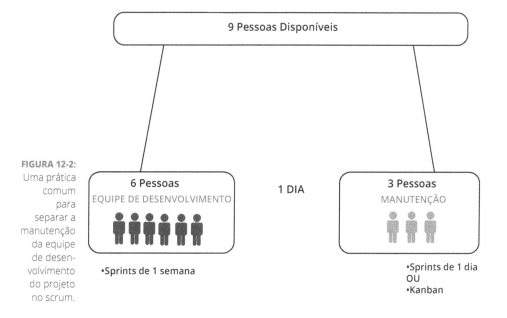

FIGURA 12-2: Uma prática comum para separar a manutenção da equipe de desenvolvimento do projeto no scrum.

O kanban dentro de uma estrutura scrum

Introduzimos o conceito kanban no Capítulo 6. Algumas equipes scrum e ágeis usam um quadro Kanban para visualizar seu fluxo de trabalho. Veja como funciona o processo nas Figuras 12-2 e 12-3:

» No início de um novo ciclo de lançamento, divida a equipe de desenvolvimento em um pequeno subconjunto com habilidade e conhecimento suficientes para eficazmente manter o produto em uma equipe de manutenção.

FIGURA 12-3: Os membros da equipe são rotacionados entre as equipes em intervalos razoáveis para garantir polinização do conhecimento e funcionalidade de habilidades.

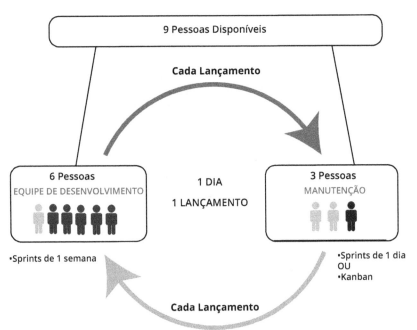

Conforme mostra a Figura 12-2, se você tem uma equipe de desenvolvimento de nove pessoas, é possível disponibilizar três desenvolvedores e formar uma equipe scrum de manutenção separada, deixando seis desenvolvedores para fazer o trabalho novo de desenvolvimento de produto na equipe scrum existente. O tamanho da sua equipe pode variar. Menos ou mais de três membros podem ser necessários na equipe de manutenção. (Embora a equipe scrum existente agora seja menor, não será mais necessário ficar trocando as pessoas — thrashing — entre o desenvolvimento de novos produtos e o trabalho de manutenção. Menos pessoas não significa menos saída. Na verdade, como se deixou de alocar as pessoas entre as atribuições, a equipe deve ser capaz de aumentar significativamente sua produção.)

» A equipe de manutenção executa sprints ou kanban de um dia para responder a requisitos que mudam rapidamente (muitas vezes que mudam diariamente). Todas as manhãs, a equipe faz uma triagem e planeja as prioridades do dia, realizando o trabalho planejado. No final do dia, a equipe analisa o que foi realizado e elimina esse trabalho para lançamento. (O lançamento pode acontecer a qualquer momento e não precisa acontecer diariamente.)

» As equipes de manutenção podem ser menores que as novas equipes de desenvolvimento. O Product Owner e o Scrum Master da equipe de manutenção são geralmente os mesmos da equipe do projeto. O thrashing (deslocamento e alocação de pessoas entre projetos) será mínimo, se chegar a ocorrer, porque ambos estão trabalhando em um único aplicativo.

» Em cada lançamento da equipe do projeto (ou se uma equipe lança com frequência e em intervalos razoáveis, como 90 dias), um membro vai para a equipe de operações para se dedicar em tempo integral, fornecendo a transferência de conhecimento necessária para apoiar o lançamento. Novamente, o uso de thrashing é minimizado porque é feito no nível de lançamento e os membros da equipe continuam trabalhando no mesmo produto. (Para mais informações sobre como minimizar o uso de thrashing para maximizar a estabilidade e a lucratividade, veja o Capítulo 13.)

» Em cada lançamento, um membro da equipe de operações faz a transição para a equipe do projeto e passa a se dedicar em tempo integral a essa equipe.

» Mais dia, menos dia, todo mundo faz um desenvolvimento novo e um trabalho operacional.

» A polinização cruzada do produto e do conhecimento especializado é um benefício fundamental.

» A multifuncionalidade também é construída por meio das transições de equipe.

As equipes de manutenção normalmente executam sprints ou kanban diários em vez de sprints de uma semana ou mais, como fazem as equipes scrum de projeto. Geralmente recomendamos a execução de sprints diários em vez de kanban, porque gostamos do produto forçado e dos pontos de contato do processo associados à revisão e retrospectiva do scrum, mas o kanban pode ser eficaz se feito dentro de uma estrutura de scrum.

A prática do kanban de visualizar o fluxo de trabalho se encaixa perfeitamente no scrum. Limitar o trabalho em andamento também ajuda as equipes a se manterem focadas e a finalizarem o trabalho.

O gerenciamento do fluxo e da estimativa com base no lead time (tempo decorrido da solicitação até a entrega) e no tempo de ciclo (tempo decorrido desde o início do trabalho até a entrega) também é útil para as equipes que usam o kanban. As equipes scrum também podem achar o lead time e o tempo de ciclo de grande ajuda no planejamento e na comunicação com as partes interessadas.

LEMBRE-SE

Lead time é a quantidade de tempo entre o recebimento de uma solicitação e a entrega do produto acabado. *Tempo de ciclo* é o tempo entre quando o produto é iniciado e quando é entregue. Portanto, o lead time é com o que as partes interessadas se preocupam.

As equipes que usam o kanban também estão cientes da teoria das restrições, o que significa que o sistema da equipe é limitado por várias restrições. No scrum, a velocidade é uma restrição, e o Scrum Master sempre está procurando por maneiras de remover o arrasto organizacional para aumentar a velocidade, reduzindo-o como fator de restrição.

O kanban deixa a desejar no quesito de um mecanismo de feedback forçado. É muito fácil para as equipes que usam o kanban evitar esse ciclo de feedback e comunicar-se eternamente entre si e com as partes interessadas, dizendo: "Sim, o trabalho está em andamento e estamos progredindo." O quadro kanban é visível, mas os esforços de inspeção e adaptação do produto e do processo podem não ser eficazes. O scrum fornece essa estrutura para tal processo dentro do kanban.

No contexto de sprints de um dia, se você estiver preocupado com a sobrecarga de sprints diários, não fique. Um sprint de um dia é um quinto de um sprint de uma semana. O custo do tempo é extremamente eficiente e mínimo. Veja abaixo a análise em minutos:

» O planejamento do sprint diário é arredondado para até 25 minutos no máximo. Faça questão de envolver as partes interessadas que solicitaram o requisito, conforme necessário, para ajudar a esclarecer qualquer coisa que a equipe de desenvolvimento precise entender sobre os requisitos.

» A revisão diária do sprint dura no máximo 15 minutos.

» A retrospectiva do sprint diário é de no máximo 10 minutos. Certifique-se de inspecionar e adaptar todos os dias, mesmo se você tiver uma emergência e todos só quiserem ir para casa.

» Também fazemos retrospectivas em níveis macro, em sincronia com a retrospectiva de sprint da equipe de desenvolvimento, pois essa prática permite uma inspeção em larga escala.

» As reuniões diárias não serão necessárias porque o seu planejamento de sprint pela manhã cuida da coordenação e sincronização de prioridades. No entanto, os obstáculos precisam ser abordados à medida que surgem ao longo do dia, de modo que o Scrum Master precisa estar atento e acompanhar proativamente obstáculos conhecidos ou potenciais durante o dia.

A chave para os sprints diários é dividir as solicitações para que elas se encaixem em um dia, coisa que requer prática. No começo, nossas equipes faziam lançamentos em lote de uma semana. Quando elas fizeram a transição e entraram no ritmo de um dia, o número de correções concluídas no final da semana diminuiu. A satisfação do cliente ainda aumentou, pois, em vez de esperar uma semana pelas entregas, os clientes passaram a esperar por algo todos os dias. A espera e a satisfação são dinâmicas opostas.

NESTE CAPÍTULO

» Priorizando os portfólios com o scrum

» Implementando o scrum em iniciativas empresariais

» Escalonando o scrum com o fatiamento vertical, SAFe e LeSS

Capítulo **13**

Gerenciamento de Portfólio

Não há nada mais desnecessário quanto fazer eficientemente aquilo que não deveria ser feito de forma alguma.

— PETER DRUCKER

O gerenciamento de portfólio é a coordenação simultânea, integração, gerenciamento, priorização e controle de inúmeros projetos ao mesmo tempo em toda a empresa e de todos os produtos.

O problema inegável no gerenciamento de portfólio é a falta de liderança para priorizar projetos adequadamente e alocar talentos de forma apropriada. Tal escassez de liderança é dissimulada pelo processo de thrashing ou pela movimentação de pessoas através de muitos projetos ao mesmo tempo. A comunicação falha, as prioridades são descartadas e a síndrome do quem não chora não mama assume o lugar (as partes interessadas recebem mais atenção e recursos).

Você só tem um jeito de lidar com a situação de ter mais projetos do que talentos: priorize a eficácia em vez da eficiência. Caso uma organização seja altamente eficiente, mas esteja trabalhando nas funcionalidades erradas, qual será a eficácia dessa organização? É muito mais importante ser eficaz. Trabalhe somente nos projetos de prioridade máxima e nas funcionalidades prioritárias desse projeto. A lucratividade circula a partir desse modelo.

Neste capítulo, analisamos os principais desafios no gerenciamento de portfólio e discutimos as soluções scrum disponíveis. Estudamos como o Lean Startup é uma combinação natural para o scrum e como escalonar grandes projetos de várias equipes com o scrum.

Desafios do Gerenciamento de Portfólio

Quatro desafios principais, quando não são tratados de forma eficaz, impedem o bom gerenciamento de portfólio:

» Alocação e priorização de pessoas.

» Dependências e fragmentação.

» Incoerência entre os projetos e os objetivos de negócios.

» Abandono de responsabilidade.

Alocação e priorização de pessoas

Antes de mais nada, não ter tempo, dinheiro ou pessoas o bastante é a maior restrição ao gerenciamento de portfólio. A falta de recursos obriga os líderes a, por um lado, priorizar de forma eficaz, reduzir o arrasto organizacional (como o thrashing) de talentos ou, por outro, a diminuir o fardo a um nível em que não se tem o poder de reagir. Infelizmente, muitos líderes escolhem a última opção. Muitas vezes, reina absoluta a síndrome do quem não chora não mama, e a voz mais alta das partes interessadas é a que direciona a ação. A estratégia corporativa deve direcionar a priorização, e não os caprichos ou quem grita mais alto.

Priorizar de forma eficaz significa escolher apenas os projetos de maior valor e risco e alimentá-los com equipes estáveis, uma de cada vez. Se você tiver somente uma equipe scrum, faça com que ela trabalhe em apenas um projeto de cada vez. Caso você tenha cinco equipes, viabilize apenas um projeto por vez para cada equipe. Se um projeto for grande demais para uma equipe, faça a alocação de quantas equipes forem necessárias através do processo swarming em torno do projeto de maior prioridade até que ele seja concluído; em seguida, disponibilize o próximo projeto para as equipes.

A HIERARQUIA DO PROCESSO DE THRASHING

Não importa como é o processo de thrashing em sua empresa, aplique o scrum para minimizar o impacto dele. Lembre-se: quanto mais estável for sua equipe, maior será sua lucratividade. A seguir, veja as descrições das muitas faces do thrashing:

A equipe é permanente e trabalha no projeto: aqui o projeto é estável sem precisar do thrashing, porque a equipe está concentrada em todo o projeto até CR + CO > V (veja o Capítulo 5). Essa é a estrutura mais eficiente. Produzirá rapidamente a melhor qualidade possível e maximiza a rentabilidade.

A equipe é permanente e trabalha durante o lançamento: a equipe está concentrada no projeto A até que tenha algo liberável para os clientes. Então, eles mudam para o projeto B até que tenham algo liberável para os clientes, depois mudam para o projeto C e assim por diante. Isso não é nada bom para a estabilidade do projeto.

A equipe é permanente e trabalha durante o sprint: a equipe está focada no projeto A de todo o sprint. Então, eles mudam para o projeto B para um sprint de mesma duração, e depois mudam para o projeto C, e assim sucessivamente. Isso não é nada bom para a estabilidade do lançamento.

A equipe é permanente e está trabalhando durante o dia: a equipe passa a segunda-feira trabalhando no projeto A. Daí, eles mudam para o projeto B na terça-feira, o projeto C na quarta-feira e assim por diante. Isso não é nem um pouco bom para a estabilidade do sprint.

A equipe é permanente e está trabalhando por blocos de horas: a equipe passa todas as manhãs trabalhando no projeto A, à tarde no projeto B e assim sucessivamente. Isso é péssimo para a estabilidade do dia.

Processo de thrashing minuto a minuto: essa é a abordagem mais comum de gerenciamento de portfólio. Individualmente, membros da equipe começam a trabalhar no projeto A; 45 minutos depois, ocorre uma emergência no projeto B, que os leva a trabalhar até o almoço. Depois do almoço, eles tentam reiniciar o projeto A, mas algo surge no projeto C que toma o tempo deles até a tarde. No dia seguinte, eles estão de volta à estaca zero com o projeto A por causa do tempo de remobilização mental. O processo continua até que um projeto queridinho de um executivo influente fique tão atrasado que a equipe seja forçada a passar suas noites e finais de semana trabalhando apenas nesse projeto. Esse é o pior cenário possível.

(continua)

(continuação)

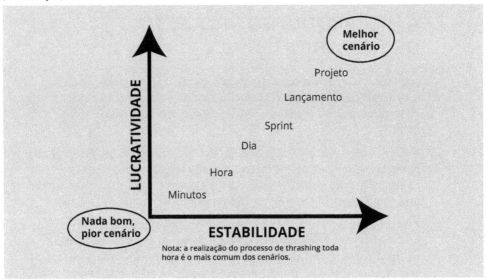

CUIDADO

O termo *racing in reverse* (algo parecido com *remar contra a maré*) é um conceito que ensinamos com relação a desperdiçar muito tempo com as coisas erradas. Se você não é eficaz, está remando contra a maré. Se está forçando as pessoas a trabalhar mais, fazer hora extra e se esforçar além de seus limites, você *aumenta* o número de defeitos, o que amplifica o trabalho e o custo futuros. Você pode ver o seminário online de Mark sobre esse tópico em `https://platinumedge.com/blog/video-mark-laytons-racing-reverse-presentation`.

O dilema de priorização do projeto pode ser abordado fazendo-se uma pergunta: se este projeto não é prioritário o bastante para que se tenha um talento dedicado, isso é mesmo necessário agora? Se a resposta for não, a melhor coisa a fazer é concluir primeiro os projetos de prioridade mais alta e, em seguida, fazer essa pergunta novamente.

Dependências e fragmentação

Com projetos em execução simultânea, surgem gargalos de problemas de dependência, assim como atrasos devido a dificuldades de integração. No gerenciamento de projetos tradicional, pessoas, dinheiro e equipamentos são compartilhados. Não é incomum para os gerentes alocarem uma pessoa em vários projetos (50% aqui, 40% e os últimos 10% em algum outro projeto), eles pensam que estão usando cada gota de energia disponível e tornando a organização tão eficiente quanto possível.

LEMBRE-SE

As pessoas perdem um mínimo de 30% de tempo na mobilização e desmobilização cognitiva associada à troca de tarefas. Essa coisa de ter funcionários dividindo o tempo entre vários projetos não faz nada bem à produtividade deles.

Historicamente, os gerentes de projeto acabam tentando fazer tudo ao mesmo tempo, porque estão sob pressão dos donos de empresas para entregar projetos em muitos departamentos. Eles acabam indo em direção a objetivos diferentes sem separar e priorizar o que precisa ser feito primeiro. Os problemas de dependência amarram os projetos como se fossem nós, pois o projeto dependente do núcleo que não foi executado primeiro.

Incoerência entre os projetos e os objetivos de negócios

A maioria dos projetos começa alinhada aos objetivos do negócio, mas, com o passar do tempo, os gerentes continuam a debater ideias de produtos e a formular hipóteses a respeito de todas as direções que o produto pode tomar. Infelizmente, sem ciclos de feedback consistentes com clientes e partes interessadas, e sem a coordenação diária com a equipe de desenvolvimento, há uma distorção de escopo. Quanto mais tempo decorrer desde o planejamento inicial, mais tempo levará para que todos cheguem a um entendimento comum sobre quais objetivos estão sendo desviados, até que os objetivos originais sejam esquecidos.

Essa distorção de escopo reflete a questão da falta de priorização no cerne do problema. Com o scrum, a priorização e a redefinição de prioridades acontecem continuamente ao longo do projeto nos níveis de roadmap, lançamento, sprint e reunião diária. O backlog do produto sempre tem os próximos itens de maior prioridade prontos e os produtos são liberados em ordem de prioridade.

Abandono de responsabilidade

Ser portador de más notícias para a gerência é uma tarefa que ninguém gosta. Mesmo quando uma equipe sabe que seu projeto não está indo como o planejado, os membros podem hesitar em informar a gerência sênior por causa do efeito negativo visível em suas carreiras. Lamentavelmente, quanto mais tempo uma equipe espera para dar más notícias, pior se torna o problema.

Embora a comunicação antecipada e frequente dos obstáculos e problemas faça parte do estilo scrum, o gerenciamento tradicional de projetos defende uma mentalidade de "avise-me quando estiver concluído"; na maioria das vezes, os donos de empresas não sabem que seu projeto se perdeu no meio do caminho até que seja tarde demais para corrigi-lo.

A responsabilidade precisa estar no lugar certo e nas mãos de um gerente de projeto do tipo atravessador que não esteja fazendo o trabalho de criação do produto. A transparência do scrum elimina esse problema. O Product Owner tem o domínio dos objetivos e das prioridades do negócio, e a equipe de desenvolvimento é responsável por como implementar essas metas e o quanto pode se comprometer com o intuito de alcançá-las. Os membros da equipe

CAPÍTULO 13 **Gerenciamento de Portfólio**   223

compartilham suas soluções com o Product Owner todos os dias em cada sprint e com as partes interessadas no final de cada sprint.

O Product Owner não responde pelos desenvolvedores, e os desenvolvedores não respondem pelo Product Owner. Cada pessoa responde por si mesma. O scrum oferece a oportunidade para responsabilidade, transparência e participação apropriadamente atribuídas.

Soluções scrum

O scrum mantém os recursos para os proprietários de empresas colocando em primeiro lugar os itens de alto risco e prioridade máxima. A abordagem é "se você falhar, falhe cedo, falhe rápido". Se os donos de empresas não acharem que um projeto se concretizará como querem, eles terão a oportunidade de descontinuá-lo antecipadamente e economizar recursos e tempo valiosos.

Quando o custo real (CR) e o custo de oportunidade (CO) superam o valor do projeto (V), é hora de seguir em frente. Os gerentes de portfólio competentes usam a equação mostrada no Capítulo 5, CR + CO > V, como um desencadeador de finalização.

LEMBRE-SE

Com o framework scrum, um gerente de portfólio pode determinar, dentro de alguns sprints, se um projeto é viável. O projeto avança de forma rápida e eficiente ou é removido do backlog, e o talento é liberado para projetos prioritários. Há menos estigma envolvido em ter um projeto que não deu certo porque os custos dessa falha foram drasticamente reduzidos.

LEMBRE-SE

O Capítulo 5 analisa os limites de trabalho em andamento para as equipes de desenvolvimento. Esses mesmos limites se aplicam ao gerenciamento de portfólio. Você pode ter tantos projetos abertos quanto equipes scrum houver. Uma equipe estável pode atacar um requisito usando o swarming, um lançamento e um projeto até conclui-los e, em seguida, assumir o próximo projeto de prioridade mais alta. Se você tem várias equipes, ótimo. Procure alinhar as habilidades com os projetos. Como as equipes são dedicadas e estáveis, elas realizam projetos em série mais rapidamente do que se o talento fosse deslocado entre os projetos. *Todos* os projetos são finalizados em um modelo de equipe dedicado antes que *qualquer* projeto seja concluído em um modelo thrashing.

A Figura 13-1 ilustra a diferença entre a execução de projetos seriais (equipes dedicadas) e projetos paralelos (equipes de thrashing).

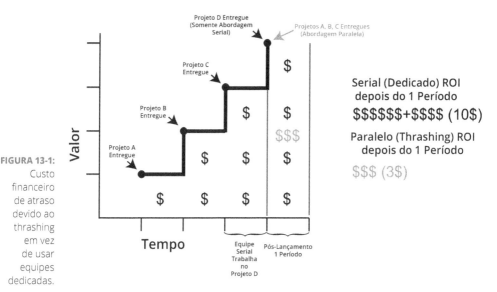

FIGURA 13-1: Custo financeiro de atraso devido ao thrashing em vez de usar equipes dedicadas.

Nesse exemplo, um portfólio tem três projetos, cada um sendo executado em sucessão (ou seja, em série). Suponha que uma unidade de valor possa ser produzida em uma unidade de tempo e cada projeto possa produzir uma unidade de valor ($) quando estiver concluída.

O custo de ficar usando o thrashing na equipe é, pelo menos, 30% a mais de tempo para terminar cada projeto — digamos, 33% para esse cenário. Ao longo de três projetos (99%), isso equivale à duração de um projeto.

Indo apenas uma unidade de tempo após a implementação dos projetos seriais, os projetos paralelos retornam $$$ (3$ — 1$ para cada projeto implementado) no final desse período. Os projetos em série retornam $$$$$$ + $$$$ (10$, que é mais de três vezes o retorno sobre investimento [ROI]).

Pare de ficar deslocando as equipes em inúmeros projetos. Execute um projeto de cada vez através de uma equipe por vez. Quando você tem equipes exclusivas e dedicadas, todos trabalham nos projetos com antecedência e obtêm um ROI mais alto.

À medida que os executivos começam a priorizar para eliminar o processo de thrashing, o ciclo de feedback das revisões de sprint garante que as partes interessadas (incluindo os executivos) fiquem alinhadas diretamente com o trabalho da equipe scrum. Através da comunicação dos itens de prioridade máxima, eles podem assegurar que terão o que desejam, e os desenvolvedores evitam a síndrome do quem não chora não mama.

As metas são alinhadas e as estratégias e táticas são priorizadas. A comunicação constante significa que os problemas e os obstáculos são trazidos à tona com antecedência, de modo que as soluções possam ser aplicadas ou as direções alteradas. É possível incentivar a inovação criativa e a experimentação sem medo do desperdício injustificado.

LEMBRE-SE

Não subestime o custo de atrasar o valor entregue. Atrasar a entrega é como pagar uma alta taxa de juros por um longo período, porque a organização não pode priorizar o portfólio. É melhor ter essas conversas maduras e potencialmente difíceis com bastante antecedência a fim de evitar pagamentos dispendiosos no futuro.

Lean Startup

Criar sua própria empresa de startup não é uma empreitada fácil. Você tem todos os desafios normais associados ao início de um empreendimento comercial, incluindo o uso de fundos pessoais para financiar e planejar o empreendimento a fim de ser bem-sucedido. As startups têm certas vantagens de portfólio em relação a organizações maiores e um enorme potencial para agregar valor. O tamanho reduzido delas aumenta sua agilidade e as decisões podem ser tomadas rapidamente sem o peso da burocracia corporativa. Ainda assim, tomar decisões difíceis com antecedência e obter o produto mínimo viável mais rápido do que todo mundo é fundamental para a sobrevivência empresarial.

O Lean Startup é o scrum para startups.

Normalmente, no método em cascata, muitas startups começam com uma ideia, gastam tempo e dinheiro desenvolvendo essa ideia em um plano de negócios formal de vários anos e esperam que isso seja o que o cliente deseja. Muitas vezes, as startups falham antes de terem a chance de mostrar o produto ao cliente. Dados recentes mostram que 80% dos negócios novos falham nos primeiros 18 meses.

LEMBRE-SE

De certo modo, uma taxa de insucesso de 80% é terrível. Não há muitas probabilidades de êxito. Por outro lado, todos os concorrentes potenciais estão sendo arrastados pela maré de ineficácia. Com o Lean Startup, os novos negócios podem maximizar suas vantagens e evitar armadilhas desnecessárias.

Nos frameworks de projetos tradicionais, o cliente é frequentemente deixado de fora do planejamento inicial e das conversas sobre priorização, perde-se a oportunidade de colaborar e adaptar o projeto. Um tamanho não serve para todos e o usuário pode ficar insatisfeito e descomprometido.

Com o Lean Startup, a mesma abordagem de inspeção e adaptação usada com o framework scrum é aplicada desde o início. O ciclo de feedback é crítico. O planejamento, as revisões e as retrospectivas de sprint permitem a inspeção e a adaptação constantes no nível da startup.

DROPBOX

O Dropbox, um aplicativo de armazenamento e compartilhamento de arquivos, já foi um produto de que as pessoas não achavam que precisavam. A empresa usou o conceito de MVP para levar as pessoas a usar seu produto no início de seu desenvolvimento. Como você vende algo do qual elas não sabem que precisam? Henry Ford disse uma vez: "Se eu tivesse perguntado às pessoas o que elas queriam, elas teriam dito que queriam cavalos mais rápidos." O Lean Startup é uma ótima ferramenta ágil para viabilizar a inovação empreendedora.

Como o desenvolvimento do Dropbox envolveu grandes integrações com plataformas de computadores e sistemas operacionais, desenvolver um protótipo completo não era viável, dada a complexidade da engenharia necessária. O Dropbox resolveu esse dilema criando um vídeo voltado para os entusiastas com conhecimento tecnológico, mostrando por que eles precisavam do produto e como era fácil usá-lo. A empresa sabia que precisava de feedback o mais cedo possível, e esse feedback precisava vir das pessoas que dariam aos desenvolvedores um feedback mais especializado. Adotar uma abordagem Lean Startup possibilitou que o Dropbox impulsionasse o tráfego inicial e aumentasse sua lista de espera de 5 mil para 75 mil. De um dia para o outro, a empresa teve a validação de que seu produto era o que o mercado queria. O vídeo foi o primeiro MVP e cativou o público para o próximo MVP, que era o armazenamento de arquivos de maior valor e recursos de compartilhamento de arquivos.

O Dropbox MVP foi uma oportunidade para demonstrar aos clientes o que eles não sabiam que precisavam e para validar ou anular rápida e economicamente sua hipótese da demanda do mercado.

LEMBRE-SE

Com o Lean Startup, você não precisa esperar meses ou anos para obter protótipos valiosos. Com o processo de priorização de maior valor e risco, você tem produtos para disponibilizar às partes interessadas e aos clientes dentro de semanas. Você pode usar imediatamente o feedback obtido para futuras iterações.

Você também pode abordar questões críticas, e muitas vezes negligenciadas, como estas:

- » Este produto deve ser criado?
- » O produto funciona no nível mais básico?
- » O produto é economicamente viável?

Antes de comprometer enormes somas de dinheiro, pode-se trazer à tona as perguntas e as respostas básicas. "Fracasse antecipadamente, fracasse barato" é uma forma de sucesso.

PAPO DE ESPECIALISTA

O termo pivotear faz parte do mundo do Lean Startup. Você "pivoteia, muda" quando inspeciona e adapta e, em seguida, ajusta seu curso com base nas informações coletadas do ciclo de feedback.

O processo de priorização é impulsionado pela realidade, não pela esperança. À medida que os recursos são desenvolvidos e o feedback é obtido, esses dados são imediatamente incorporados em novas iterações (sprints) e requisitos.

LEMBRE-SE

O modelo Lean Startup segue o padrão build, measure e learn (construir, medir e aprender), que é essencialmente o modelo scrum:

» **Construir:** O ciclo de sprint cria o incremento do produto que suporta a meta do lançamento (produto viável mínimo — MVP).

» **A medida:** O feedback é recebido tanto na revisão de sprint quanto na retrospectiva de sprint.

» **Aprender:** Novos requisitos são adicionados ao backlog do produto como resultado do feedback do cliente, iniciando o plano de ação para as melhorias aprendidas com a retrospectiva.

Escalonamento do Scrum para Grandes Portfólios

O scrum, basicamente, foi desenvolvido para projetos decompostos (projetos divididos em metas alcançáveis) que podem ser iniciados e terminados rapidamente. Uma equipe scrum consiste em cerca de seis desenvolvedores, um Scrum Master e um Product Owner. Existe um limite natural sobre o que uma equipe desse tamanho pode realizar. Alguns projetos são grandes o suficiente para exigir mais de uma equipe-padrão de scrum.

O escalonamento do scrum ocorre quando várias equipes scrum estão trabalhando em um projeto ou portfólio de projetos que apresentam algum nível de afinidade. O Microsoft Office é um exemplo. Uma equipe pode ter trabalhado no Word, outra no Excel e uma terceira no PowerPoint. Desse modo, todas as equipes tiveram que ser integradas e trabalhar juntas de forma eficaz para que o Office fosse vendido como um pacote. Muitos projetos são tão grandes que exigem várias equipes e projetos internos. O scrum tem a capacidade de atender a essa necessidade.

LEMBRE-SE

Sempre que muitas equipes trabalham em um único pacote de lançamentos, é necessário um modelo scrum de nível corporativo para garantir a eficiência da coordenação, comunicação, integração e remoção dos obstáculos.

Visão Geral do Fatiamento Vertical

O *fatiamento vertical* é um meio de escalonamento scrum em que várias equipes scrum são agrupadas a fim de atingir a meta do programa. Cada equipe scrum trabalha em sprints sincronizados do mesmo tamanho em uma parte ou módulo separado do produto geral, e esses módulos são integrados por uma equipe de integração scrum após cada sprint. A equipe de integração scrum fica atrás das equipes de desenvolvimento por um sprint e é sua própria equipe scrum, com seus próprios membros dedicados da equipe de desenvolvimento, Product Owner e Scrum Master.

A Figura 13-2 ilustra como as funcionalidades de cada equipe alimentam o backlog da equipe de integração para coordenação de arquitetura e nível de sistema.

A equipe de integração scrum lida com todo o trabalho de desenvolvimento em nível de sistema para a integração das funcionalidades produzidas pelas equipes que as alimentam e fornece coordenação arquitetônica para unificar as equipes.

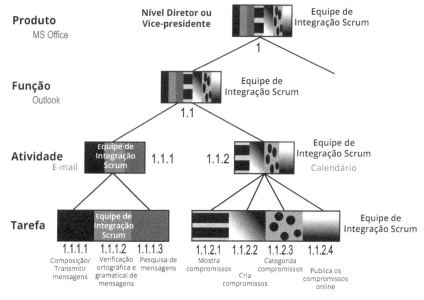

FIGURA 13-2: Uma equipe scrum corporativa, incluindo uma equipe de integração.

Vamos ver o Microsoft Office como exemplo:

1. **Uma equipe scrum desenvolve a funcionalidade para criar/transmitir mensagens (ID do requisito 1.1.1.1).**

2. **Outra equipe desenvolve a funcionalidade para a verificação gramatical/ortográfica das mensagens (1.1.1.2).**

3. Uma terceira equipe scrum desenvolve a funcionalidade para pesquisa de mensagens (1.1.1.3).

4. A equipe de integração scrum faz o trabalho de desenvolvimento para integrar a funcionalidade das três primeiras equipes em um pacote que a equipe de integração de e-mail pode integrar ao módulo E-mail.

5. A equipe de integração do Outlook integra e-mail, calendário, contatos e outros módulos em um pacote do Outlook que pode ser integrado em todo o pacote do Microsoft Office.

Nesse exemplo, as equipes de integração operam como equipes scrum separadas, com membros dedicados da equipe para cada função.

Scrum de Scrums

O modelo scrum de scrums facilita eficazmente a integração, coordenação e colaboração entre as equipes scrum por meio do fatiamento vertical. Quase todos os frameworks de escalonamento/dimensionamento que mostramos neste capítulo usam o scrum dos scrums com o intuito de viabilizar a coordenação diária entre as equipes scrum.

A Figura 13-3 ilustra como as pessoas em uma equipe se coordenam diariamente com as pessoas que desempenham os mesmos papéis em outras equipes em relação a prioridades, dependências e obstáculos que afetam a equipe mais ampla do programa. O scrum de scrums para cada papel é facilitado pela pessoa de nível de integração para cada função. A integração detalhada e os esforços de lançamento estabelecem um modelo consistente e regular de scrum.

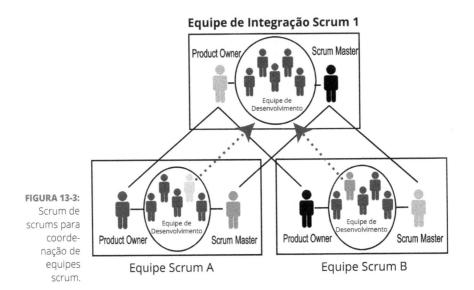

FIGURA 13-3: Scrum de scrums para coordenação de equipes scrum.

Todos os dias, as equipes scrum realizam suas próprias reuniões diárias aproximadamente ao mesmo tempo, em locais separados. Após essas reuniões, ocorrem as reuniões do scrum de scrums (descritas nas seções a seguir).

O Product Owner do scrum de scrums

Todos os dias, após as reuniões diárias das equipes scrum, os Product Owners de cada equipe se encontram com o Product Owner da equipe de integração por no máximo 15 minutos. Eles abordam os requisitos que estão sendo concluídos e efetuam ajustes com base nas realidades descobertas durante as reuniões diárias. Cada Product Owner aborda o seguinte:

- Os requisitos de negócios que cada Product Owner aceitou ou rejeitou desde a última reunião com os Product Owners.
- Os requisitos que devem ser aceitos até a próxima reunião.
- Quais requisitos estão impedidos e precisam da ajuda de outras equipes para resolver (exemplo: "John, não poderemos fazer o requisito 123 até que você conclua o xyz do seu atual backlog de sprint").

O Product Owner da equipe de integração toma as decisões de priorização entre as equipes necessárias para garantir que os obstáculos sejam abordados durante a reunião diária do scrum de scrums.

A equipe de desenvolvimento do scrum de scrums

Todos os dias, após as reuniões diárias das equipes scrum, um representante da equipe de desenvolvimento de cada equipe scrum participa da reunião diária da equipe de integração (que é o scrum de scrums para desenvolvedores) e, juntamente com os membros da equipe de desenvolvimento de integração, discute os seguintes pontos:

- As realizações da equipe desde a última reunião da equipe scrum.
- As realizações planejadas da equipe entre agora e a próxima reunião.
- Preocupações técnicas com as quais a equipe precisa de ajuda.
- Decisões técnicas que a equipe tomou.
- Como evitar possíveis problemas.

DICA

Pense na possibilidade de alternar os membros da equipe de desenvolvimento que participam do scrum de scrums (a reunião diária da equipe de integração), diariamente ou em cada sprint, para garantir que todos fiquem atentos aos esforços de integração do portfólio.

Scrum Master do scrum de scrums

Os Scrum Masters de cada equipe scrum também se reúnem com o Scrum Master da equipe de integração scrum por não mais do que 15 minutos para analisar os obstáculos com os quais cada equipe está lidando. Cada Scrum Master aborda o seguinte:

» Os obstáculos individuais em nível de equipe resolvidos desde a última vez que se reuniram com a equipe de integração e como esses obstáculos foram resolvidos (no caso de outros Scrum Masters se depararem com problema e poderem implementar a solução).

» Obstáculos novos identificados desde a última reunião e para quais desses obstáculos a equipe precisa de ajuda para resolver.

» Obstáculos em potencial sobre os quais todos devem estar cientes.

O Scrum Master da equipe de integração garante que os obstáculos escalonados sejam abordados após reunião diária do scrum de scrums.

Um único backlog de produto existe em um modelo de fatiamento vertical, e as qualidades da equipe são atribuídas a esses requisitos conforme eles são divididos e movimentados para a equipe de desenvolvimento scrum. Com esse modelo, você pode ver o programa geral e chegar rapidamente à parte do programa da sua equipe.

QUEM É DONO DA ARQUITETURA?

Sua empresa deve ter padrões arquitetônicos, padrões de programação e guias de estilo existentes. Dessa forma, cada equipe não precisa reinventar a roda. Mas uma pergunta comum é: "Quem é responsável pela arquitetura em um programa verticalmente fatiado?" A resposta depende de quais módulos serão impactados pela decisão.

Considere uma decisão de arquitetura que precisa ser tomada e que afetará apenas o módulo A. A equipe de desenvolvimento do módulo A tomaria essa decisão. Se isso impactasse várias equipes, a equipe de desenvolvimento no nível de integração, de que todas as equipes afetadas participam, tomaria essa decisão. Esse nível de integração pode ser um nível acima ou quatro níveis acima.

Usando a Figura 13-4 como exemplo, uma decisão de arquitetura que impacte duas das equipes do módulo E-mail (1.1.1.2 e 1.1.1.3) seria tomada pela equipe de integração de E-mail (1.1.1). Uma decisão que afete as equipes do módulo de E-mails de pesquisa de mensagens (1.1.1.3) e a equipe de integração scrum de Calendário (1.1.2) seria tomada pela equipe de integração scrum do Outlook (1.1). O fatiamento vertical é uma maneira simples de manter a autonomia de cada equipe scrum para fornecer funcionalidades valiosas dentro de um contexto de programa mais amplo. Ele também é eficaz para ajudar as equipes a terem conversas oportunas e relevantes sobre restrições e progresso.

O Scrum at Scale

Este modelo facilita o alinhamento através de papéis com o Scrum at Scale. A abordagem do Scrum at Scale para equipes scrum que trabalham em estreita colaboração é uma das formas do modelo scrum de scrums para Scrum Masters e Product Owners, coordenação de comunicação, remoção de obstáculos, prioridades, refinamento de requisitos e planejamento. O uso de modelo scrum de scrums para o Scrum Master e Product Owner permite a sincronização diária entre as equipes dos programas.

Escalando o Scrum Master

Seguindo o modelo de fatiamento vertical do scrum de scrums, o Scrum at Scale agrupa cinco Scrum Masters dentro de um scrum de scrums para um Scrum Master. Ele espelha a reunião diária para as equipes scrum trazerem à tona os obstáculos e removê-los. Com o Scrum at Scale, reduzir o escopo de um scrum de scrums para cinco Scrum Masters de cada uma das cinco equipes limita as complexidades para se ter uma comunicação eficaz entre as equipes. Um Scrum Master do scrum de scrums coordena as atividades de lançamento como uma equipe de lançamento. A Figura 13-4 ilustra o modelo scrum de scrum do Scrum at Scale.

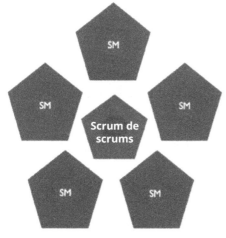

FIGURA 13-4: Modelo scrum de scrums do Scrum at Scale para cinco equipes.

Cortesia de Jeff Sutherland & Scrum, Inc.

A Figura 13-5 mostra o modelo scrum de scrums para até 25 equipes.

Quando um projeto tem mais de 25 equipes, uma equipe de ação executiva (EAT — Executive Action Team) auxilia um scrum do scrum de scrums de terceiro nível para remover os impedimentos organizacionais que os grupos scrum de scrums não conseguem remover. O EAT é o scrum de scrums para toda a organização ágil.

A Figura 13-6 ilustra modelo scrum do scrum de scrums de terceiro nível do Scrum at Scale com uma EAT.

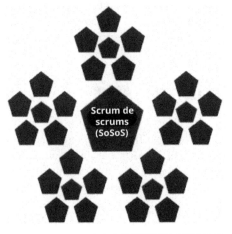

FIGURA 13-5: Modelo scrum de scrums do Scrum at Scale para 25 equipes.

Cortesia de Jeff Sutherland & Scrum, Inc.

FIGURA 13-6: Modelo scrum do scrum de scrums de terceiro nível do Scrum at Scale com EAT.

Cortesia de Jeff Sutherland & Scrum, Inc.

Escalando o Product Owner

Os Product Owners organizam-se de maneira semelhante e alinhada com os próprios scrums (aqui chamados de metascrums, pois são os próprios scrums; não confundir com as metas do sprint ou do lançamento, que são os objetivos a serem alcançados). Um metascrum de primeiro nível reúne cinco Product Owners para reuniões de meta-scrum com o intuito de refinar e planejar as prioridades. Cada meta-scrum tem um Product Owner gestor (CPO — Chief Product Owner) que supervisiona o panorama geral da visão e do backlog do produto e facilita a coordenação entre os Product Owners (POs) no metascrum. A Figura 13-7 exemplifica o metascrum do Scrum at Scale para Product Owners.

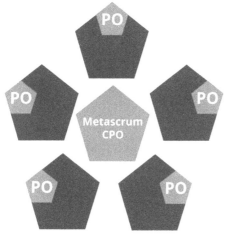

FIGURA 13-7: Metascrum do Scrum at Scale para Product Owners.

Cortesia de Jeff Sutherland & Scrum, Inc.

Nos metascrums de segundo e terceiro níveis, o agrupamento se alinha com o do Scrum Master do scrum de scrums. Um metascrum executivo (EMS) auxilia os metascrums ao se responsabilizar e comunicar a visão de toda a organização, recebendo feedback técnico prioritário dos metascrums e fornecendo decisões prioritárias para o programa. A Figura 13-8 exemplifica o modelo scrum de metascrum de terceiro nível do Scrum at Scale com EMS.

FIGURA 13-8: Modelo scrum de metascrum de terceiro nível do Scrum at Scale com EMS.

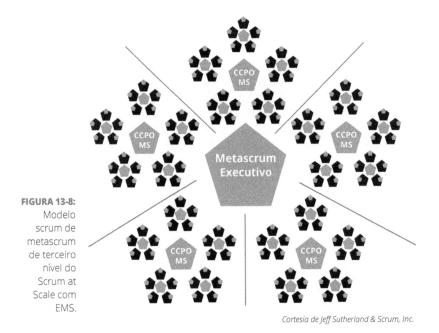

Cortesia de Jeff Sutherland & Scrum, Inc.

A Figura 13-9 exemplifica o agrupamento alinhado do modelo metascrums e do modelo scrum do scrum de scrums de terceiro nível do Scrum at Scale com EAT e EMS.

FIGURA 13-9: Alinhamento do modelo scrum do scrum de scrums de terceiro nível do Scrum at Scale e metascrum.

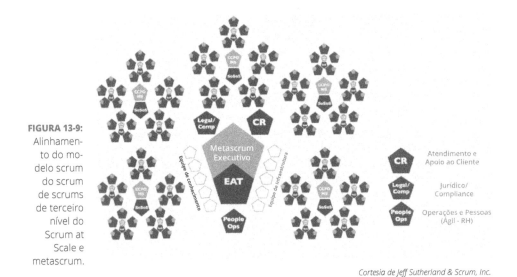

Cortesia de Jeff Sutherland & Scrum, Inc.

236 PARTE 4 **Scrum para Funções de Negócios**

Um metascrum deve ser uma reunião de sincronização em que as partes interessadas participam. Todas as partes interessadas no nível de CPO devem estar presentes para garantir o alinhamento em toda a empresa e apoiar a priorização do backlog de produto do CPO durante cada sprint.

Sincronizando em uma hora por dia

Em uma hora ou menos por dia, uma empresa pode alinhar as prioridades diárias e realizar uma coordenação eficaz da remoção dos obstáculos. Às 08h00, cada equipe scrum realiza sua reunião diária. Às 08h45, os Scrum Masters organizam seus scrums de scrums, e os Product Owners realizam as suas reuniões metascrum de nível um. Às 09h00, os Scrum Masters se reúnem no scrum do scrum de scrums, e os Product Owners se reúnem para os metascrums de nível dois. Finalmente, às 09h15, o Scrum Master do scrum de scrums se encontra com o EAT, e os representantes do metascrum do Product Owner se reúnem com o EMS.

DICA

Para uma compreensão e análise completa do Scrum@Scale, visite (conteúdo em inglês) www.scrumatscale.com/scrum-at-scale-guide/.

A beleza do scrum reside no fato de ele ser projetado para a flexibilidade e escalonamento. O Scrum at Scale é a maneira simples de manter a autonomia de cada equipe scrum dentro de um contexto de programa mais amplo, e ele é apenas um dos muitos modelos de escalonamento disponíveis. As seções a seguir descrevem outros modelos para gerenciar projetos de vários tamanhos e níveis de portfólio.

Scaled Agile Framework (SAFe)

O Scaled Agile Framework (SAFe) é um framework para escalonamento do scrum e dos Princípios Ágeis de várias equipes e seus projetos em nível de portfólio. Veja a perspectiva global do SAFe na Figura 13-10.

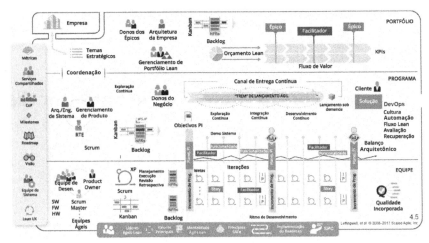

FIGURA 13-10: A perspectiva global do SAFe.

Reproduzido com permissão de © 2008-2017 Scaled Agile, Inc.

Embora existam diferenças em relação ao fatiamento vertical, muitas semelhanças também existem, como as seguintes:

» O desenvolvimento é feito em equipes scrum.

» As equipes estão alinhadas de acordo com o tamanho e o ritmo do sprint.

» O scrum de scrums é usado para coordenar no nível do programa.

O SAFe apresenta três níveis estabelecidos de integração e coordenação: portfólio, programa e equipe.

Portfólio

Neste nível, define-se a visão e o roadmap para todo o portfólio. Desenvolvem--se os temas estratégicos que sejam compatíveis com a visão. O orçamento, os objetivos de negócios e a administração geral da arquitetura são gerenciados no nível de portfólio do SAFe.

Três funções em nível de portfólio impulsionam essas decisões:

» **Arquiteto corporativo:** O arquiteto corporativo define uma visão técnica comum e conduz a abordagem holística de tecnologia entre os programas mediante feedback contínuo, colaboração, design de engenharia adaptativa e práticas de engenharia.

» **Líderes ágeis:** Professores e coaches na organização ajudam as equipes a desenvolver produtos melhores por meio dos valores, princípios e práticas de desenvolvimento de software Lean e Ágil. Este papel pode ser semelhante a um Scrum Master ou a um mentor scrum, conforme analisado no Capítulo 2.

» **Donos dos épicos:** Apresentamos os épicos no Capítulo 3, porém o SAFe usa uma relação funcionalidade x épico distinta. No SAFe, os épicos são os maiores requisitos divididos em funcionalidades, que são divididas em user stories. Os donos dos épicos geralmente direcionam um ou dois épicos, desde a identificação, passando pela análise, até as decisões relacionadas à implementação junto às equipes de desenvolvimento.

O backlog de portfólio no SAFe é composto de épicos comerciais e arquitetônicos. O arquiteto corporativo, os líderes ágeis e os donos dos épicos gerenciam esse backlog de portfólio usando o kanban.

Programa

Dentro do portfólio, cada programa tem um conjunto de épicos programáticos do backlog de portfólio, de propriedade e administrado pelo dono do épico desse programa. Define-se uma visão e um roadmap para o programa com a finalidade de respaldar a visão do portfólio e do backlog.

O lançamento e o gerenciamento de produtos ocorrem nesse nível. O modelo "Agile Release Train" (Trem de Lançamento Ágil — ART) é usado, em que uma equipe de equipes ágeis entrega lançamentos incrementais de valor. O trem parte da estação com um itinerário confiável de oportunidades de lançamento, onde cada programa pode saltar, caso esteja pronto. Se você perder um lançamento, quando outro aparecer, você pode pegá-lo. O ART estipula um ritmo permanente através do qual as equipes de programa são sincronizadas.

Nesse nível de integração, o trabalho das equipes individuais se une para modelar os pacotes de lançamentos sob a direção de áreas especializadas compartilhadas, como DevOps, experiência do usuário, arquitetura do sistema e engenharia do trem de lançamento.

O artefato dos objetivos de incremento de produto no programa contém resumos das metas comerciais e técnicas do produto para o próximo lançamento. Durante o planejamento de lançamentos, a equipe revisa a visão e os objetivos, cria as user stories para eles e planeja o desenvolvimento necessário para o lançamento. Esse planejamento se torna os objetivos de incremento de produto da equipe.

O SAFe requer duas demonstrações (demo) de funcionamento no final de cada iteração, para mostrar o funcionamento do software ou do produto criado. A equipe da demo apresenta o produto para a equipe scrum. O sistema de demonstração apresenta o produto para as partes interessadas no nível do programa.

O resumo do lançamento mostra tudo sobre o valor do funcionamento em cada versão. Desenvolver um produto que funcione é o objetivo de todo sprint ou incremento de produto.

Equipe

Os programas são desenvolvidos por um determinado número de equipes ágeis, cada uma das quais pode estar em apenas um programa. Esse processo funciona como a primeira camada de integração no scrum de scrums. As equipes ágeis são essencialmente equipes scrum, cada uma com uma equipe de desenvolvimento, incluindo testadores, um Product Owner e um Scrum Master. As equipes trabalham em sintonia com as outras equipes do programa, e seus backlogs de equipe são compatíveis e alinhados com o backlog do programa.

Vantagens do Modelo SAFe

Os gerentes de portfólios gostam do modelo SAFe em virtude de sua clareza e visibilidade. Para as organizações maiores, ele também fornece estrutura para o envolvimento da gerência de segundo escalão com as equipes scrum. O SAFe integra técnicas ágeis, tais como o desenvolvimento orientado a testes e a integração contínua.

TDD e CI

O *test-driven development (desenvolvimento orientado a testes - TDD)* é um processo ágil de desenvolvimento de software no qual um teste unitário automatizado é escrito antes do início da programação. O desenvolvedor executa o teste, observa a falha e desenvolve código o bastante para passar nesse teste sem levar em consideração a eficiência. Em seguida, o desenvolvedor refatora o código para remover o máximo possível de codificação, ao mesmo tempo em que passa no teste de unidade automatizada. Às vezes, esse processo é chamado de vermelho/verde/refatore: o teste falha, o teste é aprovado, o código é refatorado. O TDD minimiza radicalmente o desperdício no código, maximiza a abrangência do teste unitário e permite a integração consistente do trabalho do desenvolvedor ao conjunto principal de trabalho por meio da integração contínua.

A *continuous integration (integração contínua- CI)* é uma prática que os desenvolvedores de código usam quando integram o novo código em um produto compartilhado. Para cada execução de código adicionada, efetuam-se testes automatizados com a finalidade de assegurar uma integração consistente.

240   PARTE 4 **Scrum para Funções de Negócios**

Qualidade do código

Outra vantagem do modelo SAFe é que a qualidade do código é um dos valores centrais. A competência de qualquer empresa para desenvolver funcionalidades de qualidade exige um código confiável logo de imediato. O desenvolvimento da qualidade do código tem três partes:

» Os resumos de arquitetura ágil ajudam as organizações a resolver problemas complexos com base na natureza de suas necessidades de projetos grandes. Esses resumos são soluções comprovadas para uma série de problemas e eles ressaltam a importância da arquitetura de software em qualquer projeto de grande escala.

» A CI nos níveis de equipe e sistema incorpora o código de muitas equipes de desenvolvimento.

» O código é testado a cada incremento para garantir que o software funcione a cada lançamento.

Cada iteração entrega o funcionamento de software dentro de um time box rigoroso.

Como a tecnologia e as necessidades do cliente mudam, o mesmo acontece com os produtos necessários para atender a essas necessidades. Em um modelo SAFe, a refatoração é feita para garantir não apenas o valor atual do negócio, mas também o valor futuro.

TRANSIÇÃO SEGURA DO MÉTODO EM CASCATA

Uma empresa de big data com escritórios nos Estados Unidos e na Índia fez a transição do método em cascata para o SAFe. Existiam desafios de mercado para a empresa, incluindo o aumento da concorrência, a mudança de tecnologia e lead times extensos para lançar produtos novos no mercado.

O processo em cascata da empresa tinha tanta documentação que cerca de 25 a 40 documentos deviam ser assinados por até dez partes interessadas para que qualquer coisa fosse aprovada. Inúmeros projetos em andamento davam vazão aos métodos de thrashing, além da baixa visibilidade e priorização. A empresa estava atolada em seu próprio peso burocrático.

(continua)

CAPÍTULO 13 **Gerenciamento de Portfólio**   241

(continuação)

Dentro de 22 meses após a introdução do SAFe, a organização conquistou os seguintes resultados:

- **Reagrupamento de mais de 500 funcionários em mais de 60 equipes ágeis.**
- **Redução do tempo de comercialização em 27 semanas.**
- **Redução do tempo de correção de meses para horas.**
- **Aumento da satisfação do cliente e moral dos funcionários.**

A princípio, a empresa hesitou em implementar o framework scrum. Acreditava-se que o scrum era somente para pequenas empresas e que não atenderia às necessidades de empresas bem maiores com presença multinacional. O SAFe forneceu uma solução scrum em escala que foi uma boa opção para a empresa.

A empresa começou com algumas equipes-piloto usando o scrum e, depois de resolver algumas falhas organizacionais, obteve sucesso. Então, ela trouxe coaches ágeis e de scrum para integrar o framework scrum em toda a organização. Ela começou a inspecionar e adaptar-se ao próprio processo scrum. Usando equipes-piloto, a empresa começou com três equipes scrum, adicionou mais algumas e, finalmente, gerenciou várias equipes scrum simultaneamente. Em vez de tentar conciliar cada centavo gasto e cada pessoa ao processo ao mesmo tempo, a empresa implementou gradualmente o scrum com o SAFe.

Dado o seu sucesso com os passos anteriores, a empresa fez um rollout do SAFe em grande escala. Trouxe mais especialistas, criou programas internos de treinamento e manteve a alta gerência totalmente informada.

A empresa lidou com seus problemas de escalonamento da seguinte forma:

- **Novas verticais foram formadas para alavancar os Product Owners, o gerenciamento e o desenvolvimento.**
- **Os cubículos dos escritórios foram reprojetados em espaços ágeis, do tipo módulos, facilitando a colocalização e a colaboração da equipe.**
- **Implementaram-se trens de lançamento ágil, facilitando lançamentos contínuos de produtos coordenados em portfólios.**

Large-scale Scrum (LeSS)

Outro método de incorporar o framework scrum em projetos grandes é por meio do Large-scale Scrum (LeSS).

Os produtos têm sido desenvolvidos satisfatoriamente com o LeSS por meio do uso de apenas quatro ou cinco equipes pequenas, para equipes que abrangem 1.500 pessoas e englobam meia dúzia de países. Em outras palavras, quão grande você gostaria de ser? O LeSS pode ser adaptado para funcionar em muitos ambientes.

Os alicerces do LeSS são baseados no pensamento sistêmico, no qual um sistema é considerado uma entidade organizada (nesse caso, uma área de produto) composta de partes (equipes) inter-relacionadas e interdependentes. Os criadores do LeSS pensam especificamente que a otimização do todo não se origina da otimização das partes de um todo. A otimização das partes potencializa somente as partes, de modo que o LeSS otimiza as colaborações entre várias equipes, mesmo que elas estejam em locais diferentes.

O LeSS tem apenas algumas regras e dois frameworks: o LeSS e o LeSS Huge. A diferença está no tamanho total das equipes envolvidas.

Framework LeSS

A Figura 13-11 ilustra o framework básico do LeSS. O número de equipes de desenvolvimento varia de dois a oito. Um Product Owner cuida de até oito equipes e cada Scrum Master orienta até três equipes.

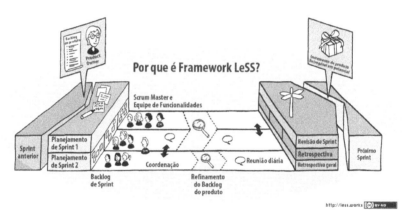

FIGURA 13-11: Framework LeSS.

Cortesia de Craig Larman e Bas Vodde

Na framework LeSS, há um Product Owner e um backlog de produto para o produto concluído enviável. O Product Owner não deve trabalhar sozinho no refinamento do backlog do produto; ele é auxiliado por várias equipes de desenvolvimento que trabalham diretamente com clientes/usuários e outras partes interessadas. Toda a priorização passa pelo Product Owner, mas o esclarecimento pode ocorrer de modo direto entre as equipes, cliente/usuário e outras partes interessadas.

Ainda que grande parte do LeSS permaneça fiel ao framework scrum de uma equipe, as seguintes diferenças são importantes:

>> O planejamento de sprint é dividido em duas partes: a parte 1 é compartilhada com todas as equipes, e a parte 2, com cada equipe.

>> O planejamento de sprint (parte 1) é limitado a uma hora por semana de duração de sprint. Embora nem todos os desenvolvedores devam comparecer, ninguém os desencoraja, e pelo menos dois membros por equipe de sprint participam, juntamente com o Product Owner. Os membros da equipe de representantes, em seguida, voltam e compartilham suas informações com suas respectivas equipes.

>> O planejamento de sprint independente (parte 2) e as reuniões diárias ocorrem, e membros de diferentes equipes podem participar da reunião um do outro para facilitar o compartilhamento de informações.

>> A coordenação entre equipes é decidida pelas equipes, preferindo-se a coordenação descentralizada e informal à coordenação centralizada. A ênfase está nas redes informais que envolvem as conversas entre equipes, mentores de componentes, pessoas que estão de passagem, funcionários em busca de informações ou de talentos e espaços abertos.

>> O refinamento de backlog é feito para o backlog geral do produto com os representantes de cada equipe de desenvolvimento e com o Product Owner. O refinamento de backlog da equipe individual também ocorre no nível de equipe individual, mas o refinamento de backlog de várias equipes acontece a cada sprint e é a principal prática no LeSS.

>> As revisões de sprint são feitas com os representantes de cada equipe e com o Product Owner.

>> As retrospectivas gerais de sprint são realizadas junto com as retrospectivas individuais da equipe. Os Scrum Masters, o Product Owner, os representantes de equipes de desenvolvimento e os gerentes inspecionam e adaptam o sistema geral do produto, como processos, ferramentas e comunicação.

O framework LeSS Huge

Com o LeSS Huge, o céu é o limite no que se refere ao tamanho total da equipe de projeto. Inúmeras pessoas poderiam trabalhar em um projeto.

As equipes scrum são divididas em áreas de acordo com os principais requisitos do cliente. Cada área tem um Product Owner de área e quatro a oito equipes scrum. (Ter, no mínimo, quatro equipes em cada área de requisito evita muita otimização local e complexidade.) Um Product Owner geral e vários Product Owners de área formam a equipe do Product Owner. A Figura 13-12 ilustra o framework LeSS Huge.

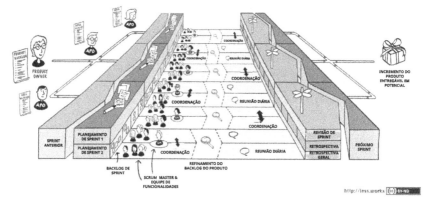

FIGURA 13-12: O framework LeSS Huge.

Cortesia de Craig Larman e Bas Vodde

Como no scrum e no LeSS menor, você tem um produto, uma definição de concluído, um Product Owner (área) e um sprint. O LeSS Huge é uma pilha de LeSS para cada área de requisitos. Cada área de requisitos usa o LeSS e o conjunto de todas as áreas de requisitos está no LeSS Huge. Algumas diferenças são:

» Uma reunião de planejamento do Product Owner acontece antes da reunião de planejamento do sprint.

» Reuniões em nível de área são adicionadas. O planejamento, a revisão e as reuniões de retrospectivas do sprint são feitas no nível da área e ocorre um refinamento do backlog do produto no nível da área.

» Realizam-se revisões gerais de sprint e retrospectivas envolvendo todas as equipes. Essas revisões coordenam o trabalho e o processo geral em toda a área do programa de produtos.

O LeSS permite a implementação do scrum e escalonamento de um modo que, na maior parte, aplica-se aos Princípios Ágeis. Alguns elementos do framework scrum são mantidos com aprendizado empírico, ciclos curtos de feedback, auto-organização, colaboração e coordenação eficazes.

O LeSS também tem ferramentas de liderança para boas decisões que maximizam o ROI; entregar valor aos clientes; e criar equipes felizes e sustentáveis.

CAPÍTULO 13 **Gerenciamento de Portfólio** 245

J.P. MORGAN E O LESS

A definição de *amplo* no contexto da J.P. Morgan significa que mais de 3 mil funcionários trabalham em vários locais internacionais. Um diretor do grupo decidiu implementar o LeSS. Começou com pequenos projetos-piloto. Os resultados motivaram a empresa a fazer o rollout do scrum em uma escala maior.

A empresa começou escolhendo um único departamento para ser o piloto — títulos — e trabalhou em soluções para criar uma abordagem centrada no cliente. Os clientes precisavam de famílias de componentes, e não de componentes individuais. Ter uma abordagem centrada no cliente simplificava e muito o planejamento e coordenação, porque grupos eram planejados, em vez de componentes individuais.

Um dos problemas era escolher os novos Product Owners, pois, sob a perspectiva da abordagem em cascata, os negócios não estavam envolvidos com o desenvolvimento. A empresa resolveu esse problema escolhendo participantes interessados tanto em operações quanto em pesquisa e desenvolvimento.

A J.P. Morgan formou áreas de requisitos. Cada equipe recebeu um projeto e um Product Owner foi escolhido. As equipes foram incentivadas a desenvolver a multifuncionalidade para reduzir os gargalos e minimizar o risco de perder a única pessoa que podia realizar uma tarefa. Os recursos humanos eliminaram os títulos de cargo, como analista de negócios e testador. Até mesmo os líderes de equipe tinham o título genérico de cargo de desenvolvedor.

No final do lançamento inicial do LeSS dentro do departamento de títulos, aumentou-se a eficácia, a satisfação do cliente e o moral dos funcionários. O LeSS ajudou a escalonar o scrum até esse tamanho de operação e continua a ser usado hoje.

NESTE CAPÍTULO

» Criando uma cultura para atrair excelentes candidatos a equipes scrum

» Desenvolvimento de talentos com o scrum

» Aderindo ao scrum com funcionários existentes e novos contratados

» Identificando os benefícios do financiamento incremental

» Melhorando o processo orçamentário

Capítulo **14**

Recursos Humanos e Finanças

Quando os ventos da mudança sopram, algumas pessoas constroem muros, e outras constroem moinhos de vento.

— PROVÉRBIO CHINÊS

Os baby boomers estão se aposentando em um ritmo acelerado, as novas gerações de funcionários estão ocupando seus lugares e os recursos humanos (RH) assumiram um valor organizacional de alto nível. Os fundos desperdiçados devido a projetos malsucedidos indicam que deve existir um modo mais inteligente de financiar projetos. Como em muitas funções de negócios, os antigos métodos de se conquistarem metas estão se tornando ultrapassados.

As empresas que conseguem reconhecer seus principais problemas de RH e finanças e, em seguida, implementam o framework scrum às soluções, têm um lugar nítido de destaque. Existem muitas oportunidades para aumentar o potencial humano e a eficácia financeira através do scrum.

Neste capítulo, conduziremos você pelos desafios e soluções nessas áreas organizacionais críticas.

CAPÍTULO 14 **Recursos Humanos e Finanças** 247

Recursos Humanos e Scrum

Em uma pesquisa realizada pela Society for Human Resource Management (Sociedade de Gestão de Recursos Humanos – SHRM), dois desafios centrais se destacam no mundo de RH atualmente: reter e recompensar o melhor empregado e desenvolver futuros líderes. De fato, essas duas preocupações são a mesma coisa. Não raro, os melhores funcionários se tornam futuros líderes.

Quando os avaliadores perguntaram às organizações qual seria seu maior desafio de investimento, a resposta número um foi "obter capital humano e otimizar os investimentos em capital humano".

DICA

Nós sempre incentivamos as organizações com as quais trabalhamos para se referir a pessoas como *pessoas* ou *talento* em vez de *capital* e *recursos*. As pessoas não são commodities. Elas têm habilidades individuais, experiências e inovações. O termo *recursos*, usado para se referir a pessoas, é coisa do passado. Comece a ver seu pessoal como pessoas e veja a criatividade e os talentos deles como valor insubstituível que trazem para sua empresa.

Dito isso, o ponto apresentado pela pesquisa da SHRM ainda é fundamental. Diferentes tipos de líderes são necessários. Precisamos que os líderes tomem as decisões difíceis de um Product Owner discutidas no gerenciamento de portfólio (veja o Capítulo 13). Precisamos de líderes servis que trabalhem de forma colaborativa para capacitar e dar autonomia às equipes, como os Scrum Masters (veja o Capítulo 2). Essas pessoas facilitam e capacitam equipes auto-organizadas para encontrar as melhores soluções. Elas valorizam abordagens iterativas para construir produtos com base no feedback rápido e regular do cliente e sabem como pivotear e responder rapidamente a esse feedback.

Historicamente, as empresas de tecnologia têm recompensado líderes que administraram bem a crise. Por sua vez, esses líderes promoveram outros líderes, que administraram a crise com um senso de urgência. Ainda que esses "bombeiros" certamente tenham salvado o dia mais de uma vez, defendemos que essa situação causou uma mudança desequilibrada em direção à resolução de crises, em vez de evitar a crise.

Precisamos de líderes em desenvolvimento que se sobressaiam ao aprender novas habilidades e orientar outras pessoas à medida que eles evoluem. Precisamos de líderes colaborativos que possam trabalhar no ambiente dinâmico do scrum. Precisamos de pessoas que valorizem os estilos de liderança complementares. Não há espaço para gerir egos. As empresas precisam de equipes multifuncionais para se manterem competitivas. Grosso modo, precisamos de líderes que adotem o valor da mudança.

A redução de simples pontos de falha e de risco economiza dinheiro por todas as razões que discutimos até agora neste livro. As equipes que colaboram para resolver um problema disponibilizam produtos de qualidade no mercado mais rapidamente do que as equipes que usam os métodos tradicionais.

Promovendo a Cultura Certa

No Capítulo 4, discutimos o que mais motiva os funcionários: não é dinheiro, mas a autonomia e a confiança necessárias para desempenhar o trabalho, oportunidades de crescimento e um senso de propósito. As pessoas querem que o próprio trabalho seja significativo, e querem trabalhar com outras pessoas que estejam crescendo e sejam engajadas no que fazem.

Os frutos da auto-organização e autogestão são a criação de uma cultura organizacional que atrai e retém os melhores e os mais inteligentes. Conforme afirmamos no Capítulo 1, estes são os Princípios Ágeis 5, 8, 11 e 12.

LEMBRE-SE

Promover a cultura certa apresenta muitas facetas. A primeira coisa que procuramos em um membro competente da equipe scrum é a versatilidade. Dê-nos alguém que seja intelectualmente curioso e tenha o que chamamos de *personalidade colaborativa,* e nós teremos sucesso com essa pessoa. Nós podemos ensinar habilidades técnicas. Os egocêntricos e estrelinhas que acham que essa fina fatia de desenvolvimento é a única coisa digna do tempo deles contaminarão a equipe inteira. O trabalho mais importante em uma equipe scrum é o trabalho necessário para enviar o produto. Às vezes, esse trabalho é de programação; outras vezes, é garantia de qualidade; e outras, ainda, é a documentação. Seja qual for a tarefa, é o trabalho mais importante e mais crítico de todo o projeto.

O fator preponderante para a criação de uma cultura organizacional atraente é a atitude dos executivos: quais virtudes eles recebem de braços abertos e como eles investem em seu pessoal. Como um ímã, os líderes atraem pessoas que respondem à cultura que eles fomentam.

A cultura organizacional geral é importante, mas as habilidades da equipe tática também são. A multifuncionalidade dentro das equipes, promovendo a capacidade das técnicas swarming, é fundamental. As chaves são aptidão e habilidades, não títulos de cargos. Uma equipe multifuncional e auto-organizada é o ambiente perfeito para o desenvolvimento de habilidades. À medida que os funcionários crescem, eles podem se tornar mais envolvidos com os objetivos e propósitos da empresa.

LEMBRE-SE

A tecnologia muda muito rápido para ficar empacado na mentalidade de especialista em uma única tecnologia. A escolha tecnológica padrão de hoje talvez seja totalmente diferente do que será necessário amanhã. A especialidade do amanhã é a capacidade de aprender e adaptar-se rapidamente. Você precisa de membros de equipe que reconheçam isso.

À medida que as habilidades se sobressaem aos títulos, cria-se uma cultura na qual você não precisa contratar uma pessoa para cada habilidade. Conhecimento (e não especialização) é sempre necessário. Você não precisa de um especialista em cada cadeira.

A liderança situacional é importante. Se Jim tem experiência em .NET, você provavelmente delegará tarefas a ele quando se deparar com um problema .NET. Carol pode ter experiência em garantia de qualidade. Ao discutir a garantia de qualidade, você pode delegar tarefas para Carol. Sam pode ter acabado de voltar de uma conferência .NET, e, apesar de Jim ter um conhecimento forte em .NET, Sam pode ter aprendido algo que Jim não saiba.

As seções a seguir descrevem duas maneiras de examinar o RH e o scrum.

RH e estruturas organizacionais existentes

Nesta seção, analisamos maneiras de organizar e gerenciar os funcionários atuais em uma estrutura scrum.

Incentivo

A hierarquia e as estruturas de incentivos competitivos promovem a concorrência entre os funcionários. O scrum é centrado na equipe. A equipe recebe elogios e sugestões de melhorias. Os incentivos também devem estar no nível da equipe. Se a equipe tiver sucesso, a equipe receberá uma recompensa.

Quando um time de futebol americano vence o Super Bowl, cada pessoa do time recebe um anel, não importa que ela tenha jogado naquele dia ou não. Se uma equipe de desenvolvimento tiver um bom ano, todos na equipe poderão receber um bônus de 15%, não apenas algumas pessoas selecionadas. Dependendo do tempo de casa, 15% pode ser significativo.

Para equipes grandes, essa prática talvez não funcione. Mas, com o scrum, as equipes de desenvolvimento têm entre três e nove membros, então é difícil que o trabalho de um ou dois membros da equipe passe desapercebido por muito tempo. Uma equipe auto-organizada e autogerenciada exige a contribuição de cada membro da equipe para que todos ganhem a recompensa no final.

Remuneração

Se uma equipe é multifuncional e não existem títulos ou especialistas, como você determina as posições? Você cria as posições através do conhecimento e da competência de uma pessoa no assunto. Alguém que dá duro na equipe tem muitas tarefas na coluna Concluído do quadro de tarefas, e outros membros querem fazer o emparelhamento com essas pessoas e acompanhá-las (técnica shadowing) nas tarefas.

A senioridade e a compensação relativa são estabelecidas por uma combinação de conhecimentos variados e aprofundados. Cada membro de uma equipe de desenvolvimento tem, pelo menos, uma habilidade. Ao dominar determinados conhecimentos, você está na Faixa 1. Você pode ser da Faixa 1 de nível júnior ou da Faixa 1 de nível sênior, mas você está na Faixa 1.

Se você tem duas habilidades para determinadas tarefas, você está na Faixa 2. Você pode ser da Faixa 2 de nível júnior ou da Faixa 2 de nível sênior, mas você está na Faixa 2. Se você tem três habilidades, você está na Faixa 3 e assim por diante. Cada nova habilidade dá ao desenvolvedor uma faixa nova. À medida que a equipe amadurece através das técnicas shadowing e swarming, bem como através do emparelhamento de equipe e compartilhamento de conhecimento, cada membro da equipe deve adicionar habilidades (tornando-se multifuncional). Conforme os membros da equipe atingem níveis mais altos (como a Faixa 2 e a Faixa 3), suas remunerações aumentam de acordo.

Essa é a verdadeira situação em que todos saem ganhando, porque uma organização pode pagar mais aos membros da equipe *e* economizar dinheiro tendo equipes de funcionários multifuncionais em vez de um exército de atiradores de elite que sabe fazer apenas uma coisa.

Ao incentivar os desenvolvedores a aprender mais habilidades e, consequentemente, aumentar suas posições, você dá a eles a oportunidade de planejar a própria formação e carreira. Muitas vezes, as habilidades que desenvolvem são aquelas em que estão mais interessados ou têm maior predisposição. Pode-se apresentar a eles habilidades que nunca teriam tentado antes, mas que têm aptidão para tal.

Os membros da equipe têm um incentivo para ganhar mais habilidades, e a empresa se beneficia pagando mais para menos pessoas e desenvolvendo equipes scrum mais eficazes e eficientes.

Membros de equipe com baixo desempenho

Caso alguém em uma equipe auto-organizada e autogerenciada esteja com um desempenho baixo, o scrum expõe esse fato rapidamente para que a equipe possa corrigir o problema. No Capítulo 4, discutimos o efeito Hawthorne, que mostra que o desempenho de um trabalhador melhora quando alguém o observa. Visibilidade e desempenho são diretamente proporcionais. O scrum também usa radiadores de informações, como quadros de tarefa e gráficos de burndown, que maximizam a visibilidade e o desempenho.

Um cliente tinha várias TVs de tela plana na entrada de seu escritório. As telas foram divididas em quadrantes e mostraram o burndown diário de quatro projetos de cada vez, atualizando os projetos novos a cada 20 segundos. Toda pessoa que entrava no escritório (incluindo fornecedores e clientes) podia ver o status de cada projeto em que a empresa estava trabalhando — uma situação de alta visibilidade para cada equipe scrum e cada membro dela.

A falta de transparência nas metas e expectativas também pode contribuir para um desempenho ruim. Se uma pessoa não sabe exatamente para onde está indo, é compreensível que ela possa tomar o rumo errado. O baixo desempenho no scrum pode ser facilmente identificado nos gráficos de burndown, em que as tarefas diárias são marcadas como concluídas ou não realizadas. O código novo é testado de modo abrangente e automático todas as noites, através de testes automatizados de integração contínua. Com esse tipo de visibilidade, em que a equipe é responsável como uma única unidade, seja lá quais forem os gaps, eles são facilmente encontrados e resolvidos.

Em um modelo tradicional, se um desenvolvedor quiser ficar no Facebook por três horas por dia, ele pode fazê-lo tranquilamente. Ele pode dizer ao gerente de projeto que precisa de 4 horas para concluir uma tarefa de 45 minutos. Se o gerente de projeto disser que ele poderia fazer o trabalho em menos tempo, sua resposta poderia ser: "Sério? Mostre como." Porque o gerente de projeto provavelmente não tem as habilidades de programação necessárias para entender por completo a tarefa que têm em mãos, sua única opção é deixar o desenvolvedor fazer o que quiser. Os demais membros da equipe calculam que, enquanto estiverem fazendo o trabalho, o problema é do desenvolvedor e do gerente de projeto. No scrum, no entanto, as equipes são consideradas responsáveis como unidades únicas. Se um desenvolvedor gastar três horas no Facebook, seus colegas de equipe o responsabilizarão por não fazer sua parte. Veja abaixo algumas outras maneiras pelas quais o scrum pode expor problemas de desempenho:

» Na reunião diária, antes de escalar qualquer problema, os membros da equipe podem sugerir que um desenvolvedor problemático se junte a eles no método shadowing ou emparelhamento de uma tarefa. Essa sugestão vem da equipe e pode ser o suficiente para resolver o problema.

» As retrospectivas de sprint são excelentes momentos para identificar gaps nas habilidades e possíveis soluções. As raízes de um desempenho ruim podem ser expostas, como a dinâmica da equipe, o ambiente e os mal-entendidos.

» Nas revisões de sprint, a equipe pode incentivar a pessoa em dificuldades a participar da demonstração. Na preparação para a demonstração, as coisas podem vir à tona e contribuírem com ideias para a retrospectiva.

» Se todos os desenvolvedores souberem que uma pessoa não está contribuindo como deveria e se sentirem desconfortáveis ao abordar o problema, um bom Scrum Master facilitará as interações necessárias para resolver a questão.

RH e scrum na contratação

Ao realizar mudanças organizacionais e adotar práticas scrum, você procurará e contratará novos funcionários usando critérios diferentes dos anteriores. A seguir, algumas coisas que você precisa considerar ao contratar alguém para cada função scrum:

>> **Desenvolvedores**

- Elimine os títulos das descrições de cargo e baseie suas pesquisas em habilidades. Você não apenas filtrará seus resultados de pesquisa com base nas palavras-chave de habilidade que os candidatos incluem em seus perfis, mas também filtrará os candidatos que estão mais interessados em divulgar os próprios títulos do que as próprias habilidades.

- Procure por candidatos que tenham curiosidade e desejo de treinamento multifuncional — aqueles que demonstraram capacidade de trabalhar fora de suas zonas de conforto.

- Procure por generalistas que tenham amplos conjuntos de competências e experiência na mudança de habilidades.

- Encontre pessoas que buscam oportunidades para trabalhar com uma equipe. Até mesmo a alma mais introvertida gosta de trabalhar com colegas de equipe respeitosos.

>> **Product Owners**

- Procure a capacidade de decisão como característica-chave.

- Encontre pessoas que trabalharam em estreita colaboração com desenvolvedores e partes interessadas.

- Busque as habilidades de comunicação e proatividade. Proporcionar esclarecimentos eficazes e oportunos é fundamental para o sucesso de uma equipe scrum.

>> **Scrum Masters**

- Priorize competências sociais, como facilitação de conflitos e impacto comprovado a respeito do desempenho das equipes anteriores.

- Procure alguém que possa proteger a equipe, demonstrar empatia e ser mentor como um líder servil.

- Não anuncie a vaga para um gerente de projeto na esperança de convertê-lo em um Scrum Master. A função de gerente de projeto não existe no scrum e talvez isso não seja uma combinação muito boa.

Independentemente da vaga que você esteja tentando preencher, procure pessoas que tenham uma experiência scrum e/ou ágil positiva. Analise com regularidade as descrições de cargos e atualize-as com a terminologia de papéis scrum adequada e os Princípios Ágeis para atrair candidatos que preferem trabalhar com o scrum.

Análises de desempenho

Depois de ter suas novas contratações focadas em scrum, as avaliações de desempenho podem ser baseadas em equipe. Recompense as pessoas com base em sua contribuição para a equipe, mudando a ênfase do indivíduo para a equipe.

As análises de desempenho em nível de equipe são naturais para o scrum. Devido à alta visibilidade inerente desse framework, a avaliação diária é dada por pares e a produção da equipe é consistente e tangível. Revisões anuais formais de funcionários individuais são, na maior parte, artefatos de frameworks tradicionais de gerenciamento de projetos. Eles provaram ser ineficazes por várias razões:

» As pessoas precisam e querem feedback constante, não apenas uma revisão no final de cada ano. Coaching regular é a chave.

» É difícil avaliar o desempenho de um ano inteiro, com todas as suas nuances e fatores situacionais, em uma revisão. Por sua natureza, a revisão será incompleta.

» Desempenhos que deixam a desejar devem ser treinados e orientados com antecedência, não depois de um ano.

» O feedback positivo e construtivo é muito mais eficaz do que o formato de avaliação de uma revisão anual.

A maneira mais lógica e direta de fornecer feedback que ajude os membros da equipe a melhorar é fazer com que os colegas de cada pessoa forneçam uma revisão de 360 graus (veja a Figura 14-1). Em equipes scrum, esses colegas são membros da equipe, partes interessadas e clientes. Em vez de ser uma revisão formal de desempenho, uma revisão de 360 graus é uma ferramenta de feedback. Cada membro da equipe pode compreender o impacto de seu trabalho em todas as outras pessoas envolvidas. Essa visão holística mostra como está o desempenho de um funcionário dentro do ambiente de trabalho.

PAPO DE ESPECIALISTA

HOLACRACIA NA ZAPPOS

Holacracia é um sistema de governança organizacional que consiste em equipes auto-organizadas, e não na hierarquia tradicional. Você pode pensar nisso como uma hierarquia de círculos, em que cada círculo é uma equipe auto-organizada, com princípios democráticos. A Zappos foi a maior empresa (com 1.500 funcionários na época) a adotar com sucesso o ideal de holacracia.

John Bunch, um dos líderes de transição da Zappos, disse: "Um dos principais princípios é que as pessoas assumam responsabilidade pessoal pelo seu trabalho. Não é sem liderança. Obviamente que há pessoas que têm um escopo maior de propósito para a organização do que outras. O que ele faz é distribuir a liderança para cada papel. Espera-se que todos liderem e sejam empreendedores em seus próprios papéis, e a holocracia lhes dá autonomia para fazer isso."

Veja uma representação visual da holacracia na figura a seguir.

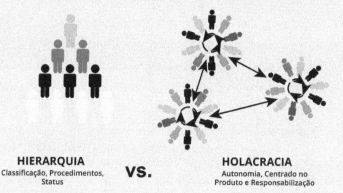

HIERARQUIA
Classificação, Procedimentos, Status

VS.

HOLACRACIA
Autonomia, Centrado no Produto e Responsabilização

Em termos ideais, diz Bunch, a holacracia é "livre de políticas, evoluindo rapidamente para definir e operar o propósito da organização, respondendo às condições do mercado e do mundo real em tempo real. É a criação de uma estrutura na qual as pessoas têm flexibilidade de se envolver com as coisas pelas quais são apaixonadas".

A holacracia é o conceito scrum de equipes auto-organizadas, autogerenciadas e multifuncionais implementado em nível organizacional.

GERENCIANDO A CONTRATAÇÃO COM SCRUM

O scrum influencia como você contrata e desenvolve talentos para otimizar o poder do próprio scrum. Você também pode usar o scrum para projetos de contratação e integração.

Um fornecedor global de soluções biofarmacêuticas e de equipamentos médicos utilizou o scrum para um grande esforço de contratação que exigiu 21 novas contratações, treinadas e prontas para serem utilizadas. Desenvolvedores, administradores de bancos de dados, analistas de negócios e redatores técnicos eram necessários. Desde o início do processo de recrutamento até a data de início do projeto, a equipe de contratação tinha apenas sete semanas para encontrar, contratar e treinar esses indivíduos.

Os desafios iniciais eram imensos:

- Nenhum processo de integração existia naquele momento.
- Nenhum programa formal de nova contratação existia.
- O atual processo de recrutamento foi ineficiente.
- Nenhum departamento ou conteúdo de treinamento dedicado existia.
- Novos equipamentos eram necessários, como estações de trabalho, telefones e computadores.

A empresa incorporou o framework scrum para gerenciar esse projeto. Para começar, o Product Owner (o diretor de RH) reuniu todos os gerentes de contratação, o gerente de TI e a equipe de RH para uma reunião de planejamento de um dia. Eles identificaram tudo o que precisariam fazer e quem faria cada parte, como:

- Reunir e elaborar conteúdo para visões gerais corporativas, dos produtos e do setor; desenvolvimento ágil e visão geral de software; e orientações de TI e RH.
- Criar um programa de treinamento on-site de uma semana utilizando o manual.
- Definir as novas instalações.
- Compra de equipamentos e ferramentas de rede e software.
- Recrutar instrutores internos (especialistas no assunto e gerentes).
- Reunir e formatar o material atual que existia em vários formatos.

A partir desse único dia de planejamento, eles conseguiram definir os recursos de roadmap e épicos de backlog de produto para:

- O manual do programa de treinamento.
- Aquisição de equipamentos de TI.

PARTE 4 **Scrum para Funções de Negócios**

- Licenciamento de software, licenças e credenciais de TI.

- Configuração da nova instalação.

- Processo para contratar novos funcionários no prazo.

Para recrutar os novos funcionários, eles também identificaram as necessidades de:

- Um portal e processo para avaliar currículos.

- Um cronograma de entrevista.

- Testes e perguntas padronizados para a entrevista.

Os gerentes usaram sprints de uma semana e, a cada semana, todos demonstravam o progresso de sua parte do manual e reuniam feedback uns dos outros. A TI mostrou seu progresso com relação às necessidades de instalações e de equipamentos. Eles criaram o sprint da semana seguinte e voltaram ao trabalho. Os pontos de contato semanais com a TI eram importantes. Várias vezes, identificaram-se obstáculos imediatamente e, assim, eles puderam ser resolvidos para manter a TI alinhada com os prazos.

Os gerentes de contratação deram feedback uns aos outros sobre o conteúdo do material de treinamento. Dessa forma, eles não precisaram de uma edição completa no final. Quando chegou a hora do treinamento, eles sabiam que, mesmo que não tivessem tempo para revisar o manual inteiro, seu conteúdo havia sido inspecionado e adaptado ao longo do caminho e já estava bastante refinado.

As retrospectivas de sprint eram realizadas a cada semana, e o resultado frequentemente envolvia planejamento para melhorar a coordenação e problemas com o fornecedor do portal de contratação. Problemas foram corrigidos em tempo hábil, porque a atenção foi dada semanalmente. Além disso, alguém recebeu a tarefa de solucionar qualquer problema como parte do plano de ação de acompanhamento.

Dentro deste framework organizacional, o processo de contratação foi incorporado. Uma empresa de integração forneceu um portal para gerenciar candidatos mediante um fluxo de aprovação. O portal forneceu visibilidade para cada etapa do processo de contratação em que estavam e ajudou no agendamento das salas e na movimentação de candidatos de um estágio de entrevista para o estágio seguinte.

Os resultados do framework scrum coordenado incluíram todos os novos contratados que receberam o mesmo treinamento, e a compreensão geral de seus papéis estava completa. Após essa primeira onda de contratações, aplicou-se a inspeção e a adaptação e melhorias foram feitas no sistema. No geral, o ciclo de inspeção e adaptação tão inerente ao scrum, combinado com a técnica swarming de cada recurso, foi um sucesso notável em um projeto de contratação que tinha de tudo para ser um pesadelo.

FIGURA 14-1:
A revisão de desempenho de 360 graus.

Use revisões de desempenho de 360 graus para determinar a compensação e (mais importante) para ajudar os membros da equipe a inspecionar, adaptar e melhorar. Quando você as utiliza somente para satisfazer os requisitos de RH ou determinar o merecimento, você perde o poder das revisões de 360 graus. Veja as vantagens de uma revisão de 360 graus:

- » Visualizar o desempenho de um funcionário sob diferentes ângulos permite uma maior compreensão de quais habilidades precisam melhorar e quais são excelentes.
- » O crescimento depende de feedback frequente e de alta qualidade.
- » Pontos de partida para melhorar habilidades podem ser identificados.
- » Uma linha de base pode ser definida para avaliar a melhoria.
- » Pontos cegos pessoais no comportamento de um funcionário podem ser identificados.

Finanças

O objetivo de todo negócio é ganhar dinheiro para fornecer e melhorar produtos ou serviços. Portanto, as finanças estão no centro de qualquer projeto bem-sucedido. A competição crescente e orçamentos apertados exigem decisões de financiamento difíceis e sábias. Bilhões de dólares são desperdiçados todos os anos em projetos que não deram certo ou morreram em algum lugar durante o percurso de desenvolvimento prolongado e doloroso. Veja alguns exemplos:

- » A Ford Motor Co. abandonou um sistema de compras após sua implementação, resultando em uma perda de US$400 milhões.

- » A J Sainsbury PLC (Reino Unido) abandonou um sistema de gerenciamento de cadeia de suprimentos após sua implementação, resultando em um prejuízo de US$527 milhões.

- » A Hewlett-Packard sofreu uma perda de US$160 milhões devido a problemas com um sistema de planejamento de recursos empresariais (ERP).

- » A AT&T Wireless teve problemas com uma atualização do sistema de gerenciamento de clientes, resultando em um prejuízo de US$100 milhões.

- » O McDonald's desistiu de seu sistema inovador de informações de compras depois de gastar US$170 milhões.

Esses são somente alguns exemplos de desperdícios financeiros evitáveis. Uma pesquisa realizada pela KPMG sobre gerenciamento global de projetos de TI revelou algumas descobertas assustadoras. Quando os entrevistados foram questionados a respeito de suas experiências na entrega de valor em projetos depois de receber o investimento, eles descobriram:

- » 49% disseram que tiveram, pelo menos, uma falha no projeto nos últimos 12 meses.

- » 2% conquistaram seus benefícios-alvo em todos os projetos nesses mesmos 12 meses.

- » 86% declararam que, em todo o portfólio de projetos, perderam até 25% dos benefícios almejados.

Provavelmente, grande parte disso era evitável.

Investimento incremental

Não é de surpreender que as empresas queiram investir em um produto inicial antes de decidir se continuam a investir em um projeto. No scrum, os incrementos do produto são produzidos a cada sprint e empacotados para serem liberados a cada ciclo de lançamento, para que o investimento incremental seja facilmente incorporado.

PAPO DE ESPECIALISTA

O *investimento incremental* é um método orientado ao financeiro para o financiamento de projetos. Concentra-se na maximização de retornos, entregando funcionalidade de valor sequenciada e dividida para o cliente com a finalidade de maximizar o valor presente líquido de um projeto — o valor presente dos futuros fluxos de caixa recebidos menos o preço de compra e quaisquer fluxos de caixa de saída futuros.

O que costumava acontecer nas corporações é que a equipe de negócios ia falar com um comitê de investimento com uma proposta e números de retorno sobre investimento (ROI) que os membros da equipe acreditavam ser necessários para obter o financiamento do projeto. Se fossem bem-sucedidos, a equipe gastaria cada centavo desse investimento e depois entregaria os resultados ou solicitaria mais recursos. Poucas pessoas olhavam para os números de ROI de meses ou anos antes porque, de qualquer maneira, a empresa não recuperaria o dinheiro. Os custos irrecuperáveis significavam que as empresas precisavam avançar a todo custo.

No scrum, o Product Owner vai perante um comitê de investimento com sua declaração de visão e o roadmap do produto monetizado. Ele pode dizer: "Preciso de US$3 milhões para implementar todas essas funcionalidades." O comitê pode responder: "Ok, vamos alocar US$3 milhões para o seu projeto. Mas, primeiro, daremos US$500 mil. Mostre-nos que você pode entregar o ROI prometido para seu lançamento inicial e daremos mais dinheiro. Mas, se não puder entregar um pouco, você não poderá entregar muito." Muitas empresas preferem usar um investimento incremental para seus projetos com ou sem as práticas de acompanhamento do scrum. O investimento incremental é usado para fazer o seguinte:

» **Mitigar riscos.** As partes interessadas e os Product Owners podem testar o ROI projetado a um custo mínimo para ver se atingem o resultado.

» **Reduzir custos.** Um investimento mínimo é usado no início.

» **Maximize retornos.** A monetização antecipada leva a uma receita maior.

PAPO DE ESPECIALISTA

Outra maneira de olhar para o investimento da equipe é em termos de MVP (produto mínimo viável), que apresentamos nos Capítulos 5 e 13. Você deve conseguir monetizar o MVP (ROI explícito). Caso o MVP atinja o ROI projetado, invista no próximo MVP.

O investimento incremental cria uma oportunidade em cada lançamento para que os Product Owners e as partes interessadas examinem seu ROI. A cada lançamento, se existirem problemas, dependendo do tamanho e da complexidade desses problemas, as partes interessadas podem investir em correções ou encerrar o projeto antes que mais dinheiro seja desperdiçado.

A receita pode ser iniciada antecipadamente. O objetivo não é apenas menos desperdício, mas um retorno de antemão — e retorno de antemão significa maior retorno. O valor é entregue mais cedo ao cliente, e a adesão dele aumenta. Controlar o risco e o custo é fundamental, pois isso agrega valor. Se você puder identificar maneiras de fornecer funcionalidades distintas para gerar receita com antecedência, você deve dividi-las e entregá-las primeiro para que o cliente possa obter receita antes do final do projeto completo. À medida que a receita chega, os custos iniciais são compensados mais cedo, e a receita e o lucro gerais durante a vida útil do produto são mais altos.

CULTURA DE CRIATIVIDADE

Intraempreendedorismo significa comportar-se como um empreendedor dentro de uma grande empresa. Esse tipo de pensamento ajuda as empresas a inovar e a granjear vantagem competitiva. Organizações que incentivam seus funcionários a expressar novas ideias e experimentar coisas fora dos projetos que lhes eram atribuídos resultaram em alguns dos produtos mais úteis, incluindo ADP da Lockheed Martin, tecido da GORE-TEX, Gmail do Google, Post-it da 3M (meu favorito), o PlayStation da Sony e o botão "Curtir" do Facebook.

Historicamente, o ROI de um projeto é projetado e o investimento é recebido com base nessa projeção. Os projetos raramente são cancelados, porque os testes e os comentários dos clientes são mantidos até o final do ciclo de desenvolvimento. Mesmo que os problemas sejam descobertos, é difícil recuperar o dinheiro depois de ele ter sido alocado. Não é de surpreender que as projeções de ROI às vezes sejam inflacionadas para se conseguir o investimento.

Com o investimento incremental, não tem como inflacionar o ROI, pois ele precisa ser comprovado em cada divulgação. Se o incremento falhar, não será investido mais dinheiro. Esse menor custo de falha permite aos desenvolvedores que estimulem sua criatividade e até formem uma cultura intraempreendedora. Ideias novas podem ser testadas e, se o ROI for atingido, elas podem ser continuadas. As culturas da empresa mudam à medida que se constrói confiança mediante a entrega tangível e cultiva-se o espírito intraempreendedor.

Desse modo, as falhas não existem mais; elas dão lugar ao aprendizado consistente em direção ao próximo sucesso quando os custos são baixos e a inovação é incentivada. Equipes auto-organizadas têm liberdade e motivação para criar seus melhores projetos e soluções. As seções a seguir discutem as práticas contábeis padrão que se alinham com essa abordagem incremental de financiamento.

Demonstrativos financeiros (SOP)

O American Institute of Certified Public Accountants (Instituto Americano de Contadores Públicos Certificados) publica demonstrativos financeiros (SOPs — Statements of Position) sobre questões contábeis. O SOP 98-1 define o ponto em um desenvolvimento de software interno no qual os custos do projeto são contabilizados (ou seja, capitalizados):

» As despesas no estágio de planejamento preliminar são contabilizadas no período em que ocorrem.

» As despesas incorridas durante o desenvolvimento podem ser capitalizadas ou divididas para serem incluídas no preço geral do ativo de software e, em seguida, amortizadas como custos durante a vida útil do produto.

CAPÍTULO 14 **Recursos Humanos e Finanças** 261

O scrum permite que mais custos sejam capitalizados após o planejamento e durante todo o projeto, pois o planejamento e a sobrecarga são atividades de custos menores, ao passo que os custos das atividades de valor agregado são maiores. Quanto mais cedo você entregar valor ao cliente, mais cedo a receita será contabilizada. Essa abordagem de capitalização significa que o lucro é conquistado o quanto antes.

Scrum e orçamentos

Os métodos tradicionais de orçamento, sobretudo em empresas privadas, implicam a criação de um orçamento para todo o ano fiscal. A finalidade desse orçamento é identificar todas as despesas e receitas do ano. O gerenciamento compromete, monitora e recompensa com base nessa projeção orçamentária estimada. Se um gerente ou grupo de produtos exceder as estimativas de receita ou gastar menos do que as despesas estimadas, essa pessoa será recompensada em grupo. Caso o gerente ou o grupo fique aquém das metas de receita ou exceda as despesas estimadas, as perguntas devem ser respondidas, mas a avaliação do desempenho excessivo ou insuficiente é feita refletindo sobre o que aconteceu no passado; é um processo reativo.

As organizações devem aceitar um orçamento anual como ele realmente é: uma estimativa. A estimativa do próximo trimestre deve ser o alvo real e com o qual as equipes devem trabalhar. A equipe tenta atender ou exceder o orçamento para este trimestre, em vez do orçamento para o ano inteiro. Os trimestres subsequentes ainda são considerados estimativas e tratados como tal. As equipes podem incorporar o que aprenderem no atual trimestre até o próximo trimestre (inspeção e adaptação em finanças). É assim que Wall Street trabalha com as estimativas empresariais. As empresas publicam as estimativas do trimestre atual e as definem no futuro. No entanto, essas estimativas futuras ainda têm menos peso do que a estimativa atual.

NESTE CAPÍTULO

» Melhorando a agilidade do marketing com o scrum

» Aumentando a receita

Capítulo **15**

Desenvolvimento de Negócios

Não é necessário mudar. A sobrevivência não é obrigatória.

— W. EDWARDS DEMING

O desenvolvimento de negócios, muitas vezes chamado de vendas e marketing, é fundamental para o crescimento e a vitalidade de quase todas as organizações. Afinal, divulgar para todo mundo o que você faz e, em seguida, encontrar clientes em potencial e convertê-los em vendas mantém a engrenagem do negócio funcionando.

Qual a diferença entre marketing e vendas?

O *marketing* fornece informações para encontrar clientes em potencial a fim de convertê-los através do processo de vendas. O marketing muda à medida que novos ângulos e métodos são desenvolvidos para expor seu produto ou serviço ao maior número de pessoas possível. O marketing é o céu sobre o funil de vendas.

A *venda* é uma conversa contínua entre duas ou mais pessoas. Vender é entender as necessidades e desejos dessa pessoa ou organização específica, e explicar como seu produto ou serviço atende a essas necessidades e desejos.

CAPÍTULO 15 **Desenvolvimento de Negócios** 263

Neste capítulo, abordamos como o scrum funciona dentro dos papéis vitais de marketing e vendas.

Scrum e Marketing

No âmbito do estilo de gerenciamento de projetos em cascata, é difícil saber se o produto correto está sendo construído. Pouco ou nenhum feedback do usuário foi solicitado ao longo do processo, então ninguém sabe se o produto será um grande sucesso. Aqui está o problema: as organizações tradicionalmente têm um planejamento de marketing anual fixo (muito parecido com o processo orçamentário anual que analisamos no Capítulo 14). As empresas surgem com um produto sem a ideia clara de que será um sucesso, porém o marketing muitas vezes é planejado com um ano de antecedência.

Além disso, os mercados vivem mudando. Dada a velocidade dos avanços tecnológicos atuais, a mudança é ainda mais recorrente do que nunca. Mesmo para produtos que foram analisados e provaram ser o que o cliente quer, as empresas talvez precisem mudar seu ângulo de marketing ao longo do caminho. Às vezes, os clientes nem sabem o que querem até ter um produto em mãos e usá-lo. Apesar das melhores intenções de uma empresa, ainda é um mistério saber como e o que comercializar.

Aliás, uma empresa pode estar lidando com milhões de clientes que têm gostos e desejos variados. Pense em quantos estilos e modelos diferentes de carros, roupas e gadgets são vendidos em um determinado ano. Todos os anos, novos modelos são lançados. Os profissionais de marketing desejam satisfazer os gostos individuais de cada comprador. Embora o futuro seja impossível de prever, a previsão é exatamente o que o marketing tradicional pede às pessoas que façam.

Evolução do marketing

Como a maioria dos setores e das funções de negócios, o marketing evoluiu. Conforme Anna Kennedy, autora do *Business Development For Dummies*, as mudanças recentes no marketing incluem o seguinte:

» As prospecções podem fornecer informações a si próprias, na medida em que dois terços da jornada do comprador acontecem antes de qualquer envolvimento formal com a empresa.

» O marketing atualmente mudou e é responsável por gerar leads. Qualquer diretor de marketing que não gere leads estará em breve desempregado.

» A tecnologia possibilita aos profissionais de marketing que avaliem onde os clientes em potencial estão na jornada do comprador e os estimulem de forma individualizada.

» A mídia social fornece um fórum para conversas entre marcas e seus influenciadores, clientes em potencial e clientes.

Dadas essas tendências, como o scrum pode ajudar os profissionais de marketing a adotar as mudanças e desenvolver agilidade na resposta a esse mundo em transformação? Talvez os clientes possam pesquisar mais por conta própria antes de se envolver com um vendedor, o que pode parecer um desafio do ponto de vista do vendedor. Contudo, uma equipe scrum de marketing que torna seus materiais de marketing rastreáveis pode usar a análise para inspecionar e adaptar seu marketing de modo que ele se ajuste ao feedback instantâneo. Nos últimos anos, o marketing tornou-se o principal consumidor do big data. Ser capaz de consolidar, analisar e reagir a dados de mercado e tendências em movimento faz do scrum um framework ideal para o marketing.

O acesso ao feedback (ações dos clientes em potencial e interação com materiais de marketing) permite a uma equipe scrum que responda e pivoteie com mais frequência e rapidez do que antes. Esse feedback não exige que um cliente participe de uma revisão de sprint. O Product Owner tem acesso em tempo real a esse feedback, graças às tecnologias de análise de marketing.

Scrum e mídias sociais

Os profissionais de marketing são responsáveis por gerenciar as imagens de mídia social de suas marcas. A velocidade com que os posts se tornam virais é espantosa e isso exige resposta tática. Um exemplo dessa dinâmica aconteceu durante a eleição presidencial de 2016 nos EUA. As campanhas usaram as mídias sociais para rastrear e responder às tendências.

Recentemente, uma instituição de caridade global e popular enfrentou uma crise na mídia social e conseguiu responder de maneira eficaz devido a seu investimento em técnicas de marketing e estratégias de implementação rápida. Uma declaração pública falsa foi feita a respeito dessa instituição de caridade. Em poucas horas, tal história falsa tomou um rumo tão grande e cresceu tão rápido que colocou em risco a idoneidade da instituição de fazer o bem no mundo e impactou negativamente suas doações.

Ademais, em poucas horas, os gerentes de marca da instituição de caridade começaram a produzir conteúdo para retificar os equívocos. Entretanto, reagir aos boatos falsos da mídia social não foi suficiente. Os gerentes de marca trabalharam com todos os sites da organização e desenvolvedores a fim de garantir que a posição oficial da instituição fosse clara e viesse do conteúdo recém-criado. Como os desenvolvedores do site faziam parte das equipes scrum, o novo conteúdo tornou-se prioridade máxima e, em alguns dias, foi implementado nas várias plataformas. Se as mudanças tivessem passado por um processo de desenvolvimento e testes em cascata, a história poderia ter um final infeliz. Em vez disso, a mensagem de aceitação da organização tornou-se

CAPÍTULO 15 **Desenvolvimento de Negócios** 265

mais clara, e um evento negativo foi transformado em um resultado positivo. Essa história se repete quase diariamente em pequenas empresas e empresas da Fortune 500.

Scrum em marketing

Antes de analisarmos exemplos específicos de scrum em marketing, vamos observar algumas maneiras específicas que podem ser adotadas. Como o planejamento orçamentário anual discutido no Capítulo 14, o planejamento de marketing anual é um palpite refinado ao longo do ano à medida que a organização aprende e se adapta.

A VANTAGEM ÁGIL

Em uma de suas pesquisas anuais "Agile Advantage" (A Vantagem Ágil), a CMG Partners, uma empresa de consultoria de marketing estratégico, entrevistou diretores de marketing (CMOs), líderes de marketing e especialistas ágeis, descobrindo que a maioria deles concordava que os planejamentos de marketing de longo prazo e altamente elaborados são coisas do passado. Hoje, velocidade e agilidade são ferramentas fundamentais. Os profissionais de marketing precisam ser capazes de reagir às mudanças dos cenários econômicos e aos desejos e necessidades inconstantes dos clientes. A pesquisa identificou três vantagens principais do uso do framework ágil nas campanhas de marketing e nos projetos:

- **Maior desempenho nos negócios:** Esse aumento de desempenho assumiu a forma de maior rapidez no mercado e aumentou a priorização e a produtividade.

- **Maior satisfação do empregado:** Equipes auto-organizadas e autogeridas trabalhando com transparência e autonomia faz com que as pessoas fiquem mais felizes.

- **Maior adaptabilidade:** Característica intrínseca do ágil e do scrum, a adaptabilidade veio à tona quando as equipes de marketing adotaram frameworks ágeis. A falta de adaptabilidade nos métodos em cascata é extremamente evidente.

Decerto que o uso do ágil e do scrum no marketing permitiu uma maior colaboração entre o usuário final e os profissionais de marketing. Desse modo, a marca do produto poderia evoluir junto com o cliente, em vez de esperar que, no final, existisse um ajuste.

O custo pode ser reduzido em virtude de se haver menos planejamentos falhos com a nova abordagem aperfeiçoada. Com esse aumento nas taxas de sucesso, a satisfação dos clientes e funcionários também aumenta.

ÁGIL EM MARKETING

Existe uma movimentação formal para implementar os Princípios Ágeis no marketing, e um conjunto de princípios de marketing ágeis reconhecidos, chamado Manifesto de Marketing Ágil, foi publicado em (conteúdo em inglês) `http://agilemarketingmanifesto.org`. O manifesto afirma que:

Estamos descobrindo maneiras melhores de agregar valor para nossos clientes e para nossas organizações por meio de novas abordagens de marketing. Através deste trabalho, passamos a valorizar:

1. A aprendizagem validada em detrimento de opiniões e convenções.

2. A colaboração focada no cliente em vez de silos e hierarquia.

3. Campanhas adaptativas e iterativas em detrimento de campanhas explosivas.

4. O processo de descoberta do cliente em vez de previsão estática.

5. O planejamento flexível em vez do rígido.

6. A reação à mudança em detrimento de seguir um planejamento.

7. Uma série de pequenas tentativas em vez de grandes apostas de marketing.

Com o scrum, os planejamentos de marketing podem ser mensais, semanais e até diários. Após cada iteração, a inspeção e a adaptação são aplicadas com base no feedback das revisões de sprint e retrospectivas. Os planejamentos de marketing podem ser ajustados, a mudança pode ser considerada progresso e o marketing aos clientes pode ser feito de uma forma que atenda às necessidades deles em constante mudança. Estratégias novas de marketing podem ser testadas com usuários reais antes de serem liberadas para um público mais amplo. Da mesma maneira, as marcas podem ser testadas em sprints, poupando muito dinheiro, porque a marca é desenvolvida junto com os clientes em vez de ser apresentada a eles no final.

O Funcionamento do Scrum no Marketing

Hoje em dia, o scrum é amplamente utilizado no marketing, com um sucesso impressionante. O scrum se encaixa no mundo selvagem e confuso de mudança das necessidades e da tecnologia do cliente. Nas seções seguintes, examinamos três exemplos do funcionamento do scrum no mundo do marketing.

CafePress

A CafePress vende presentes e mercadorias que um cliente pode personalizar, como canecas com fotos e/ou memes.

Uma camada de versatilidade foi descoberta na implementação do scrum na CafePress. As implicações legais de produtos personalizados indicaram que o marketing precisava de uma aliança próxima com a equipe jurídica para facilitar a resposta rápida a consultas e preocupações de cunho legal. A equipe de marketing precisava estar ciente do que poderia e não poderia dizer para evitar assumir responsabilidades legais desnecessárias.

O departamento jurídico tornou-se parte integrante da equipe de marketing da CafePress, garantindo que o marketing pudesse responder a qualquer pergunta em 20 minutos. A estratégia da CafePress de reunir o departamento jurídico e o marketing é um ótimo exemplo dos benefícios de alinhar negócios com desenvolvimento. Às vezes, os objetivos dos departamentos aparentemente entram em conflito, mas, com o scrum, eles ficam diretamente alinhados com a criação de um produto melhor e clientes mais satisfeitos.

Xerox

A Xerox é um nome familiar, geralmente associado a fotocópias no escritório. Ao longo dos anos, essa empresa se ramificou em outros produtos e serviços, como TI, gerenciamento de documentos, software e suporte.

PAPO DE ESPECIALISTA

O processo de fotocópia original de fazer cópias em papel de documentos e imagens visuais é chamado de *xerografia*. Cargas eletrostáticas são usadas em um fotorreceptor sensível à luz para transferir pó para o papel, copiando as imagens. Em seguida, o calor forja a cópia, literalmente. Quem inventou a xerografia? Uma empresa chamada Xerox.

A equipe de marketing interativo global da Xerox integrou o scrum a seu framework de negócios para simplificar e priorizar a demanda de clientes e equipes de marketing em todo o mundo. A equipe sabia que precisava responder às mudanças do mercado e às necessidades dos clientes, e eles precisavam responder com a mesma rapidez que os concorrentes menores, que poderiam reagir e pivotear mais rapidamente. O scrum forneceu o framework para a Xerox com a finalidade de auto-organizar, iterar, inspecionar, adaptar e entregar produtos com mais frequência.

Problemas semelhantes existiam no gerenciamento de portfólio (veja o Capítulo 13). Os projetos não eram priorizados, então os desenvolvedores eram alocados e desalocados de projeto a projeto, e a parte interessada que fazia mais alarde recebia seu produto primeiro. Quando surgiram novas iniciativas, as equipes não conseguiam pivotear com rapidez o bastante para aproveitar os benefícios potenciais. As equipes dividiam os funcionários em vários projetos ou interrompiam projetos para realocar as pessoas em novos projetos.

Com o scrum, a Xerox segmentou o tipo de trabalho a ser feito em três filas: desenvolvimentos novos, projetos criativos (como trabalhos artísticos) e resposta rápida (problemas de serviço que levam oito horas ou menos para serem solucionados). Os ciclos curtos de sprint e o processo de inspeção e adaptação permitiram aos membros da equipe que concentrassem cada sprint em apenas uma fila, em vez de colocá-los em filas de prioridades diferentes.

A equipe de marketing da Xerox estava sendo alocada e realocada entre os sprints, mas, pelo menos, não estava mais mudando toda hora dentro dos próprios sprints. (Leia o Capítulo 13 para obter mais informações sobre por que não se recomenda a técnica de thrashing.) O foco durante cada sprint possibilitou à equipe que fornecesse incrementos nas três filas e priorizasse as mais importantes. A velocidade de comercialização aumentou, pois a equipe não se desviou antes de concluir um projeto. O moral dos funcionários também aumentou, e a satisfação do cliente melhorou porque eles conseguiram o que queriam com antecedência e com qualidade superior.

Scrum para Vendas

As vendas não são uma ilha, mas parte de um ciclo de desenvolvimento de negócios que começa com a definição do que o mercado precisa e com o produto e serviço que atendam a essa necessidade. Em seguida, o ciclo passa pelo marketing, vendas, entrega e avaliação para influenciar tanto os clientes a comprar como granjear o apoio deles à marca.

Em frameworks tradicionais de gerenciamento de projetos, as vendas representam o papel clássico do individualismo. Há metas de vendas individuais que devem ser atingidas (e, de preferência, ultrapassadas), e a remuneração de cada indivíduo é baseada nos resultados dessas metas de vendas. Vendedor da semana, mês e ano são premiações cobiçadas. A competição é feroz, e, em todas as organizações, algumas estrelas chegam aos altos escalões. Em vendas, a palavra *equipe* normalmente se refere às pessoas do departamento, não ao departamento que trabalha como uma equipe unificada rumo a um objetivo comum, como no scrum. Para implementar o scrum às vendas, é necessário descobrir como conseguir que os vendedores trabalhem juntos como equipe, e não como indivíduos em um departamento. O scrum transforma a abordagem tradicional de vendas em um modo completamente diferente de trabalhar:

» O scrum, por sua natureza, foca o sucesso da equipe. Talvez você pense em uma equipe de vendas como um grupo de vendedores que ficam na calçada tentando persuadir as pessoas a comprarem. No scrum, uma equipe de vendas é muito mais que isso. Semelhante a uma equipe multifuncional de desenvolvimento de produtos composta por designers, engenheiros e testadores, uma equipe de vendas precisa de especialistas no assunto e pessoas de marketing, capacitação e engenharia de vendas, contratos, jurídico e financeiro. Toda a equipe de vendas tem metas. Se a equipe não conseguir atingir suas metas, os membros poderão trabalhar em estreita colaboração para encontrar soluções.

» Recompensas são baseadas em equipe. Uma equipe de vendas tradicional (todos os vendedores) é impulsionada pela concorrência, com todos trabalhando em silos. Uma estrutura de equipe significa que todos os membros da equipe se concentram em torno de um lead para chegar até o final (fechar a venda).

» O scrum resume-se na conquista de resultados ao longo do processo para se chegar aos resultados finais como um todo. É focado em inspecionar e adaptar com base na realidade. Você tem que inspecionar o processo e adaptar-se a cada cliente.

» Contagem dos resultados. Os gráficos de burndown e burnup (analisados no Capítulo 5) podem ser usados nas vendas. Em vez de rastrear quanto foi feito, as vendas acompanham quanto resta para fazer em determinado sprint (burndown). O acompanhamento de vendas cumulativas (burnup) mostra o progresso em tempo real em direção à meta de vendas do sprint.

» As reuniões diárias de pé funcionam bem porque ninguém gosta de reuniões longas. Caso sejam descobertos obstáculos fora da equipe, uma pessoa externa pode ser convidada para a reunião diária e participar de uma remoção pós-evento de obstáculo (ver Capítulo 6).

A solução scrum

O processo de vendas de converter leads em fechamento de vendas também é conhecido como pipeline ou funil de vendas. A Figura 15-1 descreve um funil de vendas básico. Um gerente de vendas de uma organização ágil implementou um quadro de tarefas de itens do backlog. As colunas incluíram as etapas do funil de vendas como Leads, Visitas de Vendas e Acompanhamento. A equipe de vendas e a gerência tinham uma visão imediata de onde a equipe estava no projeto. As estimativas de vendas foram inspecionadas e adaptadas com base na realidade. A Figura 15-2 mostra um exemplo do funil de vendas como um quadro de tarefas.

MICROCHIP

A Microchip, uma empresa líder de semicondutores, mudou sua estrutura de pagamento tradicional, de remuneração variável, para outra que adicionou uma pequena variável baseada no desempenho da empresa e da unidade. Os funcionários receberam um bônus com base no desempenho imediato de sua equipe, bem como no andamento geral da empresa. O resultado foi a melhora do crescimento e da lucratividade, o aumento do envolvimento dos funcionários e desgaste quase zero. Em outras palavras, descobriu-se que os melhores vendedores interagiam com os outros na equipe de vendas e coordenavam os melhores resultados gerais. As habilidades coletivas e até o crowdsourcing foram citados como métodos usados pela equipe para se destacar. Os principais gerentes usaram brainstorming em equipe com seus representantes e até acolheram ideias de outros departamentos da empresa.

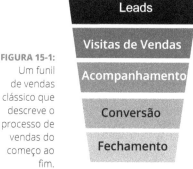

FIGURA 15-1: Um funil de vendas clássico que descreve o processo de vendas do começo ao fim.

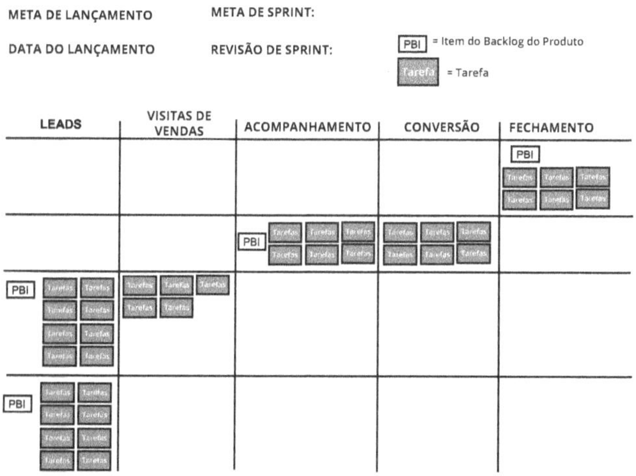

FIGURA 15-2: Um quadro de tarefas de vendas com colunas que representam os estágios do funil de vendas.

CAPÍTULO 15 **Desenvolvimento de Negócios** 271

Um funil visível na forma de um quadro de tarefas é bastante valioso. O funil de vendas na Figura 15-1 se torna o quadro de tarefas mostrado na Figura 15-2, conforme o seguinte:

» **Leads:** Cada linha (como em um diagrama swimlane) representa um lead. Os leads chegam de várias fontes por meio de vários métodos, mas todos eles chegam aqui e são analisados, verificados e priorizados antes da visita de vendas acontecer. Pegar leads pouco qualificados e transformá-los em leads qualificados para vendas, prontos para serem disponibilizados em compras, está se tornando uma função de marketing. O scrum pode ajudar a superar a divisão tradicional entre marketing e vendas por intermédio da visibilidade e coordenação da equipe de vendas.

» **Visita de vendas:** Uma visita inicial de vendas é feita para qualificar ainda mais o lead (isto é, definir a necessidade do cliente potencial e posicionar a oferta como a solução). Esta etapa envolve várias tarefas, que foram descritas durante o planejamento de sprint na coluna Leads.

» **Acompanhamento:** O lead respondeu e manifestou interesse na solução proposta para sua necessidade. A equipe coordena, cronometra e executa uma série de tarefas.

» **Conversão:** Obstáculos e impedimentos para fechar as vendas são identificados, e a equipe se esforça para superá-los.

» **Fechamento:** Consegue-se fechar o contrato e a venda. A equipe documenta claramente como o contrato foi ganho.

Na prática, tudo isso é feito em equipe. Analise as habilidades necessárias para fazer uma venda, incluindo marketing, capacitação de vendas, engenharia de vendas, experiência no assunto, contratos, jurídico e financeiro.

Dê preferência a membros de equipe multifuncionais que possam fazer tudo. Todavia, é raro ter uma pessoa que saiba fazer tudo e muito bem. Ter uma equipe de pessoas que consiga fazer tudo, e ainda por cima muito bem, é ainda mais raro. Mas uma equipe multifuncional de membros que pode se auto-organizar, planejar e executar as técnicas de swarming em torno de um evento ou contrato produz melhores resultados do que uma pessoa que tenta fazer tudo sozinha.

Como o scrum se concentra na comunicação contínua entre todas as partes, uma equipe scrum de vendas tem uma compreensão mais clara do que os clientes em potencial precisam e desejam. Como resultado, a equipe pode apresentar suas ideias de vendas de uma maneira que impacte diretamente esses clientes em potencial.

O processo de vendas no scrum

Os vendedores competentes são ouvintes excepcionais e têm grande capacidade de observação. Um objetivo é descobrir os possíveis problemas e mostrar como o produto ou serviço soluciona esses problemas. Para fazer essa conexão, um vendedor precisa cultivar um relacionamento com base na confiança. As pessoas compram coisas de pessoas que conhecem e em quem confiam.

No scrum, as vendas têm a ver com ganhar confiança através do trabalho em equipe. Os participantes de segundo plano podem incluir a equipe de pré-vendas, desenvolvimento de negócios, executivos de contas, engenheiros de campo, instaladores, vendas e suporte internos e o pessoal de serviço. Qualquer combinação dessas pessoas pode formar uma equipe scrum que coloque em prática as técnicas de swarming a fim de sincronizar a comunicação, apoiando o esforço para fazer com que o cliente assine um contrato. As atividades de swarming podem girar em torno do seguinte:

» Preparar-se para uma feira comercial.

» Acompanhamento dos leads das feiras comerciais.

» Desenvolver propostas com prazo definido de possíveis soluções para um discurso de vendas que supere a concorrência.

» Salvar uma venda em risco por meio de brainstorming e priorizando itens de ação.

PAPO DE ESPECIALISTA

Os ciclos de vendas são mais bem-sucedidos quando um consumidor ou empresa em potencial é *puxado* em direção a um produto ou solução, em vez de responder a uma abordagem outbound através de um telefonema de marketing não solicitado. As estratégias de marketing envolvem marketing de conteúdo, webinars, feiras comerciais e marketing de mídia social. Os modelos push versus pull são analisados no Capítulo 5. O processo de vendas no scrum possui interação pessoal e bom senso. Ele espelha os princípios do roadmap da seguinte maneira:

1. **Visão**

    Exemplo: Aumente as vendas brutas em Dallas em 20% neste ano fiscal, maximizando a presença e análise de mídias sociais da empresa. Faça o acompanhamento com uma ligação telefônica pessoal ou e-mail para todos que fornecerem informações de contato.

    (O modelo de visão que apresentamos no Capítulo 2 é para desenvolvimento de produto. Para vendas e outros projetos de desenvolvimento de produtos não relacionados, é apropriado ajustar esse modelo com base na realidade.)

2. **Roadmap do produto (alto nível) e backlog do produto (detalhados)**

Exemplo: São necessárias listas de mudanças de alto nível e baixo nível para tornar a visão em realidade, como:

- Desenvolvimento de estratégia de vendas.
- Aquisição de ferramentas.
- Desenvolvimento de garantias.
- Desenvolvimento de processos de vendas e aprimoramento detalhado.
- Execução necessária para acordos específicos no processo.
- Designar sites de mídia social importantes (detalhados) a um membro da equipe.
- Encontrar uma ferramenta para rastrear funis de vendas que a equipe usará.
- Definir processos de relatórios como fluxos de trabalho analíticos.

3. **Planejamento de lançamento**

Exemplo: Priorize os itens do backlog por mês e/ou trimestre.

4. **Planejamento de sprint**

Exemplo: Em equipe, crie tarefas e atribuições para os itens do backlog.

5. **Sprint**

Exemplo: Realize reuniões diárias com todos de pé para coordenar as tarefas de swarming durante o dia e identificar os obstáculos.

6. **Revisão de sprint**

Exemplo: Demonstrar às partes interessadas (como o vice-presidente de vendas) que o sprint está completo (a página do Facebook está operacional, por exemplo, ou listas de discussão de clientes anteriores estão compiladas).

7. **Retrospectiva de sprint**

Exemplo: Revise o que funcionou bem e facilite a transferência de conhecimento. Pessoas de serviço/instalação estão aprendendo como novos clientes estão comprando, por exemplo, o que os ajuda a continuar com as mensagens da empresa que resultam em vendas.

ISENSE PROWARENESS

A iSense Prowareness é uma empresa de consultoria de tecnologia da informação e informática (ICT) localizada na Holanda que adotou o scrum em todos os processos de vendas. Os problemas que a empresa vinha enfrentando eram diversos e fundamentados em uma enorme falta de transparência:

- O sistema acompanhava o progresso individual, mas somente o gerente analisava isso. O número e o montante de cada transação eram os únicos dados compartilhados, e o progresso de cada representante era avaliado apenas por essas métricas. Semanalmente, cada indivíduo estimava seus números para aquela semana e, no final da semana, relatava o que, de fato, tinha conseguido vender.

- A empresa não tinha como saber quais iniciativas individuais estavam afe-tando as vendas gerais da equipe.

- Não existia nenhum indicador de processo. A única avaliação era a quan-tidade vendida. O número de chamadas telefônicas podia ser monitorado; no entanto, a taxa de fechamento de vendas baseada nessas chamadas era desconhecida. A administração tinha maneiras limitadas de ajudar sua equipe de vendas, pois não sabia o que e onde estavam os obstáculos indi-viduais. O único meio era trabalhar mais e mais, já que eles não tinham como determinar o que significava "trabalhar de modo mais inteligente".

- Os representantes de vendas trabalhavam duro para aumentar as vendas, mas não se usava nenhum horário e nenhum momento para reflexão ou para pensar na implementação de um sistema que visasse as melhorias.

Dado esse histórico típico de vendas, a iSense começou a implementar o scrum. Contratou consultores externos para auxiliar na transição e começou com:

- Sprints semanais de segunda a sexta-feira.

- Metas de vendas trimestrais, que incluíam 13 sprints para cada "lançamento".

- A cada semana, os vendedores adaptavam o que aprendiam com as reu-niões diárias, revisões e retrospectivas de sprints.

- Um quadro de tarefas scrum foi criado com um gráfico de burndown e as encomendas solicitadas.

- As reuniões diárias eram realizadas em pé, em frente ao quadro de tarefas.

Após a conclusão da integração do scrum, a receita dobrou, e metade dos gerentes de vendas atribuiu isso diretamente ao scrum — um excelente retorno do investimento para uma transição scrum.

(continua)

(continuação)

Inesperadamente, as principais lições aprendidas incluíam a capacidade de avaliar quais táticas de vendas estavam funcionando e quais não estavam gerando valor total. A transparência do scrum deixou relativamente evidente que não há valor para uma organização que não consegue atender ao fechamento de uma venda. Quando a equipe de vendas aumentou sua taxa de sucesso como resultado dessa abordagem baseada na equipe como um todo, seu grupo de provedores de serviços não aumentou o quadro de funcionários para atender à demanda. Os gerentes de vendas reconheceram uma maneira de ajudar os recrutadores a atender à demanda por meio de contratos temporários, o que lhes dava mais tempo para preencher permanentemente tais posições.

A equipe apenas telefonava aos clientes convidando-os para eventos que demonstravam os produtos. No evento, os participantes seriam transformados de leads frios em leads quentes, e o contato de acompanhamento resultaria em alguns deles se transformando em leads quentes e possíveis vendas. Através da análise do processo e dos resultados, a equipe descobriu que eles estavam convertendo apenas 10% em vendas reais. Isso possibilitou à equipe que discutisse e identificasse gaps no processo de vendas, refinasse a sequência e aumentasse as vendas. Em pouco tempo, eles dobraram essa taxa de conversão.

Através da integração do scrum, a equipe de vendas da iSense fez outra descoberta importante: fazer a venda era apenas o começo. Para completar verdadeiramente o ciclo, a empresa tinha que entregar o produto. Parece simples, mas, através do processo de revisões e retrospectivas de sprint, em que os funcionários de diferentes partes da empresa compartilhavam informações, esse gap também começou a diminuir e o cliente se beneficiou.

As equipes de vendas perceberam que, em vez de focarem principalmente a criação de novos negócios, elas ganhavam mais com os contatos e clientes existentes. Os clientes com os quais já haviam feito projetos bem-sucedidos poderiam ser usados como ponto de partida para mais negócios. Eles poderiam se tornar promotores de projetos para outras empresas.

NESTE CAPÍTULO

» Incentivando e adotando o feedback do cliente para melhorias

» Economizando e ganhando receitas

» Melhorando o processo do serviço

Capítulo **16**

Serviço de Atendimento ao Cliente

Aproxime-se mais do que nunca de seus clientes. Seja tão próximo deles a ponto de poder lhes dizer do que precisam antes que percebam isso sozinhos.

— STEVE JOBS

O atendimento ao cliente é um dos aspectos imprescindíveis de qualquer organização e é, sem sombras de dúvidas, o próximo grande horizonte para a implementação do scrum. As experiências positivas com um produto nos dão razão para voltar a comprá-lo e indicá-lo para amigos e familiares. No entanto, o atendimento ao cliente é a área que muitos clientes e consumidores afirmam ser a parte mais problemática da experiência. Eles gostam do produto, mas seu valor reconhecido diminui com um serviço ruim.

Os clientes também podem ser internos. O suporte interno ineficiente e as comunicações incompletas levam à perda de produtividade e baixo moral dos funcionários.

LEMBRE-SE

O atendimento ao cliente é igual a vendas. Um cliente feliz fala a respeito do produto a amigos e familiares e volta para comprar mais serviços e produtos.

O atendimento ao cliente é uma grande oportunidade para maximizar as vendas e, consequentemente, a receita. Esse departamento pode levar a empresa a patamares mais altos. Se o atendimento ao cliente for negligenciado, isso pode afetar a reputação e a boa vontade de uma empresa.

DICA

O conhecimento dos clientes é igual ao marketing baseado no conhecimento. Encontrar novos clientes se torna mais eficaz. Portanto, o gerenciamento de contas para clientes pode ser considerado uma extensão de vendas e do marketing.

Neste capítulo, exploramos as oportunidades de usar o scrum para melhorar o atendimento ao cliente externo e interno.

Clientes: As Partes Interessadas Importantíssimas

Seus clientes são excelentes fontes de ideias e melhorias de inovação de produtos. Indispor-se com eles não gera apenas animosidade, como também prejudica um ciclo de feedback importantíssimo que pode resultar em inovação.

Provedores de serviços de internet, empresas de telefonia e instalações locais estão sistematicamente classificados entre os índices mais altos de reclamações de atendimento ao cliente. Onde os provedores de serviços são limitados, o atendimento ao cliente é comumente (embora, nem sempre) mais despreparado do que em outros setores. Com frequência, os clientes deparam com uma espera longa, um atendimento que deixa, e muito, a desejar, e um labirinto de opções automatizadas de serviços. As pressões para o aumento do lucro líquido fizeram com que muitas empresas cortassem o orçamento de atendimento ao cliente, porém os clientes são as partes interessadas mais importantes em qualquer negócio e precisam receber um bom serviço de atendimento. Sem os clientes, não há negócios.

A Comcast é um exemplo de empresa que passou por poucas e boas devido à sua má reputação em relação à qualidade de seu atendimento ao cliente. Ao longo dos anos, casos de clientes incapazes de obter reembolsos por cobranças falsas, tempo de espera para cancelamento que beirava o constrangimento, bem como a incapacidade de cancelar assinaturas, são apenas alguns exemplos das alegações dos clientes.

Embora a necessidade de serviço seja enorme, muitas vezes falta qualidade, e milhões de pessoas estão dispostas a gastar tempo para conscientizar os outros sobre a própria experiência. São inúmeras as reclamações dos clientes sobre o tratamento que recebem em suas solicitações.

O dilema do serviço de atendimento

Talvez a falha número um no serviço de atendimento seja que os clientes geralmente relatam que seus problemas nem sequer são resolvidos pelos agentes. Os clientes esperam que os representantes do serviço de atendimento possam responder a perguntas e solucionar os problemas relacionados aos produtos de suas empresas e precisam disso. Infelizmente, muitas vezes, o treinamento fornecido pelas empresas não proporciona aos representantes de atendimento ao cliente o conhecimento necessário para atender a essa necessidade dos clientes. O representante do serviço de atendimento não consegue entender o problema porque o cliente explica mal ou o representante simplesmente não compreende a situação que o cliente está descrevendo.

DICA

78% dos clientes afirmam que sua boa experiência com atendimento ao cliente foi por causa do conhecimento que o representante tinha, enquanto apenas 38% disseram que isso era por conta da personalização. O conhecimento é imprescindível. O desenvolvimento de treinamento para representantes é de máxima prioridade. Respostas automatizadas e pré-planejadas não correspondem ao histórico de conhecimento e experiência.

O custo de perder um cliente é muito maior do que a taxa de assinatura anual do cliente. Muitas vezes, os departamentos de atendimento ao cliente são considerados centros de custo, mas, na verdade, economizam e geram grandes quantidades de receita para suas empresas. Veja a seguir algumas estatísticas que refletem como o atendimento ao cliente pode impactar um negócio de maneiras que você pode não ter levado em consideração:

» É seis vezes mais caro ganhar um novo cliente do que manter um cliente atual.

» 78% dos clientes desistiram de uma compra ou transação devido a um serviço de atendimento ruim.

» Os clientes fiéis valem até dez vezes o valor de suas compras iniciais.

» São necessárias 12 experiências positivas para compensar uma negativa.

» Para cada cliente que reclama, outros 26 repassam a experiência ruim aos seus amigos.

Sobrecarga de informação

Na atual realidade em que vivemos, afirma-se que a quantidade de informações é fonte de falhas no call center. Tal quantidade de informações pode comprometer o trabalho eficaz de um representante do serviço de atendimento. Esses representantes podem ficar sobrecarregados com muitas informações que são difíceis de usar, e muitos centros não gerenciam essas informações para que elas ajudem os representantes.

PAPO DE ESPECIALISTA

MÉTRICAS COMUNS DE ATENDIMENTO AO CLIENTE

Quando as chamadas de serviço de atendimento são avaliadas, a gerência normalmente mede a eficiência em relação às necessidades e à satisfação do cliente. As métricas-padrão do setor, calculadas em porcentagem, indicam que:

- 79% coletam a duração média da chamada.
- 75% medem a taxa de abandono.
- 71% calculam a velocidade média de resposta.
- Menos de 50% medem a satisfação do cliente.

Talvez você esteja em uma ligação com um representante e tenha sido transferido para outro, apenas para descobrir que teve que explicar o problema novamente. Em geral, o histórico de informações do cliente não é alimentado para o representante. É decepcionante para o cliente ter que contar tudo de novo ou ouvir as palavras fatídicas: "Não tenho registro de sua reclamação aqui."

PAPO DE ESPECIALISTA

Obter a informação adequada para as pessoas certas é parte do problema. 60% dos centros de serviço de atendimento ao cliente dizem que nem mesmo conseguem fornecer determinadas informações do cliente (por exemplo, partes do histórico do cliente) aos representantes do serviço de atendimento. Além disso, mais de 30% dos representantes não coletam e registram os dados de satisfação do cliente.

Às vezes, as informações não são consolidadas entre os departamentos organizacionais ou são difíceis de encontrar. As empresas são especialistas em coletar informações, mas a distribuição oportuna e eficaz desse conhecimento é um problema.

Scrum e Atendimento ao Cliente

A maioria dos problemas de alto nível enumerados na seção anterior pode ser melhorada por meio do scrum. Aparentemente, esses problemas são desanimadores, mas não insolúveis. O scrum oferece soluções.

Inspecione e adapte por meio de feedback

Um princípio básico do scrum é o ciclo de feedback (veja o Capítulo 7), que facilita a inspeção e a adaptação. No serviço de atendimento ao cliente, o feedback é recebido dos clientes diariamente, a cada hora e até mesmo a cada minuto.

Esse feedback está no produto e no próprio departamento de atendimento ao cliente. Essa estrutura de feedback é perfeita para o ciclo de sprints por chamada. Você pode utilizar os princípios do roadmap a fim de resolver esses problemas para a equipe de atendimento ao cliente:

» **Visão:** A visão de uma chamada de serviço de atendimento é simples: fornecer ao cliente um suporte de qualidade que o faça se sentir melhor em relação à empresa.

» **Planejamento de sprint:** Durante cada chamada, etapas tangíveis para resolver um problema podem ser inspecionadas e adaptadas. Cada sprint pode envolver representantes questionando os clientes a respeito de determinadas coisas durante uma chamada para testar o progresso deles, a fim de solucionar o problema maior. Se os dados de chamadas mostrarem que o tempo de espera é longo, o representante pode perguntar rapidamente ao cliente: "Você acha que o tempo de espera estava razoável hoje?" A coleta de respostas sim e não pode validar se algum progresso está sendo feito com os processos existentes ou se são necessárias alterações para solucionar o problema.

» **Revisão de sprint:** Uma equipe de representantes do serviço de atendimento pode não achar prático reunir informações depois de cada chamada para uma revisão. No entanto, inspecionar e adaptar no final de cada turno fornece o feedback em tempo real à equipe e às equipes do próximo turno. É o momento em que a equipe pode assimilar as informações coletadas da chamada de sprint a fim de se preparar para futuras chamadas de sprint. Elas refletem sobre o que aprenderam no turno anterior e determinam quais perguntas devem fazer no próximo sprint.

» **Retrospectiva de sprint:** No final de um turno, a equipe pode perguntar se existe um modo melhor de coletar informações dos clientes. Por exemplo, as perguntas existentes fisgam o cliente para fornecer uma determinada resposta ou são realmente objetivas? Como eles avaliaram as descobertas? Em que medidas eles a documentam? Quais aspectos de seu processo devem inspecionar para melhorias?

» **Reuniões diárias da equipe:** Caso a equipe de serviço de atendimento realize os sprints diários, naturalmente a reunião diária se tornará a revisão e o planejamento de sprints. Se os sprints forem mais longos que um turno ou um dia, pode-se levantar problemas e obstáculos individuais de modo que a equipe maior de serviço de atendimento possa resolvê-los em uma reunião diária. Se um representante estiver tendo dificuldade em fazer a pergunta de pesquisa durante a ligação, talvez outro representante possa se oferecer para se sentar com ele durante algumas ligações por dia.

Muitos centros de serviço têm representantes suficientes para exigir várias equipes, casos em que o fatiamento vertical ou outros modelos scrum escalonados seriam implementados (veja o Capítulo 13) a fim de permitir a coordenação e integração de atividades e do conhecimento compartilhado. Um scrum de scrums a cada dia seria o ideal para compartilhar as lições aprendidas e coordenar as atividades em todas as equipes de maneira rápida e dinâmica.

Um Product Owner de atendimento ao cliente seria uma parte interessada importante em uma equipe scrum de desenvolvimento que cria os produtos que ele apoia.

Backlog do produto de atendimento ao cliente

O treinamento especializado dos representantes de serviço de atendimento ao cliente é o fator mais importante na criação de clientes satisfeitos. O treinamento não é um evento isolado. Novos produtos e serviços exigem treinamento atualizado. Novos treinamentos sobre como lidar com reclamações e falta de comunicação também são necessários. Ao fazer com que seja incrivelmente fácil para os clientes fornecerem feedback, as empresas podem gerar um backlog de produto contendo problemas que precisam ser resolvidos. Esses problemas podem ser tratados com base na prioridade.

LEMBRE-SE

Para as equipes de desenvolvimento de produtos novos, o planejamento de lançamento (veja o Capítulo 5) é o momento em que o serviço de atendimento ao cliente pode se mobilizar para preparar o treinamento dos representantes sobre o novo produto, conforme ele está sendo desenvolvido (usando as mudanças que se aproximam para inspecionar e adaptar a fim de divulgar o plano de treinamento).

Agora, para equipes scrum de serviço de atendimento ao cliente, caso surja uma necessidade significativa do cliente pode-se colocar a solução encontrada no backlog e priorizá-lo, o que encurta o ciclo de triagem o máximo possível. As necessidades do cliente podem ser descobertas e tratadas em tempo real. Priorizar essas necessidades e utilizar as técnicas de swarming para solucioná-las ajuda o serviço de atendimento ao cliente a superar os atrasos de produtos.

Definição de concluído no atendimento ao cliente

A definição de concluído para as equipes de serviço de atendimento ao cliente deve descrever claramente o que significa para um cliente estar satisfeito com seu nível de serviço. A definição de concluído deve incluir mais do que estatísticas de duração e abandono de chamadas.

Voltando aos princípios do roadmap, um departamento de serviço de atendimento ao cliente deve ter uma declaração de visão que declare especificamente quais são as necessidades do cliente, como a equipe atende a essas necessidades e como a função de atendimento ao cliente diferencia a organização no mercado e se vincula à estratégia corporativa. (Para mais informações sobre as declarações de visão, veja o Capítulo 2.)

A visão é o framework para definir o que significa concluído ao fornecer atendimento de qualidade a um cliente por vez. A definição de concluído no serviço de atendimento ao cliente pode ser algo como:

> Com cada cliente, sou bem-sucedido em cumprir a nossa visão de [declaração de como a necessidade é atendida e diferenciada] quando eu.
>
> Resolvo completamente o problema do cliente.
>
> Adiciono o problema e a solução à documentação do produto.
>
> Analiso minuciosamente o histórico do cliente antes de oferecer uma solução.
>
> Atualizo o histórico do cliente.
>
> Pesquiso as bases de conhecimento (ABC e XYZ) em busca de respostas.
>
> Busco conhecimento especializado de colegas representantes e/ou do meu supervisor.
>
> Fico calmo e controlo a situação.
>
> Ajudo o cliente a manter a calma por [exposição dos métodos usados pela organização].
>
> Cumpro as promessas que fiz ao cliente.

Os representantes de atendimento precisam entender o que se espera deles para que se possa esclarecer como é um atendimento bem-sucedido.

DICA

Pense sobre a definição de concluído ao fornecer aos representantes do serviço de atendimento o que eles precisam para dar suporte de um produto ou serviço. Se esse material está na forma de documentação, treinamento adicional ou alguma outra métrica, explique-o e divulgue-o.

Volte-se para dentro

Qualquer pessoa que tenha trabalhado em uma grande empresa provavelmente sentiu o nível de frustração no atendimento ao cliente descrito neste capítulo. Nós agrupamos clientes externos e internos juntos porque muitas das dinâmicas são as mesmas. Veja a seguir algumas reclamações comuns de clientes externos e internos:

- » As empresas cresceram rápido demais.
- » Orçamentos são cortados.
- » A equipe do suporte técnico não tem treinamento suficiente.
- » As empresas têm visão de curto prazo.
- » Os ciclos de feedback funcionam mal.

Suporte ineficiente causa perda de produtividade e frustração, o que pode levar à alta rotatividade, perda de prazos, vendas perdidas e clientes externos decepcionados. Não é mais aceitável usar desculpas como "O sistema está inativo" ou "Eu não tenho a senha". O scrum fornece um framework ideal para lidar com esses problemas, tornando o trabalho visível e dividindo os silos de conhecimento mediante cooperação e comunicação da equipe. Treinamos equipes de help-desk usando scrum e sprints de um dia. A transformação da equipe foi incrível, e a percepção da equipe dentro da empresa passou de ruim a excelente em alguns meses. Um grupo descreveu a mudança nestes termos:

- » Maior foco todos os dias nas prioridades.
- » Melhor distribuição geral da carga de trabalho.
- » Padrões mais claros (alguns problemas provocavam a maior parte da carga de trabalho).
- » Maior transparência com clientes e gerência.

LEMBRE-SE

O compartilhamento de informações é um componente crítico para o aumento da competência. Garanta que o ambiente recompense o compartilhamento de conhecimento dentro da equipe, bem como entre os departamentos. Fique atento a comentários como "Ela é a única que pode fazer isso" e "Isso não é algo que eu possa fazer".

Inspecione e adapte na prática

Historicamente, os e-mails têm menor prioridade que as chamadas para call centers, portanto, é comum ouvir reclamações sobre a falta de resposta a solicitações por escrito. Essa prioridade faz sentido no contexto dos Princípios Ágeis. Os profissionais do serviço de atendimento ao cliente compreendem o valor das conversas por voz em comparação com conversas por escrito. Ainda assim, os clientes evitam telefonar se acham que não têm tempo para conversar com uma pessoa ao vivo. Então, as opções que eles têm são o e-mail e o chat em tempo real. Um centro de serviço de atendimento ao cliente que realmente inspeciona e adapta procura formas operacionais e processuais de tornar o atendimento escrito mais bem-sucedido e conectado às pesquisas de chamadas. Afinal de contas, um representante pode lidar com vários bate-papos simultaneamente, mas apenas com uma chamada por vez. Pelo menos, um estudo afirma que um representante de serviço de atendimento pode lidar com até seis chats para cada chamada.

LEMBRE-SE

As chamadas de voz respondidas prontamente são melhor do que os chats para fornecer um ótimo atendimento ao cliente, mas o chat é melhor do que o e-mail porque possibilita resposta instantânea.

LEMBRE-SE

Conforme mencionamos no Capítulo 4, Albert Mehrabian, PhD, professor emérito de psicologia na UCLA, provou que 55% do significado são transmitidos através da linguagem corporal e expressões faciais; 38% do significado são paralinguísticos, ou seja, transmitidos pelo *jeito* como falamos; e 7% do significado são transmitidos pelas palavras reais faladas.

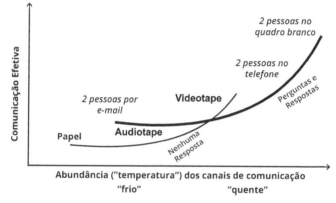

FIGURA 16-1: Gráfico dos modos de comunicação de Alistair Cockburn.

Direitos autorais © Humans and Technology, Inc.

A importância da qualidade da comunicação é simplesmente inestimável. A interação presencial permite questionamentos e esclarecimentos em tempo real, seguidos pela linguagem corporal e sinais não verbais. A falta de interatividade provoca mal-entendidos que, por sua vez, levam a falhas, e nada é mais prejudicial ao cronograma e ao orçamento, e consequentemente à rentabilidade final, do que as falhas — sejam elas defeitos de produtos ou falhas de atendimento ao cliente, o custo é significativo. Dada a importância da comunicação verbal, talvez sua definição de concluído para a qualidade do atendimento ao cliente deva incluir a comunicação verbal. Por exemplo, você pode alterar a definição de concluído que descrevemos anteriormente, adicionando algo como o seguinte:

» Ligar para um cliente depois da troca de dois e-mails para evitar desentendimentos.

» Acompanhar um cliente via chamada telefônica em vez de e-mail, sempre que possível.

O Scrum em Ação no Serviço de Atendimento ao Cliente

Até agora, neste capítulo, analisamos várias maneiras de adaptar o scrum por meio de eventos, da definição de concluído e do backlog do produto. Parte integrante dessa transformação é garantir que um representante de serviço de atendimento ao cliente esteja presente em todas as revisões de sprint para equipes scrum de desenvolvimento de produto. A transparência e a conscientização decorrem dessa integração entre o serviço de atendimento ao cliente e desenvolvimento de produtos. Equipes scrum de representantes de serviços de atendimento podem planejar treinamento e outras atividades de melhoria de processos durante os sprints.

DEPARTAMENTO DE ÁGUA E ENERGIA DE LOS ANGELES

O Departamento de Água e Energia de Los Angeles implementou o framework scrum sem chamá-lo de scrum. O objetivo era aumentar a satisfação do cliente em relação às medições do registro de energia para seu Programa de Incentivo de Energia Solar. O programa oferece incentivos para compensar o custo de instalação de um sistema de cobertura solar em sua casa ou empresa. O departamento queria reduzir os atrasos, agilizar a experiência geral do cliente e aumentar a transparência.

Com o intuito de aumentar a transparência, o departamento implementou dois dashboards, chamados de Dashboards do Prefeito, para ajudar os clientes a acompanharem as mudanças e melhorias. Um dashboard incluía atualizações semanais de métricas, englobando o status das verificações dos abatimentos e descontos. O segundo dashboard exibia o programa Feed-in Tariff 100 megawatts, que a cidade usava para comprar energia solar de terceiros. O tempo e o processo envolvidos no processamento de contratos FiT foram exibidos e ambos os dashboards demonstravam problemas, soluções e tempos de resposta.

Esses backlogs de sprint foram disponibilizados para todas as partes interessadas e clientes. O departamento também inspecionou e adaptou consistentemente seu processo para simplificar o processo de revisão de aplicativos. Os resultados dessa inspeção e adaptação incluíram aumento de pessoal para lidar com aplicativos e serviço de atendimento (SAC), remoção de dependências entre pagamento de descontos e ativação de serviço, redução do tempo de revisão dos contratos de locação por meio de um formulário de conformidade de locação e automação de comunicações de e-mail rotineiras com clientes e contratados. Ao melhorar a experiência do cliente, o departamento melhorou consideravelmente o serviço de atendimento ao cliente.

5

Uso do Scrum para a Rotina

NESTA PARTE . . .

Desenvolva relacionamentos gratificantes.

Faça sem estresse o planejamento de projetos pessoais e familiares.

Conquiste metas financeiras.

Maximize as oportunidades de formação e estudo.

> **NESTE CAPÍTULO**
>
> » Encontrando o amor
>
> » Melhorando as relações familiares
>
> » Lidando com projetos grandes em casa

Capítulo **17**

Namoro e Vida Familiar

Eu não quero perfeito. Eu quero que valha a pena.

— DESCONHECIDO

É fácil dizer que o mundo mudou e continua a mudar. O scrum pode ajudar qualquer empresa a crescer e se adaptar às realidades do mundo.

Nos próximos capítulos, analisamos algumas áreas da sua vida nas quais você talvez não tenha considerado a implementação do scrum. Falar sobre sua vida pessoal a partir do ponto de vista do scrum pode passar uma impressão nada emocionante, porém nossas vidas pessoais envolvem a priorização e a tomada de decisões críticas com informações imperfeitas e um futuro desconhecido, assim como nos negócios.

Ao ler este capítulo e o Capítulo 18, lembre-se do seguinte:

» Nos negócios, o backlog do produto se aplica a um produto que está sendo desenvolvido — um produto de software ou hardware, um serviço ou algum outro produto final. Em iniciativas familiares e pessoais, um produto pode

- ser um planejamento de férias ou casamento, um relacionamento, um planejamento a respeito dos estudos ou da aposentadoria.

» Quando falamos de clientes nos negócios, estamos falando de pessoas que usarão o produto. Em empreitadas pessoais e familiares, um cliente pode ser você, sua família, seu professor ou seu futuro eu aposentado.

Não se intimide com a terminologia. Funciona.

Além de beneficiar você no mundo dos negócios, o scrum pode ajudá-lo a desenvolver relacionamentos pessoais e ter tempo para fazer as coisas que você ama. A maioria de nós dirá que nossas famílias ou pessoas queridas são a coisa mais importante em nossas vidas, e o scrum pode auxiliá-lo a priorizar essas pessoas importantes.

Encontrando o Amor com o Scrum

As pessoas têm um desejo verdadeiro de buscar amor e relacionamentos. Mesmo que cada pessoa tenha um tipo diferente de relacionamento ideal, quase todo mundo procura uma relação amorosa de longo prazo. Porém, a verdade é que, embora o namoro possa ser divertido e aventureiro, encontrar a tampa da panela, um relacionamento duradouro e saudável, pode ser difícil.

Os relacionamentos evoluíram. Nas relações modernas, as pessoas estão buscando ligações verdadeiras. Não se trata mais de se comprometer e casar por causa das expectativas da sociedade ou para garantir que você não envelheça sozinho. As pessoas buscam relacionamentos gratificantes, satisfatórios, fundamentados na comunicação e na compatibilidade.

Embora a tecnologia tenha desempenhado um papel enorme em relação ao diálogo franco no namoro e ao fornecimento de novas formas de se encontrar possíveis pares, ela não eliminou todos os desafios. Apesar desses avanços tecnológicos e conveniências, o namoro pode ser um assunto desconfortável de se analisar e até mesmo de se pensar.

Queremos mostrar-lhe como o scrum pode tornar mais confortável lidar com os desafios de namoro e fornecer um framework para tomar as medidas que talvez você nunca tenha pensado ser possível em sua busca pela felicidade. Veja abaixo alguns desafios relacionados com o namoro:

» **Tempo:** A essência da vida é sobre como você gasta a quantidade finita de tempo de que dispõe a cada dia. Os solteiros têm carreiras, formação contínua, empregos paralelos, objetivos pessoais, hobbies, amigos e outras atividades que não envolvem namoros. É fácil para uma única pessoa ficar até mais tarde no trabalho ou assumir um trabalho ou projeto extra. Embora muitas pessoas *queiram* um relacionamento, elas não estruturaram suas vidas a fim de ter tempo para um relacionamento. Arranjar tempo e espaço na própria vida para namorar tem a ver com prioridades.

» **Comunicação:** No namoro moderno, a comunicação foi transferida para e-mails ou mensagens de texto na maior parte do tempo. Os avanços tecnológicos que facilitam a criação de conexões também podem dificultar os relacionamentos, pois substituem as interações face a face, tão cruciais para minimizar mal-entendidos e resolver conflitos. Não é de se admirar que e-mails e mensagens de texto façam com que seja difícil conhecer alguém em um nível profundo ou fácil de entrar em uma briga.

» **Encontro:** Encontrar a pessoa certa é difícil e, aparentemente, tem a ver com a sorte, mas pode ser reduzido em algo simples. A maioria dos relacionamentos não dá certo por uma ou duas razões simples: atração e química, ou personalidade e valores.

Não é nada fácil encontrar alguém com quem você tenha uma química verdadeira e cuja personalidade e valores se encaixam em como você encara a vida. Essas duas categorias simplificam demais uma variedade de fatores que afetam a compatibilidade, como finanças, egoísmo e intimidade. Todos esses fatores contribuem para o sucesso do relacionamento.

Talvez você analise esses problemas e pense que eles não têm correlação com o scrum porque namorar é complicado! Mas é exatamente por esse motivo que o scrum funciona quando se trata de encontrar o amor. A ideia do scrum é simplificar e trabalhar em direção a uma visão. A seguir, veja algumas maneiras de aplicar o framework scrum a relacionamentos românticos:

» Responder a mudanças (como aceitação, rejeição, amor, mágoa, conexão e constrangimento)

» Falhar antes e rápido (gaste o mínimo de tempo possível com alguém que não é compatível)

» Inspecionar e adaptar (torne-se o par certo para outra pessoa e refine o par adequado para você)

Quase todo mundo já passou por desilusões amorosas (exceto os poucos sortudos que encontram o amor de sua vida na primeira vez). Para algumas pessoas, as desilusões amorosas levam à amargura ou introversão com a finalidade de se protegerem contra mais desgostos. Cada camada de tentativa de proteção, no entanto, apenas impede você de se aproximar do objetivo do amor. O amor é um jogo ofensivo, não defensivo. Para ser claro, inspecionar e adaptar com base em evidências empíricas frequentes são suas chaves para encontrar a felicidade.

As seções a seguir mostram como você pode superar as complicações do namoro moderno e concentrar-se em encontrar o amor com o scrum.

CAPÍTULO 17 **Namoro e Vida Familiar** 291

Definindo uma visão

Os princípios do roadmap (ou, neste caso, o roadmap para o amor) começam com a definição de uma visão (veja o Capítulo 2). Como nos negócios, você precisa de uma visão para guiá-lo ao seu objetivo. Esta área mudou drasticamente nos últimos anos. O único propósito de qualquer tipo de relacionamento romântico costumava ser casar e ter filhos. Mesmo que essa visão seja ideal para algumas pessoas, não é para outras. Defina o que você está buscando quando você procura por um relacionamento. Alguém que define todas as suas interações com a visão "Eu só quero me divertir com alguém por quem sou atraído" vai abordar o namoro de uma maneira radicalmente diferente de alguém que tem a visão "Eu quero me casar com alguém que eu considero meu melhor amigo e alma gêmea.

Tenha em mente que as visões podem mudar conforme as circunstâncias e as fases da vida mudam. Você pode querer se casar, mas o pensamento pode ser tão assustador que você define a visão para se divertir. Nessa situação, você provavelmente não se casará tão cedo. Você pode se divertir muito, mas a diversão não leva necessariamente a um compromisso de longo prazo ou a um casamento até que você ajuste sua visão.

LEMBRE-SE

As declarações de visão são declarações internas voltadas para o futuro. Elas descrevem como você se vê no futuro.

Divertir-se não é uma meta ruim, mas é uma visão ruim se você quer algo mais como resultado final. Visões não são atendidas instantaneamente, e simplesmente ter a meta de querer um parceiro de vida não significa que a próxima pessoa com quem você vai sair seja esse parceiro. Mas saber o que você está buscando em longo prazo mudará suas interações durante o namoro.

Namoro em camadas

Relacionamentos evoluem. Você deve saber e definir claramente o que cada estágio de um relacionamento significa para você. Caso tenha uma visão de encontrar um parceiro para toda a vida, você dará uma série de passos em direção a esse objetivo. No scrum, essas etapas são o seu roadmap, e cada milestone grande é uma meta de lançamento. Aqui estão alguns exemplos de metas de lançamento em um roadmap que funciona de acordo com uma visão para encontrar um parceiro de vida:

» Prepare-se para o mundo do namoro (atualize seu guarda-roupa, comece uma rotina de exercícios, mude seu penteado ou compre taças de vinho, por exemplo).

» Crie uma lista resumida de itens essenciais em um relacionamento em vez de uma lista do que você espera de um parceiro ideal.

» Comece a namorar pessoas compatíveis.

» Entre em um relacionamento (conforme definido por você).

» Torne-se comprometido em longo prazo (seja um namoro exclusivo, um relacionamento poliamorista, um noivado ou algo parecido).

» Compartilhe a vida (morar juntos, fazer grandes compras conjuntas, casar e/ou ter filhos).

Cada meta de lançamento exige que você se envolva em tarefas e atividades que o levam de um estágio para o outro. A primeira meta de lançamento por si só pode levar algum tempo. Se você puder definir como é cada fase do encontro, pode determinar em qual meta de lançamento está trabalhando. Use uma definição de concluído. Por exemplo, uma definição de concluído a respeito da disponibilidade pode ser aceitar convites (e ir corajosamente) para festas nas quais você pode conhecer novas pessoas, além de abrir perfis em redes de relacionamentos respeitáveis. Cada camada de um relacionamento deve ter uma definição clara de concluído, conforme determinada por você.

DICA

Uma definição de concluído para o uso de perfis de encontros online exige que você organize e participe de, pelo menos, um encontro presencial (de preferência, mais de um), e seria uma definição razoável de concluído caso a meta seja avançar e encontrar alguém pessoalmente para um relacionamento.

Uma definição de concluído possibilita uma comunicação clara e a definição de limites em sua vida amorosa. A transição do encontro para o relacionamento sério é complicada, mas você pode eliminar parte da confusão ao deixar claro para si mesmo a diferença entre encontro casual e relacionamento. Quando você já está saindo com alguém até o ponto em que a conexão evoluiu e o seu par apresenta todas as características de sua definição de concluído para um relacionamento, é hora de validar se você está em uma relação. Mas a melhor parte do uso do scrum até hoje é que você não acaba em um relacionamento por acidente; você é um participante ativo que se move constantemente em direção ao seu objetivo.

CUIDADO

Nem todas as pessoas no mundo do namoro têm a mesma definição de concluído para cada etapa de um relacionamento. A comunicação franca e a conexão devem ser usadas para se construir confiança. À medida que você passa por cada meta de lançamento, você precisa estar aberto com as pessoas que conhece com relação ao que está procurando atualmente e como define cada estágio de um relacionamento.

Descobrindo as amizades e o scrum

Com o seu roadmap definido, você tem o framework para os seus requisitos de backlog: as atividades que você planeja e participa para atingir suas metas e visão de lançamento, começando com a meta inicial do seu lançamento.

Parte do seu backlog de produto e preparação para entrar no mundo do namoro pode ser explorar atividades e hobbies que você gosta. Agrega muito valor tirar um tempo para estar em contato com as pessoas e encontrar uma companhia, enquanto você faz as coisas que gosta. Durante essa fase, a maior parte da descoberta é sobre você. Com que tipo de pessoas você se conecta, a comunidade de pessoas que constrói ao seu redor e as pessoas com quem se encontra enquanto está fazendo as coisas de que gosta leva a relacionamentos que podem conectá-lo a outras pessoas com as quais você pode se envolver amorosamente no futuro. Você também tem a chance de se conectar com segurança com possíveis parceiros de encontro sem a pressão do namoro.

Use o coleguismo e as amizades existentes para identificar e refinar seu backlog de produto a respeito do que você está procurando ao avançar no namoro e nos relacionamentos.

Geralmente, apenas quando estamos abertos a oportunidades sociais é que conseguimos sair com alguém. Os encontros acontecem naturalmente quando você conhece e passa tempo com pessoas com as quais compartilha interesses. Relacionamentos funcionam em fases. Existe uma diferença entre amizades e encontros em determinadas comunidades, embora o primeiro possa levar ao segundo.

Não se esqueça de avisar as pessoas. Caso inicie um relacionamento passando tempo com alguém como amigo, quando o relacionamento evoluir talvez você se esqueça de avisar as pessoas sobre tal mudança. Para fortalecer sua capacidade de ter um bom momento em situações potencialmente embaraçosas, use sua própria definição de concluído para identificar a diferença entre passar um tempo com alguém como amigo e reconhecer quando você está curtindo, ou até mesmo em um relacionamento mais sério. O planejamento para se ter essa discussão pode ser um exemplo de um item de backlog.

Seja cauteloso a respeito de passar um tempo com alguém cuja intimidade e conexão sejam parecidas com um relacionamento sério — tipo de relacionamento identificado como amizade colorida ou relacionamento casual. Caso você se depare com esse canal de comunicação, use-o como uma oportunidade de aprendizado para inspecionar, adaptar e passar da meta de lançamento de se preparar em relação ao encontro para o relacionamento. A comunicação ruim é prejudicial para ambas as partes e uma receita para o tipo de namoro dramático que a maioria das pessoas tentam evitar. Use evidências empíricas para refinar o tipo de relacionamento que você está procurando e use as retrospectivas de namoro, descritas abaixo, para garantir que você esteja caminhando rumo ao seu objetivo.

>> O que está indo bem?

>> O que queremos mudar?

>> Como podemos implementar essa mudança de maneira tangível?

Namoro com scrum

Os benefícios do scrum incluem uma abordagem estruturada em torno de uma meta, evidência empírica, o fator de inspeção e adaptação e economia de tempo. A vida é cheia de compromissos, mas, se você admite que quer um parceiro para compartilhá-la, deve aceitar que precisa dar espaço a essa pessoa. A maioria das pessoas já ouviu (ou usou) a desculpa de que adoraria começar um relacionamento, mas não tem tempo para isso.

A boa notícia é que você tem controle sobre sua vida. Nos estágios iniciais do namoro, você deve reservar um horário para encontros. Nos estágios posteriores do namoro, deve abrir espaço para o relacionamento crescer. Os relacionamentos não são como uma receita de bolo ou um experimento científico. Você não achará um modo fácil e rápido de conciliar tempo e espaço para um relacionamento com a vida amorosa e profissional só por estar apaixonado.

Considere a sua vida um backlog de produto. Se a sua prioridade para o seu roadmap relacionado ao amor e os itens do backlog estiverem sempre na parte inferior, você sempre os deixará de lado em favor de outra coisa. Se você decidir que o amor é uma prioridade máxima, criará espaço para isso. Seguir os princípios do roadmap e usar o scrum em namoros inclui ciclos curtos de sprint, inspeção e adaptação e aprimoramento para sprints futuros.

No scrum, cada encontro é um sprint, então você está operando em um ciclo curto de sprints para levá-lo à sua meta de lançamento. Como você pode não ter um encontro todos os dias da semana, esse cronograma lhe dá tempo suficiente entre os sprints para refletir (inspecionar) e planejar mudanças e melhorias para o próximo encontro (adaptar). O tempo entre os sprints (encontros) é a sua oportunidade para refinamento de backlog e melhoria de processo. A parte de inspeção e adaptação se concentra em como você vê a si mesmo e o seu par. Você pode examinar as seguintes coisas:

>> Esta pessoa tem as qualidades que eu estou procurando?

>> Eu me divirto com esta pessoa?

>> Esta pessoa conhece minhas necessidades imprescindíveis?

>> Como me comporto quando estou perto desta pessoa?

>> Quais são meus pensamentos e sentimentos sobre esta pessoa quando não estamos juntos?

CAPÍTULO 17 **Namoro e Vida Familiar** 295

A parte de adaptação é com você. Você pode adaptar o que está procurando (como a sua visão) ou pode adaptar quem você está namorando (por exemplo, não indo em outro sprint com a mesma pessoa). Talvez seja necessário adaptar sua interação e tentar outro sprint com a mesma pessoa com base em sua revisão. Se quiser tentar algo mais divertido, experimente um encontro com atividades mais alegres ou algo de que você goste para ver como essas adaptações afetam o modo como se sente em relação à outra pessoa.

A melhor parte sobre o uso do scrum para namoro é o processo de inspecionar e adaptar. Você e seu parceiro criam a própria versão de *união* — ou não. Como nos negócios, a capacidade de eliminar algo com base na evidência empírica inicial de que ele não se ajusta à sua visão economiza não apenas tempo e dinheiro, mas também decepção de ambos os lados.

Jogo em que todo mundo sai ganhando

Infelizmente, os encontros modernos são repletos de joguinhos, o que em geral coloca as pessoas umas contra as outras. Essa mentalidade relacionada aos encontros complica demais as interações e dificulta a comunicação. No scrum, você planeja em equipe, executa em equipe e é responsável com base no sucesso ou fracasso da equipe. Então, mesmo se sentir que está em uma equipe de apenas uma pessoa quando se trata de um encontro ou possível namoro, lembre-se de que você está em uma equipe de dois. A melhor coisa que você pode fazer por si mesmo é adotar o conceito scrum de formar uma equipe com o seu par e trabalhar para que a equipe tenha sucesso, em vez de entrar em uma competição contra o seu parceiro. Com o scrum, você pode se elevar acima de tais absurdos e evitar os joguinhos.

O diálogo franco é necessário em qualquer equipe e, sobretudo, para que qualquer relacionamento seja bem-sucedido. Uma armadilha comum dos encontros contemporâneos é ficar testando o par com perguntas ou ações a respeito de hipóteses injustificadas. O scrum simplifica a comunicação. Usar o scrum no namoro significa fazer perguntas genuínas e ver as respostas da outra pessoa como uma chance de conhecê-la para o propósito de determinado sprint. Na comunicação aberta, tenha um diálogo franco compartilhando suas próprias opiniões e perguntando ao seu parceiro sobre seus pensamentos. Ao planejar seus sprints de encontros, planeje perguntas sinceras e incentive respostas honestas para ajudá-lo a determinar se essa pessoa é a pessoa certa.

DICA

Para trabalhar em equipe, evite colocar seu parceiro em uma situação na qual você espera um comportamento específico, mas a pessoa não tem como saber qual é o propósito e o porquê disso. Muitas vezes, os parceiros tentam responder ou se comportar da maneira que eles acreditam que devem e, outras vezes, isso não dá certo.

Veja abaixo alguns exemplos de testes de comportamento que resultam em informações distorcidas:

» Você sugere ao seu parceiro uma atividade extrema (ou desconfortável) apenas para ver a sua reação e faz um julgamento fundamentado apenas nessa reação.

» Uma mulher que acredita que um homem, para ser cavalheiro, deve pagar a conta, e acaba se oferecendo para dividi-la, mas, se ele aceita sua oferta, ela perde o interesse nele.

» Um homem que acredita que a intimidade física deve esperar até um momento específico em um relacionamento (uma data definida por ele, mas não compartilhada) e faz de tudo para que a mulher ceda aos impulsos. Se a mulher cede, o homem perde o interesse.

Esses exemplos se referem a algumas normas de gênero, mas existem vários tipos de testes. Faça perguntas abertas e compartilhe seus próprios pensamentos.

Foco x multitarefa

O scrum é uma ferramenta de foco. Uma das razões pelas quais o scrum é tão bem-sucedido é que ele elimina a algazarra de se tentar fazer tudo de uma só vez, dividindo os desafios em metas cada vez menores. Em vez de fazer todos os projetos de modo precário, o scrum o ajuda a se concentrar em fazer um projeto de cada vez com um nível de qualidade mais alto do que você conseguiria caso ficasse alocando e desalocando pessoas o tempo todo.

A seguinte citação resume um estudo recente de Stanford: "A multitarefa em reuniões *e outros ambientes sociais* indica baixa autoconsciência e consciência social, duas habilidades de inteligência emocional (QE) que são fundamentais para o sucesso no trabalho."(Fiz questão de enfatizar com itálico.) O estudo examinou como a multitarefa reduzia a eficácia em um ambiente de trabalho — mas a inteligência emocional é uma habilidade vivencial. Será difícil encontrar o amor se você desvalorizar suas habilidades de autoconsciência e consciência social.

Quando você está saindo com duas ou mais pessoas ao mesmo tempo, sua mente e suas emoções ficam mais distraídas pela multitarefa em vez de se concentrar em descobrir se alguém é um bom par. A multitarefa no namoro também pode ser uma tentativa de apressar as múltiplas fases de um relacionamento. Os encontros modernos ensinam todos a saírem com o maior número possível de pessoas pelo maior tempo possível para manter todas as opções em aberto. A tentativa de mitigar o risco de que um relacionamento não funcione quase garante o risco de que numerosos ou todos os relacionamentos não funcionem.

Contudo, envolver-se com várias pessoas pode ser uma coisa boa para aumentar suas chances de encontrar o que você está procurando nas etapas iniciais. Se a sua visão é encontrar a pessoa com a qual você quer sossegar, ter muitos relacionamentos ao mesmo tempo não será uma boa opção para essa visão (mas pode ser uma boa opção para uma visão de "diversão").

DICA

Restrinja seu conjunto de possíveis encontros usando os limites de trabalho em andamento (veja os Capítulos 5 e 6).

Os princípios do roadmap o levam até o encontro (ou seja, o sprint) e até a linha de chegada (revisão e retrospectiva de sprint). Ao terminar cada encontro, reserve um tempo para inspecionar o encontro em si (ou seja, sua revisão de sprint). Pergunte se você gostou da pessoa e se gostou de estar e de se ver com essa pessoa. Em seguida, mude para uma retrospectiva para possíveis alterações no processo, tal qual a maneira como você planejou o encontro, as perguntas que você fez durante ele e as táticas ou ferramentas que usou para avaliar se o encontro foi bom. Sua definição de concluído deve ser específica e clara o suficiente para facilitar a inspeção caso seus sprints sejam bem-sucedidos e adaptar seu backlog para o próximo sprint.

Quando um possível relacionamento termina ou não avança para o próximo lançamento, outro item do backlog do produto (parceiro em potencial) pode tomar o seu lugar. Como nos negócios, pivotear não é ruim, desde que você pivoteie antes para minimizar o investimento (em termos de tempo e arrasto emocional, além de dinheiro) e desde que isso o aproxime de sua visão.

Planejando seu casamento com scrum

Caso você já tenha encontrado o amor e esteja no meio de um noivado, parabéns! Casamentos são uma das maiores celebrações da vida, destinados a reunir famílias e amigos para o reconhecimento do início de uma vida a dois. Os dias de casamento estão repletos de experiências positivas, porém o casal pode se sentir pressionado na tentativa de planejar tudo até a chegada do grande dia.

Use o scrum para o que ele foi projetado: a execução de um projeto importante. Um casamento é o projeto final. No planejamento de casamentos, você tem uma data definida e (de preferência) um orçamento definido. Estabelecer prioridades e tomar decisões de acordo é necessário para ter o tipo de casamento que você quer. Planejar com sucesso um casamento usando o scrum envolve os seguintes componentes:

» Definição de uma visão. Fale sobre as suas necessidades essenciais como parte de seu casamento e a respeito das situações pelas quais você não quer passar.

» Definição de um cronograma (dia do casamento) e das restrições orçamentárias.

» Estabelecer e priorizar em um roadmap os requisitos de casamento (como local, convites e bolo).

» Estabelecer metas de lançamento (como local escolhido, agendamento com o juiz ou oficiante, notificação de amigos e familiares, decoração e configuração dos assentos providenciados e agendamento das sessões de fotos).

» Organização de seu primeiro sprint para abordar os itens do backlog de maior prioridade, dividindo-os em tarefas e atendendo a essas tarefas até a concluí-las.

» Execução de sprints e redefinição de prioridades de novos requisitos descobertos em cada sprint.

» Usar a revisão de sprint para inspecionar e adaptar (não apenas as prioridades, mas também os itens do backlog do produto, como o orçamento restante) e tomar novas decisões no futuro.

Ao examinar um backlog de casamento, você pode ver imediatamente o que precisa de priorização. Alguns locais permitem fornecedores externos, por exemplo, enquanto outros exigem que você use um específico. Além disso, os locais geralmente têm regras de tempo rígidas. Visto que a localização pode impactar outros itens do backlog, considere tratar um item de alto risco (se não o item de maior risco) em um sprint inicial. Depois que esse item for definido, ele poderá alterar seu backlog existente. Você pode tomar decisões a respeito de itens que têm um orçamento alto, que você priorizou desde cedo, a fim de saber qual o orçamento restante para outros itens.

No final do planejamento do casamento, a maioria dos casais ainda tem longas listas de pequenos itens para fazer. Tente usar um quadro de tarefas ou de kanban para movimentar os itens pequenos e visualizar o que ainda precisa ser abordado. Casamentos são caros. Conforme discutimos em termos de planejamento de lançamento (Capítulo 5), gerenciamento de portfólio (Capítulo 13) e financiamento de projetos (Capítulo 14), ao usar o investimento incremental e executar os requisitos de máxima prioridade, faça questão de bancar, em primeiro lugar, os recursos mais críticos, mesmo que o dinheiro acabe antes de você completar todo o backlog. Se o espaço e a comida já tiverem sido providenciados, talvez não tenha problema alguma deixar as lembrancinhas de casamento fora da lista.

Famílias e Scrum

Ocupado é a palavra que define as famílias em todos os lugares. Com múltiplos níveis de trabalho e compromissos escolares, é difícil encontrar tempo para se relacionar genuinamente em família. Se você não relaxar conectando-se com sua família, seus níveis de estresse ficam altos, diminuindo a sua produtividade em muitas áreas da vida, incluindo o trabalho. Relacionar-se e divertir-se com a família são partes vitais do bem-estar mental e emocional.

As famílias podem se envolver em um ciclo de comunicação de curto prazo via mensagens de texto e longas listas de tarefas. Cada membro da família costuma trabalhar em sua própria lista. Os membros da família perdem a oportunidade de maximizar a quantidade de apoio que poderiam dar uns aos outros por causa da falta de comunicação e coordenação. Os desafios enfrentados pelas famílias são tão diversos quanto elas próprias, mas os seguintes problemas podem ser aplicados à maioria das famílias e podem ser abordados com scrum:

» **Prioridades familiares conflitantes:** Um membro da família quer férias; outro quer comprar um carro ou ir para a faculdade; outro, ainda, quer reformar a casa. Como nos negócios, nem todas as metas podem ser cumpridas ao mesmo tempo. Como nas empresas bem-sucedidas, o planejamento e a tomada de decisões coordenadas são primordiais para se conquistar a meta.

» **Comunicação:** Mensagens de texto curtas. Conversas que ficaram para depois devido a uma ligação do trabalho. Rostos mergulhados em dispositivos móveis compartilhando fotos nas mídias sociais, durante os encontros familiares. A comunicação é mais vital para as famílias do que para as relações de trabalho, mas a exaustão e as ocupações do dia a dia drenam as energias de todos.

» **Agendamentos conflitantes:** Tornou-se um luxo para os membros da família estarem no mesmo lugar ao mesmo tempo. O scrum pode ajudá-lo a monitorar quem está envolvido em qual atividade e criar um cronograma para se encontrar.

» **Responsabilidade pessoal e participação:** Toda família lida com as pressões da vida cotidiana, como tarefas domésticas, limpeza, ter que fazer as coisas na rua e pagamento de contas. Muitas vezes, um dos pais sente-se sem apoio ou sobrecarregado, ou uma criança tem muita ou pouca responsabilidade. Para pais solteiros, esse problema é agravado. O scrum pode ajudá-lo a equilibrar as responsabilidades entre os membros da família.

Com os desafios da vida moderna dificultando cada vez mais os laços e as relações entre os membros da família, é importante encontrar formas inovadoras de permanecer conectado e em dia com as relações familiares. A estabilidade e os relacionamentos saudáveis dentro da família afetam o que você faz fora dela, desde a escola até a carreira e as amizades.

Nas seções seguintes, mostramos exemplos concretos do scrum sendo implementados na vida diária, simplificando a comunicação, usando uma declaração de visão familiar, priorizando um backlog familiar, tomando decisões em equipe e aumentando a responsabilidade por meio de visibilidade e propriedade.

Definição de estratégias familiares e visões de projetos

O maior desafio em tomar decisões familiares é o conflito de prioridades. Antigamente, as famílias com frequência tinham lemas ou máximas que definiam seu caráter, e sugerimos que é hora de trazer essa tradição de volta com um toque moderno. Não seria ótimo conseguir lidar com conflitos dentro e fora de casa, reconhecendo qual comportamento não se encaixa na estratégia familiar?

Uma estratégia ou tarefa familiar claramente definida pode fornecer comportamento, valores e estrutura para orientar uma família em todas as suas decisões. As estratégias familiares funcionam especialmente bem quando todos os membros da família são responsáveis pela declaração de estratégia, em vez de ela ser imposta pelos pais.

Conforme dissemos no Capítulo 2, a visão é onde começam os princípios do roadmap. Uma declaração de visão para um projeto deve ser compatível com a estratégia ou missão geral, caso contrário, ocorre uma desconexão entre a direção do projeto e a estratégia geral de negócios. A situação não é diferente para as famílias. À medida que as famílias planejam projetos, elas começam com uma visão do resultado do projeto, e essa visão está diretamente ligada à estratégia da família.

Planejando e definindo prioridades

A maioria das famílias lida com as coisas conforme elas chegam. Mas a concretização de metas requer planejamento e gerenciamento de prioridades. O scrum fornece um framework que permite progredir em direção aos objetivos. À medida que uma família define sua estratégia e decide quais projetos e atividades estão de acordo com essa estratégia, tais projetos e atividades se tornam mais claros e fáceis de priorizar e planejar. A abordagem iterativa do scrum para planejar, executar, inspecionar e adaptar leva as famílias ao sucesso.

Planejamento de projeto

As famílias determinam uma estratégia (se ainda não a determinaram) e definem a visão (veja o Capítulo 2) para a meta do projeto. Cada membro da família começa a fazer um brainstorming a fim de concretizar a visão do projeto, que se torna o roadmap para esse projeto familiar. A família estima o esforço e a complexidade de cada ideia, prioriza e ordena as ideias com base em seu esforço, complexidade, valor para o projeto e riscos envolvidos. O roadmap é de propriedade de toda a equipe familiar.

CAPÍTULO 17 **Namoro e Vida Familiar**   301

DICA

O Capítulo 4 descreve métodos para criar estimativas. Talvez as estimativas familiares não precisem usar a sequência de Fibonacci. A estimativa é simplesmente uma forma de a família ter uma noção do esforço relativo para concluir as coisas a fim de que possam planejar adequadamente. Usar a estimativa de afinidade com o conceito mais familiar de tamanhos de camisetas pode ser tudo aquilo que você precisa.

Planejamento de lançamento

As famílias podem identificar lançamentos de produto mínimo viável (MVP) (veja o Capítulo 5), levando à conclusão de um projeto e ao planejamento de cada um em detalhes, um de cada vez, à medida que cada um deles é concluído. Quando você está planejando uma festa de aniversário, por exemplo, o primeiro lançamento pode ser a escolha e a reserva de um local. Quando você não conhece o local, não sabe todos os detalhes sobre o que poderá fazer na festa de aniversário. Quando você souber o local, poderá enviar convites, escolher um fornecedor e a decoração.

Sempre use uma definição de concluído ao lidar com cada sprint e lançamento. Se um item de backlog de produto da família é tão vago, a ponto de ninguém saber se ele pode ser considerado concluído, ele não deve ser considerado pronto para ser executado em um sprint. Os itens vagos do backlog ou em aberto que entram em um sprint tendem a ficar por muito tempo na coluna EM ANDAMENTO. Se o backlog de sua família tiver itens como os mostrados a seguir, você sabe que precisa dividi-los e quantificar como eles podem ser concluídos:

» Limpe a casa. (Este item pode levar dias, dependendo do tipo de limpeza e das partes da casa que precisam ser limpas.)

» Economize dinheiro para uma viagem para Yellowstone. (Este item não diz nada sobre quanto dinheiro é necessário ou que meios serão usados para ganhar ou economizar o dinheiro.)

Planejamento de sprint

Quando você sabe a meta de longo prazo (visão), como chegar lá (roadmap de como chegar lá) e as grandes etapas necessárias para chegar lá (lançamentos), é fácil dividir os trabalhos em sprints. Sprints de uma semana são um ritmo natural para as famílias, bem como para as empresas. Para a maioria das pessoas, os horários de trabalho e escola são previsíveis; um dia da semana geralmente serve como um ponto inicial ou final com um local razoável para redefinir, planejar e revisar. Mesmo que você não tenha uma pausa consistente na rotina, a família pode estabelecer uma.

O planejamento de sprint para uma família não precisa demorar muito. Com um quadro de tarefas, uma família pode identificar rapidamente os itens do backlog que podem ser realizados durante a semana. Cada membro da família pode identificar como ajudar com cada item do backlog. Os membros movem os itens do backlog para a coluna A FAZER, e falam sobre as tarefas necessárias para cada item no backlog do sprint. Desse modo, eles identificam quando na semana serão capazes de realizar tais tarefas. (Veja o Capítulo 5 para mais informações sobre planejamento de sprints.)

Visibilidade e transparência são tão importantes para as famílias quanto para as empresas. Crie um quadro de tarefas da família como faria em um negócio. Um quadro de tarefas físico é o melhor. As crianças adoram, tanto quanto os adultos, a satisfação de movimentar uma nota autoadesiva, ímã ou cartão de uma coluna para outra. As famílias também podem usar quadros de tarefas virtuais. Encontre o que se adéque melhor à sua, mas certifique-se de que seu quadro seja facilmente acessível e visível, pois os membros da família irão consultá-lo e atualizá-lo diariamente.

Reuniões diárias

Oferecer aos membros da família uma oportunidade a cada manhã ou à noite para dizer o que eles fizeram, em que trabalharão em seguida e de que tipo de ajuda eles precisarão de outros membros da família para realizar essas tarefas rapidamente aumenta muitíssimo as chances de sucesso do dia em questão.

Use as técnicas de swarming para movimentar os itens do backlog de sprint para a coluna CONCLUÍDO. Uma boa maneira para os filhos mais velhos aprenderem liderança e como fazer as coisas é permitir a um irmão mais novo que os acompanhe para aprender uma habilidade nova. Um bom modo de aumentar a união e ensinar cooperação e colaboração é incentivar os membros da família a trabalharem juntos nos itens do backlog.

As equipes scrum são multifuncionais. Adote o conceito de shadowing e programação emparelhada em sua casa fazendo com que os membros da família ensinem novas habilidades quando apropriado, de modo que as responsabilidades possam ser compartilhadas. Se uma pessoa é responsável por fazer comida, todos podem cozinhar juntos. Para o projeto de culinária, uma das crianças pode assumir o papel de Product Owner, priorizando e ordenando as tarefas que os outros membros da família devem realizar e, assim, ir praticando suas habilidades de tomada de decisão aceitando ou rejeitando o trabalho ao longo do processo. Os pais podem orientar as crianças durante todo o processo.

Esses projetos não são apenas oportunidades para estreitar os laços familiares, mas também oportunidades de transmitir habilidades vitais que permitem a cada membro da família que assuma determinadas tarefas.

O processo de thrashing ocorre nas famílias e nas empresas. As famílias são como grandes organizações, pois frequentemente têm muitos projetos ao mesmo tempo. (Leia o Capítulo 14 para obter informações sobre os impactos de tentar fazer tudo de uma só vez e uma análise a respeito da hierarquia das técnicas de thrashing). Fazer o planejamento de férias, de uma reunião em família e de um projeto de reforma da casa enquanto acontecem os preparativos para um dos filhos irem para a faculdade são muitos projetos que uma família planeja ao mesmo tempo. Como nos negócios, os líderes da família precisam decidir quais projetos têm prioridade máxima para garantir seu sucesso. Você pode se sentir pressionado para fazer todos os projetos ao mesmo tempo, mas não precisa fazê-los. Como uma família usa a estrutura de planejamento do scrum para determinar quais projetos executar, eles avaliam o esforço e a complexidade de cada projeto. Então, todos podem determinar com que frequência conseguem priorizar e ordenar, e a visão geral permite que tomem decisões mais conscientes.

Comunicação com scrum

O scrum proporciona meios de melhorar as comunicações críticas, mesmo quando o tempo é curto. O scrum usa uma variedade de ferramentas para comunicação, uma das quais é a priorização das comunicações presenciais, sempre que possível. Em uma equipe scrum, as principais decisões nunca são tomadas via texto ou e-mail. Essa simples mudança pode revitalizar radicalmente a dinâmica de uma família. Os pais sabem que, quando o tom e a linguagem corporal estão presentes, a compreensão pode melhorar drasticamente!

Deixe os dispositivos móveis de lado e converse com outros membros da família presencialmente. Ou defina uma regra familiar que, quando estiver ocorrendo uma conversa, nenhum participante deve assistir à televisão, jogar videogame, trabalhar no computador ou usar um dispositivo móvel. O mantra de uma família pode ser "todos se olharem quando estiverem conversando". A comunicação presencial só funciona se ambas as pessoas estiverem participando de uma conversa centrada. Reduza a falta de comunicação e a duração das conversas, deixando de lado o hábito da multitarefa em uma conversa.

O autor e palestrante Bruce Feiler apresentou uma palestra no TED sobre "Agile programming — for your family" (Programação Ágil — para sua família, em tradução livre; conteúdo em inglês) (`www.ted.com/talks/bruce_feiler_agile_programming_for_your_family/transcript`), em que ele discute a mudança significativa que sua família alcançou ao longo de alguns minutos por dia usando um modelo de reunião diária fundamentado no scrum. A seguir estão alguns exemplos dos benefícios que sua família pode usufruir tirando um tempinho para se comunicar, bem longe das distrações:

» Ouvir os causos de todos os membros da família sobre o que aconteceu durante o dia deles.

» Compartilhar planos ou metas para o próximo dia de cada pessoa.

» Ouvir os desafios atuais de cada membro da família.

>> Proporcionar uma oportunidade para resolver problemas em equipe ou apoiar uns aos outros através de desafios.

>> Comemorar as realizações diárias.

Embora a hora do jantar em família seja um bom horário para uma reunião familiar, esses 15 minutos cruciais podem acontecer a qualquer hora do dia. Uma reunião diária durante o café da manhã, durante o jantar ou até mesmo antes de um determinado programa de televisão começar vai funcionar, desde que o horário seja consistente e limitado a 15 minutos. As reuniões diárias não são longas o bastante para resolver todas as questões da vida cotidiana, mas elas cumprem a tarefa de abrir linhas de comunicação e fomentar confiança e apoio.

Inspeção e adaptação para famílias

As revisões e as retrospectivas de sprint são tão importantes para as famílias quanto para as empresas. Para famílias ocupadas, pode fazer sentido revisar realizações (revisão de sprint) e, depois, revisar processos e ferramentas usadas, bem como técnicas de comunicação, relacionamentos e disciplina (retrospectiva de sprint) durante o mesmo horário de reunião antes de fazer o planejamento de uma nova semana (planejamento de sprint).

As revisões de sprint podem incluir resultados da semana da escola; progresso feito para planejar as próximas férias familiares; as conquistas nas atividades esportivas, música, entre outras. As revisões de sprint também são momentos para revisar os eventos programados para o futuro a fim de identificar itens para o backlog com o intuito de ajudar a prepará-los, como preparar uma festa de aniversário ou ajeitar a casa para as visitas que vão chegar. Para reuniões familiares semanais, as seguintes perguntas seguem o modelo de retrospectiva do scrum:

>> O que funcionou bem esta semana?

>> O que não funcionou bem?

>> Qual será o foco da nossa atenção na próxima semana?

Você pode se surpreender com o feedback dos membros da família. Durante a reunião familiar, todos devem escolher duas ou mais melhorias com as quais concordam em trabalhar na semana seguinte. Esse acordo é chamado de acordo de equipe no espaço ágil. A família também pode escolher quais consequências devem ocorrer caso as regras sejam violadas ou se um membro da família não cumprir seus compromissos. Novamente, em vez do modelo tradicional, em que as consequências seguem a ação, em um modelo scrum a equipe (a família) concorda com as lições aprendidas e como melhorá-las antes de assumir a nova meta de sprint.

CAPÍTULO 17 **Namoro e Vida Familiar**   305

Faça com que as tarefas fiquem divertidas e fáceis

Seria maravilhoso se as tarefas pudessem ser resolvidas sem dificuldade, em vez de se transformar em discussões. Muitos pais estão descobrindo como responsabilizar seus filhos a se motivarem a fim de ajudarem nos afazeres domésticos usando quadros pessoais de tarefas ou de kanban. Os seres humanos têm uma necessidade inata de se sentirem realizados. A maioria dos adultos faz listas de tarefas, mas gostamos dos itens que são fáceis de realizar rapidamente para podermos tirá-los da lista. As crianças anseiam pelo mesmo sentimento de realização. Elas precisam saber que suas contribuições são importantes. Participar do ambiente doméstico é essencial para ajudar as crianças a saberem que são valorizadas.

DICA

Caso as crianças tenham dificuldade com os afazeres domésticos maiores, trate esses afazeres como user story e ajude-as, dividindo as tarefas importantes. Se eles se esforçarem para realizar a tarefa "limpar o seu quarto", faça com que tal tarefa seja a user story, com tarefas menores como "organizar os livros", "colocar a roupa suja na lavanderia", "fazer a cama", "lavar a janela do quarto", "guardar os brinquedos" e "tirar o pó das estantes". Dessa forma, as crianças podem ter a user story "limpar o seu quarto" na coluna "EM ANDAMENTO" junto com outras tarefas menores até que todas elas sejam concluídas.

LEMBRE-SE

Como nos negócios, os requisitos do quadro de tarefas familiares (user stories) devem ser aqueles que podem ser realizados em um sprint, e as tarefas devem ser aquelas que podem ser concluídas em um dia ou menos. Para crianças mais novas, as tarefas devem levar uma hora ou menos, assim elas conseguem realizá-las com sucesso.

QUADRO DE TAREFAS PARA DORMIR

O blogueiro Chris Scott, da Agile School (conteúdo em inglês — http://theagileschool.blogspot.co.uk) postou um breve vídeo de sua filha de cinco anos usando um quadro de tarefas simples para ela mesma se arrumar e ir para a cama. Cada tarefa é representada em um pedaço de papel com uma foto que a ajuda a lembrar qual é a tarefa. A pedido do pai, ela olha para a coluna A, "EM ANDAMENTO", e escolhe a próxima tarefa, que é indicada por uma foto de um cachorrinho (que representa "lavar os pés") e a move para a coluna "EM ANDAMENTO". Então, ela se vira para o pai e diz a ele que é hora de lavar os pés. Esse vídeo é um ótimo exemplo de como até mesmo as crianças mais novas podem entender os fundamentos do scrum e se divertir com suas responsabilidades. Conhecemos muitas famílias que têm dificuldades em colocar as crianças na cama, mas o quadro de tarefas ajuda uma criança a ir para a cama praticamente sozinha.

NESTE CAPÍTULO

» **Planejamento da segurança financeira**

» **Atingindo as metas da dieta e da perda de peso**

» **Mantendo o equilíbrio da vida e do bem-estar**

» **Planejando as suas férias em família**

» **Conquistas universitárias**

Capítulo **18**

Scrum para Metas de Vida

Se você construiu castelos no ar, não sinta vergonha deles; eles estão onde deveriam estar. Agora, dê-lhes as fundações.

— HENRY DAVID THOREAU, *WALDEN*

A aplicabilidade universal do scrum está mais do que comprovada e, a esta altura, tudo começa a ficar claro. O scrum é simples o bastante para ser aplicado a qualquer negócio ou meta pessoal, e é adaptável o suficiente para funcionar em qualquer projeto importante que você queira abordar.

Todo mundo tem metas de vida que, não raro, achamos grandes e distantes demais para conquistarmos. O melhor do scrum é pegar essas metas grandes e dividi-las em pedaços gerenciáveis.

Aposentadoria

A realidade da vida é que chegará a hora em que você não poderá mais trabalhar em tempo integral. A aposentadoria pode ser definida sempre que você alcança liberdade financeira de modo que sua renda passiva — a renda pela qual você não trabalha ativamente — seja suficiente para cobrir suas despesas. Caso você estabeleça a aposentadoria desse jeito, ela se tornará uma meta para se alcançar em qualquer idade. Assim, o backlog de itens e as metas de lançamento de seu produto são compatíveis com a conquista da visão de liberdade financeira. Quanto mais longe a aposentadoria estiver no futuro, mais difícil será se concentrar nas coisas que você pode fazer hoje para alcançar essas metas financeiras importantes, à medida que as necessidades financeiras momentâneas surgirem.

Um grande desafio para as gerações mais jovens é como lidar com os crescentes custos de vida, enquanto os salários não estão aumentando na mesma proporção. Você pode usar o scrum para enfrentar esse desafio e progredir no que diz respeito à segurança financeira a cada ano.

O melhor modo de trazer um objetivo futuro de longo prazo para o presente é utilizar os princípios do roadmap no desenvolvimento de sua visão de aposentadoria, criar metas de lançamento e seu backlog, e usar sprints para trabalhar em direção a cada meta.

Economizando para emergências

Sua primeira meta de lançamento para a visão da independência financeira deve incluir a poupança para emergências financeiras. Todos estamos sujeitos a emergências e elas podem ter um custo financeiro significativo. Gastos médicos, perder o emprego, reparos em sua casa ou em seu carro, divórcio ou problemas familiares que resultam em tempo não remunerado podem causar tensão financeira. A única maneira de proteger sua segurança financeira no futuro é planejar as emergências agora, desenvolvendo um fundo de poupança que cubra emergências, renda um pouco por mês e não seja atrelado a taxas altíssimas caso você precise fazer uma retirada emergencial.

Um fundo de emergência é uma meta de lançamento em sua visão de segurança financeira. Os sprints devem incluir formas de adaptar o seu orçamento, concentrando-se em poupar dinheiro.

A meta financeira mais comum quando o assunto é guardar dinheiro é poupar o equivalente a seis meses de despesas em poupança. Para patrocinar esse lançamento, você decide os tamanhos de sprint (não mais do que um mês) e trabalha cada sprint em itens do backlog que sejam compatíveis com a criação de um plano de economia.

308   PARTE 5 **Uso do Scrum para a Rotina**

LEMBRE-SE

Sua renda menos as despesas é igual ao excedente. A geração de juros do excedente ao longo do tempo equivale à riqueza. A equação é:

Excedente × Juros × Tempo = Riqueza

Se você tiver pouco ou nenhum excedente no final de cada ciclo de pagamento, precisará analisar seu orçamento e reorganizar seu backlog de prioridades para aumentar sua receita, diminuir suas despesas ou ambos. Tenha em mente este lema: viva livre antes de viver bem. Pode ser bom ter coisas caras, mas não se lhe custar sua liberdade financeira ou segurança futura.

CUIDADO

Ao começar a poupar dinheiro, resista ao impulso de usar o fundo de emergência para razões que não sejam de caráter de urgência. É o caminho mais seguro para recuar e não prejudicar seu progresso em direção à sua meta. Abra uma conta de poupança separada para metas de compras supérfluas (como viagens, um novo par de esquis ou um carro novo) a fim de evitar pôr as mãos nas economias de emergência. Reconhecer a necessidade de comprar só por comprar é um passo importante para se ter um plano sustentável de poupança. A chave é equilibrar as compras supérfluas de curto prazo em relação a metas de segurança de longo prazo.

Seus sprints devem focar sistematicamente meios de maximizar a sua capacidade de criar excedentes para a poupança. Revise o resultado de cada sprint para inspecionar, adaptar e fazer alterações mais cedo ou mais tarde. Não fique empacado em um sprint atrás do outro se eles forem um rendimento de renda passiva que não esteja contribuindo para a sua meta, por exemplo. As metas de sprint e lançamento e sua definição de concluído devem ajudá-lo a definir itens do backlog específicos e claros sobre o sucesso. Não tenha medo de seguir em frente depois de aprender bastante com os erros. O Lean Startup (veja o Capítulo 13) pode ser útil se você decidir adotar a abordagem empreendedora para aumentar sua renda.

Poupando para a aposentadoria

Depois de se precaver, você deve transferir suas economias para a poupança. Essa parte da progressão de sua meta continua em andamento, mesmo quando você passa para outras metas de lançamento. Seu ciclo de sprint inclui examinar suas opções para obter o maior retorno sobre investimento. No final do primeiro sprint, se o pacote de benefícios do trabalho incluir alguns fundos correspondentes, por exemplo, o backlog de seu produto deve ser atualizado com itens que proporcionam o máximo possível de pontos de correspondência.

Ao executar sprints a fim de economizar para a aposentadoria, concentre-se em como alcançar prudentemente o retorno máximo do investimento. Caso você esteja bem longe de se aposentar, não tenha vergonha de ser mais agressivo com seus investimentos nos anos iniciais de sua poupança. Você pode fazer uma pesquisa online a respeito dos recursos de aposentadoria que o ajudarão a determinar quanto você deve economizar para ter um equilíbrio entre sua visão futura e seu orçamento atual. Lembre-se de que, ao usar essas ferramentas que descrevemos da aposentadoria no sentido em que você para de trabalhar ativamente, sua renda passiva deve ser suficiente para suprir suas despesas. Embora a maioria das ferramentas online e os simuladores de aposentadoria sugiram uma idade de 55 ou 60 anos, sua idade de aposentadoria é definida por você e sua visão.

Garantindo a liberdade financeira

Depois de atingir as metas de lançamento de poupar um dinheiro para gastos emergenciais e economizar ativamente para a aposentadoria, sua próxima meta de lançamento é criar ativos. Usamos definições simples para ativos e passivos. Um *ativo* é qualquer coisa que traga dinheiro para você e um *passivo* é qualquer coisa que lhe custe dinheiro. Ter ativos é uma decisão pessoal e pode exigir vários sprints para pesquisar e aumentar seu conhecimento a fim de respaldar sua visão de alto nível de onde você quer estar. Você pode usar um spike (termo ágil para pesquisa ou avaliação de risco) como um item do backlog de produto com o intuito de pesquisar e dissecar um problema para responder a uma pergunta.

Exemplos de metas de sprint iniciais a serem consideradas incluem:

» Estruturar seu orçamento de modo a permitir e automatizar uma quantidade definida de compras de fundos de investimento a cada mês.

» Identificar maneiras de aumentar a renda em 5% fazendo algo que você goste.

Suas metas de sprint continuariam a ser divididas no nível de requisito, como:

» Criar um orçamento.

» Definir uma compra automática de um fundo de investimento.

» Desenvolver um site para o seu negócio online.

Outro exemplo de objetivo de sprint é identificar se a compra de uma casa criaria um ativo ou um passivo. Os itens do backlog do produto envolvem etapas e atividades para descobrir se a compra de uma casa é o melhor uso do seu dinheiro, conforme as considerações a seguir:

» Faça uma análise para identificar se a casa trará um retorno suficiente sobre o investimento.

» Determine se outro local ou investimento traria uma taxa de retorno mais alta.

INDO DE MAL A PIOR

Um estudo recente do Federal Reserve (conteúdo em inglês — www.federalreserve.gov/releases/g19/current/default.htm) mostra que os membros de uma turma de 2016 se formaram na universidade com uma média de US$37.172 em empréstimos estudantis. Os membros dessa turma, de 20 a 30 anos de idade, têm um pagamento mensal médio de mais de US$350.

A dívida total de empréstimos estudantis nos EUA é de US$45 trilhões com mais de 44 milhões de devedores. De acordo com a Gallup (conteúdo em inglês — http://news.gallup.com/businessjournal/188984/americans-big-debt-burden-growing-not-evenly-distributed.aspx): "Na verdade, a situação é terrível para um terço dos millennials (35%) que têm dívidas de empréstimos estudantis." Além do mais, 64% dos millennials ainda têm dívidas como consumidores e, quando os empréstimos estudantis são colocados nesse mix, o saldo médio da dívida dos millennials é de US$40 mil.

Partindo dessa mesma análise, uma casa grande e ampla pode ser boa, porém gera mais passivo caso não possa ser vendida facilmente e trazer lucro. Pesquise com cuidado e use sprints iniciais para inspecionar e adaptar-se à meta de lançamento de criação de ativos. A criação de ativos tem a ver com a construção de renda passiva para sustentar sua visão de aposentadoria.

LEMBRE-SE

As casas são passivos (custam dinheiro) até gerarem rendimentos através de um aluguel ou serem vendidas com lucro. Provavelmente a casa em que você mora não é um ativo; você precisa morar em algum lugar.

Ao usar o scrum para criar liberdade financeira, você utiliza evidências empíricas e o processo de inspecionar e adaptar da mesma maneira que um projeto de software faria. Você pode ver se está avançando de forma tangível em direção à meta e determinar como pode conquistá-la de modo mais rápido. Você pode ver quais obstáculos estão em seu caminho e elaborar um planejamento para removê-los.

Um exemplo perfeito de criação de ativos e de como abordar os entraves no meio do caminho é a educação acadêmica. Caso a sua situação educacional o impeça de avançar financeiramente, analise o possível resultado do ativo em relação ao passivo. Algumas questões a considerar são:

» Quanto custará a formação educacional que estou pensando fazer (custo real mais custo de oportunidade)?

» Quanto dinheiro vai gerar quando eu concluí-la?

» A renda que minha formação irá gerar supera e muito o custo desta formação?

Semelhante à compra de uma casa, você deve ter um resultado de ativo financeiro claro antes de entrar de cabeça na formação educacional que tem em vista.

Dívida de aposentadoria

Outra parte da independência financeira é, de alguma forma, livrar-se das dívidas. O scrum pode ser uma estratégia eficaz para saldar dívidas, dividindo as conquistas em pequenos incrementos mensuráveis, como os seguintes:

>> Trate de pagar um empréstimo ou cartão de crédito como uma meta de lançamento.

>> Pague mais do que o saldo mínimo para que a dívida pare de crescer.

>> Analise retrospectivamente o progresso e faça uma festa quando atingir sua meta.

Conquistando Metas Fitness e Perdendo Peso

Se a meta é ser fitness, usar o scrum para alcançar sua visão é uma das melhores maneiras de se ter êxito. A dificuldade que muitas pessoas têm para perder peso, para depois ganhá-lo tudo de novo, chama-se efeito sanfona. Muitas pessoas podem até começar um regime e praticar exercícios, porém, depois de um tempo, apesar de conquistarem o resultado, voltam à estaca zero.

Uma razão pela qual isso acontece é o foco. A desvantagem é que, na perda de peso, esse foco geralmente está em uma situação extrema e controlada. Depois de ter uma recaída, por assim dizer, você imediatamente começa a ganhar o que perdeu com muito trabalho suado. O scrum facilita o foco, mas esse foco é dividido em segmentos pequenos, mensuráveis e alcançáveis. Em outras palavras, o scrum tem a ver com tomar as medidas necessárias em direção à sua meta e alcançá-la de modo saudável, não de forma extrema, se perdendo e se esgotando no meio do caminho.

Trabalhe nos princípios do roadmap, assim como faria com qualquer outro projeto grande. A seguir, veja alguns exemplos da aplicação dos princípios do roadmap para avaliar a perda de peso e a prática de exercícios, que você pode adaptar à sua própria visão e metas:

>> **Defina uma visão.** Você quer voltar ao seu peso da época da faculdade, que era de 83 quilos, abdômen de 81 centímetros, correndo quase 2km em 7 minutos e conseguindo levantar 90 quilos no supino reto.

» **Crie um roadmap do produto.** Os itens do roadmap inicial podem incluir itens como perder 4,5 quilos (você pode ter esse item várias vezes, porque a melhoria incremental é a meta), correr quase 5km sem parar ou baixar a pressão arterial.

» **Crie um backlog de produto.** Este backlog pode incluir a criação de novas receitas para cozinhar, começar uma academia e fazer planos de dieta e exercícios.

» **Defina sua primeira meta de lançamento.** Em dois meses, você pode querer perder 3 quilos e ser capaz de correr quase 2km.

» **Determinar os tamanhos de sprint.** Um sprint pode durar uma semana, por exemplo.

» **Escolha o que inserir no primeiro sprint.** Você pode decidir reduzir o consumo de refrigerante em 50%, comer sobremesa apenas 3 vezes por semana, caminhar quase 2km três vezes por semana e fazer atividade aeróbica, pelo menos, uma vez por semana.

No final de cada sprint, analise seu progresso em direção às metas, atualize seu backlog de produto com o que aprendeu durante o sprint e adapte as próximas etapas para estar alinhado com sua meta de lançamento.

Mesmo depois de um sprint, você deve usar a retrospectiva de sprint para inspecionar e adaptar. Pergunte a si mesmo as três perguntas de retrospectivas do sprint:

» **O que correu bem?** Você pode dizer: "O site de culinária que eu usei tem boas receitas. Eu deveria continuar usando-o. O aplicativo de monitoramento de calorias é fácil de usar. Minha família tem me dado muito apoio."

» **O que quero mudar?** Você pode dizer: "Eu não gosto de fazer cardio nos dias que como doces. É difícil fazer exercícios à noite. O pessoal com quem almoço tem dificuldade de entender minhas novas metas de saúde, bem desanimador isso."

» **Como posso realizar essa mudança?** Você pode dizer: "Nos dias da semana que eu comer doce, não farei cardio." Você pode tentar treinos matinais no próximo sprint para ver se é mais fácil ser produtivo nesse horário, não ir almoçar com o pessoal uma vez por semana, ou não almoçar mais com eles, ou ir almoçar com outras pessoas.

Execute seu próximo sprint incorporando o que você quer melhorar e os novos itens do seu backlog. Dentro de dois meses, revise o lançamento completo para analisar se você atingiu sua meta e determinar sua próxima meta de lançamento.

O importante ao se usar o scrum para avançar em sua meta de perder de peso é reconhecer que cada etapa é uma etapa pequena, porém efetivamente gradual. A qualquer momento, mesmo que não consiga atingir sua meta, você tem uma oportunidade de encontrar uma nova maneira de avançar. Ainda que você volte aos velhos hábitos, retornar ao processo não é um grande sacrifício, pois os ciclos de sprint são muito curtos.

Considere um quadro de tarefas de alta visibilidade para itens que têm o status específico de Concluído. Para continuar com o exemplo anterior, você pode ter três tarefas de treino, e cada uma delas pode ser movimentada sempre que você concluir o exercício. Possibilitar a si mesmo uma representação visual da conclusão também ajuda a identificar oportunidades (exercícios de que você gosta) e gargalos (exercícios que você evita), e ajuda a criar ideias para o seu próximo sprint.

DICA

Um exemplo de plano visível e possível em que muitas pessoas foram bem-sucedidas é um plano de iniciantes para participar de uma meia maratona; acesse em (conteúdo em inglês): `www.halhigdon.com/training/51131/Half-Marathon-Novice-1-Training-Program`. Toda semana, a meta de domingo é clara e incremental.

Mantendo a Vida Equilibrada

Um dos grandes desafios da vida é administrar o bem-estar emocional e mental. A vida pode ser uma montanha-russa, e é sua responsabilidade encontrar uma maneira de minimizar a instabilidade e maximizar o prazer e a satisfação.

A saúde mental e emocional abrange uma categoria ampla e tem de tudo, desde um aumento temporário no estresse do dia a dia até problemas de saúde mental diagnosticáveis. O scrum é um framework cuja finalidade é atingir metas e priorizar problemas, não uma substituição de serviços de atendimento médico mental ou emocional. Possivelmente, você vai querer formar uma equipe com alguém em quem confie para lhe dar apoio e que participe de maneira contínua à medida que você elabora a sua visão, roadmap e backlog e trabalha com os eventos scrum. Não faça isso sozinho.

Se a vida se torna um fardo, a causa pode derivar de uma variedade de lugares (alguns dos quais são abordados no Capítulo 17, bem como os dos exemplos anteriores deste capítulo). Os elementos constitutivos de nossas vidas são movidos e alterados com o passar do tempo. Com o estresse, todo mundo tem um ponto de ruptura. Para uma pessoa, o fim abrupto de um relacionamento pode ser o elemento constitutivo que faz os outros estressores da vida parecerem demais. Para outra pessoa, as dificuldades financeiras ou a perda de um emprego é o elemento constitutivo que, junto com outros fatores da vida, acaba sendo além da conta.

Quando os estressores estão se tornando opressivos, use o scrum para encontrar soluções. Veja a seguir algumas perguntas a serem feitas ao definir sua visão, roadmap e backlog:

- » Quais são meus estressores?
- » Por que eles estão causando tanto estresse agora?
- » Quais estressores me fazem sentir oprimido?

Fazer essas perguntas a você mesmo permite identificar a origem dos problemas e o fator que atualmente gera mais estresse. A partir dessa identificação, você começa a avançar nos princípios do roadmap.

Usando o maior estressor atual como prioridade, você elabora uma visão do que gostaria de ver em sua vida. A partir deste ponto, você divide seu primeiro lançamento e, em seguida, identifica as metas e tarefas do sprint que pode realizar para atingir o lançamento.

Como nos sprints em qualquer outra meta de vida, você sempre retorna à inspeção e à adaptação. Você pode perguntar: "Este ainda é o maior estressor. É ele que preciso focar para encontrar a solução e me sentir mais equilibrado?" Caso seja, continue trabalhando até atingir a meta de lançamento. Se não (CR + CO > V; veja o Capítulo 5), termine esse lançamento e defina uma nova meta para o próximo lançamento.

À medida que você percorre os sprints, abordando uma questão de cada vez, pode se surpreender com o fato de sentir menos estresse, mas outro item tem prioridade, e é hora de se concentrar nesse item para se sentir mental e emocionalmente estável.

LEMBRE-SE

Usar as técnicas de thrashing entre os projetos não só aumenta o tempo em pelo menos 30%, como também é devastador. Com o seu bem-estar mental e emocional, concentrar-se em uma coisa de cada vez é sua melhor aposta.

À medida que você avança com os princípios do roadmap, use as seguintes perguntas para definir sua visão, metas de lançamento e metas de sprint:

- » **Visão:** Com o que, afinal de contas, quero que minha situação se pareça?
- » **Meta de lançamento:** Qual milestone menor me levaria a essa visão?
- » **Metas de sprint:** Quais itens posso colocar no backlog do produto para trabalhar primeiro? Isso significaria que estou tomando providências para atingir essa meta de lançamento *agora mesmo*?

REDUZINDO O ESTRESSE DA VIDA

John tem seus 30 e poucos anos; ele está lutando contra a sensação de esgotamento e não sabe como lidar com as muitas frustrações em sua vida. Primeiro, ele analisa seus estressores e descobre o seguinte:

- O trabalho, além de ser muito estressante, tem um ambiente negativo; ademais, não paga bem, causando estresse financeiro.

- Seu apartamento atual é um lugar estressante e inseguro para se viver, mas ele acha que não consegue se mudar dali porque não ganha o suficiente para isso.

- Frequentemente ele se sente sozinho e, embora queira um relacionamento, não encontrou a pessoa certa para ficar e não sente que está pronto para estar em um relacionamento. Seus amigos e familiares se distanciam por causa do estresse de John com o trabalho e com o apartamento em que mora.

John está convencido de que sua situação ruim no trabalho é o pior desses fatores (decisão prioritária). Ele escreve uma declaração de visão que reflete o que quer: "Eu quero um emprego que pague, pelo menos, US$80 mil por ano, com todos os benefícios e um cronograma de trabalho estável, e não o cronograma de trabalho imprevisível em que trabalho atualmente". (Essa visão é clara e específica.)

Sua primeira meta de lançamento talvez seja começar a procurar vagas de emprego. Seu primeiro sprint pode incluir a dedicação de uma hora por noite para atualizar seu currículo e candidatar-se a cinco vagas de emprego durante o sprint. Ele também pode incluir tarefas como reconexão com conhecidos ou a busca de vagas a partir de US$80 mil com horários de trabalho específicos.

Depois de várias tentativas de se concentrar em novos empregos, John passa para a fase de entrevistas. Depois de cada sprint (ou seja, cada entrevista), ele faz uma revisão e usa inspeção e adaptação para ajustar sua procura de emprego ou reexaminar qual estressor precisa de sua atenção.

A qualquer momento durante qualquer revisão de sprints, John pode decidir que reduziu o estresse o suficiente para liberar essa meta e concentrar-se em um novo estressor. O principal de se usar o scrum para manter o equilíbrio mental e emocional é que ele combina o conceito de adotar medidas mensuráveis a fim de atender a uma necessidade com a revisão do sprint para inspecionar e adaptar essas etapas ou, se necessário, abordar outra questão a partir dos backlogs de produto dos estressores.

Planejando Viagens

As férias são oportunidades espetaculares para relaxamento, exploração e conexão em equipe. Mesmo as viagens de negócios podem atingir objetivos semelhantes. No entanto, muitas vezes, equipes, famílias e amigos passam dificuldades com as frustrações em relação a dinheiro e tempo para viajar, assim como opiniões divergentes sobre o que fazer e como relaxar. Além do mais, as circunstâncias podem mudar a qualquer momento com a viagem, tanto antes quanto no decorrer dela. O scrum é uma importante ferramenta de planejamento, perfeita para esse tipo de projeto. Pense nisto: você tem uma data exata e geralmente um orçamento fixo; o resto é priorização do escopo da viagem. Em vez de uma pessoa ditar as regras e esperar que todos gostem das decisões tomadas, trabalhar juntos em equipe traz envolvimento e satisfação de todos. Por exemplo, todos trabalhariam juntos para chegar a um consenso sobre as seguintes coisas:

» Criar um planejamento de visão da viagem ou das férias.

» Definir datas do calendário.

» Conhecer o seu orçamento.

» Criar um backlog de férias dos itens das partes interessadas (como membros da família e companheiros de viagem).

» Priorizar o backlog para obter o melhor resultado possível.

Com as viagens em família, todos os membros da família podem e devem participar das férias ideais para eles. Tenha em mente que, se viajar é um hábito familiar, a visão de férias deste ano pode não ter as mesmas qualidades ideais do ano passado ou do ano que vem, e esse é o ponto. Revisar o planejamento em família possibilita ideias sobre como se concentrar no orçamento. Como em qualquer projeto scrum, o orçamento de férias é o fator que deve ser corrigido primeiro. Se os membros da família estão focados em atividades que custam um valor mais alto, a família pode analisar destinos mais baratos. Se um local específico é a prioridade mais alta para uma família, as férias podem ser planejadas em torno de opções mais econômicas em um destino ideal.

Não fique com receio de incluir as crianças na discussão de prioridades de acordo com o orçamento. Embora possam ou não ter a responsabilidade de economizar dinheiro ou de definir o orçamento total, elas devem estar envolvidas em uma decisão de comprometimento em equipe. Você pode dizer: "Podemos fazer snorkel no Havaí ou praticar tirolesa, mas não os dois. Qual vocês gostariam de fazer?" É importante ensinar às crianças que estabelecer prioridades financeiras e manter um orçamento são as principais habilidades da vida familiar. O scrum funciona que é uma beleza quando todos os envolvidos participam das decisões.

CAPÍTULO 18 **Scrum para Metas de Vida**

PLANEJAMENTO DAS FÉRIAS COM SCRUM

Viajar — tanto a negócios como a lazer — pode ser imprevisível. Há alguns anos, um de nossos coaches planejou férias de aniversário no Havaí usando o scrum. Ele marcou algumas viagens de última hora (menos de duas semanas de antecedência) e não teve muito tempo para planejar a viagem em detalhes. Ele e sua esposa nunca tinham ido ao Havaí, então ele pediu a amigos e familiares ideias sobre o que fazer e onde comer. Com bagagem, passagens de avião, reserva de hotéis e carros e uma lista de possíveis coisas a fazer (roadmap) em mãos, com um orçamento geral em mente, eles embarcaram no avião. A visão era simples: relaxe sem pressão para ver ou fazer tudo.

No voo, finalmente recuperando o fôlego, eles pegaram o backlog da viagem de atividades e lugares para comer. Planejaram o primeiro dia e estimaram quanto do orçamento seria necessário. Depois, aproveitaram o restante do voo.

No início do dia seguinte, eles riscaram na lista as coisas que fizeram e identificaram algumas outras que pareciam interessantes. Uma dessas coisas envolvia fazer reserva para uma excursão; assim, eles programaram isso durante três dias. A cada dia, eles faziam a mesma coisa, adicionando algo à lista, riscando os itens concluídos e ajustando a prioridade com base em seus interesses. Alguns itens nunca atingiram o topo da lista ou foram descartados quando o interesse pelo item diminuiu. O processo dificilmente se parecia com algum planejamento.

Eles tiveram a sorte de ter uma data de retorno sem prazo fixo (não é pré-requisito para usar o scrum). Descobriram que, depois de oito dias, em vez de seus dez dias previstos, eles já estavam fartos, realizaram sua visão da viagem, fizeram as coisas que queriam fazer e comeram onde queriam comer. Eles voltaram para casa totalmente satisfeitos (CR + CO > V).

DICA

Em vez de uma estrutura de votação simples, na qual cada membro apenas diz sim ou não, tente um punho dos cinco (veja o Capítulo 4) seguido de votação por pontos. No punho dos cinco, você mostra seu apoio a uma ideia. Levantar um dedo significa resistência total à ideia, ao passo que erguer cinco dedos significa que é uma ótima ideia. Para que uma decisão seja aprovada, todos na família devem ter, pelo menos, três dedos levantados, o que significa que, mesmo que não achem a ideia ótima, não a odeiam e estão dispostos a apoiar a decisão. Utilizar o punho dos cinco para a votação permite limitar um conjunto de opções das quais ninguém na família desgoste. Você continua com a votação por pontos para saber a decisão final. Na votação por pontos, todos os membros da família têm cinco votos cada. Eles colocam os pontos na escolha que desejam votar, e podem colocar todos os pontos na mesma opção ou em opções diferentes, indicando a preferência por determinadas decisões.

Os itens do backlog do produto precisam ser executados por cada membro da família. As reservas precisam ser definidas, mas as mudanças baseadas na realidade da disponibilidade ou preço, ou talvez mudanças no clima esperado, precisam ser tratadas de forma contínua. Essa abordagem permite que os principais itens com risco mais alto sejam concluídos com antecedência, e o risco diminui à medida que a data se aproxima.

Conforme as datas de férias se aproximam, poucas decisões de impacto estão em andamento, e o planejamento das férias evoluirá para tarefas que precisam ser realizadas antes da partida. Fique de olho no calendário e implemente sprints curtos para realizar todos os itens restantes. Divida os itens do backlog do produto de modo que eles sejam facilmente movidos para a coluna CONCLUÍDO. As compras das roupas adequadas para a viagem e das malas não podem ser feitas na mesma semana sem estressar todo mundo e gerar um caos, por exemplo. Insira as compras em um sprint que seja longo o bastante antes da viagem para que, quando chegar a hora de arrumar as malas, os itens estejam disponíveis.

Estudos

A aprendizagem é uma parte indispensável da vida, desde o nascimento até a morte. O físico teórico Albert Einstein disse: "Uma vez que você para de aprender, você começa a morrer." A curiosidade humana nos impulsiona para a vida que queremos levar. O ensino fundamental é um formato estruturado de aprendizagem desde os cinco anos (ou menos, para alguns alunos) até os doze anos; todavia, a aprendizagem formal ultrapassa muitas vezes o ensino fundamental e o médio através de certificações profissionais, estudos de graduação ou pós-graduação e educação profissional.

Nos Estados Unidos, o sistema escolar tem a finalidade de unificar as habilidades básicas de aptidão para crianças e ajudá-las a identificar áreas de interesse em potencial para futuras pesquisas. Conforme examinamos no Capítulo 10, o scrum pode ajudar as escolas nos âmbitos administrativos e os professores em sala de aula. Embora as escolas e os professores trabalhem para melhorar as coisas em ambos os níveis, os próprios alunos podem usar o scrum para aprimorar suas experiências com a própria educação.

Os alunos podem utilizar o roadmap para avaliar suas metas. Eles desenvolvem uma visão, geram um backlog de itens de um roadmap geral, identificam um primeiro lançamento, executam sprints curtos em relação a esse lançamento e usam uma revisão de sprint para inspecionar e adaptar seu produto (como lição de casa) para o próximo sprint. Eles executam uma retrospectiva de sprint para inspecionar e adaptar seus processos e ferramentas para ajudá-los a otimizar o progresso com sua educação. Esse processo permite aos alunos que, em cada etapa, refinem o backlog de seus produtos ou adaptem suas sessões de estudo conforme necessário.

Aprendendo cedo

Caso seja pai ou professor, você vê as crianças tendo dificuldades em aprender de uma forma ou de outra. Dependendo da idade, talvez seja incompreensível para as crianças sentirem que precisam aprender algo difícil, porque nem sempre elas têm a noção de como aquilo lhes vai servir para alguma coisa no futuro. Se elas não veem uma conexão entre o aprendizado delas e o que querem, é bem complicado para elas se envolverem com o intuito de superar tal dificuldade. Até mesmo crianças pequenas podem usar o scrum. O scrum tem apenas três papéis, três artefatos e cinco eventos. Ele dá autonomia às crianças e faz com que seja divertido percorrer os itens do backlog. Nesta seção, como exemplo para aprender o scrum, falamos sobre alunos do jardim de infância até o 8º ano.

Ajudar jovens estudantes a identificar uma visão e correlacionar essa visão às suas próprias vidas é fundamental para que eles se envolvam. Ajude-os a correlacionar as coisas em que estão interessados e a gostar do que estão estudando. Temos um amigo cuja filha de seis anos acorda de manhã e pega todos os ingredientes para fazer um bolo. Porém, a mesma filha fica frustrada quando aprende números e conta. Sua mãe viu uma oportunidade para ajudá-la a ver que fazer um bolo envolve números. Depois dessa pequena lição, sua filha estava muito mais disposta a dedicar-se e envolver-se para aprender matemática.

Os alunos mais jovens podem se beneficiar do uso de quadros de tarefas para fazer as lições de casa em muitos níveis, porque os quadros de tarefas são facilmente adaptáveis à medida que o dever de casa muda e o aluno cresce. Nós falamos a respeito das técnicas thrashing em quase todos os capítulos, sobretudo nos Capítulos 6, 13 e 15. A multitarefa diminui a qualidade e a eficácia, e o scrum reduz essa margem de erro concentrando-se em um projeto de cada vez. Alunos de todas as idades mudam o foco de uma hora para a outra entre várias matérias. A chave para usar o scrum com os alunos é executar sprints curtos em relação a determinados tópicos ou projetos. Talvez os sprints durem vários dias ou até mesmo um único dia, para permitir aos alunos que se concentrem em um item por vez.

Independentemente do tamanho do sprint, os alunos podem usar a técnica Pomodoro (veja o Capítulo 2) para mudar de tarefas com mais facilidade. A técnica Pomodoro possibilita um tempo de descanso natural e oferece uma oportunidade fácil para troca de tarefas. Ao usá-la, o aluno pode ver facilmente se a tarefa precisa ser continuada após uma pausa ou se é hora de começar uma nova tarefa.

Ensinar as crianças desde cedo a inspecionar e adaptar é importantíssimo. Um dos nossos coaches tem uma filha no terceiro ano. Ela chegou em casa e mostrou ao pai a nota da prova de ortografia da semana. Normalmente, ela era muito boa em ortografia, desse modo, ele ficou surpreso quando percebeu que ela errou quatro questões. Primeiro, ele reconheceu que ela ainda tinha tirado uma nota relativamente boa, mas perguntou por que a filha tinha errado mais

320   PARTE 5 **Uso do Scrum para a Rotina**

que o normal. Depois de tentar culpar os outros alunos por distraí-la, a filha admitiu que estava fazendo as provas com pressa e não estava praticando tanto quanto poderia praticar todos os dias para as provas mensais e bimestrais.

Em vez de tratá-la como se tivesse feito algo errado, ele perguntou à filha como ela achava que poderia se sair melhor na prova da próxima semana e evitar fazer as coisas correndo. A filha lembrou que, no início do ano, fazia testes práticos curtos todos os dias da semana, não apenas no começo e na noite anterior à prova. Eles concordaram que seria bom tentar isso novamente, e ela implementou seu novo plano na semana seguinte. Ela foi capaz de aprender com suas próprias experiências e tinha a própria solução de melhoria.

Formar-se no ensino médio

Alunos do ensino médio têm um conjunto específico de necessidades voltadas para sua visão de vida após saírem da escola. Até a formatura do ensino fundamental, a maioria dos alunos se concentra em passar nas provas e de ano, mas, no ensino médio, talvez eles estejam fazendo disciplinas opcionais e começando a tomar um rumo de acordo com a visão de vida deles. O ensino médio é uma oportunidade para os alunos tomarem as rédeas do destino e escolherem um caminho. Um estudante no ensino médio pode ter muitos tipos de declarações de visão, desde querer ir para uma universidade que dure quatro anos até querer trabalhar imediatamente após a formatura do ensino médio, e muitas outras coisas. A melhor maneira de alcançar essa visão é usar cada ano do ensino médio como um ponto de partida.

Nesta seção, concentramo-nos na famosa meta de entrar para a faculdade. Se a visão de um aluno é cursar o ensino superior, é necessário definir um backlog específico voltado para os requisitos da faculdade. Os itens desta lista devem incluir todo o trabalho não acadêmico que precisa ser feito. A pesquisa de universidades leva mais tempo do que um estudante poderia esperar, por exemplo, e deveria ser feita o mais cedo possível para que os futuros sprints possam incluir atividades adaptadas a fim de atender aos requisitos de admissão. Os quadros de tarefas são ferramentas eficazes para progredir em itens importantes do backlog do produto.

A priorização para estudantes do ensino médio é fundamental. São poucos os estudantes que conseguem estudar todas as matérias, praticar todos os esportes, tirar notas altíssimas em todas as provas e participar de todas as atividades — e, definitivamente, eles não podem fazer essas coisas ao mesmo tempo. Ao usar a priorização, o aluno pode eliminar os itens que não são compatíveis diretamente com sua visão e concentrar-se em metas de lançamento que são importantes tanto em termos pessoais quanto para entrar na faculdade certa. O uso dessas metas de lançamento no sentido de trabalhar conforme a sua visão ajuda o aluno a criar milestones. Ter metas de lançamento permite a ele que organize requisitos decompostos em sprints. Veja como é essa divisão para um estudante do ensino médio:

- » **Visão:** Entrar em uma universidade com duração de quatro anos.

- » **Lançamento da meta compatível com a visão:** Pontuação maior que 2.200 no Scholastic Aptitude Test (SAT), no caso dos estudantes que querem estudar nos Estados Unidos; atingir a pontuação necessária no ENEM ou passar no vestibular da universidade pretendida.

- » **Meta de sprint compatível com a meta de lançamento:** Pontuação maior que 720 em cinco testes de matemática SAT na prática, no caso dos estudantes que querem estudar nos Estados Unidos; atingir a pontuação necessária no ENEM ou o número de acertos no vestibular.

- » **Nível de requisito compatível com o sprint:** Encontre um tutor do SAT, passe três horas estudando o livro do SAT nesta semana, concentre-se nos conceitos matemáticos do SAT e pergunte ao tutor sobre a geometria do nível SAT, no caso dos estudantes que querem estudar nos Estados Unidos. No Brasil, procure por cursinhos preparatórios online ou presenciais que aplicam simulados ou questões de anos anteriores do ENEM e dos vestibulares mais tradicionais.

As expectativas são altas e espera-se que os alunos estejam familiarizados com uma diversidade gigantesca de assuntos. Além disso, a concorrência para ingressar na faculdade e receber bolsas é extremamente alta. Os alunos têm várias misturas de professores e turmas, portanto, as cargas horárias variam de aluno para aluno e de período para período. O ciclo de sprint de inspeção e adaptação fornece o framework de que os alunos precisam para ajustar as cargas e situações variáveis de acordo com os semestres, enquanto trabalham no próprio roadmap.

Em 2014, Alexis Wiggins foi convidada a escrever um post em um blog, que se tornou viral, detalhando os desafios que ela observou enquanto usava a técnica de shadowing por um dia, primeiro com um aluno do 1º ano do ensino médio e, depois, com outro aluno do 3º do ensino médio. A principal preocupação de Alexis era o desgaste constante de ficar sentada o dia todo e a passividade esperada do aprendizado. Ao incorporar o scrum no estudo em casa, o aluno pode se encarregar de aprender de outra maneira. Apesar de os alunos não poderem controlar as aulas dadas na escola, eles podem encontrar formas alternativas, além de sentar e memorizar as matérias quando estão em casa. É também aqui que o backlog do produto de um aluno pode influenciar fortemente o seu progresso. Se as atividades extracurriculares são um fator importante em sua visão, tente escolher uma que possibilite o trabalho físico com o corpo, como esportes ou atividades abstratas, como artes, para permitir diferentes métodos de aprendizagem na progressão do objetivo. Se, por algum motivo, atividades extracurriculares físicas não forem adequadas ou estiverem fora do alcance, tente incorporar pausas fisicamente ativas ao usar a técnica Pomodoro para estudar.

VISÃO DE EDUCAÇÃO PESSOAL

A visão de um estudante pode mudar ao longo de seu percurso educativo. Considere a seguinte visão definida por uma aluna quando era caloura e observe como evolui à medida que a aluna inspeciona e se adapta durante o processo. No início do 9º ano, ela sabe que quer se formar no ensino médio com uma média mínima de 3,8 (GPA) pontos a fim de entrar em uma universidade da Ivy League. Talvez ela não tenha pesquisado o bastante sobre o que as universidades da Ivy League exigem. Talvez ela não saiba que mais do que apenas um determinado GPA é necessário para entrar na faculdade. Ela pode nem saber qual carreira quer depois da formatura. Contudo, essa visão já é um bom começo.

No final do seu nono ano, ela sabe que um GPA 3,8 provavelmente não será suficiente. Ela aprende quais pontuações de teste precisa para a entrada, bem como qual orientação extracurricular, serviço e atividades são necessárias. Ela gostou de algumas aulas de ciências sociais que lhe deram algumas ideias sobre o que ela queria como profissão. Para começar o 1º ano, ela tem uma visão atualizada: qualificar-se para cursar Yale, Stanford ou Harvard depois do ensino médio. Seu roadmap e backlog inclui coisas como "ganhar um mínimo de 4,2 GPA, obter pelo menos 30 no meu ACT e 2.200 no meu SAT, e economizar dinheiro o bastante para pagar metade da viagem à América do Sul (mamãe e papai pagarão a outra metade) para fazer trabalho voluntário antes do final do 2º ano no ensino médio".

No final de cada ano, a visão e o roadmap dessa estudante provavelmente evoluirão porque ela sabe mais do que quando começou. Inspecionar e adaptar regularmente em intervalos lógicos permite que ela busque orientação de pais e consultores confiáveis a fim de tomar decisões conscientes.

Entrando na faculdade

A faculdade é a oportunidade perfeita para um aluno usar o scrum. Para qualquer estudante universitário cuja visão inclua inserção profissional após a formatura, a implementação de práticas scrum ajuda na preparação para o mundo corporativo.

A grade curricular de cada turma pode ser decidida por um professor, mas o conteúdo educacional geral fica a cargo do estudante. Decidir o que fazer é uma tarefa enorme para um aluno, independentemente das decisões tomadas antes ou durante a faculdade. A faculdade também é um momento para se buscar a formação de equipes dentro de um framework scrum. Os projetos do grupo universitário são uma oportunidade de usar o scrum para planejar, revisar, coordenar, estabelecer acordos de equipe e responder a mudanças. Realizar eventos scrum e usar um quadro de tarefas dá visibilidade imediata de quem está trabalhando em cada parte do projeto e como o projeto está progredindo.

DICA

As técnicas de formação de equipes e programação pareada aplicam-se ao estudo acadêmico. Os alunos não precisam ter um projeto em grupo para revisar o trabalho um do outro antes da concluí-los. Eles podem usar revisões de sprint para melhorar seu trabalho antes da apresentação final (o lançamento para o cliente, que é o professor).

CICLO DE SPRINT PARA UM ESTUDANTE UNIVERSITÁRIO

O scrum para estudantes divide cada sprint em uma semana. Os estudantes revisam o roadmap e focam o lançamento atual, selecionando itens de backlog para o sprint, que são divididos em atividades que podem ser feitas em um dia ou menos. Se 30 páginas precisam ser lidas para a aula B, o total pode ser dividido em 10 páginas por dia durante três dos sete dias do sprint. No final do primeiro dia de leitura, o aluno sabe se 10 páginas são a quantidade certa para os dias restantes. Outro requisito para o sprint pode ser pesquisar um tópico específico para uma tarefa de redação posterior.

Talvez algumas dessas atividades precisem ser inseridas em um time box. A pesquisa pode precisar ser feita em duas horas ou menos, por exemplo. Por causa dos horários de trabalho e de aula, o estudante pode ter tempo suficiente para 60 minutos de leitura. Com base no tempo disponível e no trabalho a ser feito, cada dia o estudante tem que decidir como ele pode utilizar melhor esse tempo. No roadmap, nos níveis de lançamento, sprint e reuniões diárias, os estudantes priorizam e organizam o trabalho a ser feito, ajustando-o conforme necessário.

No final de cada sprint, um estudante revisa seu trabalho concluído em relação à meta e ajusta o restante do produto adequadamente. Ele também analisa seu processo e identifica os obstáculos que o impedem de atingir as metas. Talvez a leitura esteja demorando demais, assim, ele explora as opções para melhorar a velocidade, como um curso de leitura rápida. Provavelmente, a universidade oferece workshops sobre técnicas de estudo, ou talvez seja necessário pedir a orientação de um tutor. Essa revisão de metas e processos para se conquistar os objetivos acontece toda semana, e os retoques e ajustes podem ser feitos em relação a uma quantidade limitada de trabalho — rapidamente, em vez de passar horas a fio estudando para um exame com o intuito de compensar a procrastinação.

6 A Parte dos Dez

NESTA PARTE . . .

Tenha êxito ao fazer a transição para o scrum.

Evite as armadilhas do scrum.

Aproveite as vantagens do scrum.

Avalie as coisas certas.

Faça parte da comunidade scrum.

NESTE CAPÍTULO

» **Beneficiando-se da experiência de implementações bem-sucedidas**

» **Planejamento visando o sucesso**

Capítulo **19**

Dez Passos da Transição para o Scrum

Ao longo deste livro, ressaltamos o fato de que o scrum é muito diferente do gerenciamento tradicional de projetos. A transição de uma empresa que usa a metodologia em cascata para scrum é uma mudança significativa. Com base em nossa experiência orientando todos os tipos de empresas através desse tipo de mudança, identificamos os seguintes passos importantes a serem seguidos para se tornar uma empresa mais ágil e implementar com sucesso o scrum.

Faça uma Auditoria

Antes de planejar aonde quer ir, você precisa saber onde está atualmente. Uma auditoria terceirizada de seus processos, métodos, práticas e estruturas atuais não apenas informa algumas coisas que você não sabe como operam no momento, mas também valida algumas coisas que você já conhece, possibilitando insights adicionais que talvez você não tenha considerado. A *estratégia de implementação* é o resultado de uma auditoria e um planejamento que descreve como sua organização fará a transição para o scrum a partir de onde está hoje. Uma implementação completa do scrum engloba análises e recomendações para:

» **Processos atuais:** Os exemplos incluem como sua organização executa projetos hoje, o que ela faz bem e quais são seus desafios.

» **Processos futuros:** Os exemplos englobam como sua empresa pode se beneficiar com o scrum, quais práticas ágeis adicionais podem melhorar o scrum na sua organização, quais alterações importantes sua empresa precisará fazer, as implicações organizacionais e pessoais desses desafios e como sua empresa transformada se parecerá, sob a perspectiva da equipe e do processo.

» **Planejamento passo a passo:** Os exemplos incluem como você passará dos processos existentes para o scrum, o que mudará imediatamente em seis meses, um ano ou mais. Esse planejamento deve ser um roadmap de passos para levar a empresa a um estado sustentável de maturidade do scrum.

» **Benefícios:** Os exemplos englobam as vantagens que o scrum proporcionará para as pessoas e grupos em sua organização e para a organização como um todo. Conhecer os benefícios será um recurso valioso à medida que você promove a transição para a gerência sênior e para a organização.

» **Desafios em potencial:** Os exemplos compreendem as mudanças mais difíceis, os departamentos ou pessoas que terão o maior problema com o scrum — cujo feudo está sendo desmantelado —, possíveis obstáculos e como você vai vencer esses desafios.

» **Fatores de sucesso:** Os exemplos englobam fatores organizacionais que o ajudarão a mudar para o scrum, como a empresa se comprometerá com uma nova abordagem e quais pessoas ou departamentos serão defensores do scrum.

Sua estratégia de implementação funciona como um roadmap para uma transformação bem-sucedida.

Identifique e Recrute Talentos

Os papéis do scrum, embora únicos, estão se tornando mais comuns, mas nem todos os recrutadores sabem como encontrar pessoas que possam preenchê--los. Contratar pessoas que saibam o que estão fazendo exige um trabalho em estreita colaboração com os recrutadores, a fim de entender o conhecimento necessário de scrum para separar o joio do trigo.

Desenvolvedores multifuncionais continuam a aprender novas habilidades e reconhecem a necessidade de expandir seus conjuntos de habilidades, em vez de restringir seus conhecimentos a uma única área. O talento está disponível. Para que sua transição para o scrum seja eficaz, você precisa colocar as pessoas certas nos lugares certos.

Você deve procurar pessoas que já tenham certificações e treinamentos como Certified Scrum Master (CSM), Certified Scrum Product Owner (CSPO) e Certified Scrum Developer (CSD). Ao procurar por um coach scrum, busque por um Certified Scrum Developer (CSP-SM, CSP-PO) ou um Certified Scrum Coach (CEC ou CSC). As certificações são da Scrum Alliance (conteúdo em inglês — `www.scrumalliance.org`), mas estão disponíveis em outras fontes também. Para mais detalhes a respeito das certificações, consulte o Capítulo 23.

Providencie Treinamento Adequado

O treinamento é um passo essencial na adoção do scrum e funciona melhor quando os membros da equipe do projeto podem treinar e aprender juntos. O treinamento estipula um vocabulário comum para usar durante a transição. Como instrutores e mentores scrum, ouvimos conversas entre os membros da equipe do projeto que começavam com: "Lembra-se de quando Mark nos mostrou como...? Isso funcionou quando fizemos em aula. Vamos tentar e ver o que acontece." Se a equipe de desenvolvimento, o Product Owner, o Scrum Master e as partes interessadas do projeto puderem participar do mesmo treinamento, eles poderão aplicar as lições ao trabalho em equipe.

Até mesmo as partes interessadas se beneficiam do treinamento. Consulte o Capítulo 13 para compreender como as decisões prioritárias de gerenciamento sênior são cruciais para que o scrum tenha êxito. Alguns de nossos clientes acharam esse treinamento com seus Scrum Masters, Product Owners e desenvolvedores tão bom que enviaram toda a equipe executiva, além das equipes de criação, vendas, marketing, finanças e RH para o mesmo treinamento, de modo que toda a empresa entrou em sintonia e começou a falar a mesma língua.

Mobilize uma Equipe de Transição

Identifique uma equipe de transição de tomadores de decisão dentro de sua empresa, que possa ser responsável pela conversão do scrum no nível da organização. Essa equipe é formada por executivos da empresa que têm a capacidade e influência para melhorar processos de maneira sistemática e podem documentar requisitos e medidas de desempenho em toda a organização.

A equipe de transição cria mudanças usando o scrum para empreender as iniciativas de transição, assim como a equipe de desenvolvimento cria as

CAPÍTULO 19 **Dez Passos da Transição para o Scrum**   329 funcionalidades de produto dentro de sprints. A estratégia de implementação da auditoria é o roadmap da equipe de transição, delineando o que precisa ser feito para uma transição bem-sucedida. A equipe de conversão se concentra nas mudanças de máxima prioridade em cada sprint e demonstra sua implementação (quando possível) durante uma revisão de sprint.

Quando você começa, a transição é um bom momento para envolver um coach ou mentor experiente com scrum a fim de ajudá-lo nesses primeiros passos complicadíssimos. Um bom coach pode trabalhar com as equipes-piloto, bem como com a equipe de transição, como acompanhamento do treinamento em grupo. A Figura 19-1 exemplifica como os sprints de uma equipe de transição se alinham aos sprints da equipe-piloto scrum (veja a próxima seção) e como os obstáculos identificados na retrospectiva de sprint da equipe-piloto se tornam itens de backlog para a equipe de transição solucionar como processos de melhorias para a equipe-piloto.

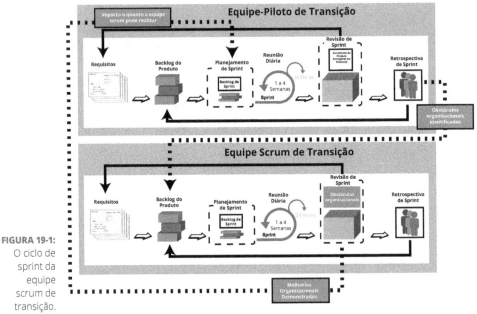

FIGURA 19-1: O ciclo de sprint da equipe scrum de transição.

Identifique o Projeto-piloto

Iniciar sua transição para o scrum com um projeto-piloto é uma ótima ideia. Ter um projeto inicial viabiliza que você descubra como trabalhar com o scrum com pouquíssimas interrupções nos negócios gerais da organização. Concentrar-se em um projeto para começar também lhe possibilita solucionar alguns dos problemas que inevitavelmente acompanham a mudança. Quando escolher seu primeiro projeto scrum, procure por iniciativas que tenham as seguintes qualidades:

- » **Apropriadamente importante:** Garanta que o projeto escolhido seja importante o bastante para despertar o interesse dentro de sua empresa. Evite escolher o projeto mais importante quando ele estiver operante; é importante ter espaço para fazer e aprender com os erros. Veja a nota sobre o jogo da culpa no Capítulo 20.

- » **Suficientemente visível:** Seu projeto-piloto deve ser visível para os influenciadores-chave de sua organização, mas não o torne o item de maior repercussão em sua lista de prioridade. Você precisa de liberdade para se adaptar a novos processos; projetos críticos podem não possibilitar essa liberdade.

- » **Claro e delimitado:** Procure um produto com requisitos claros e um grupo de negócios que possa se comprometer em definir e priorizar esses requisitos. Tente escolher um projeto que tenha um escopo preciso, em vez de um que possa se expandir indefinidamente.

- » **Não muito grande:** Escolha um projeto que você possa concluir com não mais do que duas equipes scrum trabalhando simultaneamente.

- » **Tangivelmente mensurável:** Escolha um projeto que você sabe que pode mostrar um valor mensurável em sprints.

PAPO DE ESPECIALISTA

As pessoas precisam de tempo para se adaptar às mudanças organizacionais de qualquer tipo, não somente às transições de scrum. Estudos constataram que, com grandes mudanças, as empresas e equipes veem o desempenho desmoronar antes de comprovar melhorias. A Curva de Satir, mostrada na Figura 19-2, ilustra o processo de empolgação, caos e, finalmente, de adaptação das equipes a novos processos.

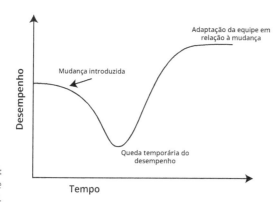

FIGURA 19-2: Curva de Satir.

Depois de implementar um projeto scrum com sucesso, você terá uma base para sucessos futuros, expandindo para mais projetos e equipes.

Maximize a Eficiência do Ambiente

Uma vez que você identificou o projeto-piloto, providencie o necessário para que o ambiente de trabalho seja um terreno propício para o sucesso. Possivelmente, sua estratégia de implementação da sua auditoria definirá um panorama das coisas a serem tratadas, entre elas:

» **Colocalização:** Caso esteja montando uma equipe nova, monte uma que seja colocalizada, incluindo o Product Owner e o Scrum Master. Mesmo que sua organização geralmente tenha equipes em locais diferentes, esse projeto é uma oportunidade de retroceder e avaliar se as equipes em vários locais são ideais.

» **Espaços de trabalho:** Certifique-se de que a equipe-piloto tenha um espaço de trabalho que promova a colaboração e a comunicação presencial. Os membros da equipe precisam de uma área que não apenas viabilize sua concentração ininterrupta em tarefas, como também torne a colaboração e o uso das técnicas swarming convenientes e eficazes. Os escritórios apertados e cubículos podem não ser ideais. Mesas com monitores compartilhados e outros espaços de trabalho compartilhados podem ser melhores. Quadros brancos e muitas ferramentas, como notas, cartões 7,5cm x 12cm, canetas e marcadores facilitam a colaboração.

» **Tecnologia:** Para uma melhor colaboração com qualquer parte interessada ou outro membro da equipe do projeto que não esteja colocalizado com a equipe scrum, a tecnologia minimiza a perda de produtividade. Equipamentos de videoconferência, gravação, compartilhamento de tela e quadro branco virtual são fatores-chave no suporte a uma equipe-piloto scrum para desenvolver um produto de qualidade com a eficiência necessária a fim de demonstrar sucesso. Considere investimentos na tecnologia que atendam às necessidades da sua equipe, que podem incluir monitores, câmeras, software de sala de reunião virtual, microfones e fones de ouvido.

Reduza Pontos Únicos de Falha

Sua equipe-piloto scrum precisa ser tão multifuncional quanto possível para ter sucesso. Identifique os gaps de habilidades em cada membro da equipe, no que existir um único ponto de falha em qualquer habilidade. Faça planos imediatos de treinamento para que todos na equipe possam fazer mais de uma coisa e nenhuma habilidade necessária seja monopólio de somente um membro da equipe. O treinamento pode incluir treinamento formal, programação pareada ou o uso da técnica shadowing com outro desenvolvedor por um determinado período. O treinamento pode ser feito durante o(s) primeiro(s) sprint(s) e não precisa atrasar o kick-off da equipe-piloto (veja a seção "Faça o Kick-Off do Projeto-piloto").

Você não terá uma equipe totalmente multifuncional no primeiro dia. Todavia, o objetivo deve ser começar no primeiro dia e inspecionar e adaptar durante todo o processo. Faça do treinamento multifuncional e da programação pareada uma prioridade, e resista às pressões para cumprir prazos arbitrários às custas de uma equipe multifuncional.

Estabeleça uma Definição de Concluído

Não restam dúvidas de que você ficará entusiasmado para montar uma equipe de projeto imediatamente. Mas, antes de mergulhar de cabeça, certifique-se de que a definição de concluído da equipe esteja... bem, definida. A definição não será perfeita no começo. A equipe irá revisá-la com frequência desde o princípio até encontrar uma definição que faça sentido. O importante é fazer com que essa definição seja um tópico de conversação em cada retrospectiva de sprint. Certifique-se de que a equipe tenha clareza sobre o que significa concluído em cada requisito nos níveis de sprint e lançamento. Faça questão de que a definição de concluído esteja sempre visível e seja consultada por todos os membros da equipe para cada requisito, a fim de evitar muitos problemas posteriores. Veja o Capítulo 4 para obter detalhes sobre como elaborar uma definição de concluído.

Faça o Kick-off do Projeto-piloto

Ao escolher o seu projeto-piloto, não caia na armadilha de usar um planejamento de uma metodologia antiga. Em vez disso, use o scrum e outras práticas comuns dos princípios do roadmap apresentadas no Capítulo 1. Entre essas práticas, estão:

- » Planejando o projeto.
- » Concordando com a visão.
- » Criando um roadmap com estimativas.

LEMBRE-SE

Embora você tenha uma visão de longo alcance do produto por meio do roadmap do produto, não é necessário definir o escopo do produto ou do projeto com antecedência para começar tudo. Não se preocupe em reunir requisitos aprofundados no início do seu projeto; basta adicionar os recursos que a equipe do projeto conheça atualmente. Você sempre pode adicionar requisitos mais tarde.

» Planejamento de lançamento.

» Identificando os principais lançamentos do produto mínimo viável (MVP).

» Planejando o primeiro lançamento.

» Planejamento de sprint: Planejando o primeiro sprint e colocando a mão na massa.

Veja abaixo as coisas que devem acontecer durante o primeiro sprint:

» Realize a sua reunião diária de scrum todos os dias, mesmo que você sinta que não progrediu. Identifique as dificuldades e informe-as prontamente à equipe de transição.

» A equipe de desenvolvimento precisa se lembrar de gerenciar a si mesma como uma equipe de colegas e não esperar que o Product Owner, o Scrum Master ou qualquer outra pessoa lhes diga o que fazer, exceto pelas atribuições de tarefas do backlog de sprint.

» O Scrum Master precisa proteger a equipe de desenvolvimento do trabalho externo e das distrações, especialmente à medida que outros membros da organização se acostumam a ter uma equipe scrum dedicada.

» O Product Owner precisa se acostumar a trabalhar diretamente com a equipe de desenvolvimento, estando disponível para perguntas, imediatamente revisando e aceitando os requisitos concluídos.

No primeiro sprint, o percurso de se acostumar com o scrum é um pouco turbulento. Não tem problema; o empirismo resume-se a aprender e se adaptar. Veja mais detalhes sobre lançamentos e sprints no Capítulo 5.

Inspecione, Adapte, Amadureça e Escalone

A ênfase deste passo é seguir em frente e avançar, pegando o que você aprendeu para alcançar outros patamares. Se você seguir os passos das seções anteriores, começará com uma base sólida. Conforme descrito no Capítulo 7, o empirismo impulsionará sua adoção contínua e conversão ao scrum.

Inspecione e adapte o primeiro sprint

Ao final do primeiro sprint, você agregará o feedback e melhorará a partir de duas reuniões importantes: a revisão de sprint e a retrospectiva de sprint (veja o Capítulo 6).

DICA

A revisão de sprint e a retrospectiva de sprint são eventos indispensáveis. O Product Owner deve gastar tempo certificando-se de que os membros da equipe de desenvolvimento compreendam perfeitamente o que significa demonstrar o funcionamento do software às partes interessadas, e também deve elaborar perguntas para as partes interessadas a fim de extrair feedback e mostrar a importância de participar dessa revisão. Garantir a participação das partes interessadas pode necessitar de vários convites e lembretes.

Maturidade

A inspeção e a adaptação possibilita às equipes scrum que progridam como equipes e amadureçam a cada sprint. Às vezes, os adeptos ágeis comparam o processo de amadurecimento com a técnica de artes marciais Shu Ha Ri, um termo japonês que significa "obedecer, modificar, transcender". O termo descreve três etapas em que as pessoas aprendem as novas habilidades:

» **Shu:** No estágio Shu, os alunos compreendem os conhecimentos novos à medida que são ensinados, sem desvio, a fim de se envolverem com esse conhecimento para memorizá-lo e torná-lo automático. Equipes scrum novas podem se beneficiar acompanhando o scrum de perto até que esses processos se tornem familiares. Durante o estágio Shu, as equipes scrum podem trabalhar em conjunto com um coach ou mentor scrum a fim de entender os processos corretamente.

» **Ha:** No estágio Ha, os alunos começam a improvisar quando entendem mais sobre como os conhecimentos novos funcionam. Às vezes, as improvisações funcionam, às vezes, não. Os alunos aprendem mais a respeito do conhecimento a partir desses sucessos e fracassos. Como as equipes scrum entendem mais sobre como o scrum funciona, elas podem tentar variações nos processos de seus próprios projetos. Durante o estágio Ha, a retrospectiva de sprint é uma ferramenta valiosa para as equipes scrum falarem sobre como suas improvisações funcionaram ou não funcionaram. Nessa etapa, os membros da equipe scrum ainda podem aprender com um mentor scrum, mas também podem aprender uns com os outros, com outros profissionais ágeis e com o ensino de habilidades ágeis por outras pessoas.

» **Ri:** No estágio Ri, conhecimento aflora naturalmente para o ex-aluno, que sabe o que funciona e o que não funciona, e pode inovar com confiança. Com a prática, as equipes scrum chegam ao ponto em que o scrum é fácil e confortável, como andar de bicicleta ou dirigir um carro. No estágio Ri, as equipes scrum podem personalizar os processos, sabendo o que funciona de acordo com o Manifesto e os Princípios Ágeis.

Escalonamento viral

Concluir um projeto bem-sucedido é um passo fundamental em prol da transformação scrum de uma empresa. A partir de métricas que comprovam o sucesso de seu projeto e a importância do scrum, você pode granjear o comprometimento de sua empresa para apoiar os novos projetos de scrum. Para escalonar o scrum em uma organização, comece com o seguinte:

» **Cultive novas equipes.** Uma equipe scrum madura — as pessoas que trabalharam no primeiro projeto scrum — deve ter conhecimento e entusiasmo para se tornarem embaixadores do scrum dentro da empresa. Essas pessoas podem se juntar a novas equipes de projeto scrum e ajudar essas equipes a aprender e progredir.

» **Redefina as métricas.** Revise, identifique e unifique as medições para obter sucesso (veja o Capítulo 22) em toda a organização, com a criação de cada nova equipe scrum e com cada projeto novo.

» **Faça o escalonamento de forma metódica.** Produzir ótimos resultados pode ser estimulante, porém as melhorias em toda a empresa podem exigir mudanças no processo. Não seja tão rápido a ponto de a empresa não conseguir acompanhar.

» **Identifique novos desafios.** Seu primeiro projeto scrum pode ter revelado obstáculos que você não considerou em sua estratégia original de implementação. Atualize sua estratégia (ou seja, seu roadmap da equipe de transição), conforme necessário.

» **Continue aprendendo.** À medida que você implementar novos processos, certifique-se de que os novos membros da equipe scrum e as partes interessadas tenham o treinamento, a orientação e os recursos adequados para participar efetivamente dos projetos scrum.

Com a finalidade de apoiar sua iniciativa de longo prazo para melhorar e amadurecer com o scrum, envolva-se com um coach scrum experiente para impulsionar a liderança de mentoria. Ademais, comece a procurar por talentos CSP — Certified Scrum Professional (CSP também CSP-SM e CSP-PO), Certified Scrum Coach (CTC e CEC) ou Certified Scrum Trainer (CST) — para sustentar a transformação em longo prazo. Implemente esse papel interno como fonte de esclarecimento, treinamento contínuo e desenvolvimento, e incorpore tais talentos para trabalhar individualmente com as equipes.

PARTE 6 **A Parte dos Dez**

NESTE CAPÍTULO

» Evitando os erros comuns

» Implementando práticas sólidas

Capítulo **20**
Dez Armadilhas para Evitar

As equipes scrum podem cometer erros comuns, porém gravíssimos, ao implementar o scrum. Este capítulo apresenta uma visão geral de alguns problemas típicos e modos como as equipes scrum podem resolvê-los.

LEMBRE-SE

Como você pode perceber, muitas dessas armadilhas estão relacionadas à falta de suporte, falta de treinamento e à recorrência de práticas antigas de gerenciamento de projetos. Caso a sua empresa invista na sustentação da transição e no apoio de mudanças positivas, se a equipe do projeto for treinada e se as equipes scrum assumirem um compromisso ativo de promover o framework scrum e os valores ágeis, você terá uma transição bem-sucedida.

Quando o Scrum É Fake

Às vezes, as empresas dizem que estão "fazendo scrum". Elas podem até passar por alguns dos eventos scrum, mas não adotaram os princípios ágeis e, na realidade, estão desenvolvendo produtos e resultados em cascata sob títulos totalmente fakes do scrum. Geralmente, o que essas organizações estão fazendo é chamado de *faux scrum*, maneira garantida de abrir mão de todos os benefícios do scrum.

Tentar usar o scrum em paralelo com processos, documentos e reuniões em cascata é outra abordagem fake.

O trabalho ágil dobrado resulta em um esgotamento rápido da equipe do projeto. Se você está fazendo o dobro do trabalho, não está praticando scrum ou aderindo aos princípios ágeis.

Solução: Insista em seguir as diretrizes scrum. Conquiste o apoio da gerência para evitar o uso de princípios e práticas não ágeis.

Falta de Treinamento

O investimento na disponibilidade de treinamentos proporciona um ambiente de aprendizado mais rápido e superior do que o melhor livro, blog ou informe técnico. A falta de treinamento geralmente indica falta generalizada de comprometimento organizacional com o scrum.

LEMBRE-SE

O treinamento pode ajudar as equipes scrum a evitar muitos dos erros deste capítulo.

Solução: Crie treinamento em sua estratégia de implementação. Dar a base correta de conhecimentos às equipes é fundamental para o sucesso e é necessário no início de sua transição para o scrum.

Product Owner Ineficiente

Nenhum papel scrum é mais diferente das funções tradicionais do que o Product Owner. As equipes scrum precisam de um Product Owner que seja especialista em necessidades e prioridades de negócios e possa trabalhar bem com o restante da equipe scrum. Um Product Owner ausente ou indeciso faz com que um projeto scrum afunde rapidamente.

Solução: Inicie o projeto com uma pessoa que tenha tempo, experiência e condições para ser um bom Product Owner. Certifique-se de que o Product Owner tenha treinamento adequado. O Scrum Master pode ajudar a orientar o Product Owner e tentar remover os obstáculos que impedem que o Product Owner seja competente. Se a remoção de obstáculos não surtir efeito, a equipe scrum deve insistir em substituir o Product Owner ineficiente por alguém que possa tomar decisões sobre o produto e ajudar a equipe scrum a ser bem-sucedida.

Falta de Testes Automatizados

Sem testes automatizados, pode ser impossível concluir totalmente e testar o funcionamento de seja lá o que for em um sprint. A maioria dos testes manuais é um desperdício de tempo que as equipes scrum altamente dinâmicas não têm. Automatizar seu teste de regressão valida que o seu trabalho anterior não seja prejudicado pelo seu novo trabalho, e é fundamental para se evitar a perda de um backup técnico.

Solução: Hoje em dia, você pode encontrar no mercado muitas ferramentas de teste de código aberto e de baixo custo. Investigue as ferramentas certas e faça a equipe de desenvolvimento assumir o compromisso de usar essas ferramentas.

Falta de Sustentação para a Transição

Sem o respaldo de profissionais e executivos que possam ajudar a orientar as equipes scrum por meio de novas abordagens, as novas equipes scrum podem voltar aos velhos hábitos.

Solução: Conte com a ajuda de um mentor ágil — de sua organização ou de uma empresa de consultoria — que possa apoiar sua transição. O processo de implementação é fácil, mas mudar as pessoas é difícil. Vale a pena investir em uma sustentação profissional para a transição com um parceiro experiente que entenda de ciência comportamental e mudança organizacional.

Ambiente Inapropriado

Quando as equipes scrum não estão colocalizadas, elas perdem a vantagem da comunicação presencial. Estar no mesmo prédio não é suficiente; as equipes scrum precisam estar juntas no mesmo ambiente.

Solução: Tome as medidas necessárias para que a equipe scrum esteja colocalizada. Confira os exemplos a seguir:

- » Se os membros de uma equipe scrum estiverem no mesmo prédio, mas não no mesmo espaço, coloque-os todos juntos.
- » Considere criar uma sala ou anexo para a equipe scrum.

CAPÍTULO 20 **Dez Armadilhas para Evitar** 339

>> Tente manter a área da equipe scrum longe de distrações, como o cara que não para de falar ou o gerente que precisa apenas de um pequeno favor.

>> Antes de iniciar um projeto com uma equipe scrum que não esteja no mesmo local, faça o que puder para conseguir talentos locais.

Veja o Capítulo 4 para mais informações a respeito da colocalização.

Contratação Precária de Equipe

Os membros da equipe scrum que não apoiam o scrum, não trabalham bem com os outros ou não têm capacidade de autogestão podem sabotar um novo projeto scrum.

Solução: Ao criar uma equipe scrum, considere o nível de aceitação dos membros em potencial da equipe aos Princípios Ágeis. A chave é a versatilidade e a vontade de aprender.

Disciplina Permissiva

Os projetos scrum precisam de requisitos, design, desenvolvimento, testes e lançamentos. Fazer esse trabalho em sprints exige disciplina.

Solução: Promova hábitos de trabalho de desenvolvimento de funcionalidade conforme a definição de concluído desde o início do projeto. Você precisa de muita disciplina para entregar produtos que funcionem em uma iteração curta. O progresso precisa ser consistente e constante. Confira o que pode ajudar a desenvolver bons hábitos:

>> Utilize as reuniões diárias para ajudar a garantir que o progresso esteja ocorrendo durante o sprint.

>> Use a retrospectiva de sprint como uma oportunidade para redefinir as abordagens para a disciplina.

>> Revise e refine regularmente a definição da equipe de concluído.

Falta de Apoio para Aprendizagem

As equipes scrum são bem-sucedidas em equipes e falham em equipes; ficar botando a culpa em uma pessoa (conhecido como *jogo da culpa*) destrói o ambiente de aprendizagem e prejudica a inovação.

Solução: As equipes scrum podem se comprometer com o início do projeto para deixar espaço para o aprendizado e aceitar o sucesso e os fracassos como um grupo.

Processo Deturpado

Deturpar os papéis, artefatos e eventos scrum com antigos hábitos da metodologia em cascata mina os benefícios dos processos ágeis até que esses benefícios não existam mais.

Solução: Ao fazer alterações no processo, pare por um momento e reflita se essas alterações são compatíveis com o framework scrum, o Manifesto Ágil e os Princípios Ágeis. Resista a mudanças que não funcionam com o manifesto e com os princípios. Lembre-se de reduzir o desperdício maximizando a quantidade de trabalho não realizado.

342   PARTE 6 **A Parte dos Dez**

> **NESTE CAPÍTULO**
>
> » Melhorando os resultados
> » Mitigando os riscos
> » Relatórios fáceis
> » Garantindo que os projetos sejam rentáveis

Capítulo **21**

Dez Benefícios-chave do Scrum

Este capítulo lista dez benefícios importantes que o scrum fornece a organizações, equipes, produtos e indivíduos.

LEMBRE-SE

Para aproveitar os benefícios do scrum, você precisa confiar no empirismo, descobrir mais sobre o framework scrum ao usá-lo, inspecionar e adaptar continuamente sua implementação do scrum.

Melhor Qualidade

Os projetos existem para atingir uma visão ou meta. O scrum fornece o framework para feedback e exposição contínuos com a finalidade de garantir que a qualidade seja a mais alta possível. Quando falamos de qualidade, não estamos falando apenas de passar um conjunto definido de testes. Desenvolver o produto certo e criá-lo bem envolve interações com clientes e especialistas no assunto. O scrum ajuda a garantir a qualidade por meio das seguintes práticas:

- Definição e elaboração dos requisitos just in time para que o conhecimento das funcionalidades do produto seja o mais relevante possível.

- Incorporação do teste diário e do feedback do Product Owner no processo de desenvolvimento, permitindo à equipe de desenvolvimento que resolva os problemas enquanto eles são recentes.

- Melhoria regular e contínua da produção da equipe scrum (produto ou serviço) por meio de revisões de sprint com as partes interessadas.

- Realização de retrospectivas de sprint, permitindo à equipe scrum que melhore continuamente os fatores específicos da equipe, como processos, ferramentas, relacionamentos e ambientes de trabalho.

- Conclusão do trabalho usando a definição de concluído que trata de desenvolvimento, teste, integração e documentação de cada item do backlog.

- Redução da alternância de contexto por intermédio do foco em pequenas iterações, que gera menos erros e permite testes dentro de alguns dias após as mudanças.

Redução do Tempo de Comercialização do Produto

Foi provado que o scrum agrega valor aos clientes entre 30% a 40% mais rápido que os métodos tradicionais. Tal redução no tempo se deve aos seguintes fatores:

- Início antecipado do desenvolvimento devido ao fato de que se pode abrir mão das fases iniciais da documentação dos projetos em cascata (que normalmente demoram meses), por haver um Product Owner dedicado incorporado à equipe scrum para elaborar progressivamente os requisitos e prestar esclarecimentos em tempo real.

- Os requisitos de máxima prioridade são separados dos itens de menor prioridade. A entrega incremental de valor para o cliente significa que os requisitos de maior valor e maior risco (veja os Capítulos 5 e 6) podem ser disponibilizados antes dos requisitos de menor valor e risco. Você não precisa esperar até que todo o projeto seja concluído antes de liberar qualquer coisa no mercado. Desenvolva apenas as funcionalidades que serão usadas e ofereça o maior valor comercial.

- Utilizam-se as técnicas de swarming até que a funcionalidade de cada sprint seja concluída. No final de cada sprint, as equipes scrum produzem incrementos de serviço e produto que podem ser entregues.

Maior Retorno sobre Investimento

A redução no tempo de comercialização é uma das principais razões pelas quais os projetos scrum obtêm maior retorno sobre investimento (ROI). Como a receita e outros benefícios-alvo começam a chegar mais cedo, o acúmulo anterior significa maior retorno total ao longo do tempo, um princípio básico dos cálculos do valor presente líquido (veja o Capítulo 14). Além de fornecer benefícios de tempo de comercialização, o scrum aumenta o ROI das seguintes maneiras:

» O feedback regular por meio de revisões de sprint feitas diretamente pelas partes interessadas (incluindo clientes) permite correções antecipadas do processo, o que é menos oneroso e consome menos tempo.

» Quanto menos incidência de falhas que custam dinheiro devido à automação e testes iniciais, menor o desperdício de trabalho e mais rápidas as implementações.

» Os custos de falha são reduzidos. Se um projeto scrum falhar, ele falhará mais cedo e mais rápido que um projeto em cascata.

Maior Satisfação do Cliente

As equipes de scrum estão comprometidas em desenvolver produtos e serviços que satisfaçam clientes. O scrum deixa os patrocinadores dos projetos mais felizes porque:

» Colabora com os clientes como se fossem parceiros e os mantém envolvidos e comprometidos em todos os projetos.

» Dispõe de um Product Owner especialista em requisitos de produtos e necessidades do cliente. (Os capítulos 2 a 6 discutem o papel do Product Owner.)

» Mantém o backlog do produto atualizado e priorizado para responder rapidamente à mudança. (Você pode descobrir sobre o backlog do produto no Capítulo 3.)

» Demonstra a funcionalidade às partes interessadas e clientes internos em todas as revisões de sprint. (O Capítulo 6 mostra como conduzir uma revisão de sprint.)

» Entrega produtos aos clientes com mais rapidez e frequência a cada lançamento, em vez de só no final.

» Faz investimento incremental nos projetos, em vez de exigir grandes compromissos iniciais. (O Capítulo 14 fala sobre o investimento incremental de projetos.)

Maior Moral da Equipe

Trabalhar com pessoas felizes que gostam de seus empregos pode ser gratificante e recompensador. O autogerenciamento coloca as decisões que normalmente seriam tomadas por um gerente ou pela empresa nas mãos dos membros da equipe scrum. O scrum eleva o moral dos membros da equipe das seguintes formas:

» Fazer parte de uma equipe de autogestão e auto-organização dá vazão para que as pessoas sejam criativas, inovadoras e reconhecidas por sua expertise.

» As equipes de desenvolvimento podem organizar sua estrutura de equipe em torno de pessoas com estilos de trabalho e personalidades específicas. A organização em torno dos estilos de trabalho possibilita estas vantagens:

- Permite aos membros da equipe que trabalhem da maneira que querem trabalhar.

- Incentiva os membros da equipe a expandir suas habilidades para se encaixarem em equipes de que eles gostam.

- Aumenta o desempenho da equipe porque as pessoas que fazem um bom trabalho gostam de trabalhar juntas e, naturalmente, gravitam uma na direção da outra.

» As equipes scrum podem tomar decisões individualizadas para proporcionar equilíbrio entre a vida profissional e pessoal dos membros da equipe.

» Ter um relacionamento de colegas com um representante comercial (Product Owner) na mesma equipe alinha as prioridades técnicas e de negócios e rompe as barreiras organizacionais.

» Ter um Scrum Master que trabalha em prol da equipe scrum remove impedimentos e protege a equipe de desenvolvimento de interferências externas.

» Concentrar-se em práticas de trabalho sustentáveis em um ritmo que garante que as pessoas não se cansem por causa do estresse ou do excesso de trabalho.

» Trabalhar de forma multifuncional permite que os membros da equipe de desenvolvimento aprendam novas habilidades e cresçam ao ensinar aos outros.

- » Incentivar uma abordagem de líder servidor auxilia as equipes scrum no autogerenciamento e evita ativamente os métodos de comando e controle.
- » Proporcionar um ambiente de apoio e confiança aumenta a motivação e moral geral das pessoas.
- » Ter conversas presenciais ajuda a reduzir a frustração da falta de comunicação.
- » Em última análise, as equipes scrum podem chegar a um acordo de regras a respeito de como elas trabalham para desempenhar o próprio trabalho.

LEMBRE-SE

A ideia de personalização da equipe permite aos locais de trabalho scrum que tenham mais diversidade. Organizações com estilos tradicionais de gerenciamento tendem a ter equipes monolíticas nas quais todos seguem as mesmas regras. Ambientes de trabalho scrum são muito parecidos com uma saladeira. Assim como as saladas, que podem ter ingredientes com gostos muito diferentes que compõem um prato delicioso, os projetos scrum podem ter pessoas em equipes com diversas habilidades que desenvolvem ótimos produtos.

Maior Colaboração e Propriedade

Quando as equipes scrum assumem a responsabilidade por projetos e produtos, elas podem produzir ótimos resultados. As equipes scrum colaboram e assumem a responsabilidade pela qualidade e desempenho do projeto por meio das seguintes práticas:

- » A equipe de desenvolvimento, o Product Owner e o Scrum Master trabalham em estreita colaboração diariamente.
- » Condução de reuniões de planejamento de sprint, permitindo à equipe de desenvolvimento que organize seu trabalho em torno das prioridades de negócios informadas.
- » Reuniões diárias em que os membros da equipe de desenvolvimento se organizam em torno do trabalho concluído, do trabalho futuro e dos obstáculos.
- » Realização de análises de sprint, nas quais o Product Owner apresenta suas decisões de priorização e a equipe de desenvolvimento pode demonstrar e analisar o produto diretamente com as partes interessadas.
- » Realização de retrospectivas de sprint, permitindo aos membros da equipe scrum que revisem o trabalho anterior e recomendem as melhores práticas a cada sprint.

> Trabalho em um ambiente colocalizado, possibilitando comunicação instantânea e colaboração entre os membros da equipe de desenvolvimento, o Product Owner e o Scrum Master.

> Tomada de decisões por consenso, usando técnicas como o poker de estimativa e o punho dos cinco.

No Capítulo 4, você pode descobrir como as equipes de desenvolvimento estimam o esforço e decompõem os requisitos, ganhando o consenso da equipe. Você pode saber mais sobre o planejamento de sprint e reuniões diárias scrum no Capítulo 5. Para mais informações a respeito das revisões e retrospectivas de sprint, veja o Capítulo 6.

Métricas Mais Relevantes

As métricas que as equipes scrum usam para estimar o tempo e o custo avaliam o desempenho do projeto e fazem com que as decisões de projeto sejam frequentemente mais relevantes, visíveis e precisas do que as métricas de projetos tradicionais. Em projetos scrum, as métricas são mais relevantes porque:

> Aqueles que estarão fazendo o trabalho, e mais ninguém, fornecem estimativas de esforço aos requisitos do projeto.

> Os cronogramas e orçamentos são fundamentados no desempenho e nos recursos reais de cada equipe de desenvolvimento.

> O uso de estimativas relativas, em vez de horas ou dias, adéqua o esforço estimado ao conhecimento e às capacidades individuais de uma equipe de desenvolvimento.

> Em menos de um minuto por dia, os desenvolvedores podem atualizar o gráfico de burndown, fornecendo visibilidade diária de como a equipe de desenvolvimento está progredindo em direção a uma meta de sprint.

> No final de cada sprint, o Product Owner pode comparar o custo real (CR) do projeto mais o custo de oportunidade de projetos futuros (CO) com o valor que o projeto atual está retornando (V), a fim de saber quando encerrar um projeto e começar um novo. Você não precisa esperar até o final de um projeto para saber qual é o seu valor. (Veja o Capítulo 5 para mais informações sobre CR + CO> V como um gatilho de finalização.)

CUIDADO

Você pode perceber que a velocidade não foi citada na lista. *Velocidade* (uma medida da velocidade de desenvolvimento, conforme detalhado no Capítulo 4) é um fato de pós-sprint, e não uma meta. É uma métrica, mas apenas para a equipe scrum. As equipes scrum podem usar essa entrada para determinar a quantidade de trabalho que podem realizar em sprints futuros, porém, isso funciona somente quando é feito sob medida para uma determina equipe. A velocidade da equipe A não afeta a velocidade da equipe B. Além disso, a velocidade é de grande ajuda no que se refere a avaliações e tendências, mas não funciona como um mecanismo de controle. Tentar fazer com que uma equipe de desenvolvimento atenda a um determinado número de velocidade só prejudica o desempenho da equipe e impede o autogerenciamento.

Se você estiver interessado em saber mais sobre estimativa relativa, confira o Capítulo 4. O Capítulo 22 mostra as dez principais métricas para projetos scrum.

Melhor Visibilidade e Exposição do Progresso

Em projetos scrum, cada membro da equipe do projeto (que inclui a equipe scrum e as partes interessadas) tem oportunidade de saber como o projeto está indo a qualquer momento. Transparência e visibilidade tornam o scrum um modelo de exposição para ajudar a equipe do projeto a identificar com precisão os problemas e prever com mais exatidão como as coisas estão indo, enquanto o projeto progride. Os projetos scrum podem viabilizar um alto nível de visibilidade do progresso através do seguinte:

» Importância da comunicação aberta e honesta entre a equipe scrum, as partes interessadas, os clientes e qualquer outra pessoa dentro de uma organização que queira saber sobre um projeto.

» Reuniões diárias que fornecem informações diárias a respeito do progresso imediato e dos entravamentos da equipe de desenvolvimento.

» Reuniões diárias em torno de quadros de tarefas que permitem aos desenvolvedores auto-organizar e identificar as tarefas de maior prioridade para o dia.

» Uso das informações de reuniões diárias scrum, gráficos burndown de sprint e quadros de tarefas para acompanhar o progresso de sprints individuais.

» Uso das retrospectivas de sprint para identificar o que está funcionando bem e o que não está, com o intuito de fazer planos de ação para melhoria.

» Demonstração das realizações em revisões de sprint. Qualquer pessoa dentro de uma organização pode participar de uma revisão de sprint, até mesmo membros de outras equipes scrum.

A visibilidade aprimorada do projeto pode levar a controle e previsibilidade maiores do projeto, conforme descrito nas seções a seguir.

Maior Controle do Projeto

As equipes scrum têm inúmeras oportunidades para controlar o desempenho do projeto e fazer correções conforme necessário, devido às seguintes práticas:

» O ajuste das prioridades em todo o projeto em cada intervalo de sprint, e não nos milestones principais, permite à organização que tenha projetos de tempo e preço fixos, ao mesmo tempo em que acomoda as mudanças.

» Abraçar a mudança permite à equipe do projeto que reaja a fatores externos, como a demanda do mercado.

» A coordenação das reuniões diárias permite à equipe scrum que solucione rapidamente os problemas à medida que eles surgem e que reúnam-se, através da técnica swarming, para trabalhar nos requisitos necessários.

» Atualizações diárias dos sprints em atraso significam que os gráficos de burndown de sprint refletem com precisão o progresso de sprint, dando à equipe scrum a oportunidade de fazer mudanças no momento em que ela vê problemas.

» As conversas presenciais removem os obstáculos à comunicação e à resolução de problemas.

» As revisões de sprint permitem às partes interessadas do projeto que vejam os produtos em funcionamento e forneçam o feedback necessário aos Product Owners para garantir que o projeto permaneça no caminho certo.

» As retrospectivas de sprint possibilitam à equipe scrum que faça os ajustes solicitados no final de cada sprint para melhorar a qualidade do produto, aumentar o desempenho da equipe de desenvolvimento e refinar os processos do projeto.

As muitas oportunidades para inspecionar e se adaptar ao longo dos projetos scrum permitem a todos os membros da equipe do projeto — equipe de desenvolvimento, Product Owner, Scrum Master e partes interessadas — que exerçam controle e, em última instância, desenvolvam produtos melhores.

Risco Reduzido

O scrum ajuda a mitigar o risco de falha absoluta do projeto — o gasto de quantidades absurdas de tempo e dinheiro sem retorno sobre investimento —, ao entregar de antemão o produto tangível e forçar as equipes scrum a falhar mais cedo se elas não conseguirem aplicar as seguintes práticas:

» Concluir primeiro os itens de maior risco fornece um tempo maior para resolver problemas ou falhar cedo e de forma barata.

» Desenvolver em sprints, garantindo um curto período de tempo entre o investimento inicial do projeto e a falha rápida ou a validação de que um produto ou uma abordagem funcionará.

» Ter um incremento de produto de trabalho começando com o primeiro sprint, de modo que, mesmo que um projeto seja finalizado, os requisitos de maior valor e maior risco tenham sido desenvolvidos e possam ser entregues ao cliente, se desejado.

» Desenvolver requisitos para a definição de concluído em cada sprint para que os patrocinadores do projeto tenham recursos úteis e completos, independentemente do que possa acontecer no futuro com o projeto.

» Fornecer feedback constante sobre produtos e processos através de:

- Reuniões scrum diárias e comunicação constante da equipe de desenvolvimento de forma presencial.

- Esclarecimento regular sobre requisitos, revisão e aceitação de recursos pelo Product Owner.

- Revisões de sprint com informações de partes interessadas e clientes a respeito das funcionalidades concluídas de produtos.

- Retrospectivas de sprint, em que a equipe de desenvolvimento discute a melhoria de processos.

- Lançamentos, em que o usuário final pode ver e reagir regularmente a novas funcionalidades.

PARTE 6 **A Parte dos Dez**

> **NESTE CAPÍTULO**
>
> » Evitando as métricas ineficazes
> » Aproveitando ao máximo as informações disponíveis
> » Otimizando o valor do scrum

Capítulo 22
Dez Métricas-chave para o Scrum

Com o scrum, as métricas podem ser ferramentas poderosas para planejar, inspecionar, adaptar e entender o progresso ao longo do tempo. Os índices de sucesso ou fracasso possibilitam a uma equipe scrum que saiba se precisa fazer mudanças positivas ou continuar com o bom trabalho. Os números de tempo e custo podem destacar os benefícios de projetos ágeis e fornecer suporte para as atividades financeiras de uma organização. Métricas que quantificam a satisfação das pessoas podem ajudar uma equipe scrum a identificar áreas de melhoria com os clientes e dentro da própria equipe.

CUIDADO

Trabalho ágil redobrado é a prática de gerenciamento no que tange à expectativa de ver relatórios de status tradicionais e reuniões, além de artefatos, eventos e métricas apropriadas. Essa prática é uma das principais armadilhas dos projetos scrum. A gerência está procurando uma coisa, enquanto as equipes estão tentando fazer outra. Como resultado, as decisões são tomadas com base nas informações erradas, as equipes se cansam de fazer trabalho dobrado e os benefícios do scrum são minimizados.

Este capítulo descreve as dez métricas-chave para ajudar a guiar as equipes scrum de projeto.

Índices de Sucesso da Meta de Sprint

Uma maneira de avaliar o desempenho do projeto scrum é através do índice de sucesso do sprint. Talvez não seja necessário que dentro do sprint todos os requisitos e tarefas do backlog estejam concluídos para atingir minimamente a meta do sprint. No entanto, um sprint bem-sucedido deve ter um incremento de produto funcional que atenda à meta do sprint e à definição de concluído da equipe scrum: desenvolvido, testado, integrado e documentado.

Durante todo o projeto, a equipe scrum pode acompanhar a frequência com que consegue atingir a meta do sprint e usar os índices de sucesso para ver se a equipe está amadurecendo ou precisa corrigir seu curso. As equipes devem sempre buscar mais, então 100% do backlog de sprint não é necessariamente a meta. Certificar-se de que as necessidades individuais iniciadas sejam 100% concluídas é importante, mas as equipes devem estar sempre se esforçando; portanto, os índices de sucesso inferiores a 100% de conclusão do backlog de sprint devem ser considerados oportunidades para aprender e melhorar. Os Scrum Masters devem sempre procurar maneiras de reduzir o arrasto da equipe, a fim de que ela possa definir e atingir metas mais altas à medida que continua a realizar mais e mais em cada sprint. Os índices de sucesso do sprint são um ponto de partida útil para inspeção e adaptação.

DICA

A velocidade não é uma meta; é um fato pós-sprint. Uma velocidade crescente e uma taxa de conclusão de metas de sprint crescentes são indicadores-chave de que uma equipe scrum está melhorando a eficiência constantemente.

Você pode descobrir mais sobre como definir metas de sprint no Capítulo 5 e analisá-las no Capítulo 6.

Defeitos

Para ser realmente ágil, as equipes scrum precisam implementar práticas ágeis, como desenvolvimento orientado a testes e integração contínua (veja o Capítulo 13). Sem práticas de qualidade como essas, as equipes scrum são ineficazes em fornecer qualidade na velocidade exigida pelo mercado devido à sobrecarga de testes manuais antes de cada lançamento e ao número de defeitos introduzidos que a automação poderia detectar facilmente.

É improvável que qualquer equipe scrum seja capaz de atingir a perfeição nessas áreas, portanto, qualquer projeto provavelmente terá alguns defeitos e falhas. As técnicas ágeis combinadas com o framework scrum ajudam as equipes de desenvolvimento a minimizar proativamente os defeitos.

Monitorar as métricas de defeitos pode permitir à equipe de desenvolvimento que saiba como está evitando problemas e quando precisa refinar seus processos. Para monitorar os defeitos, os seguintes números podem ajudar:

» **Defeitos durante o desenvolvimento:** Se a equipe de desenvolvimento usar as práticas como testes automatizados e integração contínua, ela poderá rastrear o número de defeitos no nível de desenvolvimento em cada sprint.

   Compreendendo o número de defeitos no desenvolvimento, a equipe de desenvolvimento pode saber se deve ajustar os processos de desenvolvimento e os fatores de ambiente de produção.

» **Defeitos de teste de aceitação do usuário:** A equipe de desenvolvimento pode monitorar o número de defeitos que o Product Owner encontra ao aceitar os requisitos em cada sprint. Ao rastrear defeitos, a equipe de desenvolvimento e o Product Owner podem identificar a necessidade de refinar processos para entender os requisitos. A equipe de desenvolvimento também pode determinar se são necessários ajustes nas ferramentas de teste automatizadas.

» **Índices de defeito:** Além de verificar quantos problemas são descobertos, é válido observar a frequência por user story (stories entregues/defeitos encontrados). Dois defeitos em vinte stories pintam uma imagem diferente do que dois defeitos em dois stories. Conforme uma equipe aumenta seu esforço de trabalho, veja se o índice de defeitos aumenta também.

» **Defeitos de lançamento:** A equipe de desenvolvimento pode rastrear o número de defeitos que passam do lançamento para o mercado.

   Ao acompanhar os defeitos de lançamento, a equipe de desenvolvimento e o Product Owner podem saber se são necessárias alterações no processo de teste de aceitação do usuário, no teste automatizado ou no processo de desenvolvimento. Um grande número de defeitos no nível de lançamento pode indicar problemas maiores dentro da equipe scrum.

O número de defeitos, e se eles estão aumentando, diminuindo ou permanecendo iguais, são boas métricas para estimular discussões sobre processos de projeto e técnicas de desenvolvimento em retrospectivas de sprint.

Tempo de Colocação do Produto no Mercado

Tempo de colocação do produto no mercado é a quantidade de tempo que um projeto leva para agregar valor, disponibilizando produtos e funcionalidades que estejam funcionando para os usuários. As empresas podem interpretar o valor de duas maneiras:

» Quando um produto gera renda diretamente, seu valor é o dinheiro que ele pode ganhar.

» Quando um produto é para uso interno de uma organização, seu valor é a capacidade dos funcionários de usar o produto e contém fatores subjetivos com base no que o produto pode fazer.

Ao avaliar o tempo de colocação no mercado, considere os seguintes valores:

» Avalie o tempo de colocação desde o início do projeto até você mostrar o valor para o cliente pela primeira vez.

» Algumas equipes scrum implementam novas funcionalidades do produto para uso no final de cada sprint. Para equipes scrum com um lançamento a cada sprint, o tempo de colocação do produto no mercado é simplesmente o tamanho do sprint medido em dias.

» Outras equipes scrum planejam lançamentos após vários sprints e implementam as funcionalidades de produtos em grupos. Para equipes scrum que têm um tempo de colocação do produto no mercado para o lançamento maior, é o número de dias entre o início do desenvolvimento de uma funcionalidade e o próximo lançamento.

O tempo de colocação do produto no mercado ajuda as organizações a reconhecer e quantificar o valor contínuo dos projetos scrum. O tempo de colocação do produto no mercado é especialmente importante para empresas com produtos geradores de receita porque ajudam no orçamento ao longo do ano.

Retorno sobre Investimento

O retorno sobre investimento (ROI) é a renda gerada pelo produto menos os custos do projeto — entrada de dinheiro x saída de dinheiro. Em projetos scrum, o ROI é fundamentalmente diferente do ROI em projetos tradicionais. Os projetos scrum têm o potencial de gerar receita com o primeiro lançamento (logo no final do primeiro sprint) e podem aumentar a receita a cada novo lançamento.

A fim de entender completamente a diferença entre o ROI em projetos tradicionais e scrum, considere dois cenários com os mesmos custos de projeto que levam o mesmo tempo para serem concluídos. Estamos ignorando a documentação, as reuniões e outras despesas adicionais de um projeto em cascata

356 PARTE 6 **A Parte dos Dez**

e assumindo que elas poderiam ser mantidas no nível scrum para simplificar a comparação. Ambos os cenários começam em 1º de janeiro e têm o potencial de gerar US$100 mil em receita todos os meses, assim que todos os requisitos estiverem concluídos.

O cenário A é em cascata e faz o lançamento quando todos os requisitos são concluídos em 30 de junho do mesmo ano. Ele goza de uma receita mensal de US$100 mil por mês para cada mês subsequente até o final do ano (seis meses, receita de US$600 mil).

O cenário B começa a disponibilizar os recursos de maior valor e risco mais alto em 31 de janeiro após quatro sprints de uma semana, cinco meses antes do Projeto A. A receita mensal é menor à medida que aumenta a cada mês desde o primeiro lançamento (ou seja, US$50 mil em fevereiro, US$60 mil em março, US$70 mil em abril, US$80 mil em maio e US$90 mil em junho) até que todo o projeto esteja concluído.

Essa receita extra em cada um dos cinco meses de fevereiro a junho dá ao projeto US$950 mil em receita para o ano, US$350 mil a mais que o cenário A.

LEMBRE-SE

Como o tempo de colocação do produto no mercado, as métricas do ROI são uma ótima maneira de uma organização entender o valor contínuo de um projeto scrum. As métricas do ROI ajudam a justificar projetos desde o início porque as empresas podem financiar projetos com base no potencial do ROI. As organizações podem acompanhar o ROI de projetos individuais, bem como da organização como um todo.

Duração total do projeto e custo

Para calcular o ROI, primeiro calcule a duração e o custo, que podem ser entradas e métricas eficazes para projetos scrum. Os projetos scrum podem ser realizados de forma mais rápida e custam menos que os projetos tradicionais.

Um ROI mais alto, como resultado da redução de durações e custos do projeto, deve ser um bom indicador de que as equipes scrum estão melhorando as técnicas swarming, reduzindo os métodos thrashing e aprimorando a eficiência geral.

Novas solicitações dentro do orçamento do ROI

A capacidade de gerar rapidamente um retorno sobre investimento mais elevado dá às organizações que usam o scrum uma maneira única de financiar o desenvolvimento de produtos adicionais. Novas funcionalidades do produto podem se traduzir em maior receita do produto.

Suponhamos que, no exemplo anterior, a equipe do projeto identificasse uma nova funcionalidade no início de junho que levaria quatro sprints de uma semana para ser concluída e aumentaria a receita do produto de US$100 mil por mês para US$120 mil por mês, o que resulta em aumento da receita de US$120 mil para o ano em ambos os cenários. No cenário B, se a nova funcionalidade tivesse sido identificada anteriormente, o ROI aumentaria ainda mais.

Se um projeto já está gerando renda, pode fazer sentido para uma organização reverter essa receita para um novo desenvolvimento e ver uma receita maior. O monitoramento do ROI viabiliza a inteligência necessária para tomar essa decisão.

Redistribuição de Capital

Quando o custo do desenvolvimento futuro é maior do que o valor desse desenvolvimento, é hora de finalizar o projeto.

O Product Owner prioriza os requisitos parcialmente em virtude de sua capacidade de gerar receita. Se apenas os requisitos de baixa receita permanecerem no backlog, um projeto pode precisar terminar antes que a equipe scrum tenha usado todo o orçamento. A organização pode usar o orçamento restante do projeto antigo para iniciar um projeto novo e mais valioso. A prática de realocar um orçamento de um projeto para outro é chamada de *redistribuição de capital*.

Para determinar o final de um projeto, você precisa das seguintes métricas:

» O valor (V) dos requisitos restantes no backlog do produto.

» O custo real (CR) do trabalho para concluir os requisitos no backlog do produto.

» O custo de oportunidade (CO) ou o valor de ter a equipe do scrum trabalhando em um novo projeto.

Quando V < CR + CO (ou CR + CO > V, conforme descrito no Capítulo 5), pode-se finalizar o projeto. O custo que você absorve no projeto é maior do que o valor que você recebe ao continuar o projeto ou iniciar o próximo projeto.

A redistribuição de capital permite que uma empresa gaste de forma eficiente no desenvolvimento valioso de produtos e maximize o ROI geral da organização.

Pesquisas de Satisfação

A maior prioridade de uma equipe scrum é satisfazer o cliente, tanto cedo quanto sempre, entregando valor. Ao mesmo tempo, a equipe scrum se esforça para motivar os membros individuais da equipe e promover práticas de desenvolvimento sustentável.

Uma equipe scrum pode se beneficiar do aprofundamento das experiências de clientes e membros da equipe. Uma maneira de obter informações mensuráveis sobre como uma equipe scrum está cumprindo seu objetivo é por meio de pesquisas de satisfação.

As pesquisas de satisfação do cliente avaliam a experiência do cliente com o projeto, com o processo e com a equipe scrum. A equipe scrum pode querer usar as pesquisas do cliente várias vezes durante um projeto, inclusive no início, para estabelecer uma referência para futuras comparações. A equipe scrum pode usar os resultados da pesquisa do cliente para examinar processos, continuar com práticas positivas e ajustar o comportamento, conforme necessário.

As pesquisas de satisfação da equipe medem a experiência dos membros da equipe scrum com a organização, o ambiente de trabalho, processos, outros membros da equipe do projeto e seu trabalho. Todos na equipe scrum podem realizar pesquisas de equipe. Assim como na pesquisa com o cliente, a equipe scrum pode optar por fornecer pesquisas de equipe durante todo o projeto. Os membros da equipe scrum podem usar os resultados para se ajustar regularmente e ajustar os comportamentos pessoais e da equipe. A equipe scrum também pode utilizar os resultados a fim de resolver problemas organizacionais. Os resultados da pesquisa do cliente ao longo do tempo podem fornecer uma visão quantitativa de como a equipe scrum está amadurecendo em equipe.

Você pode montar pesquisas informais em papel ou usar uma das muitas ferramentas de pesquisa online. Algumas empresas ainda têm software de pesquisa disponível através de seu departamento de recursos humanos.

A Rotatividade de Membros da Equipe

Os projetos scrum costumam aumentar o moral dos membros da equipe. Uma maneira de quantificar o moral é avaliar a rotatividade. Você pode ver as seguintes métricas:

» **Rotatividade da equipe scrum:** A baixa rotatividade da equipe scrum pode ser um sinal de um ambiente de equipe saudável. A alta rotatividade da equipe scrum (resultante de problemas como esgotamento, Product Owners incompetentes que forçam compromissos da equipe de desenvolvimento, incompatibilidades de personalidade ou um Scrum Master que não remove os obstáculos, fazendo com que a equipe de desenvolvimento pareça ruim em uma revisão de sprint) pode indicar problemas com o projeto, a organização, o trabalho, os membros individuais da equipe scrum ou a dinâmica geral da equipe.

Os membros da equipe podem desistir ou os gerentes podem roubar os membros da equipe para outros projetos. De qualquer maneira, o resultado é uma sobrecarga que expõe os problemas organizacionais que devem ser solucionados.

» **Rotatividade da empresa:** A alta rotatividade da empresa, mesmo que não inclua a equipe scrum, pode afetar o moral e a eficácia. A alta rotatividade de empresas pode ser um sinal de problemas dentro da organização. Conforme uma empresa adota o scrum, observa-se a queda da rotatividade.

Quando a equipe scrum conhece as métricas de rotatividade e compreende as razões por trás dessas métricas, ela pode tomar atitudes para melhorar o moral e o ambiente de trabalho.

Atrito de Projeto

As empresas com portfólios de projetos devem analisar a taxa de projetos que estão sendo interrompidos. A redistribuição de capital não deve ser confundida com as equipes que ficam pulando de projeto em projeto, à revelia dos gerentes seniores. Monitorar as durações do projeto em relação às análises de redistribuição de capital pode expor as tendências de finalização prematura de projetos ou as tendências de duração exacerbada.

A partir dessas tendências, os gerentes de portfólio podem analisar os motivos pelos quais os projetos estão sendo interrompidos. Um alto grau de atrito pode indicar problemas como as práticas de thrashing, planejamento, priorização, obstáculos e multifuncionalidade.

Para mais informações sobre como o scrum melhora o gerenciamento de portfólio, veja o Capítulo 13.

Versatilidade de Competências

Normalmente, as equipes scrum sólidas são mais multifuncionais do que equipes scrum mais fracas. Ao eliminar pontos únicos de falha em uma equipe scrum, você aumenta sua capacidade de dinamismo e de produzir maior qualidade. O monitoramento da versatilidade das competências permite a equipes scrum e gerentes funcionais que avaliem a *evolução* da multifuncionalidade. O Capítulo 14 fala sobre como incentivar e promover o desenvolvimento de competências em equipes scrum.

Ao iniciar, capture as habilidades e os níveis existentes contidos em cada uma das seguintes estruturas organizacionais:

- » Competências e níveis por pessoa.
- » Competências e níveis por equipe.
- » Competências e níveis por organização.

Com o tempo, à medida que cada pessoa aumenta a quantidade e o nível de habilidades, cada equipe e a organização aumentarão seus níveis de competência. O fator mais importante não é quantos gerentes ou diretores você tem por título na organização que podem fornecer produtos e serviços de qualidade aos seus clientes. Você deve focar ter membros da equipe que possam contribuir com a meta de sprint todos os dias, sem o risco de pontos únicos de falha.

Proporção entre Gerente x Criador

Normalmente, quanto maior a organização, maior a probabilidade de ter uma camada intermediária pesada de gerentes. Muitas empresas ainda não descobriram como trabalhar bem sem que os gerentes lidem com problemas de pessoal, treinamento e desenvolvimento. No entanto, você precisa encontrar o equilíbrio certo de gerentes e pessoas que desenvolvem produtos.

LEMBRE-SE

Cada real gasto em alguém que gerencia processos organizacionais é um real não gasto em um criador de produto.

Acompanhe a proporção entre gerente x criador para ajudá-lo a identificar o inchaço e maneiras de minimizar o investimento que você está fazendo em pessoas que não criam ou desenvolvem produtos.

NESTE CAPÍTULO

» **Conquistando apoio para transições bem-sucedidas do scrum**

» **Envolvendo-se com comunidades scrum**

» **Acessando recursos para uma aprendizagem scrum contínua**

Capítulo **23**

Dez Recursos-chave para o Scrum

M uitas organizações, sites, blogs e empresas existem para fornecer informações e suporte para o scrum. Para ajudá-lo a começar, compilamos uma lista dos principais recursos que você pode usar para dar apoio a sua jornada com o scrum. As referências online apresentam conteúdo em inglês.

Scrum Alliance

```
http://scrumalliance.org
```

A Scrum Alliance é uma associação profissional sem fins lucrativos que promove o entendimento e o uso do scrum. A organização alcança esse objetivo promovendo cursos de treinamento e certificação scrum, organizando reuniões internacionais e regionais e apoiando grupos de usuários scrum. O site da Scrum Alliance apresenta uma riqueza de posts em blog, pareceres técnicos, estudos de caso e outras ferramentas para aprender e trabalhar com scrum. Entre as certificações da Scrum Alliance estão:

CAPÍTULO 23 **Dez Recursos-chave para o Scrum** 363

- » Certified ScrumMaster (CSM)
- » Advanced Certified ScrumMaster (A-CSM)
- » Certified Scrum Product Owner (CSPO)
- » Advanced Certified Scrum Product Owner (A-CSPO)
- » Certified Scrum Developer (CSD)
- » Advanced Certified Scrum Developer (A-CSD)
- » Certified Scrum Professional (CSP)
  - CSP for ScrumMasters (CSP-SM)
  - CSP for Product Owners (CSP-PO)
  - CSP for Developers (CSP-D)
- » Certified Team Coach (CTC)
- » Certified Enterprise Coach (CEC)
- » Certified Agile Leadership (CAL)

Agile Alliance

`http://agilealliance.org`

A Agile Alliance é a comunidade global ágil original, com a missão de ajudar a promover os 12 Princípios Ágeis e as práticas ágeis comuns, não importa a abordagem. O site da Agile Alliance tem uma extensa seção de recursos que inclui artigos, vídeos, apresentações e um índice de grupos comunitários ágeis independentes em todo o mundo.

Scrumguides.org

`http://scrumguides.org`

Jeff Sutherland e Ken Schwaber, cocriadores do scrum, oferecem *The Scrum Guide: The Definitive Guide to Scrum: The Rules of the Game* em mais de 30 idiomas, inclusive em português, em `https://scrumguides.org/docs/scrumguide/v2017/2017-Scrum-Guide-Portuguese-Brazilian.pdf`. *The Scrum Guide* está disponível nos formatos online e PDF e é de uso gratuito. Em menos de 20 páginas, o guia descreve a teoria do scrum e define cada papel, artefato e evento scrum.

Scrum.org

http://scrum.org

O Scrum.org fornece ferramentas e recursos para os profissionais scrum com o intuito de fornecer valor através de avaliações e certificações, entre elas:

>> Scrum Master Profissional (PSM I, II, III)

>> Profissional Scrum Product Owner (PSPO I, II)

>> Professional Scrum Developer (PSD)

Scruminc.com (Scrum at Scale)

http://www.scruminc.com

Jeff Southerland e sua equipe oferecem treinamento, recursos e certificações scrum, incluindo o Scrum at Scale.

ScrumPLoP

http://scrumplop.org

Os Pattern Languages of Programs (PLoP) são métodos de descrever práticas de design dentro de áreas de especialização e frequentemente organizam conferências sobre elas para o aprendizado compartilhado. O ScrumPLoP publica padrões escritos por profissionais scrum, muitos dos quais foram escritos por Jeff Sutherland, cocriador do scrum. Esses padrões práticos foram usados com sucesso pelas organizações no início da implementação.

Scaled Agile Framework (SAFe)

http://scaledagileframework.com

O Scaled Agile Framework (SAFe) é uma base de conhecimento para implementar práticas ágeis e um framework para implementar o Scrum at Scale. Use o gráfico interativo "Big Picture", traduzido no Capítulo 13, na página inicial e clique para ver os destaques dos papéis, equipes, atividades e artefatos.

SAFe é uma marca registrada da Scaled Agile Inc.

LeSS

http://less.works

Large-Scale Scrum (LeSS) é um método de escalonamento do scrum que fornece dois frameworks, conhecidos como LeSS e LeSS Huge. Como o SAFe, o LeSS fornece uma interface gráfica que destaca os frameworks.

InfoQ

www.infoq.com/scrum

O InfoQ é uma comunidade online independente, com uma seção proeminente de scrum que oferece notícias, artigos, entrevistas em vídeo, apresentações em vídeo e minibooks, todos escritos por especialistas que dominam o scrum. Os recursos da InfoQ tendem a ser de alta qualidade, e o conteúdo é único e relevante para os problemas enfrentados pelas equipes scrum.

Platinum Edge

http://platinumedge.com

Visite nosso blog para obter as informações mais recentes sobre práticas, ferramentas e soluções inovadoras que surgiram a partir do nosso trabalho com mais de mil empresas globais e através da comunidade dinâmica ágil.

Nós também fornecemos os seguintes serviços:

» **Auditoria ágil:** Auditoria de sua estrutura organizacional e processos atuais para criar uma estratégia de implementação ágil que forneça resultados finais.

» **Recrutamento:** Ajudamos você a encontrar o melhor ajuste para suas necessidades para iniciar seus projetos scrum, incluindo Scrum Masters, Product Owners e desenvolvedores scrum.

» **Treinamento:** Oferecemos treinamento e certificação ágeis e scrum corporativos personalizados, públicos e privados, independentemente do seu nível de conhecimento:

- Certified ScrumMaster classes (CSM)
- Certified Scrum Product Owner classes (CSPO)
- Certified Scrum Developer classes (CSD)
- SAFe Scaled Agile training and implementations

» **Transformação:** Acompanhe o treinamento ágil e o treinamento com orientação ágil para garantir que as práticas corretas ocorram no mundo real.

Você pode usar a Folha de Cola online como um complemento deste livro quando começar a implementar o framework scrum descrito nos capítulos anteriores. Você encontrará recursos úteis para permanecer no caminho certo com o scrum. Visite o site da Editora Alta Books e pesquise pelo título ou ISBN deste livro.

368   PARTE 6 **A Parte dos Dez**

Índice

SÍMBOLOS
12 Princípios Ágeis, 19

A
abordagem outbound, 273–276
adaptação, 18
agente do Product Owner, 35–44
ágil, 16
    princípios ágeis, 16–23
Agile Release Train, 239
agilidade, 93
alocar talentos, 219
análises de desempenho, 254–258
âncora representacional, 79
antipadrões, 129–130
antipatterns, 87
aposentadoria, 308–312
aprendizagem, 22
apresentações, 21
armazenamento de dados, 203–205
arquitetura emergente, 147
artefatos, 14
assistência médica, 172–178
    Affordable Care Act, 177
    custos, 176–177
A Terra Inútil
    aplicativo, 192
auditoria, 327–328
autoencapsulamento, 64
autogerenciamento, 68–69
automação, 133
autonomia, 65, 133
auto-organização, 68–69

B
baby boomers, 211
backlog do produto, 10, 53–59
    refinamento, 55–59
backlog do sprint, 100–106
big data, 202–203, 265

build, measure e learn, 228
burocracia, 29
business intelligence, 208
BYOA (bring your own application), 208
BYOD (bring your own device), 208

C
capacidade de decisão, 35–44
capital humano, 248
CFD (cumulative flow diagram). *Consulte* diagramas de fluxo cumulativo
ciclos de feedback, 16, 95, 126–128, 157–170, 191
cinco valores, 23–24
    comprometimento, 23
    coragem, 23
    foco, 23
    receptividade, 23
    respeito, 23
código de refatoração, 140
colocalização, 69–71
compartilhamento de informações, 284
comunicação, 21
    presencial, 69–70
concluído, 71–73
Cone da Incerteza, 126
confiança, 96, 121
conflito
    de tarefas, 40
    pessoal, 40
consistência, 22
construção, 157–164
    de casas, 163–164
continuous integration, 240
contratação, 252–253
CR + CO > V, 85, 221–246, 358
criatividade, 133
critérios de aceitação, 56–62
cultura empresarial, 32–44
Curva de Satir, 331–332

custos, 59
    de oportunidade, 224
    de TI e energia, 212
    irrecuperáveis, 146
    reais, 224

D
data warehouse, 203–205
declarações de visão, 36–39
densidade social, 40
dependência, 222–223
Derby e Larsen
    processo, 123
desempenho, 8, 68, 94, 213
desenvolvimento
    de software, 138–140, 201
    orientado para determinados fins, 89
DevOps, 213–214
diagrama
    de fluxo cumulativo, 95
    swimlane, 272
dilema de priorização, 222
disrupção, 194
diversão, 148
documentação, 21
    de riscos, 178
domínio, 65, 133
Dropbox, 227

E
economia de custos, 149
editoras, 190–194
educação, 180–186
    eduScrum, 185–186
    programa curricular, 181–182
    pública, 180
    refatoração, 182
    técnicas scaffolding, 181
efeito
    embotador, 48
    Hawthorne, 68

Índice   369

eficácia, 11
eficiência, 11
eleição presidencial de 2016 nos EUA, 265
empirismo, 24, 126–134
encontrar o amor com o scrum, 291–306
encontro, 291–306
engenharia inicial, 145–146
enterprise resourse planning (ERP), 205
entrega contínua, 49
épicos, 47, 52, 75
equipe
   de ação executiva, 233
   de desenvolvimento, 12, 40, 64–70
    de conteúdo, 196–197
   de transição, 329–330
   scrum, 12
    de serviço de atendimento ao cliente, 282–286
    escalonada, 206
erros médicos, 175–176
escritores, 191–192
esforço, 68
   excessivo, 21
estabilidade, 94, 213
estado de flow, 42
estimativas, 74–82
   de afinidade, 56
   precisas, 74
   relativas, 74
estratégia de implementação, 328
eventos, 14
evidências empíricas, 8–24, 156
exposição da realidade, 156

F
facilidade de adaptação, 93
famílias, 299–306
   conflito de prioridades, 301
   processo de thrashing, 303
fatiamento vertical, 229–230
faux scrum, 338
feedback, 120, 149
   fluxo constante, 11

finanças, 258–262
firmware, 168
fitness, 312–314
flexibilidade, 148
forças armadas, 186–188
   Comando de Missão, 187–188
   forças especiais, 187–188
forças externas, 131
framework
   3-3-5, 13
   5-6-7, 14
   scrum, 156–170
   tradicional, 55
funcionalidades, 47, 52, 75
fusões e aquisições, 204–205

G
gallery, 80
gerenciamento
   de projetos em cascata, 138
   gaivota, 130
   pela certeza, 125
gráfico
   burndown, 101–102, 252, 348
   burnup, 95
guildas, 210

H
hardware de código aberto, 168
histórias em série, 191
holacracia, 255

I
incentivos, 133
incremento, 11
   do produto, 120–124
influenciadores, 32–44
Infrastructure as a Service (IaaS), 153
iniciativas familiares e pessoais, 289
inovação, 133–134, 165
inspeção, 17
interferências, 40
Internet das Coisas (IoT), 164

interrupções
   da equipe, 42–44
   externas, 42–44
   pessoais, 42–44
intraempreendedorismo, 261
investimento incremental, 259–261
in-your-face documentation, 72
irradiador, 102–106

J
just-in-time
   processo, 165

K
Kanban, 116, 215–218, 306
   quadro, 215, 218

L
lançamento, 73, 141–142
Large-scale Scrum (LeSS), 242–246
   LeSS Huge, 244–246
lead time, 217
Lean, 104, 116
leitores, 191
líder servidor, 39
LRM (last responsible moment), 148
lucratividade, 220

M
Manifesto Ágil, 18
manutenção, 59
marketing, 263–269
   planejamentos, 267
melhorias, 59
metas, 24, 33
   de lançamento, 88–89
   final do produto, 88
metascrum, 235
método em cascata, 93, 97
   transição, 241
métricas, 348–349
mídia de notícias, 194–198
   Chicago Tribune, 195–198
   NPR, 195–198
   Washington Post, 195–198
mídias sociais, 265

milestones, 150

mobilização e desmobilização cognitiva, 222

modelagem

computacional, 7

de exposição empírica, 7

modelo

de exposição empírico, 7–24

de fatiamento vertical, 206

pull, 105–106

push, 105–106

scrum de scrums, 230–246

scrum do scrum de scrums, 236–246

monetização, 191

motivação, 68

mudança, 55, 213

multifuncionalidade, 65–68, 207–218, 249

multitarefa, 117

MVP (minimum viable product). *Consulte* produto viável mínimo

N

namoro, 290–293, 295–297

Navalha de Occam, 45

O

objetivos do negócio, 223

observação e aprendizagem. *Consulte* shadowing

O Desafio do Marshmallow, 20

operações de TI, 201

orçamento, 262

P

paciência, 22

pacotes de lançamentos, 239

papéis, 13, 204

partes

envolvidas, 43

interessadas, 43

participação, 68

no mercado, 165

pensamento

enxuto, 116

lateral, 133

periodicidade, 59

personalidade colaborativa, 249

personas, 60

pivotear, 228

planejamento

de casamentos, 298–299

de lançamento, 84–93

just-in-time, 85

Planning Poker, 56

Platform as a Service (PaaS), 153

PoC (proof of concept). *Consulte* prova de conceito

poker de estimativa, 76–77. *Consulte também* Planning Poker

polinização cruzada, 217

pontualidade, 110

Princípios Ágeis, 340

princípios do roadmap, 173–188

priorização, 29, 87–88

de filtragem, 34

Product Owner, 12–24, 32–37, 338

produto viável mínimo, 85

programação

com pato de borracha, 68

pareada, 66–67, 207

projetos

decompostos, 228

de hardware, 167

propósito, 65, 133

proteção da privacidade, 203

prototipagem, 149

protótipos, 227

prova de conceito, 144

punho dos cinco, 77–78, 318–324

Q

quadro de tarefas, 112–114

qualidade, 8, 343–344

da comunicação, 285

do código, 241

R

racing in reverse, 222

rapidez, 30

receptividade, 68

recompensas, 133

recurso, 52

refatoração de código, 140–141

refinamento de estimativa, 74–82

regra da caneta e do lápis, 85

relacionamentos, 290–306

diálogo franco, 296

remobilização mental, 221

requisitos, 11, 50–54, 59

restrições, 217

retorno sobre investimento (ROI), 33, 225, 345, 356–357

retrospectiva de sprint, 121–124, 142–154, 252

reunião, 21, 109–112

revisão de 360 graus, 254–258

revisões de sprint, 252

risco, 31

roadmap, 9

do produto, 46–50, 71–82, 128

princípios, 31

rotatividade

da empresa, 360

da equipe scrum, 359

rubber duck problem solving. *Consulte* programação com pato de borracha

S

SAFe. *Consulte* Scaled Agile Framework

sandboxes, 213

Scaled Agile Framework, 237–241

scrum, 8–24

de nível corporativo, 228

escalonado, 206

visão geral, 10–24

Scrum at Scale, 233–238

Scrum Master, 12–24, 34, 338, 346–352

segurança, 210

de dados, 203

do trabalhador, 163

sequência de Fibonacci, 74–76

setor de fabricação de equipamentos, 178

setor farmacêutico, 174

shadowing, 67, 114–115, 184, 211

Shu Ha Ri, 335–336

sistema de desempenho, 82

sistema de extrapolação, 82

Software as a Service (SaaS), 152

sprints, 10, 73, 84, 92–99
de lançamento, 73, 90–91
metas, 98–99
revisão, 118–121
rotineiros, 198

startups, 226

story point, 75–76

suficiência, 21

swarming, 60, 104, 115–116, 207

T

talento, 64–82

tarefas, 52

técnica do sanduíche, 122

técnica Pomodoro, 43, 320

tecnologia da informação, 201

temas, 52

tempo
de ciclo, 217
de colaboração, 42
de concentração, 42
de latência, 17
produtivo, 213

teoria da consistência cognitiva, 69

teoria das filas, 94

test-driven development, 240

testes, 132
automatizados, 339

thrashing, 65, 117, 216, 221–222

time box, 79, 84

títulos, 66

trabalho, 101–102
ágil redobrado, 353
em equipe, 22

transparência, 17, 128–129, 251

trem de lançamento, 92

trens de liberação, 86

T.S. Eliot, 192

Twitter, 23

U

user stories, 17–24, 47, 52, 60–62, 75

V

valor, 31
do acionista, 166
do projeto, 224
presente líquido, 28–29

velocidade, 81, 348, 354

vendas, 263, 269–276

vermelho/verde/refatore, 240

versatilidade, 249

viagens, 317–319

videogame, 148–152

visão, 33

visibilidade, 68, 212

visualização, 22–23

Y

YouTube
criação de conteúdo, 193